W0466432

Vampire unter uns

Katherine Ramsland

Vampire unter uns

Ein Undercoverbericht

Aus dem Amerikanischen
Von Catherine Shelton

vgs

Die Deutsche Bibliothek – CIP-Einheitsaufnahme

Ramsland, Katherine:
Vampire unter uns : ein Undercoverbericht/Katherine Ramsland. Aus dem Amerikan. von Catherine Shelton. – 1. Aufl. – Köln : vgs, 1999
Einheitssacht.: Piercing the darkness <dt.>
ISBN 3-8025-2641-4

Erstveröffentlichung bei HarperPrism:
A Division of Harper Collins Publishers 1998
Titel der amerikanischen Originalausgabe:
Piercing the Darkness – Undercover with Vampires in America Today
Copyright © 1998 by Katherine Ramsland
All rights reversed

1. Auflage 1999
© der deutschsprachigen Ausgabe:
vgs verlagsgesellschaft, Köln
Lektorat: Ralf Schmitz, Köln
Produktion: Angelika Rekowski
Umschlaggestaltung: CCG, Köln
Satz: TypoForum GmbH, Singhofen
Druck: Clausen & Bosse, Leck
Printed in Germany
ISBN 3-8025-2641-4

Besuchen Sie unsere Homepage im WWW:
http://www.vgs.de

Für Pelli Wheaton und Richard Noll,
die mir geholfen haben,
nicht das rechte Augenmaß zu verlieren,

für Jim Kerr, dessen Anruf dieses Buch inspiriert hat,

und für Huckleberry.

Inhalt

Vorwort

Am 16. Juli 1996 verschwand die 36jährige Journalistin Susan Walsh aus Nutley, New Jersey, während ihrer Nachforschungen über die Vampirszene von Manhattan. Obwohl sie in einer Stripteasebar tanzte und einer Menge übler Typen begegnete, fiel der Verdacht sofort auf die Gestalten mit den schwarzgefärbten Haaren, den weißgeschminkten Gesichtern und den falschen Vampirzähnen. Ein paar von ihnen wurden von der Polizei verhört, aber das Rätsel um Susan Walshs Verschwinden blieb ungelöst.

Presseleute riefen mich an, um mich zu fragen, ob ich nicht ein wenig Licht in das Dunkel dieser Geschichte bringen könne. Da ich Anne Rices Biographie und einige Bücher über ihre Vampirromane geschrieben hatte, hielt man mich für eine Expertin auf dem Gebiet der modernen Blutsauger. Darüber hinaus hatte ich 1989 für die Zeitschrift *Psychology Today* einen Artikel über die Faszination verfaßt, die Vampire auf unsere Kultur ausüben. Damals gab es landesweit nur wenige »echte« Vampire, und diese blieben fast ausschließlich unter sich. Aber während der letzten zehn Jahre habe ich beobachtet, daß immer mehr Menschen eine Vampiridentität annehmen, und es scheint mir, daß diese sogenannte »emotionale Ansteckung« genausoviel über unsere Kultur aussagt wie über diejenigen, die diesen ungewöhnlichen Lebensstil wählen. Hinter den von den Medien aufgebauschten Bildern von »bizarren« und »pathologischen« Menschen liegt eine Subkultur mit ihren eigenen Ritualen, Beziehungen und Gesetzen.

Obwohl mich die Vorstellung zunächst abschreckte, entschloß ich mich, dort weiterzumachen, wo Susan Walsh aufgehört hatte, tiefer in diese Subkultur einzudringen und herauszufinden, was die »Vampire« zu sagen haben. Ich wußte, dies bedeutete, daß ich bewußtseinsverändernde Drogen nehmen, Blut trinken und mich nach Einbruch der Dunkelheit an wirklich gefährliche Orte begeben würde. Es bedeutete vielleicht auch, potentiellen Messermördern, zu Überspanntheiten neigenden Menschen und sogar ausgesprochenen psychopathischen Killern zu begegnen. Aber die Möglichkeit, einen Einblick in die psychologische Vielfalt dieser Szene zu erhalten, schien das Risiko wert zu sein. Mir war klar , daß die meisten von ihnen harmlos waren. Genau wie Daniel, der fiktive Journalist in Anne Rices faszinierendem Roman *Interview with the Vampire/Gespräch mit dem Vampir,* suchte ich nach Vampiren – nach Menschen, die von sich behaupten, nach den Gesetzen der Blutsauger zu leben.

Die große Frage war, wie ich mich dieser Sache nähern sollte. Sollte ich – wie Diane Fossey in *Gorillas in the Mist/Gorillas im Nebel* – nur beobachten und aufzeichnen, ohne direkt Einfluß zu nehmen? Oder sollte ich mir die dramatischere Vorgehensweise von John Howard Griffin in *Black Like Me* zum Vorbild nehmen? In diesem Buch beschrieb Griffin, wie er seine Haut mit gefährlichen Chemikalien dunkel färbte, um schwarze Kultur und Rassismus aus der Perspektive eines Afroamerikaners verstehen zu lernen. Was würde *ich* also tun? Aus der Distanz beobachten oder mich mitten in die Szene stürzen?

Die Antwort gab mir meine Ausbildung im Bereich der Psychotherapie. Im Verlauf dieser Ausbildung hatte ich eine Methode kennengelernt, die sich *Phenomenological bracketing* nennt. Sie besteht darin, die eigenen Überzeugungen aufzugeben, um die Erfahrung einer anderen Person zu verstehen, und dazu möglichst weit in die Welt dieser anderen Person einzudringen. Das beste Beispiel für diese Methode ist die Geschichte eines Therapeuten, dessen Patient, wenn er sich auf der Straße befand, glaubte, daß die Gebäude über ihm einstürzen würden. Anstatt ihm klarzumachen, daß es keinen wirklichen Grund zur Angst gebe, schlüpfte der Therapeut gewissermaßen in die Haut seines Patienten: Wie wäre es, wirklich zu glauben, die Häuser stürzten über einem zusammen? Durch die Übernahme dieser Sichtweise gewann der Therapeut soviel Einsicht in die Ängste seines Patienten, daß er dessen Vertrauen gewinnen und ihm helfen konnte.

Ich hatte als Therapeutin bereits mit dieser Methode gearbeitet, und es erschien mir eine vielversprechende Form der Annäherung an eine verschwörerische Gemeinschaft von Menschen, die Journalisten gegenüber sehr mißtrauisch ist, da deren Interesse hauptsächlich darin besteht, die Vampire als Verrückte darzustellen. Also entschloß ich mich, »Vampire im Nebel« zu vergessen und im Stil von *Black Like Me* zu arbeiten. Ich hatte bereits gewisse Vorstellungen von dem, was mich erwartete, aber ich mußte bald erkennen, daß meine ursprünglichen Annahmen auf Bildern und Beschreibungen basierten, die vollkommen überholt waren. Die Vampirkultur hält mehr bereit, als ich zu diesem Zeitpunkt ahnte. Viel mehr.

Vorbemerkungen

Während die Vampirszene wuchs und sich im Lauf der vergangenen zehn Jahre weiter ausbreitete, differenzierte sie sich immer mehr aus. Während der ersten Monate meiner Recherche begriff ich, daß es unmöglich war, sie in allen ihren Aspekten zu fassen. Es gibt so viele verschiedene Definitionen, die festlegen, was ein Vampir ist, wie man ihn richtig einschätzt, wie er sich zeigt und wie sich die Vampiridentität entwickelt, daß ein einziges Buch diese Subkultur niemals erschöpfend beschreiben könnte. Nachdem ich dies begriffen hatte, suchte ich mir repräsentative Quellen aus verschiedenen Bereichen. Es ist unvermeidlich, daß einige herausragende Persönlichkeiten in diesem Buch nicht vorkommen, und natürlich kann ich auch nicht alle Geschichten derer berücksichtigen, die von sich selbst glauben, Vampire zu sein. Es war nicht mein Anliegen, ein vollständiges Nachschlagwerk über alle Formen der Vampirsubkultur zu schreiben. Dies haben andere vor mir getan. Es ist auch nicht mein Anliegen, eine akademische oder historische Analyse vorzulegen. Auch dies ist schon geschehen. In diesem Buch geht es nicht um Vampirliteratur, sondern um die Vampirsubkultur und darum, wie die Vorstellung und der Mythos des Vampirs in unsere moderne Kultur übertragen wurden und wer die Menschen sind, die an dieser Subkultur aktiv teilhaben, für die sie ein Teil ihres Lebens geworden ist. Dies ist die Geschichte meiner eigenen Reise in die Welt der Vampire, und es ist unvermeidlich, daß diese Geschichte meine eigenen Vorlieben enthüllt. Manche Leser werden sagen, daß ich die ganze Sache nicht richtig begriffen habe; sie werden glauben, ich hätte nicht mit den »richtigen« Leuten oder Gruppen gesprochen. Dazu kann ich nur sagen, daß ich mit sehr vielen Menschen gesprochen und jedem zugehört habe, der auf mich zukam. Ich habe die Geschichten ausgewählt, von denen ich glaube, daß sie einen breiten Einblick bieten und am besten vermitteln, wie Menschen in den letzten Jahren vom Vampirmythos infiziert wurden, und wie sich die Vampirszene entwickelt.

Ich habe jedem Interviewpartner die Wahl gelassen, seinen oder ihren richtigen Namen oder ein Pseudonym zu benutzen. Um die Privatsphäre derer zu schützen, die mit mir gesprochen haben und lieber unerkannt bleiben wollten, habe ich Beschreibungen oder Details, anhand derer man sie identifizieren könnte, soweit geändert, wie ich es für nötig hielt.

Kapitel eins

Verschwunden

1

Wo sollte ich anfangen? Ich mußte herausfinden, was Susan Walsh zuletzt getan hatte, bevor sie verschwand. Die Fotos zeigten eine attraktive blonde Frau, groß und schmal, mit blasser Haut und langen Haaren, und mit dem gewissen Etwas, das Menschen dazu bringt, von sich zu erzählen. Aus Sorge, sie noch mehr zu gefährden, sollte sie noch am Leben sein, wollte jedoch kaum einer ihrer Bekannten über ihr Verschwinden sprechen. Eine Person, die anonym bleiben wollte, war der Überzeugung, sie habe psychische Probleme. »Versuchen Sie es erst gar nicht bei ihren Verwandten«, sagte man mir. »Sie werden nichts sagen.« Also mußte ich auf eigene Faust Nachforschungen anstellen.

In der *New York Times* vom 10. August 1996 – etwa drei Wochen nach Susan Walshs Verschwinden – war ein Interview des Journalisten Frank Bruni mit einigen Vampiren erschienen. Bruni versuchte herauszufinden, auf welche Sorte Menschen sie gestoßen war. Da sie sich viel im East Village aufgehalten hatte, traf er sich dort mit einem 20jährigen Vampir, der sich Ethan Gilcrest nannte. In einem für die meisten Journalisten typischen (und etwas abgeschmackten) Stil bauschte er die düstere Atmosphäre in Ethans mit Seidenbrokat (blutrot!) ausgekleidetem Apartment gewaltig auf. So schrieb er: »In seinem Lächeln liegt etwas Bedrohliches, und sein Lachen scheint geradewegs aus einer Grabkammer zu kommen.« Und in der Tat entblößte Ethans Lächeln spitz zulaufende Eckzähne. Er versicherte jedoch, weder unsterblich zu sein noch auf Beutejagd zu gehen, behauptete allerdings, »definitiv«, zum Teil ein Vampir zu sein. Er liebe Blut – das er als »flüssige Elektrizität« bezeichnete – und meide die Sonne. Außerdem hatte er einen ungewöhnlichen Überbiß.

In seinem Artikel schätzte Bruni die Zahl der Vampire landesweit auf einige 1.000 und gab an, die meisten von ihnen seien unter 30. Für einige sei es nur ein Spiel, für andere eine Religion oder eine besonders bizarre Form der Sexualität. Er beschrieb knapp die Gebräuche der Szene, die langen, künstlichen Zähne, den »gothischen« Jargon, die Vampirclubs und die Bands, die Kleidung und die Kontaktlinsen, die ihre Augen verfremden.

Die einzige Information, die mir in bezug auf Susan Walsh von Nutzen war, bestand in der beiläufigen Erwähnung ihrer Recherche und eines Artikels über Vampire, der nie veröffentlicht worden war. Am Ende würde ich den Leuten, die sie interviewt hatte, vielleicht selbst begegnen, aber im Augenblick hatte ich kaum etwas in der Hand.

Von gemeinsamen Bekannten hörte ich, daß Walsh in einem Park im East Village mit obdachlosen Vampiren gesprochen hatte, um einen Artikel zu schreiben, der nicht angenommen wurde (angeblich weil er zuviel Sympathie für die Vampire offenbarte). Obwohl sie bereits versuchte, sich als Journalistin ein neues Leben aufzubauen, tanzte sie noch in einer Bar in New Jersey, wo sie leicht in Schwierigkeiten geraten konnte, und tatsächlich glaubte sie, daß gefährliche Leute hinter ihr her seien. Freunden hatte sie erzählt, daß sie verfolgt und ihr Telefon abgehört werde und daß »sie« immer näher kämen. Einige ihrer Bekannten hielten sie einfach für paranoid; andere jedoch, die sie besser kannten, hielten ihre Behauptungen für möglich. Ich fand heraus, daß sie in ihrem unveröffentlichten Artikel mehrfach einen Mann zitiert hatte, der ein Vampirtheater besaß. Diesen Mann mußte ich finden.

Kurz bevor sie verschwand, hatte Walsh die Ergebnisse ihrer Recherche für ein Buch mit dem Titel *Red Light – Inside the Sex Industry* an die Autoren Sylvia Plachy und James Ridgeway geschickt. Beide schreiben für die Stadtzeitung *Village Voice*, in der Susan Walsh auch ihren eigenen Artikel veröffentlichen wollte. In dem Buch ging es um den Handel mit Pornographie aus der Sicht von Insidern. Es schien auf der Hand zu liegen, daß Walshs Beitrag zu diesem Buch vor allem in dem Kapitel »Blutsport« sowie jenem über die Stripteaseszene bestand. Die Autoren erwähnten Walsh als eine unschätzbare Informationsquelle über diesen Grenzbereich und veröffentlichten einige Fotografien von ihr. Aus diesen Kapiteln erfuhr ich nicht nur etwas über die Menschen, denen sie begegnet war, sondern auch Dinge über die Niederungen dieses dunklen Bereiches, von denen ich zuvor keine Ahnung gehabt hatte.

Die Sexindustrie kreiert Phantasien und Träume, die die unterschiedlichsten Menschen anzieht, welche die Verkleidung einer anderen Identität und ein intensiveres Lebensgefühl suchen. Sie erforschen unbekannte Seiten ihres Selbst und geben sich dem, was sie in sich entdecken, rückhaltlos hin. Dabei gehen sie bis an Grenze ihrer Phantasie. »Rotlicht« beschreibt die Vampire einfach (und falsch) als »Gothics« um 25, die der weißen Mittelklasse angehören und eine Vorliebe für blasses Make-up und viktorianische Kleidung haben. Sie treffen sich hauptsächlich in Clubs in New York oder San Fransisco, wo sie sich in dunklen Räumen versammeln und sich gegenseitig die Haut aufschlitzen, um einander ihr Blut darzubieten – oder zu trinken. Diesen Austausch betrachten sie in erster Linie als einen Transfer von Lebensenergie. Dabei geht es nicht so sehr um das Blut selbst als um Nähe und Erregung. Einige der Vampire gründen sogar Gemeinschaften und lassen neue Mitglieder einen Aidstest durchführen.

Weiter beschrieb Walsh die Stripteasebar als einen Ort, an dem zwischen Männern und Frauen eine fast dramatische Spannung herrscht. Sie gab zu, daß sie die Art, wie sie dort angesehen und behandelt wurde, haßte und daß sie sich in steigendem Maße Phantasien hingab, in denen sie Männer verstümmelte. Sie lebte in dem Konflikt zwischen dem Wunsch nach Macht und dem Wunsch nach der Machtlosigkeit, der als Merkmal der Weiblichkeit gilt. Sie sehnte sich nach Aufmerksamkeit und verabscheute sie gleichzeitig. Sie schien alles in allem ziemlich verwirrt zu sein.

Außer einer geheimnisvollen Bemerkung eines Managers des Stripteaseclubs, die besagte, daß die Mädchen, die verschwinden, stets jene seien, die zuviel herausgefunden hätten, gab es in diesem Buch jedoch keine weiteren Hinweise über Susan Walshs Verbleib. Der Manager hatte dem Sinn nach gesagt: Es gibt gefährliche Kunden, und die Mädchen, die sich mit ihnen einlassen, bereuen dies später ... wenn sie es noch können.

Während meiner Erkundungen im East Village fand ich heraus, daß Walsh mit einem Mann namens Christian befreundet war, der Verbindungen zu der Welt der Vampire hatte. Ich las sogar einen seiner Artikel über Vampirismus, in dem er vor allzu großer Neugierde warnte: »Wenn du versuchst, die Vampire zu finden, werden sie dich finden!« Er gab an, man hätte ihr in der Vampirszene vertraut, weil sie die Vampire ernst nahm. Gleichzeitig schien er zu glauben, daß es gerade dieses Fehlen von Skepsis war, das ihr geschadet hatte. Er schrieb, daß sie mit Clubbesitzern über ihre Nachforschungen gesprochen hatte, die ihr anvertrauten, daß die Vampire eigentlich Mafiakiller seien. Sie erzählten ihr weiter, sie seien Teil einer Vampirverschwörung, die heimlich die Welt beherrsche und in die auch die Regierung verwickelt sei. Nach Christians Meinung waren diese Äußerungen der Grund für Susan Walshs Verfolgungswahn. Die Clubbesitzer hätten ihre Leichtgläubigkeit ausgenutzt. Wie auch immer, Susan wurde immer ängstlicher und glaubte sich im Besitz von gefährlichen Geheimnissen, an die irgend jemand heranzukommen versuchte. Als ein Gast der Bar, in der sie tanzte, anfing, sie zu verfolgen, glaubte sie, daß er einer der in die Verschwörung verwickelten Vampire sei, und sagte ihren Freunden, sie habe vor abzutauchen. Sie benutzte nur noch öffentliche Telefonzellen und reduzierte den Kreis ihrer engsten Vertrauten. Und dann verließ sie eines Tages ihre Wohnung, um einen Anruf zu erledigen ... und kam nie wieder zurück. Nach Christians Darstellung war sie nach ihrem Verschwinden von Passanten gesehen worden, die behaupteten, sie verstecke sich vor Vampiren. Jemand, der anonym bleiben wollte, sagte mir, daß man beobachtet hätte, wie Susan Walsh in ein Auto gezerrt wurde. Nach intensiven Nachforschungen fand ich heraus, daß viele in der Vampirgemeinschaft glaubten, sie sei noch am Leben und sogar in Sicherheit, während andere einwandten, daß es einen berechtigten Grund für ihre Ängste gegeben habe – der indes nicht bei *ihnen* zu suchen sei.

Die Vampire bezeichneten sich selbst als Susan Walshs Freunde. Sie sorgten sich um sie. Es waren andere, die sie verfolgten. Allerdings traf ich auch auf Leute, die mich auf eine weitere Möglichkeit hinwiesen: daß die Vampire die Gerüchte über die Mafia und die Drogendealer selbst erfunden hätten, um von sich abzulenken. Die meisten Vampire räumten bereitwillig ein, daß es unter ihresgleichen einige gibt, die wirklich auf die Jagd nach Blut gehen, doch niemand, mit dem ich sprach, wußte etwas Konkretes über Susan Walsh – zumindest wollte niemand etwas zu diesem Thema sagen.

Die Polizei nahm die Ermittlungen auf und räumte die Vampirtreffpunkte an der Lower East Side, aber die Medien spielten die Gefahr weiterhin hoch, beispielsweise in Talkshows wie *Sightings* und *Jenny Jones*: Wenn du nach den Vampiren suchst, begibst du dich in Gefahr! Es mag keine Beweise für ihre Verbrechen geben, aber es gibt ebensowenig Beweise für ihre Unschuld. Also gib acht!

Was geschah also wirklich mit Susan Walsh? Würde meine eigene Suche nach Vampiren diese wirklich dazu bringen, mir nachzustellen? Und vor allem: Wo steckten sie überhaupt?

2

Als erstes wollte ich ein paar Interviews machen. Ich war bereit, soweit wie nötig zu gehen, um eine provokante Story auszugraben. Da ich in der Nähe von Manhattan wohnte, schien es naheliegend, dort mit der Suche zu beginnen, aber ich schreckte davor zurück, mich mitten in der Nacht in den Central Park zu begeben, um dort mit umherziehenden Obdachlosen zu sprechen, die angeblich aus Blutgier Menschen anfielen. Zumindest nicht alleine, obwohl ich schnell einsehen mußte, daß es besser ist, sich den Vampiren alleine zu nähern.

Über das Internet lernte ich jemanden kennen, der behauptete, für einen Hexensabbat in Manhattan echte Vampire zusammenzurufen.

»Sind Sie ein Vampir oder eine Vampirjägerin?« wollte er von mir wissen.

»Weder noch«, antwortete ich. »Ich bin Schriftstellerin.«

Daraufhin brach er den Kontakt ab, und diese Informationsquelle versiegte. Ich wußte nun, daß ich meine Vorgehensweise ändern mußte. Ich mußte mich den Vampiren versteckt nähern. *Undercover* sozusagen.

Unter der Überschrift »Vampire Access Line« entdeckte ich eine Anzeige mit einer New Yorker Telefonnummer. Sie versprach Informationen über »alles, was mit Vampiren zu tun hat«. Mit einem Anflug von Furcht – sie konnten schließlich herausfinden, wo ich wohnte – wählte ich die Nummer. Die Nachricht auf dem Anrufbeantworter war etwa fünf Monate alt. Eine Frauenstimme listete ausführlich alle möglichen Vampiraccessoires auf, die man bei ihr kaufen konnte: Vampirgebisse, mit denen man angeblich sogar Konservendosen durchbohren konnte, und Kontaktlinsen in allen erdenklichen Ausführungen (*Lost-Boys*-Stil, Katzenaugen, Werwolfaugen usw.). Sie erwähnte außerdem eine Fernsehshow exklusiv für Vampire auf irgendeinem Kabelkanal und beschrieb verschiedene Typen von Vampiren: Die »Bloodists«, die »Nighttimer« und die »Inheriters«. Schließlich gab sie an, wie man als Vampir mit anderen Vampiren der gleichen Art zusammentreffen könne. Falls ich einer der erwähnten Typen sei, sollte ich mich bei ihnen melden. Falls ich nur ein Gothic oder ein »Entertainer« sei, sollte ich eine Nachricht hinterlassen. Ich tat wie geheißen, aber niemand rief jemals zurück.

Mir wurde langsam klar, daß ich, um Vampire zu finden, zu ihnen gehen mußte. Es war offensichtlich, daß ein Treffen weder über das Internet noch über Telefonanrufe zustande kommen würde. Die Aussicht auf eine persönliche Begegnung beunruhigte mich nicht allzusehr. Ich hatte schon viele ungewöhnliche Interviews erfolgreich geführt, da die meisten Menschen bald gespürt hatten, daß mein Interesse an ihren Geschichten aufrichtig war. Das Problem bestand darin, herauszufinden, wo sich die Vampire versammelten.

Das Beispiel von Jennifer Toth, einer Studentin, die sich in das unterirdische Kanalsystem Manhattans gewagt hatte, um etwas über die Untergrundkultur der Obdachlosen zu erfahren, spornte mich an. Sie entdeckte eine ebenso zahlreiche wie vielgestaltige unterirdische Population, die sich tapfer gegen die nachtschwarze Finsternis, das Labyrinth der Tunnels sowie die Kriminellen und Cracksüchtigen behauptet. Sie begegnete mal erfolgreichen, mal erfolglosen Künstlern, versprengten Familien, mit den gesellschaftlichen Zuständen unzufriedenen Intellektuellen oder einfachen Menschen, die sich irgendwie durchzuschlagen versuchten. Ihr Buch mit dem Titel *The Mole People* öffnet dem Leser die Tür zu einer sonst verschlossenen Welt. Genau das schwebte mir vor, wenn dies auch bedeuten mochte, sich in wirklich gefährliche Situationen zu begeben. Also machte ich mich auf die Suche, und es dauerte nicht allzu lange, bis ich eine Einladung in einen Vampirclub erhielt.

3

Ecke Washington und 14. Straße West gibt es einen Club mit dem Namen Mother. Einmal im Monat findet dort an einem Mittwochabend die »Black-Veil-Party« statt, die von den Besitzern des Clubs, Chi Chi Valenti und Johnny Dynell, zusammen mit ihrem Sponsor Sabretooth GmbH ausgerichtet wird. Der Geschäftsführer von Sabretooth ist ein großer, gutaussehender, sehr energiegeladener Mann Mitte 20 mit langen braunen Haaren und einem unermüdlichen Lächeln. Man nennt ihn Vater Sebastian, und er ist zugleich Hersteller von Vampirgebissen und ein ungewöhnlich ehrgeiziger Jungunternehmer. Über Sabretooth vertreibt er Schmuck, Korsagen und Kontaktlinsen mit unheimlichen Effekten, um seinen Kunden die Vervollkommnung ihrer Vampirmaskerade zu ermöglichen. Er fand mich über meine Homepage und erbat höflich meine Anwesenheit bei der Black-Veil-Nacht ... eine Party, die bis zum Morgengrauen dauern würde. Ich sagte zu. Dies war mein erstes richtiges Abenteuer in einer unbekannten, unheimlichen Welt. Kopfüber in die Nacht.

Ich war etwas nervös. Manhattan war nicht so ganz mein Revier, und ich war nicht allzu versessen darauf, nachts alleine auszugehen, besonders nicht in dem Milieu, in dem Susan Walsh Nachforschungen angestellt hatte. Ich entschloß mich, in Begleitung eines Freundes auszugehen, den ich den »Gesetzlosen« nannte (was gefährlicher klingt, als er eigentlich ist). Meiner Meinung nach ist er sogar äußerst harmlos. Er kannte wahrscheinlich kaum einen Vampirroman und hatte nicht die leiseste Ahnung von der S/M-Szene, aber er war neugierig und bereit zu lernen. Da ich bereits einige Informationen über dieses Milieu gesammelt hatte, glaubte ich, daß es bereichernd für mich sein würde, das bevorstehende Ereignis mit seinen Augen zu sehen. Darüber hinaus hatte er die Geschichte von Susan Walsh in der Zeitung gelesen, und da er überzeugt war, daß sie irgendwo gefoltert wurde, war er besessen davon, sie zu finden.

Da er zwei Meter groß ist und über einen kräftigen Körperbau verfügt, sich aber gleichzeitig sehr umgänglich gibt, fühlte ich mich mit ihm sicher. (Meine Freunde waren nicht ganz so überzeugt. Sie waren der Ansicht, daß ich noch vor der Beendigung meiner Nachforschungen unter schrecklichen Umständen verschwinden würde.) Aber ich war immerhin ein geladener Gast, und man hatte mir versichert, daß niemand im Club etwas mit Susan Walshs Verschwinden zu tun hätte, obwohl sie dort bekannt war und man häufig mit ihr gesprochen hatte.

Das Publikum auf der Black-Veil-Party war sehr gemischt, es bestand aus Gothics, Vampiren und anderen »Randgruppen«, die sich lebhaft unterhielten, tranken und den Bands lauschten. Auf der Einladung war um spezielle Kleidung gebeten worden: S/M, Gothic, Fantasy, Belle-Epoque, Vampir, Latex oder viktorianisch. Ich sollte wohl darauf hinweisen, daß Gothics nicht unbedingt auch Vampire sind, sich noch nicht einmal für Vampire interessieren müssen, und umgekehrt. Viele Leute verwechseln beide Gruppen miteinander, und aus genau diesem Grund besteht eine gewisse Rivalität zwischen beiden Fraktionen, obwohl sie das Interesse für schwarze Kleidung, Todesbilder und Musik teilen und beide einen speziellen Subkulturstil entwickelt haben. Die Kultur der Gothics ist jedoch eine eigenständige Subkultur, und da mein Interesse den Vampiren galt, erwähne ich sie nur, wenn sich ihre Szene mit der der Vampire überschneidet.

Chi Chi und Johnny hatten den Club Mother gemeinsam eingerichtet, und Johnny war für den größten Teil der Ausstattung verantwortlich. Es machte ihm sichtlich Freude, mir seine Ideen für das Interieur zu erklären, und ich fand ihn und Chi Chi außerordentlich einnehmend. Sie zeigten mir einige Ausgaben ihrer Zeitschrift *Verbal Abuse* und boten an, mich herumzuführen. Als wir den Club betraten, entdeckte ich rechts die Bühne für die Bands, die später am Abend auftreten sollten, und die Bar. Dahinter führte ein Durchgang in einen weiteren Raum, in dessen Mitte ein echter, mit Satin ausgeschlagener Sarg stand. An diesem Abend schuf die Dekoration aus Spinnweben, Ratten und Fledermäusen eine unheimliche Atmosphäre. Johnny machte mich auf die Kopien italienischer Renaissance-Kupferstiche an den cremefarbenen Wänden aufmerksam, die mit einem dünnen Farbauftrag übertüncht waren, um ihnen eine authentisch und altertümlich wirkende Patina zu verleihen. Die Decke war mit vergoldetem Stuck in Form der Bourbonenlilie ausgeschmückt, und die Wände zeigten wie in einem italienischen Palazzo Gemälde von Putten und Wolken vor einem blauen Himmel, weshalb der Raum der »Versailles-Raum« genannt wurde. Tiefhängende Lampen aus ausgestanztem Eisen verbreiteten ein gedämpftes Licht. An der Wand standen gepolsterte Sessel im Stil des 18. Jahrhunderts, und über der kleinen Bar in der Ecke hing ein riesiger Spiegel in einem vergoldeten antiken Rahmen. Eine Art französischer Salon für die schwarzgekleidete Szene – deren Anhänger an diesem Abend zu Hunderten ein und aus gingen, um Bands wie Cult of the Psychic Fetus und Stiffs, Inc. spielen zu hören.

Chi Chi war ganz in Schwarz gekleidet, sie trug einen Reifrock und eine Jacke aus Samt sowie einen Zylinder, unter dem eine Kaskade perfekter hellblonder Korkenzieherlocken hervorquoll. Sie ist eine aufmerksame Gastgeberin und in S/M-Kreisen als lebhafte Zeremonienmeisterin bekannt. Es war nicht zu übersehen, daß sie die Vampirparties in ihrem Club sehr mochte, denn ein weiterer einschlägiger Abend unter dem Motto »Click 'n Drag« fand regelmäßig samstags statt. Sie stellte sich mir vor, lud mich zu einem Drink ein, der mir von einem netten langhaarigen Barman mit nacktem Oberkörper und Vampirzähnen serviert wurde, und wandte ihre Aufmerksamkeit danach den Angelegenheiten des Clubs zu.

Ich wurde unverzüglich von einem Mann angesprochen, der einen schwarzen Gehrock und eine schneeweiße Krawatte trug. Er hatte schwarze Haare und einen sorgfältig gestutzten Bart, der in einer dünnen Linie von seinen Ohren ausgehend um seine Lippen lief und sich über den kleinen weißen Vampirzähnen leicht kräuselte. Seine Wangen waren glattrasiert, und ich schätzte ihn auf Mitte 30.

»Tagsüber bin ich Bauarbeiter« eröffnete er mir, nachdem er erklärt hatte, daß es ihm einfach gefalle, sich im Stil vergangener Epochen zu kleiden. »Aber ich sehe mich selbst als Vampir.«

»Trägst du dein Vampirgebiß auch bei der Arbeit?« fragte ich.

»Manchmal«, entgegnete er mit einem verschmitzten Lächeln, das seine scharfen Zähne vorteilhaft zur Schau stellte. »Es hat eine gewisse Wirkung. Aber eigentlich ist es mir egal, was die Leute sagen. Es macht mir Spaß, und es ist mir nicht wichtig, was sie über mich denken.«

Hinter ihm betrat ein Paar den Raum. Der junge Mann trug ein rotes Seidenhemd und hielt in seiner rechten Hand eine kurze schwarze Peitsche. Sie war mit schwarzen Netzstrümpfen und einem gewagten Schnürkorsett ausstaffiert, das sie schon fast übertrieben üppig ausfüllte. Ich glaubte, noch nie eine schmalere Taille gesehen zu haben. Die Frau besaß eine Fülle langer schwarzer Locken, und auf die Anweisung ihres Partners beugte sie sich über eine Stuhllehne, um ihm so ihre wohlgerundeten, in Nerzstrümpfe verpackten Hinterbacken darzubieten. Vor aller Augen schlug er sie mit den zahlreichen Strängen der Peitsche, wobei er zwischen vertikalen und horizontalen Schlägen abwechselte. Sie zuckte ein wenig zusammen, gab aber keinen Laut von sich, während er zum wiederholten Male ihren Hintern malträtierte. Dies war das erste Mal, das ich die Überschneidungen der Welt der Vampire und der S/M-Szene erlebte – Knechtschaft und Herrschaft, Sadomasochismus, Dominanz und Unterwerfung.

Nicht alle Vampire übernehmen diese sexuellen Praktiken, und nicht alle Fetischisten sind Vampire, aber es gibt einen kleinen Anteil von Leuten, die sich in beiden Welten bewegen – wie ich einen Monat später auf einem Vampir-S/M-Ball erfahren sollte. Susan Walsh hatte diese Welt hautnah gekannt. Und diesen Grenzbereich, in dem sich beide Welten vermischen, hatte sie erforscht, als sie verschwand.

Nachdem der Typ in dem roten Seidenhemd seine »Bestrafung« vollzogen hatte, erhob sich seine »Sklavin« mit einem Lächeln. Ich trat sofort zu ihr und fragte sie, was ihr an dieser Erfahrung gefiele. Sie grinste breit und genüßlich. »Dabei werden Endorphine ausgeschüttet«, erklärte sie. »Es ist der gleiche Kick wie beim Joggen. Je länger man sich dem Schmerz aussetzt, desto mehr gerät man in einen tranceartigen Zustand, und das ist sehr wohltuend. Ich bin mittlerweile richtig süchtig danach.«

Sie forderten mich auf, es selbst zu versuchen. Der Mann reichte mir die Peitsche. Ich nahm sie in die Hand und spürte den kräftigen, ledernen Griff. Aber ich war noch nicht bereit, dieses Mädchen zu schlagen. Ich gab die Peitsche mit dem Wissen zurück, daß ich meiner Initiation nicht entkommen konnte. Aber in dieser Nacht blieb ich einfach ein Voyeur.

Mein Begleiter, der Gesetzlose, hatte sich unterdessen einem Typ genähert, der auf einem der gepolsterten Stühle saß, und stellte ihm Fragen. Er trug nichts außer einem Paar hoch geschnürter Sandalen und einem winzigen schwarzen Ledertanga. Sein schlanker Körper war von Kopf bis Fuß mit Tätowierungen in den verschiedensten Farben und Formen übersät, die hier und da außerdem mit silbernen Nieten verziert waren, die er sich in die Haut gebohrt hatte. Sein Gesicht und die Ohren waren stark gepierct, und unterhalb der Kehle umlief ein dicker schimmernder Wulst seinen Hals. Ich konnte die Erhebung des Drahtes unter seiner Haut sehen und berührte automatisch meinen eigenen Hals, um sicherzugehen, daß die Haut noch glatt war. Seine Brustwarzen waren ebenfalls durchstochen. Bis auf einen dünnen Zopf langer Haare hatte er seinen Kopf kahl geschoren. In seinen Augen stand ein trauriger Ausdruck. Ich nahm mir vor, den Gesetzlosen später nach ihm zu fragen.

Während ich die Szenerie um mich herum beobachtete, wurde mir klar, daß dies keine Welt bleicher Maskerade und falschen Blutes war, wie die Medien sie so gerne beschrieben, sondern vielmehr ein Zirkel von Menschen, deren Geschmack an Leder und Samt im Grunde romantischer Natur war und die sich mit ihren düsteren Symbolen vor der Welt zu schützen versuchten. Die vorherrschende Farbe der Kleidung in diesen Clubs ist Schwarz, Kerzen oder gedämpftes Licht verstärken die Atmosphäre. Die Männer tragen vielfach Spazierstöcke und überladen ihre Hände mit Silberschmuck; Frauen tragen Kleider, Korsagen, Hüte und Frisuren in einem phantastischen Stil. Ich sah ein Mosaik aus schweren besetzten Halsbändern, Plateaustiefeln, engen schwarzen Jacken, schwarzem Lippenstift, Bauchnabelringen, langen silbernen Krallen, Totenkopfhemden und Latexkleidung jeder Art. Es gab nichts Billiges oder Abgetakeltes hier.

Mir fiel eine Frau in einem langen schwarzem Kleid auf, die einen breitrandigen Hut mit einem schwarzen Spitzenschleier trug, der ihr Antlitz verbarg. Ich nahm an, daß sie durch ihn hindurchsehen konnte, aber ich konnte ihr Gesicht nicht erkennen. Eine andere trug enge schwarze Hosen, hochhackige Schnürstiefel und eine Gummikorsage. Einige trugen Vampir-Make-up – etwas Blut im Mundwinkel, um ein Mahl vorzutäuschen –, und viele waren mit spitzen Zähnen ausgestattet, aber andere zeigten einfach ihr wahres Gesicht. Jeder der Anwesenden ging seinen eigenen Wünschen und Vorlieben nach, ohne die anderen zu verurteilen. Hier hatten sie die Möglichkeit, sich so zu geben, wie sie wollten. Es war wie eine phantastische Maskerade, die alles zuließ, was irgendwie mit Vampiren zu tun hatte.

In derselben Nacht begegnete ich einer Frau mit honigblondem Haar und Cheerleader-Aussehen, die ein tief ausgeschnittenes Etwas aus schwarzer Spitze trug, das breite, sechs bis zehn Zentimeter lange Striemen enthüllte, die quer über ihre Brust liefen. Sie bemerkte meinen Blick und bot mir an, sie zu berühren.

»Ich mag es, wenn Leute sie anfassen«, sagte sie und deutete auf ihre geschwollenen Narben. »Es fühlt sich gut an.« Da ich nicht unhöflich sein wollte, unterdrückte ich meinen Ekel und ließ meinen Finger über eine ihrer Narben gleiten, dabei versuchte ich mich nicht abzuwenden. Den Schmerz, den sie ertragen haben mußte, konnte ich nur erahnen.

Ich hatte bereits von dieser Art der Selbstverstümmelung gehört. Menschen fügen sich Schnitte zu oder liefern sich freiwillig einem Skalpell aus. Meistens geschieht dies, um den Körper zu schmücken, um Blut auszutauschen, bei einer Performance oder einfach, um eine intensivierte Schmerzerfahrung zu erleben. Offensichtlich wurde ich gerade mit dem Ergebnis eines solchen Rituals konfrontiert.

»Schneidest du dich selbst?« fragte ich .

»Ja.« Sie zog ihre Bluse hoch, um mir die Narben besser zeigen zu können. Jetzt sah ich, daß sie die Form eines großen Vogels mit ausgebreiteten Schwingen hatten. »Es ist ein Phönix«, erklärte sie voller Stolz. »Eigentlich hat es ja mein Freund geschnitten, aber das Motiv war meine Idee.«

»Hat das nicht furchtbar weh getan?«

»Oh, wirklich geschmerzt hat es erst hinterher, als ich die Schnitte behandeln mußte. Stell dir vor, diese Wunde mit Alkohol zu desinfizieren. Wow! Es hat Wochen gedauert, bis es verheilt war, aber ich bin sehr froh, daß ich es getan habe.« Sie erzählte mir all dies mit einem glücklichen Lächeln. »Es gefällt mir wirklich. Es hat lange gedauert, weil wir das ganze Motiv nicht auf einmal eingeritzt haben. Aber ich habe bei jedem Schnitt etwas über mich selbst gelernt. Ich hatte das nicht erwartet, aber es war wie eine spirituelle Erfahrung.«

Ich nickte verständnisvoll, verstand aber wahrscheinlich überhaupt nichts. Als sie mir erzählte, daß sie erst 21 sei, mußte ich ihr einfach eine Frage stellen: »Aber was passiert, wenn du 35 oder 40 bist und dir klar wird, daß dies ein Fehler war? Wenn du diese Narben nicht mehr auf deinem Dekolleté haben willst?« Ich fand, daß sie ihre Schönheit für immer verunstaltet hatte.

Sie antwortete mit großem Selbstbewußtsein. »Ich werde dann akzeptieren, daß ich früher ein anderer Mensch war.«

Ich verließ den Raum, um eine Weile den Bands zuzuhören, wobei mich das Gebaren überbordenden Zorns der Sänger verblüffte. Das Publikum tanzte zu diesen überhitzten Gesängen in einer eigenartig langsamen, tranceartigen Weise, und die Frauen erinnerten mich an junge Bäume, die sich im Wind wiegen. Ihre Füße blieben fest auf dem Boden, während ihre Arme weitschweifige Bewegungen ausführten und ihre schlanken Körper sich im Takt der Musik bogen. Ihren geheimen Träumen hingegeben, neigten, wanden und wiegten sich die Tanzenden in alle Richtungen. Es kam mir vor, als beobachtete ich eine künstlerischen Performance.

Kurz darauf wurde ich in den Keller gewunken, wo ein Fernsehteam mich um ein Interview für eine Show auf einem Kabelkanal bat, die *Vampyre Dreams TV* hieß. Asif Murad und sein Partner Morella produzierten die wöchentliche Nachtshow aus Manhattan. Ich sprach über meine Arbeit mit Anne Rice und hoffte, daß sie genau das hören wollten. Eigentlich konnte ich sie kaum sehen.

Gegen vier Uhr morgens verließ ich den Club gemeinsam mit dem Gesetzlosen. Es war eine milde Nacht, und während wir durch die ausgestorbenen Straßen der Stadt gingen – ich hatte die 7. Avenue noch nie nahezu verlassen gesehen –, berichtete er mir von seinen Beobachtungen und Erlebnissen.

»All diese Vampirgebisse waren unglaublich. Jemand hat mir erzählt, daß ein Paar Vampirzähne 75 Dollar kostet, was bedeuten würde, daß in diesem Raum falsche Zähne im Wert von Hunderten oder sogar Tausenden von Dollar waren. So ziemlich jeder war gepierct. Und diese Tätowierungen – jede Menge Leute mit Tätowierungen. Ich fand es merkwürdig, daß einige Frauen in Weiß gekleidet waren. Das wirkte irgendwie so ... unvampirisch. Eine dieser jungen Frauen sah aus wie eine Teepuppe, aber eine rote Blutspur lief ihren Hals entlang. Weißt du, was sie mir gesagt hat? ›Jeder Vampir braucht ein Opfer.‹«

»Hat es dir was gebracht, dich mit ihnen zu unterhalten?« erkundigte ich mich. Ich wollte unbedingt mehr erfahren.

»Ich habe mit einem Typ namens Matt oder Mike gesprochen. Er war in weiße Rüschen gekleidet, und seine Haare fielen ihm über den ganzen Rücken. Er schreibt an einem Drehbuch. Er will den Vampirmythos so darstellen, wie er noch nie zuvor dargestellt worden ist – genau wie jeder Theaterstudent. Aber er war so enthusiastisch! Irgendwie scheint das hier zu funktionieren: die Suche nach Unsterblichkeit mit Hilfe der Kunst.«

»Mit wem hast du dich sonst unterhalten?« Ich dachte dabei an den Tätowierten.

»Mit einer jungen Morticia«, antwortete er lachend. »Sie hat sich in meiner Nähe herumgetrieben. Ihre Arme waren von einer Art schwarzer Spinnwebspitze bedeckt. Haare, Lippenstift, Armeestiefel: alles schwarz, sogar ihre Tätowierungen. Mir ist immer klarer geworden, daß diese Typen gar nicht so anders sind, als ich es vor 20 Jahren war. Sie sind hauptsächlich mit Anmachen beschäftigt, versuchen sich gegenseitig anzubaggern, flirten mit ihren dunkel umrandeten Augen. Natürlich nicht mit mir, trotz meiner unwiderstehlichen Anziehungskraft«, fügte er lächelnd hinzu. »Ein Mann in meinem Alter muß ihnen wie ein Zombie vorkommen.«

Ich fiel in sein Lachen ein. Für meinen Geschmack sah er höchst lebendig und ziemlich gut aus.

»Es ist eigenartig«, fuhr er fort, »daß sie sich nicht berühren. Nicht mal beim Tanzen. Sie bleiben fast immer an ihrem Platz stehen, und nur ihre Arme bewegen sich. Es sieht aus, als würden sie die Silhouette ihres Tanzpartners mit ihren Armen in der Luft nachzeichnen. Als wären ihre Arme riesige Pinsel. Sie umarmen sich nicht.«

Ich nickte. »Was hältst du von der Musik?« fragte ich.

»Sie war zornig, haßerfüllt. Es hat mich an Johnny Rottens Band erinnert, an die Sex Pistols. Dieselbe Art, alles so giftig rauszukotzen. Jammer, jammer, jammer ... und trotzdem: Hast du gesehen, wie der Sänger eine Pause gemacht hat, um seine Mutter vorzustellen? Vor 20 Jahren habe ich schon einmal so etwas erlebt, im CBGBs. Das war damals der Anfang von Punk, die ersten stacheligen Irokesen, alle Klamotten schwarz und zerrissen. Die Sängerin trug ein T-Shirt, auf dem in leuchtendem Rot »Scheiß (auf) Hausarbeit!« stand. In dieser finsteren Höhle jugendlicher Hoffnungslosigkeit holte sie ihre bourgeoise Mutter auf die Bühne. Ich wette mit dir, daß die gleiche Sängerin heute ein Kind hat, das alt genug ist, in diesen Vampirclub zu gehen. Und daß sie seit dieser Nacht *eine Menge* Hausarbeit gemacht hat.«

»Mit diesem einen Typ hast du dich lange unterhalten«, warf ich ein. Ich wollte ihn dazu bringen, über den Mann zu sprechen, der mich am meisten interessierte. »Der mit all diesen Tätowierungen. Was war seine Geschichte?«

Der Gesetzlose nickte. »Das erste, was mir an ihm aufgefallen ist, waren seine Tätowierungen. Sie wirkten wild und furchteinflößend. Sein Gesicht war mindestens dreißigmal gepierct. Er wirkte wie so eine Art

Hannibal Lecter. Ich habe wirklich gedacht, daß er kleine Kinder frißt, aber er war die faszinierendste Gestalt im ganzen Club. Er hielt sich von allen fern. Oder alle anderen hielten sich von *ihm* fern. ›Das ist es!‹ sagte ich mir. ›Das ist der echte Vampir‹. Er war wirklich furchterregend. Aber als ich nach seinem Namen fragte, hat er so leise geantwortet, daß ich dreimal nachfragen mußte. Er stammt aus Deutschland und ist extrem feinfühlig. Er hat mir erzählt, er promoviere an der NYU über Mathematik. Auf der ganzen Welt gibt es wahrscheinlich nur 20 Leute, die die Theorien verstehen, mit denen er arbeitet. Mir erschien gerade der Kontrast zwischen der Strenge seiner Wissenschaft und dem chaotischen und wilden Eindruck seiner äußeren Erscheinung auffallend. Mein Gefühl sagte mir, daß er ein netter Mensch ist, aber mein Kopf war da nicht so sicher. Auf jeden Fall würde ich nie mit ihm allein sein wollen. Dabei hat er sogar zugegeben, Angst vor der Zukunft zu haben!«

»Du machst Witze«, antwortete ich. »Das klingt ja wie eine ganz normale Unterhaltung.«

»Aber so war es! Ich sagte zu ihm ›Entschuldige, daß ich das so sage, aber du siehst nicht aus wie jemand, der nach Sicherheit sucht‹. Seine Augen bekamen einen traurigen Ausdruck, und er erwiderte: ›Du glaubst, nur weil ich so aussehe, hätte ich keine Ängste? Ich könnte dir natürlich was vormachen und vorgeben, unheimlich stark zu sein ... aber wozu? Was würde ich damit beweisen? Ich brauche das Gefühl von Sicherheit wie jeder andere auch.‹ Für einen Moment hatte ich wirklich den Wunsch, ihn in den Arm zu nehmen und zu trösten.«

Der Gesetzlose fuhr fort, mir zu erzählen, wie extrem einsam dieser junge Mann sich fühlte. Es kam mir in den Sinn, daß es seine Erscheinung war, die andere Leute abschreckte, aber diese Ansicht bewies wahrscheinlich nur, daß ich nichts begriff. Ich sollte in den kommenden Monaten noch viele ähnliche Menschen treffen, die extremen Körperschmuck als Ausdruck ihrer Persönlichkeit ansahen.

Für den Gesetzlosen endete der Abend mit der Empfindung, einen privilegierten Blick in eine für ihn unbekannte Welt getan zu haben. Allerdings habe ich ihn nie dazu überreden können, ein zweites Mal mit mir dorthin zu gehen. Vielleicht glaubte er, daß diese Welt ihn an diesem Punkt seines Lebens zu sehr fesseln und verwirren könnte. Es war zu intensiv für ihn ... und zu anziehend.

Aber seine Sicht der Dinge war sehr nützlich für mich. Ich verließ den Club an diesem Abend mit dem Gefühl, daß es in dieser Welt zahllose Geschichten gab und daß ich niemals in der Lage sein würde, sie alle – oder zumindest eine ausreichende Anzahl – zu erzählen. Ich konnte es lediglich versuchen.

4

Wenn du Vampire jagst, werden sie *dich* jagen!

Es dauerte nicht lange, bis sich ein selbsternannter »echter« Blutsauger bei mir meldete, der die Erfahrungen des vampirischen Daseins zu verwirklichen suchte, indem er »Beute« erlegte. Im Gegensatz zu den Darstellungen der Medien, trinken die meisten Menschen in der Vampirszene kein Blut, und viele von ihnen schreckt allein die Vorstellung ab oder das damit verbundene Risiko. Manche bezeichnen es sogar als verrückt, aber es läßt sich nicht leugnen, daß eine wachsende Anzahl von Menschen Blut trinkt und darin eine mystische, sexuelle oder vitalisierende Erfahrung sieht.

Den ersten Kontakt mit diesem Vampir knüpfte ich online via E-Mail. Ich bin über diverse Anne-Rice-Links leicht ausfindig zu machen, und diese Möglichkeit der Tuchfühlung würde sicher von zahlreichen Menschen genutzt werden. Zu diesem Zeitpunkt wußte ich noch nicht, daß mein mysteriöser Kontakt einen wichtigen Beitrag zu meiner Materialsammlung leisten würde. Er sagte nicht, wer er sei, und unterschrieb seine Mitteilungen lediglich mit dem Initial »W«. Ich speicherte seine Mail wie alle anderen und schenkte der Sache zunächst keine weitere Beachtung.

»Ich habe gehört, was Sie tun«, schrieb er. »Sie wollen die ganze Wahrheit über die Vampire herausfinden, und ich weiß etwas darüber. Ich möchte Ihnen erzählen, was ich getan habe, aber ich möchte nicht, daß Sie wissen, wer ich bin.«

Ich antwortete, daß er mir wieder schreiben sollte, was er sehr schnell tat. Er bekannte sich zu seiner Gewohnheit, Blut zu trinken, und erklärte, daß er über die dunklen Seiten in ihm, die seinen Blutdurst hervorbrachten, mehr herauszufinden versuche. Er schien deswegen innerlich gespalten zu sein, konnte aber nicht sagen, weshalb. Er dachte, ich könne ihm helfen. Nachdem er berichtet hatte, daß seine vampirischen Aktivitäten mit Mondritualen im Zusammenhang standen, bat ich ihn, ein solches Ritual im Detail zu beschreiben. Er erläuterte, daß spezielle Halloween-Rituale existieren, die er in den letzten zehn Jahren regelmäßig ausgeführt habe, und fand sich bereit, die Einzelheiten eines solchen Rituals zu enthüllen. Ich drängte ihn, mir umgehend zu schreiben, ohne zu ahnen, was mich erwartete. Kurz darauf las ich: »Es ist schon einige Jahre her. Noch zwei Tage bis Halloween, und ich hatte immer noch kein Opfer gefunden. Ich suche sie immer kurz vor diesem Tag aus, denn es ist eine Herausforderung, die richtige Person zum richtigen Zeitpunkt, nämlich unmittelbar vorher, zu finden. Mein Opfer fand ich schließlich, so wie es sein soll, völlig unerwartet. Ich spazierte spät abends am Strand entlang und sah in einiger Entfernung im rosafarbenen Licht des Sonnenuntergangs nackte Haut schimmern. Als ich mich näherte, bestätigte sich mir, was ich geahnt hatte: ein Prachtexemplar von Mann. Er trug ein Paar dünne, weite weiße Shorts, die locker an seinem muskulösen Körper hingen. Er polierte sein Auto, und obwohl ein leichter Wind wehte, war sein Körper naß von Schweiß.

Ich achtete darauf, daß er mein Näherkommen erst bemerkte, als ich schon ganz dicht bei ihm war. Dann verblüffte ich ihn absichtlich mit einer Bemerkung über sein Auto. Meinem Blick zeigte sich ein Paar rauchblauer Augen, die ihn verrieten. Er fand mich attraktiv. Seine blonden Haare waren von der Sonne ausgebleicht und klebten in Strähnen auf seiner feuchten Stirn. Ich entschied sofort, daß er mir gehörte. Er war es.

Während wir uns unterhielten, sah ich, wie er schwer zu atmen anfing und seine Brustwarzen sich verhärteten. Der Luftzug? Ich glaubte das nicht. Seine nassen weißen Shorts enthüllten sein wachsendes Interesse. Er war 18 und rettungslos lüstern. Um ihn hinzuhalten, wahrte ich eine gewisse Distanz zwischen uns. Das Ritual erfordert sieben Tage der Enthaltsamkeit vor der Opferung, aber dieser Junge schien ziemlich instabil zu sein, und so mußte ich die Regeln ändern. Er war mir nur sicher, wenn ich ihm eine unvergleichliche Erfahrung versprach.«

Okay, dachte ich, während ich »W's« Bericht las. »Das ist gut.« Diese Geschichte hatte genau die richtige Menge Erotik. Dieser »Vampir« hatte mir gerade enthüllt, daß er sich zu Männern hingezogen fühlte, und somit gehörte er zu dem beträchtlichen Teil der schwulen und bisexuellen Szene, der auf die Vampirkultur steht. Anne Rice und andere Vampirautoren haben begeisterte schwule Fans, was teilweise darauf zurückzuführen ist, daß sie die Vampire als grenzüberschreitende Gattung ohne kulturell geprägte Vorurteile bezüglich der Wahl ihrer Opfer sehen. Auch stellen diese Schriftsteller die harte Sinnlichkeit dar, die schwule Männer bevorzugen, wie mir einige von ihnen verraten haben. Ich fuhr zu lesen fort.

»Nachdem er mit seinem Auto fertig war, bot er mir an, mich in seine Dachwohnung im Haus seiner Eltern mitzunehmen. Sie waren nicht da, also lud er mich ein, nach oben zu kommen. Wir öffneten ein paar Biere, und ich ließ mich auf die Couch fallen, während er sich entschuldigte und unter der Dusche verschwand. Ich nutzte die Gelegenheit und folgte ihm. Während ich mein Bier trank, beobachtete ich ihn durch die gläserne Tür. Ich hatte das Handtuch in der Hand, als er aus der Dusche trat. Überrascht hielt er still, während ich seine makellose, gebräunte Haut abtrocknete. Das Spiel machte mir Spaß, aber die ganze Zeit dachte ich an Halloween – und daran, daß ich ihn vorbereiten mußte. Auf das Timing kommt es an. Und auf gute Vorbereitung.

Um seine Bedürfnisse, Gelüste und Vorlieben herauszufinden, gestaltete ich unsere sexuelle Begegnung einfach – eher nur erotisch. Am nächsten Tag beobachtete ich ihn. Ich sprach von exotischen Vorstellungen, von denen er nie zuvor gehört hatte, was sein Interesse an mir aufrechterhielt. Am Halloween-Abend brannte er vor Neugierde.

Wir gingen essen, und um zehn Uhr waren wir bereits im angesagtesten Club in der Gegend. Ungewöhnlicherweise spürte ich, daß er mir immer besser gefiel. Normalerweise gestalte ich eine Beziehung intensiv, aber unverbindlich. Aber dieser Junge schien so verletzlich und bemühte sich so sehr, mir zu gefallen. Wie kehrten in sein Apartment zurück, wo ich ihm eine Nacht versprach, die er niemals vergessen würde. Wir entzündeten Kerzen und Räucherstäbchen, die die Luft mit einem warmen erregenden Duft erfüllten. Wir tranken einen guten Rotwein mit vollendetem Bouquet. Schließlich war es Zeit für die Zeremonie.

Wir begannen mit dem seelischen Austausch. Das bedeutet, daß wir uns gegenseitig unsere Lebensgeschichten erzählten, unsere tiefsten, geheimsten Phantasien und Träume. Ich offenbarte ihm die Bedeutung dieser Zeremonie für mich, daß ich einmal im Jahr meinen Hunger stillen muß. Er war wie verzaubert, berauscht und wahnsinnig neugierig. Wir entkleideten uns und fuhren mit unseren Zungen über unsere Körper, wobei wir die empfindlichsten Stellen ausließen. Das sollte erst später kommen. Ich richtete mich auf und bedeutete ihm, mir in den anliegenden Raum, sein Schlafzimmer, zu folgen.

Ich stellte einen Pfahl auf und wies ihn an, sich an ihn zu stellen wie an ein Kruzifix, was er sofort tat. Ich fesselte ihn an den Pfahl. Ich widmete mich seinem Körper und steigerte seine Erregung bis zur Raserei. Dann nahm ich eine sterilisierte Rasierklinge und durchschnitt mit einer geübten Bewegung seine linke Brustwarze.«

Ich brach ab und lehnte mich zurück. Aus irgendeinem Grund ließ mich dieser plötzliche und schockierende Akt frösteln. Ich konnte den Schnitt fast fühlen. Dieser Vorgang erschien mir wie eine gewaltige Grenzüberschreitung, wie etwas, für das ich ganz sicher nicht bereit gewesen wäre. Aber als ich weiterlas, wurde mir klar, daß der Junge es genoß.

»Bei dem scharfen Schmerz zuckte er zusammen, aber als ich mit meinen Lippen die Wunde berührte und zu trinken begann, wand er sich bald vor Lust. Ab und an hob ich meinen Mund zu ihm, um ihn kosten zu lassen. Er wurde fast rasend und stammelte, noch nie so etwas empfunden zu haben. Er fühle sich, als würde er seinen Körper irgendwie verlassen und sich selbst fremd werden. Ich preßte meine Nacktheit an seinen Körper, während ich noch ein wenig von seinem Blut trank, und reizte ihn mit meiner Zunge, von seiner Brustwarze bis hinauf zum Ansatz seines Halses, als wolle ich meine Zähne dort hineinschlagen. Diese Möglichkeit schien ihn gleichzeitig zu ängstigen und aufzuregen.

Er war über die Maßen erregt, also band ich ihn los, beruhigte ihn und führte ihn hinaus in den kühlenden Nachtwind. Es war fast Mitternacht. Barfuß gingen wir durch das feuchte Gras bis zu den nahen Eichen. Dort drängte ich ihn gegen den rauhen Stamm und wir küßten uns lange, erforschten begierig unsere Körper und berührten einander, bis wir kamen. Der heiße Strom verschmolz unsere Körper, und wir stöhnten gemeinsam in der Ekstase dieses Augenblicks.

Die Verschmelzung von Blut und Samen versinnbildlicht meinen Hunger im tiefsten Innern meines Seins. Es geht dabei um mich, um das, was ich bin. Ein Mann mit einem tiefen Bedürfnis nach der Lebenskraft eines anderen Menschen, Blutzelle um Blutzelle. Ich bin immer versucht, zu dem Opfer meiner Wahl zurückzukehren, aber das wäre gegen meine eigenen Gesetze. Ich brauche *fremdes* Fleisch, und diese jungen Männer sind mir, nachdem ich sie einmal gehabt habe, nicht mehr fremd. Sie gehören ganz mir. Ich kenne sie und brauche dann einen anderen Mann. Blut ist für mich die Quelle des Lebens und des Todes, der Preis eines erlösenden Opfers, das Mittel der Versöhnung, der symbolischen Aussöhnung mit mir selbst. Nichts ist erregender als die dünne Linie zwischen Schmerz und Lust – alleine der Anblick von Blut erfüllt meine Lenden mit Verlangen. Ich glaube, daß wir alle uns danach sehnen, in diesen Abgrund zu schauen, jeder von uns, sogar dann, wenn die Idee uns abstößt.«

Das war alles. Das Ende. Nachdem ich alles gelesen hatte, fühlte ich mich gleichzeitig wie ausgelaugt und angeregt – genauso wie man sich in der Gegenwart eines Vampirs fühlen mochte. Ich schickte ein paar Fragen zurück, erhielt aber keine Antwort mehr. Ich gab ihm meine Telefonnummer und drängte meinen ausweichenden neuen Bekannten, mich anzurufen. Er war zu allem bereit. Er war genau die Art Mensch, mit der ich sprechen wollte. Er hätte ein Verrückter sein können, aber ich wußte ja längst, daß dieses Projekt riskant war. Dieser Mann hatte, so glaubte ich, auf jeden Fall eine Story. Ich konnte es spüren. Ich *wußte* es.

Da ich zunächst nichts mehr von ihm hörte, nahm ich an, daß er darüber nachdachte, ob es richtig gewesen war, mir diese Dinge zu enthüllen. Das ist keine ungewöhnliche Reaktion, wenn man Dinge preisgibt, die man lange im Inneren versteckt gehalten hat. Immerhin kannte er mich kaum. Bisher hatte er mir weder gesagt, wo ich ihn finden würde, noch kannte ich seinen Namen. Noch war er in seiner geheimen Welt sicher. Schließlich kamen meine Nachfragen als unzustellbar zurück, und ich begriff, daß ich ihn verloren hatte.

Ich nahm ein paar andere Spuren auf und hoffte auf eine weitere Gelegenheit zu einem anderen Zeitpunkt. Sie kam schließlich auch. Von *diesem* Vampir hatte ich gelernt, daß die Welt, die Susan Walsh betreten hatte, ganz reale Gefahren barg. Aber im Augenblick war »W« weit weg.

Kapitel zwei

Der Anfang

1

Mir fiel bald auf, daß viele Angehörige der Vampirszene irgendeine Art Verkleidung benutzen. Sie wählen Namen, die eine bestimmte Assoziation auslösen, wie Satan, Raubtier, Dementia oder Lord Byron. Ich glaubte, daß es mir von Nutzen sein könnte, ebenfalls einen falschen Namen anzunehmen. Zu viele Leute kannten meine Verbindung zu Anne Rice, was ihr Verhalten mir gegenüber beeinflussen konnte. Ein Pseudonym erlaubte mir zu sagen und zu tun, was ich wollte, ohne mich um meinen Ruf zu sorgen, und gab mir die Möglichkeit, mich der Vampirszene noch weiter anzunähern. Zu diesem Zeitpunkt glaubte ich noch ernsthaft, daß ich mir über die Grenzen dieser Subkultur im klaren war und daß mir die ganze Sache nicht über den Kopf wachsen würde.

Ich wollte ein Pseudonym mit einem finsteren Klang, das aber eindeutig weiblich war, daher entschied ich mich für Malefika. Nachdem ich diese neue Identität angenommen hatte, machte ich mich daran, im Internet zu chatten. Ich hoffte auf schlagfertigen Szenejargon, aber es kam ganz anders.

Ich erfuhr, daß die meisten dieser Chat-Boxen, die »Vampire Spa« oder »Vampire Castle« hießen, nur für Rollenspieler gedacht waren. Ich schaute bei mehreren rein und las von Aktivitäten, deren Beschreibung etwa so klang: »Demigod ... durchquert den Raum und nimmt Spiderlipz in seine Arme, um sie gewaltsam zu küssen ...« Eine andere Form, miteinander in Kontakt zu treten, belief sich darauf, mittelalterlich anmutende Sätze aus Liebesromanen zu zitieren. Ich schrieb sinngemäß, daß ich nach Vampiren suchte, und wurde von einem freundlichen »Barman« in die Chat-Box für »echte« Vampire gewiesen, »Real Vampires – no role-players«. Ich dankte ihm und war wieder unterwegs.

(Ich sollte später herausfinden, daß eine Fraktion der Vampirgemeinschaft sich »Vampyre« anstelle von »Vampire« buchstabiert, um sich selbst als echte Blutsauger vom Rest zu unterscheiden.)

Mein neuer Name erwies sich in der Chat-Box für »echte Vampyre« als nützlich, denn ich wurde sofort von einem Mann ausgewählt, der behauptete, einen starken weiblichen Vampir für eine extreme erotische Erfahrung zu suchen. Er war sogar bereit, mich zu bezahlen. (Wow! Ich konnte sogar Geld mit dieser Sache verdienen!) Was er forderte, hatte ich allerdings nicht erwartet.

Er versicherte mir, daß er mich überall und zu meinen Bedingungen treffen würde. Er war schon seit einiger Zeit auf der ganzen Welt verzweifelt auf der Suche nach der Richtigen, und er glaubte, ich sei diese Person. Ich verstand zwar nicht ganz, warum das so war, aber ich wollte ihn aus der Reserve locken.

»Warum suchst du nach einem weiblichen Vampir?« fragte ich ihn.

Er erklärte mir, die Religion, der er angehörte, verlange, daß er sich fast bis zum Eintritt des Todes aussaugen ließe, so daß er eine höhere spirituelle Ebene erreichen würde. Er sei sich allerdings nicht ganz sicher, wie das funktionieren solle. »Ich bin noch nie mit einem Vampir zusammengewesen«, gab er zu. »Ich habe Leute getroffen, die von sich behaupteten, Vampire zu sein, aber am Ende stellte sich heraus, daß nichts daran war. Sie haben nur Spielchen gespielt. Was würdest *du* mit mir machen?«

Also schön, jetzt war es an der Zeit, der Phantasie freien Lauf zu lassen. Ich mußte das Spiel mitspielen. »Das darfst du noch nicht erfahren«, entgegnete ich. »Wenn du alles vorwegnimmst, könntest du zu vorsichtig werden. Und außerdem habe ich mich noch nicht entschieden. Ich muß wissen, daß ich meine Zeit nicht verschwende.«

»Was verlangst du?« wollte er wissen.

»Vielleicht nichts.« Ich war noch nicht wirklich bereit für dieses Spiel, aber da ich an das Buch dachte, fügte ich hinzu: »Vielleicht nur, daß du mir deine Erfahrung so genau wie möglich schilderst. Aber um dies tun zu können, muß ich zuerst mit den anderen außerhalb meines Kreises sprechen.« Es gab keine »anderen«, mit denen ich hätte sprechen können, aber ich hatte den Ausdruck eines bluttrinkenden »Kreises« irgendwo gehört, und ich benutzte ihn, um die Sache ein bißchen geheimnisvoller zu gestalten.

»Gut«, stimmte er zu. »Mein Älterer will auch, daß ich meine Erfahrungen beschreibe, wenn die Zeit für meine Fünf Lehren gekommen ist. Ich frage ja nur, wie alles vor sich geht, damit ich mich ein bißchen sicherer fühle. Ich wüßte gerne, ob ich Schmerzen erleiden werde, wie sie mir zugefügt werden und ob es eine Meditationsform gibt, um sie zu unterdrücken.«

»Schmerz ist ein Teil dieser Erfahrung«, teilte ich ihm mit. Ich sah schon, daß ich das Zeug zu einer echten Domina hatte. Es machte mir fast schon zuviel Spaß. Ich war versucht, mich wirklich mit ihm zu treffen und das Ganze in die Tat umzusetzen. »Ich nage nicht an Hautfetzen, wenn du das meinst. Aber du darfst nicht versuchen, die Schmerzen zu unterdrücken. Sonst erreichst du die spirituelle Dimension der Erfahrung nicht. Etwas kommt mir allerdings komisch an dir vor. Du sagst, du brauchst einen Vampir für deine Unterweisung, aber du scheinst so wenig über Vampire zu wissen. Ich verstehe den Sinn deiner Suche nicht.«

»Die Vampire gleichen am meisten den Shamess in Indien, die in ihrem Land als Vampire gelten«, erklärte er.

»Aber was weißt du wirklich?« insistierte ich. »Weißt du eigentlich, was du tust? Bist du dir klar, wie gefährlich dein Vorhaben sein könnte?«

»Ich bin mir der Gefahr bewußt«, antwortete er. »Ich bin schon geraume Zeit dabei. Wenn du es ernst meinst, können wir uns gerne darüber unterhalten, aber ich will nicht über Inhalte streiten. Ich bin nach eigenem Recht ein ausgezeichneter Diener meiner Religion, einer von sieben in diesem Land, in dieser speziellen Sekte. Ich lehre eine alte Form des Kampfes und unterweise Menschen in psycho-spirituellen Lehren.« Er fügte noch einige exotische Details hinzu.

Ich hatte keine Ahnung, worüber er eigentlich sprach, aber er erschien so ernsthaft, daß ich ein schlechtes Gewissen bekam. Dennoch entschied ich mich, das Gespräch fortzuführen. »Ich frage mich, ob ich wirklich habe, wonach du suchst.«

»Man kann natürlich nie ganz sicher sein«, räumte er ein. »Die Realität besteht schließlich nur aus den eigenen Wahrnehmungen. Es wäre eine Prüfung für uns beide.«

Das verärgerte mich ein wenig. Ich war nicht bereit, ihn als mir gleichgestellt zu betrachten oder ihm gar die Überhand zu lassen, also unterbrach ich ihn. »Du sagst, du willst von einem Vampir ausgesaugt werden, aber du scheinst eine vollständige Verwandlung zu suchen, und vielleicht erreichst du das nicht. Bei dieser Erfahrung geht es genauso um dich wie um meinen eigenen Anteil daran.«

»Ich will diese Gelegenheit nutzen. Manchmal muß man eben auf die Schnauze fallen, bevor man laufen kann.«

Es schoß mir durch den Kopf, daß dieser Typ sich wirklich in Schwierigkeiten bringen konnte, wenn er das alles ernst meinte. Jede skrupellose Frau (oder jeder Mann) konnte ihn anweisen, das Geld an einem vereinbarten Ort zu hinterlassen, und damit durchbrennen. Schlimmer noch, ich könnte ein Killer sein, der nach leichtgläubigen Opfern Ausschau hielt. Seine Besorgnis, wenn sie denn echt war, machte ihn extrem verwundbar. Ich erwähnte das, aber es schien ihn nicht zu kümmern. Er war bereit, alles zu tun, was ihn auf die nächst höhere spirituelle Ebene bringen würde. Ich sagte ihm, daß ich, bevor ich über seinen Wunsch nachdenken könnte, vollständige Informationen über seine Religion bräuchte, da es mir seltsam erscheine, daß von ihren Anhängern verlangt werde, sich von echten Vampiren aussaugen zu lassen.

Er war einverstanden, aber ich erhielt diese Informationen nie. Ich war fast erleichtert.

War er nur ein Rollenspieler? Ein Fanatiker? Oder ein ernsthaft Suchender? Ich habe keine Ahnung.

Schließlich begegnete ich in einer dieser Chat-Boxen einem echten Vampyr. Er wünschte eine Begegnung »offline«, und in der Hoffnung auf eine gute Story willigte ich ein. Ich sagte ihm nicht, womit ich beschäftigt war, sondern verabredete mich nur mit ihm.

2

Wie bin ich in all das hineingeraten? Wie verlief meine erste Begegnung mit dem Reich der Vampire, und warum betrieb ich diese Nachforschungen überhaupt? Dies sind unvermeidliche Fragen, also werde ich sie zuerst beantworten, bevor ich mich an die Beschreibung meines Vampyrs mache.

Wie die meisten Teenager las ich Bram Stokers *Dracula,* als ich noch sehr jung war, im Alter von zwölf Jahren. Ich war mit Monsterfilmen groß geworden und von Bela Lugosis Darstellung des aristokratischen Vampirs fasziniert. Ich wollte diesem blutsaugenden Jäger so nah wie möglich sein, allerdings nicht in der Gestalt von Mina oder Lucy. Ich wollte wissen, was er fühlte, wenn er seine Opfer verfolgte. In der Hoffnung, morgens als Vampir aufzuwachen, legte ich mich jeden abend mit auf der Brust gekreuzten Armen schlafen. Ich erzählte jedem, ich sei 403 Jahre alt. Ohne es ausdrücken zu können, ahnte ich, daß in der Erfahrung des Vampirs eine Intensität lag, die mein Leben verändern und mich an etwas teilhaben lassen würde, das weitaus größer war als ich selbst.

In den späten 60ern folgte unweigerlich die Begeisterung für *Dark Shadows* mit dem von Selbstzweifeln geplagten Barnabas Collins und seinen hypnotisierten Frauen. Diese Fernsehserie bot mir die Möglichkeit, jeden Tag etwas Neues über die Existenz eines Vampirs zu erfahren, dessen Wesen in nichts der Darstellung Bram Stokers glich. Er war irgendwie viel menschlicher. Obwohl mir Julia, die Vertraute des Vampirs, gleichgültig war, wünschte ich, an ihrer Stelle zu sein, um den Vampir unendlich viele Fragen stellen zu können. Als ich 1980 Anne Rices *Gespräch mit dem Vampir* in einem Bücherregal entdeckte, griff ich natürlich sofort zu. Allein der Titel war vielversprechend, und die Geschichte versetzte mich in die Person des Vampirs – genau dorthin, wo ich sein wollte.

Und ich war nicht allein. Es schien, als ob sich das kollektive gesellschaftliche Unterbewußte auf den Tag vorbereitete, an dem viele von uns sich ausgerechnet mit dem Monster identifizieren würden, das in den früheren Vampirgeschichten immer als das böse »Andere« vernichtet worden war. Wir begannen zu verstehen, daß wir auch einen Teil unseres Selbst töteten, wenn wir dem Vampir einen Pfahl durch das Herz trieben – einen Teil, in dem vielleicht ein wirklicher Schatz verborgen lag.

Ein Lehrer hat mir einmal gesagt, ein Buch zu lesen sei wie mit seinem Leben zu spielen, weil man nie voraussagen könne, inwiefern es einen beeinflusse. Genauso erging es mir mit Anne Rice und ihrem *Gespräch mit dem Vampir.* Ich wußte zu diesem Zeitpunkt nicht, daß ich eines Tages Bücher über Anne Rice und ihre Romane schreiben würde. Oder daß mir eines Tages Menschen ihren Blutdurst und dessen moralische Konsequenzen offenbaren würden. Alles, was ich wußte, war, daß ich mich in der Welt des Vampirs heimisch fühlte. Louis de Pointe du Lac, ehemals ein kultivierter Aristokrat aus New Orleans, war ein intellektueller Vampir, der sich isoliert und einsam fühlte und der Schwierigkeiten hatte, mit der moralischen und spirituellen Ambivalenz des Universums zurechtzukommen. Darüber hinaus besaß er geheimnisvolle Kräfte und unterhielt zu seinesgleichen eine rastlose, unstete und unberechenbare Beziehung. Kurzum, er war erotisch. Ich las alle Romane von Anne Rice, aber es war Louis, dem ich mich am nächsten fühlte. Ich verstand seine leise Verzweiflung und sein Ringen darum, niemals aufzugeben, auch wenn es in seiner Existenz keinen gesicherten Sinn mehr zu geben schien.

In der Zwischenzeit machte ich meinen Magister in klinischer Psychologie und promovierte in Philosophie, wobei ich mich auf existentialistische Ideen spezialisierte. Während dieser Zeit verlor ich nie meine Faszination für die gespaltene Energie derer, die der Dunkelheit folgen und für den Mythos, der sich dahinter verbirgt.

Nachdem ich Anne Rices dritten Vampirroman *The Queen of the Damned/Die Königin der Verdammten* gelesen hatte, war ich fest entschlossen, eine Biographie der Autorin zu schreiben. Ich wollte herausfinden, wie es ihr gelang, mühelos philosophische Themen mit einem Genre zu verbinden, das in unserer Kultur mit oberflächlicher Lektüre, blutrünstigem Horror, grobgestrickten Handlungen und mittelmäßigem Stil assoziiert wird.

Ich schrieb *Prism of the Night* in Zusammenarbeit mit Anne Rice und fügte dem Buch anschließend den *Vampire Companion* hinzu, einen Leitfaden für die Charaktere, Themen, Orte und Symbole in Rices Romanen. Während dieser Zeit verfaßte ich außerdem einen Aufsatz für *Psychology Today* über die psychologischen Aspekte der Vampirfigur. Darauf wandten sich viele Leute an mich, die glaubten, ich würde mich für ihr eigenes Leben als Vampir interessieren – und dabei handelte es sich nicht immer um die Art von Vampiren, die Anne Rice beschrieben hatte. Ich zog Menschen an, die meine Hilfe benötigten, um sich über Dinge klar zu werden, die sie mehr an der »Normalität« orientierten Therapeuten nicht anzuvertrauen wagten.

Ich begegnete Carol Page, und wir sprachen über ihr Buchprojekt *Bloodlust – Conversations with Real Vampires*. Sie schickte mir einige Auszüge und fragte mich nach meiner Meinung. Nach ihrer Recherche schien es, hauptsächlich in New York und Kalifornien, eine Handvoll von Menschen zu geben, die von sich behaupteten, Blut zu trinken und ein Leben zu führen, das ihrer Meinung nach dem eines Vampirs gleichkam. Unter anderem gab es Jack, der das Blut seines Bruders trank, die Gräfin Misty, die behauptete, ein Pärchen habe versucht, ihre »Vampiraugen« zu stehlen, und einen weiteren Jack, einen Rocker-Vampir aus Chicago. Die Geschichten waren faszinierend und sehr detailliert, und Carol klärte mich über einige Zwischenfälle hinter den Kulissen auf, die mich davon überzeugten, daß diese Vampire ihren Lebenswandel ziemlich ernst nahmen.

Norine Dresser, eine Ethnologin an der UCLA, schrieb im selben Jahr ein Buch mit dem Titel *American Vampires*, in dem sie die Fülle von Vampirfiguren in der Werbung und den Medien aufzeigte und die Wirkung dieser Bilder auf Menschen beschrieb, die angaben, selbst ein Vampir oder in einen Vampir verliebt zu sein. Zu dieser Zeit tauchten Vampire in der Fernsehwerbung auf, um alles von Mundspülungen bis zu Nagellack anzupreisen, sie erschienen in der *Sesamstraße*, auf Cornflakes-Packungen, Schokoladenriegelverpackungen, Postkarten, in Comics, Kochbüchern, Rockvideos und als Sponsoren für Blutbanken. Es gab sogar ein Grammatikbuch mit dem Titel *The Transitive Vampire*. Norine Dresser dokumentierte auch die weitläufige *Dark-Shadows*-Anhängerschaft mit ihren Rundschreiben und Versammlungen. Sie verteilte Fragebögen, und von 574 Teilnehmern gaben 27 Prozent zu, an die Existenz von Vampiren zu glauben. (Ich schätze, daß dieser Anteil heute noch höher ausfallen würde).

Bald darauf traf ich Jeanne Youngson, Schriftstellerin und Präsidentin des Graf-Dracula-Fanclubs, und Eric Held, der seit 1979 eine Zeitung mit Austauschmöglichkeiten herausgab und die Börse für Vampirinformationen (VIE) leitete. Beide verschafften mir Zutritt zu einer kleinen, aber wachsenden Subkultur von Vampirfans, und ich besuchte Jeanne Youngsons hervorragendes Dracula Museum. Sie berichtete, ihr Fanclub umfasse mehrere tausend Mitglieder, von denen allerdings viele Studenten seien, die den *Dracula*-Roman auf seinen literarischen Gehalt untersuchten. Sie bot Reisen für jene an, die zu den Originalschauplätzen in England und Rumänien reisen wollten.

Ich fand das Netzwerk für Vampirbrieffreunde und die Gesellschaft für Vampirstudien. Interviews mit Vampiren wurden von dem Verlag Unquiet Grave angeboten, und Vampiric Esoteric Encounters versprach mir (und jedem anderen Kunden) die Begegnung mit selbsternannten Vampiren und unterhielt eine Art Kontaktbörse für Untote. Ein Buch bot sechs einfache Lektionen an, mit deren Hilfe man zum Vampir werden konnte. Und ich erfuhr von Stephan Kaplan, der das Vampire Research Center leitete und behauptete, seit 1981 überall in Amerika echte Vampire aufgespürt zu haben. Seine Versuche, den Beweis anzutreten, daß sogar der amerikanischen Regierung Vampire angehören (nicht besonders überraschend), grenzten an Fanatismus; er forderte sogar finanzielle Unterstützung der Regierung bei einer Studie, die mit Hilfe eines 99 Fragen umfassenden Fragebogens die exakte Anzahl der Vampire im Kongreß feststellen sollte. Ich zweifelte, ob echte Vampire, die ein Land regierten, eine so feindselige Umfrage beantworten würden. Aus welchem Grund sollte ein Senator auch sagen »Ja, ich bin ein Vampir und trinke das Blut meiner Opfer«? Als Vampirologe behauptete Kaplan, mit Sicherheit landesweit 50 oder 60 echte Vampire und weltweit etwa 500 nachweisen zu können. Der durchschnittliche männliche Vampir ist demnach 1,80 Meter groß, hat blaue Augen und braunes Haar; der gewöhnliche weibliche Vampir ist etwas kleiner mit grünen Augen und blondem Haar. (Diese Angaben variieren je nach Bericht.)

»Menschen, die sich selbst als Vampire bezeichnen, sind schwer im Kommen«, wiederholte Kaplan immer wieder – und behielt am Ende recht. Obwohl er ein paar Jahre später starb (nicht durch den Angriff eines Vampirs), wurde seine Arbeit von anderen fortgesetzt, und jüngsten Schätzungen zufolge zählen sich etwa 10.000 Mitglieder zum harten Kern der Vampirgemeinschaft; die Anzahl der Interessierten an der Peripherie ist ungefähr zehnmal so hoch. Kaplan schrieb ein Buch mit dem Titel *Vampires Are*, in dem er seine zahlreichen Begegnungen mit Vampiren schilderte. Beispielsweise den erstaunlichen Fall von Elisabeth, die behauptete, 493 Jahre alt zu sein. Kaplan berichtete auch von dem Versuch, eine seiner Mitarbeiterinnen zu beißen, um herauszufinden, ob diese Erfahrung wirklich so sinnlich und befriedigend sei, wie seine ungewöhnlichen »Kunden« behaupteten. Nachdem er sich eine Weile abgemüht hatte, um ihre Haut zu durchbeißen, entschied er, daß an dem salzigen Geschmack des warmen Blutes nichts Erregendes sei, und das Opfer selbst empfand die Erfahrung nicht im mindesten als erotisch.

Aus all diesen Gesprächen lernte ich, daß viele Vampire sich intensiv mit dem Mythos beschäftigten, so intensiv, daß sie ihre Zähne zu rasiermesserscharfen Waffen schliffen, in Särgen schliefen, nur bei Nacht lebten, die Sonne mieden und sich stets in Schwarz hüllten. Einige kannten sich untereinander und bildeten kleine Gruppen, um heimlich Blut zu trinken. In manchen dieser Gruppen sind sogar Rituale entstanden, die es den Mitgliedern erlauben, ihren Blutdurst zu befriedigen, ohne sich dabei wie Ausgestoßene zu fühlen. Da Aids eine wachsende Bedrohung der Vampirgemeinschaft darstellt, sind diese »Blutzirkel« darüber hinaus eine praktische und sichere Einrichtung.

Mich faszinierten vor allem die aktuellen Beispiele für den Vampirismus. Es handelte sich um erwachsene Menschen, die niemandem schadeten und in ihrem Wunsch übereinstimmten, wie ein Vampir zu existieren. Sie forderten, daß der von ihnen gewählte Lebensstil, genau wie der jeder anderen Minderheit, toleriert werde. Sie verteidigten sich sogar in Talkshows, und ich sah, wie sie vor einem entsetzten Publikum auseinandergenommen wurden. Im gleißenden Bühnenlicht sahen sie extrem ungesund aus. Man drängte sie ständig in die Defensive und stellte sie als Satanisten dar, die kleine Kinder rauben und auffressen. Keine schöne Vorstellung – und das bereits zu einer Zeit, bevor Talkshows endgültig zur idiotischen Zurschaustellung eines verstörten Amerika verkamen. Offensichtlich begriff niemand, daß die Vampire nicht gefährlich waren. Ich entwickelte eine gewisse Sympathie für sie, obwohl ich persönlich nichts Reizvolles im Genuß von Blut erkennen konnte. Ich war damals in der Vampirsubkultur noch nicht so bewandert, aber ich wußte genug, um zu begreifen, daß die verzerrte Darstellung der Medien unvermeidlich war. Diese Menschen bekannten sich zu Dingen, die die Normen der Normalbürger verletzten.

Ich interessierte mich dafür, wie Menschen diese Lust auf Blut entwikkeln konnten, aber ich war froh, daß ich nicht – wie Carol Page – mit einem Mann wie James Riva sprechen mußte, der seine Großmutter mit goldenen Kugeln erschossen hatte, um ihr Blut zu trinken. Eigentlich interessierte ich mich mehr für die fiktionalen Vampire. Um so mehr, als mir Carol gestand, daß sie sich ihrem Untersuchungsgegenstand weiter als zunächst beabsichtigt angenähert hatte. Sie hatte nur ein Buch schreiben und nicht allen möglichen Leuten die Beichte abnehmen wollen.

Doch dieser Aspekt interessierte mich schon eher. Wenn es stimmte, daß Vampire einem auf der Suche nach Hilfe ihre dunkelsten Geheimnisse anvertrauten, um sich selbst über diese Dinge klar zu werden, so wollte ich doch einen tieferen Blick in ihre Welt wagen.

Bald darauf las ich über einen Fall des Psychiaters Robert McCully von der Medizinischen Fakultät der University of South Carolina. Er beschrieb einen Jugendlichen, der seine Halsschlagader geöffnet und versucht hatte, das hervorspritzende Blut so zu lenken, daß er es mit dem Mund auffangen konnte, um so sein eigenes Blut zu trinken. Diese Form des Autovampirismus war für ihn sehr erotisch. Um ihn zu verstehen, recherchierte McCully die Vampirlegenden alter Kulturen und kam zu dem Ergebnis, daß »ein in Vergessenheit geratener Archetyp sich aus dem dunklen Abgrund der Vergangenheit gelöst und vom modernen Menschen Besitz ergriffen hat«. Er argumentierte, daß der Vampir seit den Anfängen der Geschichte Teil der »psychischen Substanz« der Menschheit sei. Einerseits eröffne das Versprechen des Vampirs auf Erneuerung einen Weg der Verwandlung, andererseits kann der dunkle Jäger nur auf Kosten seines Opfers überleben.

Ich schrieb McCully, und er berichtete mir, er glaube, der Grund für das wachsende Interesse an Vampiren seit den späten 80er Jahren liege darin, daß unsere Kultur die dunklen Seiten des Menschen nach außen verlagere. Daß wir *die* Seiten unseres Selbst, unseres Menschseins, die wir unterdrücken wollen, nach außen projizieren. »Der Vampir ist ein deutliches Symbol der sadomasochistischen Seite des Bösen«, schrieb er über die ausgeprägten sexuellen Aspekte der Vampirfigur. Kollektive Bewegungen sind wie individuelle Obsessionen, und die Form, die eine solche Besessenheit annimmt, hängt davon ab, in welcher Weise die unbewußten Elemente aktiv werden. Gerade das, was wir *nicht* sehen, bestimmt den Fluß der psychischen Energie. Das wachsende Interesse an Vampiren hängt mit einer gewissen Blindheit unserer Kultur zusammen, die sich selbst nicht erkennt.

Ich sollte diese Beobachtungen nicht vergessen. Sieh dir nicht die Vampire selbst an, um sie zu verstehen, sieh dir den Nährboden an, aus dem sie kommen.

Ich war mir nicht sicher, was das bedeuten mochte, aber es war klar, daß die Faszination für Vampire weit verbreitet war und sogar noch weiter wuchs. Was also fanden die Menschen so anziehend an Vampiren? Offensichtlich hatte es etwas mit dieser unwirklichen Figur zu tun, deren sexuelle Anziehungskraft aus Geheimnis, Macht und Sinnlichkeit resultiert. Und es hatte etwas mit Blut zu tun. Blut repräsentiert Leben, Verbundenheit, Wärme und Verwandschaft. Der Verlust des Blutes ist der Verlust des Lebens. Blut zu teilen bedeutet, einen Bund einzugehen. Angst läßt das Herz schneller schlagen – Schläge, die sich durch den ganzen Körper fortsetzen. Die Adern pulsieren, das Blut kocht. Der Vampir ist die perfekte Verkörperung von gefährlichem Sex.

Ich fragte einige Horrorschrifsteller, was sie über Vampire dachten, da sie es schließlich verstanden, ihre Leser zu fesseln. Stephen King, der 1975 den Vampirroman *Salem's Lot/Brennen muß Salem* geschrieben hatte, meinte: »Vampire leben ewig. Sie haben keinen festen Job und müssen sich keinen Arbeitszeiten unterwerfen. Sie sind die ganze Nacht unterwegs und schlafen den ganzen Tag. Sie haben eine starke sexuelle Natur. Impotenz ist keine Bedrohung für sie, da ihre sexuellen Bedürfnisse ausschließlich oral sind. Aus diesem Grund sind Vampire gerade für Jugendliche interessant, die sexuell noch unsicher sind und am liebsten jede Nacht feiern wollen.«

»Vampire sind die Verbindung zu einer anderen, alten Epoche«, erklärte Robert R. McCammon, der Autor des Klassikers *They Thirst*. »Aber sie verfügen auch über eine fast grenzenlose Kraft. Ich glaube, das gefällt den meisten Menschen.«

Ellen Datlow, die in einem Sammelband mit dem Titel *Blood is not Enough* eine Reihe von Vampirgeschichten zusammengetragen hat, erklärte ihre Sicht so: »Vampire haben immer Sexualität und Macht verkörpert, eine unwiderstehliche Mischung. In den letzten Jahren hat sich der Vampir in der Literatur und im Film von einer Kreatur, die vollständig von ihren Instinkten und ihrer Blutgier beherrscht wird, zu einem komplexen Wesen mit einem komplizierten Innenleben entwickelt. Der Vampir ist zu einer romantischen Figur geworden, manchmal böse, manchmal heroisch.«

Für Anne Rice hat die Anziehungskraft des Vampirs eine spirituelle Qualität. »Ich glaube, daß der Vampir eine romantische, aufregende Figur ist. Er ist ein Wesen, das niemals stirbt und das ein Blutopfer braucht, um zu überleben und die Menschen zu verzaubern. Er ist eine gutaussehende, verführerische, anziehende Person, die uns gefangennimmt und uns dann das Leben aussaugt. Wir sehnen uns danach, Vampire zu sein, und die Vorstellung, sich einem Vampir zu opfern, ist sehr romantisch.«

3

Meine Beschäftigung mit Vampiren ging nur schrittweise über das Stadium hinaus, in dem ich über Romane schrieb und Schriftsteller interviewte. Ich traf jemanden, der meine Bücher gelesen hatte und sich mit mir darüber unterhalten wollte. Oder ich bekam Briefe. Meistens umfaßte ein solcher Austausch mehrere Briefe, aber ich archivierte sie alle und begann mehr und mehr über das wachsende Interesse unserer Kultur an dunklen Bildern nachzudenken. Hauptsächlich über das Bild des Vampirs. Ich diskutierte das Thema mit Anne Rice, aber sie interessiert sich mehr für den Mythos als für die Menschen, die Vampirismus praktizierten. In dieser Sache war ich auf mich selbst gestellt. Ich sprach mit Psychologen, aber die gerade erst entstehende Vampirszene verhielt sich größtenteils noch recht ruhig. Anne Rice wurde als Bestsellerautorin bekannt, aber das beeinflußte nicht unbedingt diejenigen, die Vampire *sein* wollten – oder deren Opfer.

Ich las alle Bücher, die zu dem Thema erschienen, sah zahlreiche Filme, sammelte mehr Briefe und dachte darüber nach, worum es bei all dem ging.

Allmählich jedoch vollzog sich eine Wandlung. Etwa 1991 brachte White Wolf ein Vampirspiel, *The Masquerade*, auf den Markt. Die Firma schickte mir ein Exemplar. Es war aufwendig gestaltet und bot Vampirclans, Legenden und Spielregeln. Das beliebte Spiel *Dungeons and Dragons* war aus der Mode gekommen, und *The Masquerade* war eine wundervolle Neuerscheinung im Bereich des Phantastischen. Die Spieler konnten die Identität eines Vampirs annehmen, und das nicht nur im Internet oder in ihrer Vorstellung, sondern mit ihrer ganzen Person. Sie konnten in jedes erwünschte Kostüm schlüpfen, da das Spiel alle historischen Epochen abdeckte. Außer den Spielregeln selbst gab es keine Beschränkungen für das, was man sich allein oder mit anderen ausdachte. Das Spiel wurde nicht nur in den USA, sondern weltweit ein phänomenaler Erfolg.

Unabhängig davon, ob sich die Spieler immer schon für Vampire interessiert hatten oder nicht, konnten diese durch das Spiel viel über Vampire lernen. Es fügte der Figur des Vampirs neue Dimensionen hinzu und paßte sie den Bedürfnissen einer neuen Generation an. Anne Rice wurde immer populärer, genau wie andere Schriftsteller, die den Vampir vor einem historischen Hintergrund präsentierten, und dies wiederum inspirierte die Vorstellungen der Spieler. So entstand eine Art Kreislauf.

So mancher Spieler, der die Rolle des Vampirs übernahm, fand Geschmack an dem Gefühl der Macht und wollte dieses Gefühl auch im richtigen Leben auskosten. Einige hörten auf zu spielen und begannen ihr Leben als »echte« Vampire; andere, die das Spiel nie gespielt hatten, aber seine Möglichkeiten schätzten, konnten sich nun den Gleichgesinnten offenbaren und eingeschworene Zirkel bilden und Hexensabatte abhalten. Phantasie und Realität vermischten sich, die Unterschiede zwischen den einzelnen Gruppen verschwammen; gleichwohl wurden sie von den Puristen streng gewahrt. Es kam sogar hin und wieder zu Fehden.

Währenddessen nutzten die echten Vampire das Interesse der Medien an den kostümierten und weißgepuderten Vampirdarstellern, die sich mit falschem Blut beschmierten, um ihren eigenen Aktivitäten ungestört nachgehen zu können. Woher ich das weiß? Ein paar von ihnen haben es mir erzählt.

Kurzum, die Vampirsubkultur hat sich im Lauf nur eines Jahrzehnts entwickelt. Die kleine Schar von Einzelgängern, die ein Journalist in Queens, New York, entdeckt und in seinem Archiv dokumentiert hat, ist zu einer unüberschaubaren Menge von Menschen angewachsen, die ihrer Liebe zu den Vampiren in den verschiedensten Formen nachgehen. Mir bot sich die Möglichkeit, die vielfältigen psychologischen Aspekte in ihren verschiedene Ausformungen zu untersuchen, die alle ihre eigene Bedeutung hatten und von denen keine notwendigerweise besser oder schlechter als die andere war. Susan Walshs Verschwinden bot mir einen perfekten Anlaß, mich noch weiter auf dieses Thema einzulassen, und ich entschloß mich, Orte aufzusuchen, an denen ich niemals zuvor gewesen war. Ob jemand wirklich Blut trank oder nur darüber las, wie andere Blut tranken, ob jemand einen hypnotischen Einfluß auf andere ausüben wollte oder sich lieber selbst einer solchen Macht unterwarf, ob sich jemand nur am Wochenende in einen Vampir verwandelte und den Rest der Woche ein normales Leben führte, oder ob jemand jeden Atemzug seines Lebens als Vampir erleben wollte – das machte keinen Unterschied für mich. Ich wollte *alle* Geschichten von Vampiren und ihrer Beute, von Opfern, Experten und Chronisten, Vampirjägern, Lesern, Schriftstellern, von Musikern, Zauberern und Stripperinnen, den *Femme fatales*, Dominas, Rollenspielern, Kriminellen, Diven, von Unternehmern, Fetischisten und allen anderen, die einen Teil der Vampirsubkultur bilden. Wie jede Subkultur ist die Vampirszene sehr vielfältig, und wer glaubt, sie beschränke sich auf das, was an Halloween im Fernsehen gezeigt wird, verkennt die zahlreichen und komplexen Ausdrucksformen, die die Figur des Vampirs in den letzten Jahren angenommen hat.

Das also war der Anfang. Und als ich begann, Susan Walshs Spur zu folgen, entdeckte ich Dinge in dieser Subkultur, die ich niemals für möglich gehalten hätte.

4

Aber zurück zu meinem Offline-Treffen. Ich nenne ihn Diogenes, da er von sich sagte, er suche nach einer »echten« Erfahrung. Ich war mir nicht sicher, was er damit meinte, aber es schien darum zu gehen, immer hart an der Grenze zu leben. Ich war ihm als Malefika begegnet und hatte ihm mitgeteilt, daß ich etwas über die Vampirerfahrung herausfinden wollte. Er lud mich zu einer Prüfung ein. Diogenes wohnte in Manhattan, was die Angelegenheit vereinfachte, aber ich bestand trotzdem darauf, daß wir uns zunächst an einem sicheren Ort trafen. Er schlug ein Restaurant vor, da er die Gothic-Clubs mied. Zu laut, meinte er, und nicht die Szene, die er mochte.

»Wie erkenne ich dich?« fragte ich ihn.

»Ich habe langes, schwarzes Haar«, antwortete er. »Und zwar naturschwarz.« Er lachte, denn in der Vampirszene färben sich mehr Leute die Haare schwarz als in der »normalen« Welt, wo blond beliebter ist. »Ich bin etwa zwei Meter groß. Aber ich werde dich schon erkennen. Ein neugieriger Mensch unterscheidet sich vom Rest der oberflächlichen Welt.«

Am vereinbarten Tag begab ich mich um neun Uhr abends in das

Restaurant. Diogenes war nicht da. Ich wandte mich um, um draußen auf ihn zu warten. Er stand direkt hinter mir. Er war groß, und als er lächelte, sah ich seine langen Zähne.

»Die sind echt«, erklärte er.

»Du hast einen Zahnarzt, der bereit gewesen ist, *das* zu tun?« staunte ich.

Er lächelte nur, als wollte er sagen »Wie bequem es in diesen Tagen doch ist, einfach in ein Rollenspielkostüm zu schlüpfen«; seine Augen waren sehr dunkel, fast schwarz, aber ich wußte nur zu gut, daß es Kontaktlinsen gibt, um diesen Effekt zu erzielen. Seine Stimme war kehlig, tief und bestimmend. Ich schätzte ihn auf 25, vielleicht 30. Er war ganz in Schwarz gekleidet – schwarze Jeans und ein schwarzes Hemd, das bis zur Hälfte aufgeknöpft war und seine glatte Brust enthüllte. Auf seinem Gesicht zeigte sich der Schatten eines Bartes. Wenn irgend jemand zum Vampir geboren war, dann dieser Typ.

Wir setzten uns einander gegenüber an einen Tisch in einer etwas dunkleren Ecke. Seine Hände ruhten auf der Tischplatte. Ich zog einen Block hervor, um mir Notizen zu machen. »So nicht«, sagte er.

»Aber ich will alles richtig verstehen«, gab ich ihm zu verstehen.

»Du wirst alles erfahren«, erwiderte er.

Ich zuckte mit den Schultern. Nachdem ich ihm gesagt hatte, daß ich mehr über seine Vampirexistenz wissen wollte, eröffnete er mir: »Meine Mutter war ein Vampir.«

»Ein echter?«

»Was heißt schon echt? Sie liebte Vampirgeschichten und hat sich von ihren Kindern genährt. Ich habe es von ihr gelernt.«

»Ein Psychovampir also?«

Er zuckte die Achseln. »Wie auch immer.«

»Und dein Vater?«

»Der war meistens im Gefängnis, für das eine oder andere Verbrechen. Was wir in Ordnung fanden, denn wenn er da war, hat er seine Wut an uns ausgelassen.«

»Uns ...?« hakte ich ein.

»Ich habe eine Schwester. Sie ist kein Vampir. Sie ist Krankenschwester.«

Er fuhr fort, von seiner Kindheit zu erzählen, die nicht besonders spektakulär war und der er mit Hilfe von phantastischen Büchern zu entfliehen versucht hatte. Es erschien mir interessant, daß er mich nicht davon zu überzeugen versuchte, daß er 600 Jahre alt, gegen alle Krankheiten immun sei und fliegen könne. Es hatte den Anschein, als wäre seine Vampirexistenz nicht von Übernatürlichem umgeben, sondern bilde einen Teil seines wirklichen Lebens. Er erzählte mir, wie er im Alter von zehn Jahren zum ersten Mal Blut gekostet hatte, wie er und ein Freund sich die Pulsadern aufgeschnitten hatten, um Blutsbrüderschaft zu schließen, und wie er gespürt hatte, wie sehr ihm das gefiel. Seit damals praktizierte er diesen Akt mit allen Menschen, zu denen er eine tiefere Beziehung aufnahm, bis er einen kleinen Zirkel gebildet hatte. Dessen Rituale wollte er nicht beschreiben und gab an, das sei etwas, das ich selbst erleben müßte.

Während er sprach, blieb sein Blick unbeweglich. Es schien, als würde seine Iris nur aus einer schwarzen Pupille bestehen. Ich war mir sicher, daß er keine Schwierigkeiten hatte, Sexpartner zu finden, denn sexuelles Begehren zeigt sich an der Vergrößerung der Pupille, und er wirkte, als sei er stets bereit. Außerdem war er attraktiv. Sehr attraktiv.

Nach etwa einer halben Stunde beendete er seine Erzählung und fragte: »Würdest du mich dein Blut trinken lassen? Dann wüßtest du, wie es ist. Wir können irgendwo hingehen. Jetzt sofort.«

Okay, jetzt wurde ich also zum ersten Mal mit dieser Frage konfrontiert. Aber ich war noch nicht soweit.

»Woher willst du wissen, daß es sicher ist?« fragte ich, um ihn hinzuhalten.

Er schnaubte verächtlich. »Was macht das schon? Hast du etwa Angst? Ich habe gedacht, du willst etwas über das wahre Leben erfahren.«

»Ich bin mir noch nicht sicher, ob ich das wirklich tun will. Vielleicht bist du auch nicht der richtige Vampir. Kann ich dir nicht erst einmal dabei zusehen?«

Während er darüber nachdachte, starrte er mich unentwegt an.

»Wenn du mehr wissen willst, dann komm mit mir zum westlichen Ende des Tompkins Square Parks. Ich zeige dir dann, wo ich … sagen wir mal, mich berausche.«

Tompkins Square Park. Da, wo die obdachlosen Vampire hausen. So hatte ich es zumindest gehört. Ich fragte mich, ob er einige von ihnen kannte und ob er mich zu ihnen führen wollte. Er war selbst offensichtlich nicht obdachlos, aber wer konnte schon sagen, was für Leute er kannte?

Er schlug ein Treffen in einigen Wochen vor, erhob sich und verließ das Restaurant mit einem vagen Lächeln.

Ich wußte, daß ich ein wenig Zeit gewonnen hatte, um mehr über dieses Ritual zu erfahren, bevor ich ihm wieder begegnen würde. Ich war erleichtert, daß wir uns nicht sofort trafen. Tatsächlich sollte ich durch die Begegnung mit anderen Vampiren eine ganze Menge auf völlig anderen Wegen herausfinden, bevor ich Diogenes wiedersah.

Kapitel drei

Vampire online

1

Ich überbrückte die Zeit bis zu meiner nächsten Verabredung mit Diogenes, indem ich weiter die Vampir-Quellen im Internet erkundete. Bei meiner ersten Recherche war ich erstaunlicherweise auf über 30.000 Web Sites gestoßen, die Vampire erwähnten. Es gab Chat-Lines, Magazine, Geschichten, Essays, internationale Web Sites, Kataloge, Führer sowie Links zu Spielen und Diskussionsforen mit Autoren. *Dark Shadows*. *Dracula*. Anne Rice. *Forever Knight*. Buffy. Vampirella ... alles da. Ich arbeitete mich durch zahllose Sites hindurch und fand unzählige Wiederholungen, doch es gab auch ein paar bemerkenswerte.

Die Web Site von Virgil Green stellte eine Auflistung aller Arten von Vampiren zur Verfügung. Sie umfaßte die »Infizierten«, echte Menschen, die von sich glauben, Vampire zu sein, jene, die einem Kult angehören, »Kultisten« oder »Mystiker des Blutes« genannt, die »Verdammten«, die aufgrund ihres schlechten Lebens zum Vampir werden, die »Verführten«, die durch einen anderen Untoten zum Vampir werden, die »Opfer«, die automatisch zum Vampir werden, die »Kranken«, die sich mit verseuchtem Blut infizieren, »Mutanten«, »Aliens« und schließlich jene Vampire, die durch wissenschaftliche Experimente oder Zauberkraft erschaffen werden.

Eine »Nosferatu«-Site bot Daten über Gothics an, die »Black Pages«, sowie Links zu anderen Gothic-Sites, Vampirromanen, Musik und Gedichten, zu einer »Nekrophilen«-Homepage, einer »Nightmare-Factory«, einen Link zur »Dark Side of the Net« und eröffnete diverse andere »Tore zur Finsternis«.

Mir gefiel besonders eine Web Site, die einen »Vampirtest« anbot, bei dem ein wirklicher Vampir möglicherweise nicht die ganze Punktzahl erhalten würde, »aber sie sollte hoch sein«. Zu den 100 aufgeführten Fragen zählten beispielsweise »Ziehen Sie die Nacht dem Tag vor?«, »Sehen Sie gerne Blut?«, »Wurden Sie vor mindestens 120 Jahren geboren?«, »Sind Sie je von einem Vampir gebissen worden?«, »Haben Sie sich je überlegt, eine Blutbank auszurauben?«, »Fühlen Sie sich nach dem Aufwachen wie vom Tode auferstanden?«, »Sind Sie schon einmal beerdigt worden?«, »Finden Sie häufig Blutflecken auf Ihren Kleidern?«.

Nach meinem Dafürhalten hatte man, wenn man kein Vampir war und diese Fragen dennoch mit »Ja« beantwortete, ein echt großes Problem!

Falls man eine hohe Punktzahl erreichte, sich selbst aber noch nicht für einen richtigen Vampir hielt, konnte man einen weiteren Test machen: »Wie anfällig sind Sie dafür, ein Vampir zu werden?«. Erzielte man hier eine hohe Punktzahl, war man vielleicht ein Vampir, ohne es zu wissen. Sicherheitshalber machte ich den Test erst gar nicht.

Mehr als nur eine Handvoll Web Sites versprach »die ganze Wahrheit über Vampire«. Ich fand einen langen Aufsatz über den modernen Vampir, in dem der Autor nachdrücklich versicherte, Vampire könne man *überall* finden: im Bus, als Lehrer unserer Kinder, im Supermarkt – vielleicht sogar im eigenen Heim und im Freundeskreis. Vampire lauern nicht in der Nacht, jagen Menschen und beten den Teufel an. Sie trinken nicht einmal Blut. Ganz im Gegenteil, die meisten Vampire sind sehr fürsorglich und mitfühlend.

Eigentlich hatte ich diese Auffassung ignorieren wollen, doch sie erwies sich als beispielhaft für die vielen neuen Ideen, die einen echten Umbruch innerhalb der Jugendkultur belegten, was Vampire anbetraf. Die Figur des Vampirs veränderte sich. Immer wandelbar, bot er seinen Anhängern der neuen Generation neue Möglichkeiten und Alternativen. Vampire konnten jetzt am Tage leben, essen, ohne Blut überleben, Knoblauch vertragen, Seelen stehlen und eine Menge Dinge tun, die bisher unmöglich für sie gewesen waren. Vampire waren gefühlvoll! Einige glaubten sogar, Vampire seien nicht einmal unsterblich und könnten anstekkende Krankheiten bekommen. Dies waren völlig neue Merkmale, so daß ich den guten alten Blutsauger kaum wiedererkannte. Ich war nicht sicher, ob mir diese Veränderungen gefielen, aber ich entschloß mich, meine Vorurteile abzulegen und über ihre Bedeutung nachzudenken.

Eine weitere Web Site listete alle Eigenschaften des Vampirs auf: biologische, spirituelle, physische und mentale. Nachdem ich mich durch dieses ganze Material gekämpft hatte, las ich auf einer weiteren Site das genaue Gegenteil. Mittlerweile war ich völlig verwirrt und wußte nicht mehr, wodurch sich ein »echter« Vampir auszeichnen sollte. Ich hoffte, einem solchen zu begegnen, um ihn selbst interviewen zu können. Ich dachte an Diogenes und fragte mich, ob er meine Neugier befriedigen konnte, wenn ich ihn wiedersah.

Ich glaubte mittlerweile zu wissen, wie man einen Vampir online in ein Gespräch verwickelt, und als Freunde mich herausforderten, bewies ich es ihnen. Eines Abends trafen wir uns in einem Online-Café, das sich Realvamps nannte. Innerhalb kürzester Zeit stieß ein weiblicher Vampir zu uns und behauptete, nur mit einigen wenigen ihrer Art bekannt zu sein. »Vampire erkennen einander«, erklärte sie uns. »Wir haben einen Geruch, den andere nicht haben. Er ist ein wenig wie Moschus.« Na also, hier lernten wir doch etwas. Sie fügte hinzu, daß Vampire essen (alles außer Schmelzkäse), daß Vampirblut viel besser als menschliches Blut schmeckt, etwa wie ein guter Wein verglichen mit einem billigen. Vampir zu sein, berichtete sie, sei ein genetischer Fehler, aber einer, der körperlich nicht sichtbar sei. »Meine Fangzähne kann man nicht sehen, außer wenn ich es will«, fuhr sie fort. Außerdem gestand sie, daß es Tage gab, an denen sie sich wünschte, kein Vampir zu sein. Sie erklärte, daß die Romanautoren ein falsches Bild von Vampiren hätten, beispielsweise daß Vampire unsterblich seien und sich in Fledermäuse verwandeln könnten. Dann mußte sie gehen. Wir wollten gerade abbrechen, als ein Vampir mit dem Namen 8rats zu uns stieß. Ich überließ es meinen Freunden, sich mit ihm zu unterhalten.

Es gab also eindeutig mehr Menschen, die von sich behaupteten, Vampire zu sein und die den ganzen Hintergrund kannten, als noch vor zehn Jahren. Sie brauchten den übernatürlichen Rahmen nicht mehr, aber sie wollten wie Vampire leben. Es war meine Aufgabe, ihren Erzählungen zuzuhören und sie ernst zu nehmen, auch wenn mir manche Dinge unlogisch oder sogar albern vorkamen. Aber es war nichts Lächerliches an den inneren Bedürfnissen, die sie auf diesen Weg geführt hatten.

2

Ich erfuhr kurz darauf von Liriel McMahons Forschungsinstitut für Vampirismus (VRI) in Seattle, Washington. McMahon hatte sich bereits mit ihrem Buch *Something in the Blood* einen Namen gemacht, das sie mit Jeff Guinn und Andy Grieser zusammen geschrieben hatte. Sie war 26 Jahre alt, hatte als Computertechnikerin gearbeitet und nannte sich eine »Autodidaktin in Sachen Einfachheit«. Seit einigen Jahren gab sie das *Journal of Modern Vampirism* heraus.

Nach den Informationen auf ihrer Web Site stellte sie mit Fragenbögen, Interviews und Briefwechseln Untersuchungen an und wertete ihre Informationen mit Hilfe von Graphologie, Psychologie und Astrologie aus. »Zusammengefaßt kann man sagen, daß das VRI jede Methode oder Quelle nutzt, die Fragen nach dem Pseudovampirismus beantwortet.« Das bedeutete, daß sie sich nicht mit mythologischen Wesen beschäftigte, sondern mit Menschen, deren »Verhalten von vampiristischen Eigenschaften gekennzeichnet ist: Blutsaugen, psychisches oder emotionales Aufzehren anderer, eine Vorliebe für die Nacht oder die Dunkelheit usw.«

Ich trat in Kontakt mit ihr, und sie fand sich bereit, mir einige Fragen zu beantworten.

»Ich möchte gerne wissen, warum Sie diese Organisation gegründet haben«, begann ich. »Was können Sie mit den Nachforschungen anfangen, die Sie bisher durchgeführt haben?«

»Es ist ganz einfach«, erklärte sie. »Ich habe aus Neugierde mit dem VRI angefangen. Ich glaube, begonnen hat alles mit einer Taschenbuchausgabe von *Vampires Among Us*. Ich wollte mir etwas von meinem ersten selbstverdienten Geld kaufen, da ist mir dieses Buch aufgefallen. Es stand in der Sachbuchabteilung, und ich habe gedacht ›Was soll das denn sein? Ein ernsthaftes Buch über Vampire?‹ Ich habe es genommen und sofort zu lesen angefangen, und nach einer Weile habe ich gedacht ›Das kann ja wohl nicht wahr sein. Ich bin nicht die einzige!‹ Nachdem ich also herausgefunden hatte, daß ich mit meinem Wunsch, ein Vampir zu sein, nicht allein war, kam ich auf die Idee, mehr über den Vampirismus herauszufinden. Anne Rices Vorstellung des *Talamsca* hat mich stark beeinflußt – ›Wir sammeln Informationen, wir stimmen sie ab, wir finden Verbindungen heraus und speichern Informationen‹ –, aber auch die Arbeit von Colin Wilson und Umberto Eco. Im September 1991 habe ich die Gründungserklärung des VRI geschrieben, mit Kugelschreiber auf liniertem Papier, und sie mir ins Schlafzimmer gehängt. Seit damals recherchiere ich.«

Ich konnte erkennen, wie ernst sie ihre Sache nahm. »Was fangen Sie mit Ihren Nachforschungen an?« erkundigte ich mich.

»Die Informationen, die ich gesammelt habe, geben wichtige Einblicke in den Bereich Vampire und Vampirismus. Ich denke, das VRI kann allen nützlich sein, die ernsthafte Vampirfans sind, außerdem Opfern von Vampirismus und vor allem selbsternannten Vampiren.«

»Wie sind Sie auf die Fragen für Ihre Untersuchung gekommen?«

»Sie schienen mir einfach angemessen.«

Ich fand es amüsant, daß sie das so selbstverständlich fand. Wie kann man bestimmen, was in bezug auf Vampire oder deren Opfer »angemessen« ist? Sie schien sich so sicher zu sein. Sie hatte sich offensichtlich noch nicht im Internetdickicht widersprüchlicher Informationen über Vampire verheddert.

»Bevor ich das VRI gegründet habe«, fuhr sie fort, »war ich Mitglied eines Duran-Duran-Fanclubs aus Wisconsin, ich glaube er hieß Secret Society of the 7th Stranger. Zu den Clubnachrichten gehörte ein Fragebogen, und ich fand es interessant, wie verschieden die Antworten auf dieselben Fragen ausfielen. Ich habe das Format etwas geändert, und mit der Hilfe von Dr. Jeanne Youngson und einigen anderen daraus meinen ersten eigenen Fragebogen gemacht.«

Mich interessierte vor allem ihre Wortwahl. »Glauben Sie nicht, daß die Leute das Wort ›pseudo‹ stört? Ich weiß ja, was Sie meinen, aber hat es nicht einen etwas abschätzigen Beigeschmack?«

»Oh, ich glaube schon, daß einige selbsternannte Vampire sich an dem Wort stören, und ich habe hin und her überlegt, ob ich es benutzen soll oder nicht. Aber es hat mit Leuten, die mit mir in Kontakt getreten sind, einige Mißverständnisse darüber gegeben, was genau ich denn untersuchen würde. Ich untersuche ja keine echten Vampire, also Untote, Nachtkreaturen, die Blut trinken, um zu überleben. Ich recherchiere im Gegenteil über Vampirismus, es geht also um Leute, die behaupten, Vampire zu sein und die wie Vampire leben, aber eindeutig lebendig sind.«

Ihre realistische Herangehensweise gefiel mir: Wenn du untot bist, brauchst du gar nicht erst bei mir anzuklopfen! »In Guinns Buch steht, daß Sie sich selbst für einen Pseudovampir halten. Ist das wahr?«

»Zumindest früher mal. Ich war damals 15, und ich fing an, mich für die Idee zu begeistern, ein Vampir zu sein, nachdem ich *The Vampire Lestat/Der Vampir Lestat* (von Anne Rice) gelesen hatte. Ich habe in meinem Schlafzimmer gesessen, bei Kerzenlicht in mein Tagebuch geschrieben und ab und an aus dem Fenster geschaut. Ich habe dort gesessen, und mir ist klar geworden, daß die Welt ein wunderbarer Ort ist und daß ich genug Zeit haben möchte, um sie ganz zu sehen. Und daß es viel einfacher wäre, wenn ich unsterblich und nicht von anderen abhängig wäre. Ich war wie berauscht von Lestats Sinnlichkeit. Ich wollte unbedingt so sein wie er. Später habe ich begriffen, daß es im wirklichen Leben nicht so zugeht. Daß man nicht von etwas träumen sollte, was man nicht sein kann, beispielsweise untot. Es ist doch absurd, zu denken, daß sei physikalisch möglich. Emotional kann man halbtot sein, spirituell, aber körperlich? Ich kann das einfach nicht glauben. Ich habe das aber erst 1991 wirklich eingesehen, da wurde ich 20. Damals mußte ich mich damit auseinandersetzen, wodurch ich mein Leben finanzieren sollte, und mir wurde klar, daß ich Lestat immer noch kein Stück nähergekommen war. Ich habe allmählich begriffen, daß Lestat nicht Blutgier verkörpert, sondern daß er dafür steht, Schicksalsschläge zu meistern und Hindernisse zu überwinden. Das ist zumindest das, was ich aus meiner intensiven Beschäftigung mit dem Vampirismus gelernt habe.«

Liriels Einsichten wirkten irgendwie naiv. Andererseits kannte ich viele Leute, die mit 20 wesentlich erwachsener als sie gewesen waren und trotzdem geglaubt hatten, ein Vampir wie Lestat werden zu können. Sie besaß wenigstens einen gesunden Menschenverstand.

»Sie haben erwähnt, daß Sie sehr empfindlich auf starke Emotionen reagieren«, bemerkte ich. »Das habe ich auch schon von anderen gehört. Sehen Sie in Ihren Nachforschungen irgendeinen Zusammenhang zwischen großer Sensibilität und dem Interesse an Vampiren?«

»Sicher!« gab sie zurück. »Die fiktionalen Vampire erscheinen mir irgendwie verläßliche Kreaturen zu sein. Dadurch, daß wir ihre Absichten kennen, sind sie berechenbar. Sie brauchen Blut und einen dunklen Schlafplatz, und vielleicht ab und an die Möglichkeit, einen Sterblichen für einen ganz speziellen Zweck zu benutzen. Als sensibler Mensch würde ich sagen, Menschen sind viel unberechenbarer. Sie wollen nicht nur essen, sondern *gut* essen, sie wollen nicht nur Gesellschaft, sondern *gute* Gesellschaft, sie wollen nicht nur Liebe, sondern die *große* Liebe, und was die Möglichkeit betrifft, andere Menschen zu benutzen – vergiß es, die Geschichtsbücher sind voll davon. Es scheint im Menschen zu viele unbekannte Variablen zu geben. Andererseits, kann sich jemand, der extrem unsensibel ist, zu Vampiren hingezogen fühlen? Ja, aber nur auf die gleiche Weise, wie ein selbstgefälliger Geschäftsmann die Lebensgeschichte von Alexander dem Großen lesen würde.«

»Welche Eigenschaften sind Ihnen sonst noch an den Leuten aufgefallen, die Ihren Fragebogen ausgefüllt haben?«

»Es waren im weitesten Sinn alles ziemlich eigenwillige und starke Persönlichkeiten. Das sind beispielsweise die Eigenschaften, die mir bei meiner letzten Umfrage aufgefallen sind: Die meisten sind kreativ (81%), vorzugsweise als Autoren (50% der 81%), nur wenigen fehlt es an Selbstbewußtsein (19%), die meisten hatten in ihrer Kindheit eine enge Beziehung zur ihrer Mutter (51%), weniger zu ihren Vätern (37%), die meisten bereuen nur wenige der Entscheidungen, die sie in ihrem Leben getroffen haben (64%), und die meisten haben keine Probleme mit ihrer Sexualität (82%). Das ist nur ein Teil der Ergebnisse. Sie sollen veröffentlicht werden, wenn die Untersuchung abgeschlossen sind.«

3

Liriel war eine wichtige Informationsquelle, aber ich suchte jemanden, der noch vertrauter mit dem Leben der Vampire war, und so fand ich die »Vampyres Only«-Site von Brad. Ich bat ihn, mir von seiner Web Site zu erzählen. Dabei stellte sich heraus, daß er während seiner Freizeit viel daran arbeitete.

»Im Sommer 1994 gab es kaum – wenn überhaupt – Vampire im Internet«, erklärte Brad. »Es gab ein paar verstreute Daten auf FTP und Gopher, aber eigentlich noch nichts im Netz. Ich habe »Vampyres Only« (VO) aufgebaut, um mir HTML beizubringen. Ich habe mir gedacht, wenn ich schon meine eigene Web Site einrichte, sollte das Thema für mich so interessant sein, daß ich Spaß daran haben würde, sie auch selbst zu designen. Ich bin ein Fan der alten blutrünstigen Hammer-Studio-Filme, und ich wollte so viele Informationen über Vampire wie möglich an einem Ort zusammentragen. Meine ursprüngliche Idee war, eine Art Tor mit einem Schild – ›Vampyres Only‹ – zu entwerfen, so wie die ›Nur für Personal‹-Türschilder in Restaurants. Der Name steht nur für den Inhalt, es ging mir nicht darum, Sterbliche von dieser Site auszuschließen: ›Nur für Untote!‹ Wegen des Namens haben natürlich alle gedacht, ich wäre selbst ein Vampir. Ich hab' mir überlegt, das Spiel eine Weile mitzuspielen, und deshalb habe ich mir einen falschen Namen zugelegt: Vlad III., nach Vlad Tepes, dem ›Pfähler‹ (auf dem die Figur von Bram Stokers *Dracula* basiert.)«

»Was ist passiert, seitdem du diese Web Site hast. Hast du interessante Kontakte geknüpft?«

»Eine meiner ersten E-Mail-Diskussionen habe ich mit einer Frau geführt, die behauptete, ihr Freund sei ein Vampir. Ich habe eine Geschichte gelesen, die sie geschrieben hatte, und nachdem wir uns kennengelernt hatten, haben wir uns eine Menge Mails geschickt. Am 30. Oktober 1994 schrieb sie: ›Ich zögere noch, ein Vampir zu werden, weil ich Angst habe. Mein Freund hat mir gesagt, daß diese Existenz manchmal ganz schön einsam sein kann. Ich wollte kein Vampir werden, bevor ich nicht einen Vampir traf, der für eine Weile bei mir bleiben würde. Aber jetzt hat es mich gepackt. Ich will jetzt ein Vampir werden, um mehr Zeit für all die Dinge zu haben, die ich in meinem Leben tun will.‹ Ich schließe nichts aus, ohne Beweise dafür zu haben, daß es wirklich unmöglich ist«, fuhr Brad fort. »Ihre Bemerkungen haben mich wirklich interessiert. Aber nach einer Weile hat sie nicht mehr geantwortet. Vielleicht ist ihr Wunsch ja in Erfüllung gegangen. Jedenfalls habe ich aufgrund dieses Austauschs die Stärke des Internets entdeckt – virtuelle Anonymität. Du hast diesen E-Mail-Account, hinter dem du dich wie hinter einer Maske verstecken kannst, und das hilft den Leuten, sich zu öffnen. Auf diese Weise kannst du ausprobieren, wie deine Ideen auf andere wirken, ohne dich zu blamieren.

Es blieb eine Weile ruhig, und dann, 1995, habe ich eine E-Mail bekommen, die ich bis heute von allen am besten finde, weil sie so schräg ist. Ich habe sie ein bißchen gekürzt, um die wichtigsten Stellen hervorzuheben: ›Ich will daß deine Zunge zärtlich mein Ohr liebkost ich will deinen Atem warm an meinem Hals spüren ich will daß deine Hände mir die Kleider vom Leib reißen während ich schreie und dann wirfst du mich über deine Schulter während ich versuche deinem starken Griff zu entkommen ich schreie hör auf hör auf nein ich spüre dich in mir mich auffressend wie du mich mit deinem ganzen Sein erfüllst während deine Lust ein Feuer zwischen uns entfacht wir kommen zum Höhepunkt ich nutze die Möglichkeit ich beginne an deinem Hals zu saugen fühle das warme Fleisch mit meiner Zunge ich lege den Kopf in den Nacken und öffne meinen Mund mit den langen scharfen Zähnen die ich in deinen Nacken schlage das warme Leben rinnt über meine Wangen in meine Kehle ich bin am Ende meiner Leidenschaft und ...‹

Im Grunde war diese Mail der ersten sehr ähnlich«, nahm Brad den Faden wieder auf. »Nur viel intensiver. Wir haben hier zwei Leute, die online Dinge beschreiben, die sie wahrscheinlich nie wirklich erlebt haben. Obwohl die virtuelle Anonymität auch ihre Nachteile hat, glaube ich, daß ihr großer Vorteil darin liegt, daß sie zu der immer weiter wachsenden Online-Vampirkultur geführt hat, die heute existiert.

1996 wurde VO immer lebhafter, und ich mußte meinen Account erweitern, so daß mehr Leute meine Site besuchen konnten. Ich habe gemerkt, daß irgend etwas Großes vor sich ging, denn überall sprach man vom »WWW«. Die Anzahl der Leute, die sich in meinem Online-Gästebuch eintrugen, explodierte förmlich, und das erhöhte wiederum das Interesse an meiner Web Site, was wieder dazu führte, daß ich diese verbessern wollte. Langsam wurde es richtig zeitaufwendig, und Gott sei Dank hat mir eine CGI-Programmiererin in Kalifornien ihre Hilfe angeboten. Sie ist immer noch dabei, genau wie eine andere Mitarbeiterin im Mittleren Westen, die sich mit unseren Benutzerproblemen in den Chat-Boxen befaßt. Wir mußten sogar ein Sicherheitssystem installieren, denn immer öfter sind Idioten in den Chat-Boxen aufgetaucht, die Ärger gemacht haben. Manchmal habe ich mich echt gefragt, warum ich das alles überhaupt mache. Aber gerade als ich ›meine Zähne an den Nagel hängen wollte‹, habe ich diese Mail gekriegt, am 21. November 1996 ... Ich habe sie Carmilla genannt. ›Das VO war für mich immer ein toller Ort, an dem ich mich vor mir selbst verstecken konnte. Ich habe hier ein paar wirklich gute Leute getroffen. Durch diese Begegnungen bin ich reifer geworden und habe mich verändert ... zum Besseren. Viele sind nur Bekannte, auch wenn es toll und angenehm ist, mit ihnen zu reden ... sie sind mir nicht so nahe. Wir bleiben Vampyre ... im Dunkel und unbekannt ... aber das ist allen genug. Dir, mein Lieber, ... vertraue ich, ich bewundere dich und schätze dich ... für alles, was du mir gegeben hast, wahrscheinlich ohne es zu wissen. Das Netz ist ein Teil der vampiristischen Natur … sich von den anderen ernähren, um sich selbst zu erhalten … aus Freundschaft, um Nahrung zu bekommen! Klingt das schrecklich? Ich hoffe nicht, weil ich glaube, daß diese Beziehungen auf Gegenseitigkeit beruhen und offen für alle sind, die sich dort treffen und nach etwas suchen, meistens Gesellschaft. Ich habe endlich meinen Weg wiedergefunden. Ich war lange Zeit sehr unglücklich. Jetzt, nachdem ich meinen Weg wieder eingeschlagen habe, habe ich auch einen Sinn gefunden und lebe jeden Moment des Lebens mit mehr Enthusiasmus und Hoffnung. Du bekommst bestimmt viele Briefe von denen, die deine Homepage finden. Ich bin mir sicher, daß du viele Funktionen erfüllst, die du gar nicht übernehmen wolltest … Vater, Professor, Lehrer, Vermittler. Du bist immer sehr nett zu mir gewesen, und ich schätze dich mehr, als du weißt‹.«

Brad war sichtlich bewegt. »Ich glaube, ich könnte die Online-Kultur nicht besser beschreiben, als Carmilla es getan hat«, bekannte er. »Ich bin mir nicht sicher, ob das Wort ›Phänomen‹ paßt, aber für den Moment muß es reichen. Ich unterschätze vielleicht die Bedeutung meiner Site, vor allem, weil es mittlerweile Hunderte von Vampirsites da draußen gibt. Aber ich denke schon, daß sie ziemlich einmalig ist, und ab und an, immer wenn ich daran denke, aufzuhören, bekomme ich so eine Message wie die von Carmilla, und dann ist für sechs Monate alles wieder in Ordnung.

Die Gründung liegt mittlerweile vier Jahre, 260.000 Kontakte und 36 Auszeichnungen zurück, und VO existiert immer noch. Unsere Cafés haben 360 regelmäßige Mitglieder, ein beträchtlicher Unterschied zu dem halben Dutzend von 1994 (obwohl einige von denen immer noch dabei sind). Und obwohl ich niemals behauptet habe, ein Vampir zu sein, bekomme ich ungefähr einmal im Monat eine Anfrage, jemanden in einen Vampir zu verwandeln. Ich denke, du mußt unbedingt mehr Zeit im Internet verbringen, um die Vampirkultur dort wirklich verstehen zu können. So wie hier ist es nirgendwo in der realen Welt.«

4

Ich tat genau das, was Brad mir geraten hatte, und checkte eine Menge Vampir-Chat-Lines. Dabei gewann ich häufig den Eindruck, daß dort nur über irrelevante Dinge gesprochen wurde. Vieles wiederholte sich, und oft wurden Vampire nicht einmal erwähnt. Aber alle schienen einander zu kennen, und jeder Neuling wurde mit Cyber-Umarmungen und Cyber-Küßchen begrüßt. Es handelte sich auf jeden Fall um eine Gemeinschaft im Geist der Vampire. Eine Chat-Box indes erschreckte mich beinahe zu Tode. Als ich mich einklinkte, stieß ich auf Namen wie Riverstyx, Soulchains und Vampyrehunter. Ein paar Leute diskutierten über Anne Rices Vampircharaktere wie über wirklich existierende Personen. Louis, Lestat, Marius. Sie erwähnten diese Namen mit einer Selbstverständlichkeit, als würden sie über alte Freunde sprechen. Zwei Chatter erklärten, daß sie diese Charaktere endlich einmal kennenlernen wollten. Und dann ließ jemand meinen Namen fallen – Katherine Ramsland.

»Ja, sie ist eine von ihnen. Eine der Unsterblichen. Sie kennt Louis und Lestat. Man merkt es an der Art, wie sie schreibt.«

Die anderen stimmten der Vermutung zu, ich sei wahrscheinlich ein Vampir und hocke irgendwo mit diesen Jungs herum und erörtere mit ihnen die Schicksalsschläge des unsterblichen Daseins.

Wenn es doch nur so wäre.

5

Die Web Site von NiteTrain erregte meine Aufmerksamkeit. Es stellte sich heraus, daß seine Persönlichkeit zwei Seiten hatte – NiteTrain und WidowMaker – und daß er eine wirklich ungewöhnliche Geschichte über seine Begegnung mit dem Vampirismus zu erzählen hatte. Sie basierte auf verschiedenen Mythen, wie beispielsweise der Legende von Atlantis und der Geschichte von Dr. Jekyll und Mr. Hyde.

»Sie wollen also etwas über mich wissen«, schrieb er. »Nun, meine Geschichte ist ziemlich lang und würde viele Bände füllen. Ich fasse sie ein wenig zusammen. Ich bin ein Vampir. Aber ich bin mir sicher, daß Sie noch nie von einem Vampir wie mir gehört haben. Wann wurde ich geboren? Ich kann mich nicht erinnern, so lang ist das schon her. Es ist ohnehin schwierig, ein exaktes Datum anzugeben, da die Kalendersysteme im Laufe der Jahrhunderte immer wieder verändert wurden. Sagen wir mal etwa vor 20.000 Jahren, plus/minus ein Jahrhundert. Damals bedeckte ein gewaltiger Kontinent den größten Teil der nördlichen Halbkugel. Es gibt keinen Namen dafür, wahrscheinlich weil er nicht mehr existiert. Dort wurde ich geboren. Zu dieser Zeit existierte dort eine großartige Zivilisation. Erst jetzt, nach Tausenden von Jahren, hat die Menschheit unseren damaligen technologischen Standard erreicht. Ich wurde 124 Jahre alt und starb eines natürlichen Todes. Während meines Lebens hatte ich viel mit Genmanipulation gearbeitet und mir einen guten Ruf erworben. Ich erinnere mich an meinen Tod. Ich verließ die materielle Welt und begann meine Reise in das Leben nach dem Tod. Kurz nachdem ich in das eingetreten war, was ihr Irdischen das Fegefeuer nennt, wurde ich von einem Geist gefangen. Dieser Geist nahm mich in sich auf und verwandelte mich für immer. Ich wurde damals für alle Ewigkeit zu einem Vampirgeist. WidowMaker war geboren. Ich blieb etwa 200 Jahre in einer rein spirituellen Welt, um von meinem Schöpfer zu lernen. Ich erfuhr, daß es mit mir nur zehn von uns gab. Wir bewegten uns in allen Formen der Existenz und nährten uns vom Leben anderer. Nicht von Blut wohlgemerkt. Ich existierte damals in einem immateriellen Reich. Wir zehrten von allem anderen: von Angst, Liebe, Haß und von der reinen Energie der spirituellen Wesen selbst. Dann erfuhr ich, daß ich in die Welt der Sterblichen zurückkehren könne, wann immer ich wollte. Mein Herz sehnte sich nach der Rückkehr zum Fleischlichen.«

Er beschrieb, wie er als verschiedene Personen wiedergeboren und mit jeder Reinkarnation immer weiser wurde. Allerdings mußte er sich auch mit der anderen Seite seiner Persönlichkeit auseinandersetzen.

»Es war, als lebten zwei Wesen in mir. Und WidowMaker war ein unbestreitbar gewalttätiges Wesen. Wenn er ausbrach, brachte er Wut und Zerstörung. Er entwickelte eine furchtbare Blutgier. Blut ist schließlich die Essenz des Lebens. Ich brauchte 1.000 Jahre, um zu lernen, wie ich WidowMaker beherrschen konnte. Und bis zum heutigen Tag kontrolliere ich ihn nicht völlig, sondern verdränge lediglich seine Gegenwart. Er tritt nur hervor, wenn ich zornig bin.«

Er beschrieb eine Reihe historischer Ereignisse, die er miterlebt hatte, und sagte dann: »Man kann mich nur an meinen Augen erkennen.

Sie wechseln ihre Farbe. Ich liebe das Sonnenlicht. Meine Art meidet die Sonne nicht. Für die meisten meiner Reinkarnationen habe ich eine männliche Existenz gewählt. Ich muß gestehen, daß die sterblichen Frauen unwiderstehlich und anziehend sein können.«

Sein böses Alter ego dagegen sagte dies: »Ich bin die Bösartigkeit, die in jeder Seele wohnt. Ich bin ein Teil der Existenz, die jeder fürchtet. Einst bin ich von einem gleichartigen Vampirgeist erweckt worden und jetzt bin ich unbezähmbar. Ich nähre mich von deinen Ängsten. Ich werde dich jagen, erlegen, dich aufzehren. Ich werde tun, was mir beliebt. NiteTrain ist schwach. Er will immer das Gute in den Sterblichen sehen, während ich sie nur als meine Werkzeuge betrachte. NiteTrain glaubt, daß er als Gleicher unter ihnen leben kann, während ich weiß, daß sie mir unterlegen sind. Ich lasse mich von meinen Leidenschaften leiten. Meine Begierden verdammen mich. Ich bin die Inkarnation des Bösen. NiteTrain kann mich niemals unterdrücken. Vielmehr unterjoche ich ihn. Meine Feinde sinken vor mir nieder. Ich bin unbesiegbar!«

Ich entschloß mich, mit der Person hinter dieser Identität in Kontakt zu treten, um herauszufinden, wieviel von dieser Geschichte er tatsächlich glaubte. Er antwortete, daß er keine Interviews gebe, aber daß er meine Bücher gelesen habe und es sich überlegen würde. Eine Woche später erzählte er in einer E-Mail mehr von sich. Einige Dinge stimmten überein, aber es gab auch Abweichungen von dem, was er auf seiner Web Site geschrieben hatte. Er hieß Charles und lebte im Südwesten. Er drückte sein Mißfallen darüber aus, daß die Figur des Vampirs so romantisiert würde und so populär geworden sei. Dann erzählte er: »Seitdem ich am 6. Juli 1972 in diesem Körper wiedergeboren wurde, werde ich von Visionen verfolgt, und ich verfüge über eine extrem gute Intuition. Ich bin ein Medium, also jemand, der die Gefühle und Stimmungen um sich herum wahrnehmen kann.

Im Februar 1994 entschied ich, daß meine Arbeit in dieser Welt getan sei, ich wollte mein eigenes Leben beginnen. Sie müssen verstehen, daß dies kein Entschluß aus Verzweiflung, Depression oder wegen anderer Probleme in meinem Leben war, sondern einfach der Wunsch, etwas anderes zu tun. Ich schluckte 98 Schlaftabletten. Ich starb. Ich verließ die irdische Welt und trat in eine spirituelle Dimension ein. Aber mein Eintritt in diese Dimension wurde von einer Seele verhindert, von der ich spürte, daß ich sie immer schon gekannt hatte. Erst hier, im diesem spirituellen Reich, habe ich endlich alles neu verstanden.

Ich war ein Vampir. Keiner, wie ihn die Literatur, die Filme oder das Fernsehen zeigen, sondern ein geistiger Vampir. Das erklärte meine Fähigkeit, mich in andere hineinzuversetzen. Ich bin viele Male wiedergeboren worden. Ich glitt durch die irdische Welt und ernährte mich von den Gefühlen und Begierden der anderen. Ich begriff, daß es noch jemanden wie mich gab und daß sie auf der Erde auf mich wartete, obwohl sie mich nicht kannte und sich ihrer Fähigkeiten nicht bewußt war.

So kehrte ich also in meinen Körper zurück. Ich suchte nach ihr, und drei Jahre und drei Monate später fand ich sie auf der anderen Seite des Kontinents. Innerhalb einer Woche verließ ich meine Heimat und reiste zu ihr. Ein untrennbares Band verbindet uns. Wenn die Zeit gekommen ist, werde ich ihr mehr über ihre wahre Existenz offenbaren.«

Er fügte eine Telefonnummer hinzu, und ich rief ihn an. Er bat mich, ihn Chuck zu nennen.

»Alle, die sich bisher an mich gewandt haben, wollten mich nur ausnutzen, beispielsweise für Talkshows oder die Lokalnachrichten«, erzählte er mir. »Fernsehshows haben meine Site ohne Erlaubnis benutzt. Das geht mir ganz schön auf die Nerven. Ich brauche keine Aufmerksamkeit, und ich mache mir Sorgen, daß das Vampirimage dadurch seinen Wert verliert.«

Ich verstand, was er meinte, aber ich interessierte mich mehr für seine persönlichen Umstände. »Wie reagieren Ihre Freunde auf Ihre Geschichte?«

»Meine Freunde glauben mir meistens nicht. Und wenn sie es tun, dann akzeptieren sie es als einen Teil von mir. Aber ich habe diese Frau getroffen – meine Seelenverwandte –, und sie ist vier Tage bei mir geblieben und hat mich dann verlassen. Nach fünf Tagen bin ich zu ihr gegangen, und seitdem sind wir immer zusammen. Aber bevor das passierte, habe ich oft das Bewußtsein verloren, und ich hatte Visionen. Manchmal habe ich sie verstanden und manchmal nicht. Es ging immer um die Zukunft oder um das, was im Leben der Menschen in meiner Nähe passierte. Meine Mutter und meine Großmutter sind beide sehr spirituell. Seit meiner Kindheit haben sie mit mir darüber gesprochen. Sie beschäftigen sich beide viel mit (dem Spiritualisten) Edgar Caye. Meine Großmutter ist nach Sedona (eine Stadt in Arizona, die eine große spirituelle Kraft ausströmen soll) gezogen, weil sie glaubt, dort diese

Energie zu spüren. Ich habe meine Seelenverwandte, die auch aus Arizona kommt, getroffen, kurz nachdem ich dorthin kam.« »Warum haben Sie gedacht, sie sei eine Seelenverwandte?« fragte ich.

»Am Anfang war es schwierig. Ich habe sie gesehen und es sofort gewußt, aber es gab ein paar Hindernisse. Sie war verheiratet. Sie lebte weit entfernt. Ich habe lange versucht, es zu unterdrücken, aber was ich auch tat, es kam immer wieder. Ich konnte es nicht verleugnen. Sie spürte es auch. Wir haben beide eine dunkle Seite und sind beide sehr spirituell. Wir teilen Dinge miteinander, die normalen Menschen fremd sind. Wir teilen die Gefühle des anderen.«

»Aber das klingt doch alles sehr romantisch«, unterbrach ich ihn. »Und doch haben Sie gesagt, der Vampir sollte keine romantische Figur sein.«

»Was ich damit meine, ist, daß der Vampir ein Teil der Popkultur geworden ist und daß alle von der schwarzen Romantik fasziniert sind. Das ist aber nur eine Seite des Vampirs.«

»Und was ist die andere?«

»Das ist für jeden verschieden. Für mich ist sie rein geistig. Es geht nicht um Blut. Es geht nicht um ewiges Leben. Es geht um die Verbindung zu jemandem. Es geht um die unsterbliche Seele.«

»Was macht einen Vampir aus?«

»Ich bin anders als alle Vampire, mit denen Sie reden. Für mich geht es nur um die Energie, die Kraft.«

»Sind Sie ein psychischer Vampir?« Ich hatte diesen Ausdruck auf vielen Web Sites gelesen und mir vorgenommen, mehr darüber zu erfahren.

»Nein«, antwortete Chuck. »Das meine ich nicht. Beispielsweise brauche ich, wenn ich mit dieser Frau zusammen bin, keinen Schlaf, oder wenn, dann nur eine Stunde am Tag. Wenn ich nicht bei ihr bin, brauche ich acht Stunden. Ich bin in ihrer Nähe wochenlang fast ohne Schlaf ausgekommen, und auch sie wird nicht müde. Ich raube die Energie nicht von ihr. Wir teilen sie. Wir erschaffen sie. Wir überwinden die Grenzen des menschlichen Körpers, wenn wir zusammen sind. Bei mir geht es immer um Energie. Die meisten Menschen begreifen nicht, wieviel Kraft man hat, wenn man sich auf sich selbst konzentriert und die Welt um einen herum vergißt. Man kann dann alles tun, was man will.«

»Hat irgend jemand etwas davon mitbekommen, als Sie die Schlaftabletten genommen haben und gestorben sind?«

Er gab zu, daß ihn jemand gefunden hatte und daß, im Unterschied zu dem, was er in seinem Brief gesagt hatte, seiner Tat zumindest ein paar schlimme Ereignisse in seinem Leben vorangegangen waren. »Ich war 22. Ich hatte Depressionen. Ich lebte mit einem Freund zusammen und hatte mich entschlossen, mich umzubringen, und er fand mich. Als ich in meinen Körper zurückkehrte und beim Laufen ganz schön herumpolterte, fragte er mich, was ich getan hätte. Ich erinnere mich, daß ich es ihm nicht erzählen wollte. Ich versuchte zu lügen, aber ich war zu benommen, also gab ich ihm die Packung, und er brachte mich ins Krankenhaus und rief meine Eltern an. Ich blieb ein paar Stunden in der Notaufnahme und danach zwei oder drei Tage im Krankenhaus.

Es gibt keine leichte Art zu sterben. Wie man auch versucht, sich umzubringen, es ist immer schmerzhaft. Ich habe die Tabletten genommen, weil ich dachte, das sei leichter. Und dann liegst du da, und du weißt, daß du sterben wirst, und du kannst nichts machen. Ich konnte fühlen, wie mein Körper eine Funktion nach der anderen herunterfuhr. Ich wurde einfach immer schwerer und schwerer. Nach zehn Minuten war ich wie gelähmt, aber immer noch bei Bewußtsein. Und jeder Teil meines Körpers schmerzte. Und das blieb auch so, bis ich starb. Es war, als wäre ich schwerelos und auch wieder nicht. Es war dunkel, und ich sah Lichtpunkte, Millionen von Lichtpunkten, und ich hörte Stimmen und auch wieder nicht. Sie waren da, aber gleichzeitig unerreichbar. Ich wurde von irgend etwas zurückgehalten, und dann sprach mich jemand an.

Es ist, als würde man ins Licht gehen, so wie die Leute es immer beschreiben. Aber ich *ging* nicht in dieses Licht, ich wurde von ihm *angezogen*, in dieses Licht *hineingesaugt*, und ich glaube, das Licht war ein erdgebundenes, geistiges Reich. Man kann es nicht erklären. Es ist wie ein 360-Grad-Bild, es geht ganz um dich herum.«

»Hatten Sie Angst?« fragte ich.

»Nein, da schon nicht mehr. Als ich starb, hatte ich Angst. Es war so allumfassend und endgültig, das vergißt man nie.«

»Hat es Sie verändert?«

»Ich trinke nicht mehr. Ich nehme keine Drogen. Ich gehe nicht fremd. Ich habe mit vielen Dingen aufgehört. Es hat mir eine Menge klargemacht. Es hat mir gezeig, was ich mit meinem Verstand alles tun kann. Gedanken besitzen große Kraft, und ich konnte Leute in meiner Nähe mit meinen Gedanken dazu bringen, daß sie taten, was ich wollte.«

Ich fand das alles sehr interessant. »Können Sie mich dazu bringen, etwas zu tun?«

Er schwieg einen Moment. Ich wartete, spürte aber keine Veränderung. Dann sagte er: »Es muß ein Wunsch sein, den ich selbst auch habe. Die Verbindung zwischen mir und meiner Freundin ist so stark, daß ich sie mit meinen Gedanken kommen lassen kann, wenn wir Sex haben. Wenn sie Schmerzen hat, berühre ich sie, und es geht ihr besser.«

»Aber Sie waren doch schon vor diesem Ereignis ein Medium. Ist es danach stärker geworden?«

»Ja. Wenn ich mich in der Gegenwart von jemandem aufhielt, der Schmerzen hatte, fühlte ich diese Schmerzen auch. Aber das kann ich jetzt besser kontrollieren. Je stärker man mit jemand verbunden ist, desto ausgeprägter werden die eigenen Sinne.«

Ich wechselte das Thema. »Treffen Sie viele Menschen, die sich selbst als Vampire bezeichnen?«

»Viele. Ich glaube, daß es etwa 100 verschiedene Arten von Vampiren auf dieser Welt gibt. Sie sind alle sehr verschieden.«

Das überraschte mich. »Wie kommen Sie darauf?« erkundigte ich mich.

»Jeder von ihnen ist einzigartig. Es gibt nicht den einen Vampir. Es gibt keine Rasse. Es gibt die spirituellen Vampire, wie ich einer bin, und es gibt die Art, die Blut braucht. Sie sind alle verschieden. Es ist schwierig zu erklären. Es gibt Vampire in den Karparten, und die sind völlig verschieden von Vampiren aus anderen Teilen der Welt. Es ist wahrscheinlich wie mit den verschiedenen Arten von Menschen, die auf der Welt leben. Vampire sind ein Teil der Popkultur geworden, und viele Menschen wollen Vampire sein, aber als ich 21 war, habe ich einmal einen echten Vampir getroffen. Sie deutete es an, ohne direkt darüber zu sprechen. Sie war dunkler, als ich jemals zu sein wünsche. Sie liebte es, Blut zu trinken, und ich habe ihr mein Blut gegeben. Sie war echt. Für die meisten ist es nur ein Spiel. Man weiß, wenn sie dir etwas vormachen.«

Chuck war sich seiner Überzeugung sehr sicher, und es schien, als sei ihm seine Identität als Vampir sehr wichtig. Ich dankte ihm für seine Geschichten und setzte meine Suche fort.

6

Nach meiner Unterhaltung mit NiteTrain wanderte ich von Homepage zu Homepage. Mir gefielen die Sites, die ein bißchen verspielt waren, beispielsweise Sabines »Weiße Seiten«. (Sie mochte keine deprimierenden Farben, also wandelte sie ihre anerkannten »Gelben Seiten«, von anderen stilechter die »Roten Seiten« oder »Schwarze Seiten« genannt, in die »Weißen Seiten« um.) Als sie ihre Web Site installierte, fragte sie sich: »Was wünschen sich Vampire am meisten?« Die Antwort schien so auszufallen: »Zu wissen, daß sie nicht allein sind.« Also entschied sie sich, eine Kontaktbörse anzubieten, mit deren Hilfe Vampire online miteinander in Kontakt treten können.

Sie richtete Links wie »Vampir sucht Vampir«, »Sterblicher sucht Vampir«, »Vampir sucht Lehrer« und »Normale Beziehungen« ein. Wer wollte, konnte eine E-Mail-Freundschaft unterhalten. Sie führte eine Liste mit verschiedenen Geschäften, Publikationen und Clubs, die sich auf die Wünsche und den Geschmack dieser ungewöhnlichen Kundschaft eingestellt hatten.

Auf dieser Liste fanden sich zahlreiche Kontakt suchende Vampire. Die meisten waren Rollenspieler, die ihren Clan nach dem beliebten Spiel *The Masquerade* benannt hatten. Größtenteils waren sie harmlos, aber im März 1997 hatte es in den Nachrichten eine Meldung gegeben, nach der ein Angehöriger der Luftwaffe verhaftet worden war, weil er einen 14 Jahre alten Jungen in einer Vampir-Chat-Line dazu überredet hatte, sich mit ihm zu treffen. Mir schien, daß die Verzweiflung, mit der manche Menschen Gesellschaft suchen, diesen eher schadet.

Die Rubrik »Vampir sucht Lehrer« interessierte mich, und ich sah nach, ob sich jemand eingetragen hatte. Es gab etwa 25 »einsame Unsterbliche, die sich nach Unterweisung« sehnten.

»Ich bin ein Vampir«, bekundete einer. »Ich habe einen meiner Freunde in einen Vampir verwandelt und weiß nicht, wie ich es ihm sagen soll.«

»Bitte hilf mir«, bat eine junge Frau. »Ich weiß nicht, ob ich es ohne Hilfe noch lange aushalte.«

»Ich weiß nicht, ob ich ein Vampir bin oder nicht«, verkündete der nächste. »Ich finde es schrecklich, nicht zu wissen, wer ich bin und wohin ich gehöre.«

Es schien nicht ganz einfach zu sein, jemanden zu finden, der andere in die vampirische Existenz einführte. Viele Leute suchten einen Lehrer, aber wenige »Vampirmeister« suchten Schüler. Schließlich fand ich aber doch einen Vampir, der Unterricht anbot.

7

Ich war aufgrund seiner geheimnisvollen Art versucht, ihn Yoda zu nennen, aber er gab sich selbst den Namen Vergil. Wahrscheinlich versuchte er damit anzudeuten, ein Führer in das Inferno zu sein. Er war ein gepflegter Mann Ende 20 mit braunen Haaren und Augen. Er bat mich, in meinem Buch nicht zu erwähnen, wie ich ihn gefunden hatte, weil er nur von denen gefunden werden wollte, die sich wirklich Mühe gaben. Er behauptete, er habe bereits einigen Schülern Unterricht erteilt, Männern und Frauen, aber er empfand die jungen Männer als die besten Schüler, da sie sehr an Erotik interessiert seien. Er brachte gerne Männer zusammen, die nicht schwul waren, um die Spannung zu erhöhen. Er kannte auch Frauen, die junge Vampire unterwiesen, und er erklärte sich bereit, mir etwas über seine Begegnungen mit den jungen Suchenden zu erzählen.

»Der Junge war vielleicht 20«, begann er. »Er flehte mich an, mich mit ihm zu treffen. Er hatte kräftige Schultern und Muskeln wie knorrige Äste. Seine schwarzen Augen lagen tief in den Höhlen, und um sein Kinn zeigte sich der Hauch eines jugendlichen Bartwuchses. Er konnte sich gut ausdrücken, beendete aber jeden seiner Sätze mit ›Alles in Ordnung‹. Das scheint ein Lieblingsspruch der heutigen Jugend zu sein. Sie wissen einfach nicht, das eben *nicht* alles in Ordnung ist. Er sagte zu mir: ›Ich will, das Sie mich zu einem Vampir machen, so wie Sie einer sind.‹

›Woher weißt du, daß ich ein Vampir bin?‹, erkundigte ich mich, während ich mich fragte, ob er den Unterschied zwischen Rollenspielern und echten Blutsaugern kannte.

›Ich weiß es eben. Man sagte mir, daß Sie der Beste sind. Daß Sie das Mysterium des Blutes mit mir teilen können.‹

Er hatte recht. Ich konnte das Mysterium des Blutes mit ihm teilen, aber ich hatte Vorbehalte. ›Er ist noch so jung‹, dachte ich bei mir. ›Kann ich so einen jungen Menschen auf den Weg der Zerstörung schicken?‹ Während ich noch überlegte, klopfte es an der Tür.

Der Junge – er hieß Kyle – sagte mir, er erwarte einen Freund, dem er erzählt hatte, daß er die Wahrheit über die Vampirexistenz erfahren würde. Mein Herz schlug heftig bei dem Gedanken an einen zweiten jungen Schüler – zwei auf einmal! Das war mehr, als ich mir jemals erträumt hatte. Ich legte meine Einwände gegen ihre Jugend ab und begann mich auf das Abenteuer zu freuen.«

»Das genügte, um Sie Ihre moralische Verantwortung vergessen zu lassen?« fragte ich ein bißchen ungläubig.

»Anscheinend ja. Kyle öffnete seinem Freund die Tür. Er kam mit einem überheblichen Grinsen hereingeschlendert und meinte, als er mir die Hand reichte: ›Ich bin Chance, und ich fühle mich sehr geehrt, Sie kennenzulernen, Sir.‹ Danach kniete er nieder und küßte mein Handgelenk. Ein guter Auftritt, wenn auch ein bißchen theatralisch. ›Ich hoffe, es stört Sie nicht, daß ich hier einfach so reinschneie‹, fügte er hinzu. ›Ich habe gehört, daß Sie der einzige sind, an den man sich wenden kann, wenn man die Wahrheit über das Vampirdasein erfahren will.‹

›Stellt euch beide an die Wand‹, befahl ich ihnen. Nachdem sie gehorcht hatten, fuhr ich fort: ›Nun ... es gibt viel über das Leben eines echten Vampirs zu wissen. Echte Vampire erzählen nicht überall herum, daß sie Vampire sind. Der wahre Vampir nimmt sich von anderen, was er braucht, und bleibt unerkannt dabei. Vampire leben wie hinter einem Schleier, hinter einer Maske. Ich kann euch keine Antworten geben. Jeder echte Vampir findet die Antworten in sich selbst, jeder Vampir erschafft sich selbst. Wahre Vampire werden nicht von anderen geschaffen, sie werden aus sich selbst geboren.‹

Nachdem ich meine kleine Ansprache beendet hatte, wies ich sie an, sich gegenseitig langsam und mit sinnlichen Bewegungen zu entkleiden. Sie zögerten ein wenig, und das erregte mich. Als die beiden einander nackt gegenüberstanden, waren auch sie erregt. Ich setzte mich auf einen Stuhl und beobachtete den Austausch der Energie zwischen ihnen. Ich wußte nicht, ob sie eine Vorliebe für das eigene Geschlecht hatten, aber ich nahm an, daß sie alles tun würden, was sie aufregte. Ich sagte: ›Ihr werdet euch jetzt berühren, als würdet ihr euch selbst berühren, gegenseitig eure Haut streicheln, als würdet ihr euch selbst streicheln. Ihr werdet euch so bewegen, als würdet ihr im Körper des an deren stecken, in seiner Psyche. Ihr werdet lernen, was Sinnlichkeit ist.‹

Ich wartete, während sie wieder zögerten, aber dann doch loslegten. Chance bewegte sich als erster, er strich mit der Spitze seines Fingers sachte über Kyles Brust. Kyle erzitterte leicht. Ich war hingerissen von dem Spiel, das sich vor meinen Augen vollzog. Ein Theater der Lust.

Nachdem sie eine Weile ihre Körper erforscht hatten, unterbrach ich sie: ›Jetzt, Chance ... greife hinter dich und nimm das Messer in die Hand. Ich will, daß du damit vorsichtig Kyles Schenkel aufschlitzt und dann mit deiner Zunge über die Wunde fährst und sein Blut trinkst.‹ Chance tat, was ich ihm befohlen hatte, schnitt mit dem Messer kräftig, aber nur oberflächlich in das feuchte Fleisch und leckte die leuchtend roten Tropfen auf. Ohne daß ich irgend etwas sagte, nahm Kyle das Messer und öffnete einen schmalen Spalt an Chances Hals, beugte sich über ihn, um das hervorquellende Blut zu kosten. Dieser Akt erregte sie, aber bevor sie weitermachen konnten, trat ich zu ihnen und flüsterte: ›Jetzt habt ihr den Weg des wahren Vampirismus beschritten. Ihr habt gelernt, euch gegenseitig zu geben, was ihr braucht, um euch zu nähren. Genauso müßt ihr eurem Opfer geben, was es braucht, so daß es euch befriedigen kann und ihr euren Durst an ihm stillen könnt. Der Bund, den ihr heute nacht geschlossen habt, hebt euch von allen andern Menschen ab. Ihr seid jetzt Nachtwesen, Jäger, die sich von den Verlorenen nähren und die Stolzen vertilgen.‹

Dann ließ ich sie allein, wobei ich mir bewußt war, daß ich sie mit einer Leidenschaft konfrontiert hatte, die ihre Herzen verzehren würde. Ich bin mir sicher, daß sie die ganze Nacht dort blieben, um ihre Körper weiter zu erforschen. Alles, was sie gebraucht hatten, war jemand, der sie die Blutzeremonie lehrte. Ich ging nach Hause und dachte über meine eigenen Leidenschaften und die dunklen Seiten des Vampirdaseins nach, die mich verschlangen.«

»Was meinen Sie?« fragte ich. »Haben Sie es bereut?«

»Einige Male. Ich sehne mich nach diesem Erlebnis, aber wenn es vorbei ist, frage ich mich, ob es richtig ist, junge Menschen darin zu unterweisen. Ich weiß nicht, was diese Jungs jetzt damit anfangen. Vielleicht hat es ihnen gereicht. Vielleicht werden sie irgend jemandem Schaden zufügen. Kein Lehrer kann wissen, was seine Schüler mit dem Wissen anstellen, das sie durch ihn erhalten haben.«

»Entschuldigen Sie«, unterbrach ich ihn, »aber ich finde, das ist eine ziemlich bequeme Ausrede. Sie bringen ihnen schließlich nicht gerade Rechnen bei.«

Er zuckte die Schultern. »Ich mache das nicht oft. Vielleicht sogar nie wieder. Von denjenigen, die ich in die Welt geschickt habe, benutzen bestimmt einige ihr Wissen in einer negativen Weise. Es geht nicht darum, daß ich die Jungs zum Vampirismus verführen will. Ich habe nur keine Vorbehalte, jungen Menschen auf ihrer Suche zu helfen. Diese Jungs suchen nach Alternativen, nach Spiritualität, um ihrem langweiligen Leben zu entkommen. Jetzt haben sie den Vampir entdeckt, und sie werden sich solange damit beschäftigen, bis sie genug davon haben. Wenn sie mich danach fragen, werde ich sie in einer vernünftigen Weise unterstützen. Sie werden sich an diesem Punkt ohnehin nicht mehr davon abbringen lassen, also biete ich ihnen eine Mischung aus guter Unterweisung und sinnvollen Warnungen. Ich habe gelernt, daß man diesen Teenagern der Generation X ohnehin keine Idee ausreden kann. Daher ist es besser, bei ihnen zu bleiben und sie vielleicht zu leiten. Zumindest habe ich versucht, es so zu machen. Ich habe ihnen die Warnungen mitgegeben. Danach müssen sie ihren eigenen Weg finden. Ich glaube, ich rüste sie mit einer Art moralischem Wegweiser aus, auch wenn wohl manche sagen würden, ich sollte lieber versuchen, sie ganz davon abzubringen. Aber das wäre nicht die richtige Umgehensweise mit der Vampirbesessenheit der Generation X.«

Ich mußte zugeben, daß er in manchen Dingen recht hatte. Als Dozentin, also gewissermaßen als Kollegin, begegnete ich so vielen Menschen um die 20 oder 30, die verzweifelt nach einem Sinn in ihrem Leben suchten und die bereit waren, alles auszuprobieren, was ihnen eine Sinnerfahrung versprach. Offensichtlich war dies die Funktion der Figur des Vampirs. Aber die Vorstellung, daß Vampirlehrer Jugendlichen beibrachten, sich die Haut aufzuschneiden und ihren Blutaustausch als sexuelle Anregung zu benutzen, behagte mir immer noch nicht. Ich hatte viel zu diesem Thema gelesen und wußte, daß auch Serienmörder, die das Blut ihrer Opfer trinken, diese Erfahrung als ein sexuelles Erlebnis beschreiben.

8

Ich beschäftigte mich auch mit Chat-Lines, die eher dunkle Themen anboten: Gothics-Sites, »Friedhöfe« und »Vampirgewölbe«. Als ich die Listen durchging, fielen mir auch Online-Vorlieben auf wie: »Amputee Love«, »Southern Subbies«, »Favorite Mutilations« oder »Jedi-Cantina«.

Ich stieß jedoch auch auf eine weitere Vampir-Chat-Box und las die Beschreibungen ihrer Mitglieder. Einige behaupteten, Vampire zu sein, während andere entweder Vampire werden wollten oder einfach nur ein weitreichendes Interesse an allem hegten, was irgendwie mit Gothics zu tun hatte. Einer von ihnen, der sich als echter Vampir bezeichnete, schrieb, wenn er sich selber einen Namen geben sollte, so wäre das, als wolle er das Gesicht des Todes beschreiben.

»Das Leben ist wie eine Straße, die nirgendwo anders endet als im Tod«, schrieb er.

Ich entdeckte Chat-Boxen für Vampirfans aller Art, und in einer fand ich sogar Privatunterricht über das wahre Wesen der Vampire. Ich erkundigte mich, wie ich daran teilhaben könnte, und man nannte mir die Internetadresse der Chat-Box, unter der sich die »Klasse« an Samstagabenden traf. Eine Frau, die sich unter anderem Seeker, Kitty und Night-Poe nannte, sandte mir die erste Nachricht.

»Willkommen bei ›Vampires 101‹«, schrieb sie. »Ab nächsten Dienstag wirst du einmal pro Woche eine Stunde Unterricht erhalten. Es geht um die verschiedenen Arten von Vampiren. Die Informationen habe ich entweder aus persönlichen Kontakten mit Vampiren oder aus gründlichen Nachforschungen der Mitarbeiter der Vampire Access Line (VAL). Die ersten drei Lektionen behandeln die Classicals, die Inheriters und die Nighttimer.«

Aha! Diese Namen hatte ich schon einmal bei VAL gelesen. Langsam wurde mir einiges klar. Diese Leute saßen in Manhatten.

»Zu den Classicals«, fuhr sie fort, »zählen all jene, die sich für unsterblich halten, die toten Vampire oder Untoten, die von einem anderen Vampir zum Vampir gemacht wurden. Die Inheriters wurden bereits als Vampire geboren; sie sind meistens unsterblich, was bedeutet, daß sie entweder nicht sterben können oder im Unterschied zu den Menschen eine ungewöhnlich lange Lebensdauer haben. Die Nighttimer sind eine

Art genetisch manipulierter Vampire. Die Vampire halten uns meistens für Menschen, Menschen halten uns für Vampire. Wir selber sehen uns nicht als Vampire. Wir sind nicht unsterblich im eigentlichen Sinn, aber wir leben viel länger als Menschen, sehen jünger aus, als wir sind, und teilen eine Menge Probleme mit den Vampiren.

Wir werden all dies im einzelnen behandeln. Du kannst die Lektionen gerne abspeichern.

Für alle, die neu dabei sind: Ich bin NightPoe, eure Lehrerin. Ich bin ein Nighttimer. Ich unterrichte in Vampirismus/Humanismus, Psychologischer Selbstentwicklung, Psychologischer Verteidigung und Gedankenprojektion. Ich habe eine eigene Fernsehshow auf einem öffentlichen Kabelkanal und leite die VAL.

Ich bin kein Führer in irgendeinem Sinn. Ich bin keine letzte Autorität auf dem Gebiet der Vampire. Ich behaupte nicht, für alle in dieser Klasse sprechen zu können. Das will ich auch gar nicht. Was ich will, ist einfach Lehrerin zu sein. Ich vermittle Wahrheiten. Wenn ihr zuhören und etwas lernen wollt, bin ich hier, um euch zu helfen. Wenn ihr nichts lernen wollt, verschwendet bitte nicht unsere Zeit ... und seid so freundlich, woanders hinzugehen. Dieser Unterricht ist keine Diskussionsrunde, aber wenn ihr einen Einwand habt oder einen Kommentar anbringen wollt, sind diese willkommen.

Vier von euch sind Vampire. Wenn ihr euch zu erkennen geben wollt, könnt ihr das tun, aber es ist keine Bedingung. Es gibt nur einen genetischen Vampir hier, zwei Classicals und mindestens einen Inheriter, sowie eine, die zwar von sich behauptet, *kein* Vampir zu sein (das könnte ich selbst sein), aber sich nicht ganz sicher ist. Ich glaube, es sind zwei Inheriters unter uns. Genug für heute. Bitte kommt am Dienstag, wenn wir mit den Classicals anfangen.«

Ich schrieb ihr, um sie zu fragen, wie viele Arten von Vampiren es gäbe. Sie antwortete, etwa 3.000 im Tristate-Bereich und etwa 7.000 weltweit. Sie war selbst mit einem Classical verheiratet, den sie in ihrer eigenen Chat-Box kennengelernt hatte. Sie berichtete, die ›Real Ones‹ hätten das Stadtgebiet von New York in verschiedene Reviere aufgeteilt und daß es zwischen den verschiedenen Vampirgruppen Rivalitäten und Verrat gäbe. Sie warnte mich vor Rollenspielern und Schwindlern und erteilte mir den Rat, sich nicht mit den falschen Leuten einzulassen. Falls ich daran interessiert sei, ein Vampir zu werden, würde ich eine Enttäuschung erleben: Kein echter Vampir würde mich verwandeln. Sie sei sich sicher, daß ich keine Ahnung hätte, was ein echter Vampir sei, also sollte ich den Kurs belegen.

Es gab fünf Teilnehmer, und der Kurs bestand aus einem halben Dutzend Stunden, verteilt auf sechs Wochen. Seeker alias NightPoe unterrichtete. Ihre Web Site zeigte ein Foto von ihr. Sie hatte lange schwarze Haare, und obwohl sie behauptete, über 60 zu sein, sah sie sehr jung aus.

Sie begann damit, uns über die verschiedenen Arten von Vampiren abzufragen. Als sich niemand meldete, rief sie uns einzeln auf, genau wie in der Schule. Später durften wir Fragen stellen. Ich fragte nach einer Unklarheit in den Unterlagen, die sie uns geschickt hatte, wurde aber sofort zum Schweigen gebracht.

»Aber meine Frage ist berechtigt«, beharrte ich. »Wenn sie zu Vampiren *gemacht* werden, können sie nicht immer schon Vampire *gewesen sein*.«

»Und wieso nicht?« wollte Seeker wissen.

»Wie können sie zu Vampiren gemacht werden, wenn sie schon welche sind?«

»Das ist möglich, wenn beide Eltern eines Inheriter Vampire sind. Nur die Classicals werden zu Vampiren.«

»Aber sind alle Classicals schon immer Vampire gewesen?«

»Es gibt verschiedene Arten von Vampiren«, erwiderte sie in einem Ton, der alles zu erklären schien. »Nun, wer hat etwas über die Nighttimer gelesen?«

Ich war konsterniert. Sie hatte meine Frage einfach übergangen.

»Nightvision«, sagte sie. »Erzähl uns etwas über den Unterschied von Classicals und Nighttimern.«

Es gab einige Albereien unter den Teilnehmern, niemand schien besonders ernsthaft oder informiert zu sein. Als keine richtige Antwort kam, ergriff ich abermals das Wort: »Nighttimer tauschen ihr Blut nur mit Partnern aus, die damit einverstanden sind.« Ich war eine gelehrige Schülerin.

Seeker gab sich damit nicht zufrieden. »Es gibt noch einen anderen, wichtigeren Unterschied«, stellte sie fest.

»Nighttimer leben nicht so lange, nur ein Zehntel so lang.«

»Ein Zehntel der Lebenserwartung eines Vampirs oder eines Menschen?« fragte Hadit, ein anderer Schüler, dazwischen.

»Eines Vampirs.«

»Und wie lange lebt ein Vampir?«

»Das reicht«, unterbrach Seeker uns und brachte uns zurück zu den grundlegenden Unterschieden. »Warum ist das so?«

»Nighttimer sind körperlich schwächer«, versuchte ich die Frage zu beantworten.

»Wenn du dich vorbereitet hättest, wußtest du die Antwort.«

Oh-oh! Daneben!

Sie gab mir einen Hinweis: »Vampire haben verschiedene Lebenserwartungen.«

»Eine genetische Fehlfunktion aufgrund der Kreuzung beider Arten«, schlug ich vor, aber ich fand diese Wiederholung der Unterlagen langsam unsinnig. Ich wollte etwas Neues lernen.

Seeker erklärte uns, daß Nighttimer in ihren Blutzellen die gleiche DNS-Struktur wie echte Vampire hätten, aber sie sei viel schwächer als bei Vampiren. Sie hatte ihr eigenes Blut testen lassen, und dabei hatte man Unregelmäßigkeiten gefunden. Hadit wollte mehr darüber erfahren, aber die Stunde endete abrupt. Seeker wollte Schluß machen. Sie bat uns noch, für das nächste Mal über genetische Vampire, Psychovampire und sexuelle Vampire zu lesen. Ich hatte allerdings noch ein paar Fragen, also blieb ich online, nachdem die anderen sich verabschiedet hatten. Schließlich war ich alleine mit ihr.

Ich nutzte die Gelegenheit und fragte sie nach der New Yorker Szene, und sie erwiderte, daß mich jemand überprüfen würde, ob es möglich sei, mich so nah an die Vampirszene heranzulassen. Sie wollte mir nichts über diesen »Prüfer« sagen, nur daß er ein Beobachter des Tristate-Bereichs sei. Da ich hier nicht weiterkam, entschloß ich mich, Seeker zu fragen, ob sie je von Susan Walsh gehört hätte. Ich war überrascht, als sie »Ja« sagte. Das verstärkte mein Interesse, da dies schließlich der Ausgangspunkt meiner Suche gewesen war.

»Wir waren gute Freundinnen, aber dann ist sie verschwunden«, erzählte mir Seeker. »Ich kannte auch ihren Liebhaber. In jeder Show zeigen wir ihre Vermißtenanzeige.«

»Ist ihr Liebhaber ein Vampir?«

»Ja, ein psychischer Vampir.«

Ich erinnerte mich. Er hatte den Artikel geschrieben, den ich gelesen hatte.

»Hast du irgendeine Ahnung, was geschehen ist?« fragte ich.

»Ich weiß ganz genau, was passierte ist und was jetzt passiert.«

»Was? Meinst du, irgendwer hält sie versteckt. Daß sie noch lebt?«

Sie weigerte sich, darüber zu sprechen. Es gab immer noch Polizeiermittlungen, daher wollte sie nichts sagen. Aber sie versicherte mir, daß die Vampirszene nichts damit zu tun hätte. »Zuerst dachte die Polizei, sie wäre ermordet worden, und alle wurden verhört, ich auch. Dann haben sie den Artikel gefunden, an dem Susan geschrieben hat – es gibt eine Kopie davon in einem Geschäft in Soho.«

Ich stellte noch weitere Fragen, aber es war nichts mehr aus ihr herauszubekommen, ebensowenig wie aus den vielen anderen, mit denen ich bisher gesprochen hatte. Ich nahm an dem gesamten Kurs teil, fand aber nie mehr die Gelegenheit, mit Seeker über Susan Walsh zu sprechen. Ich ging zu dem Laden, den Seeker erwähnt hatte, aber ich fand den Artikel nicht. Die Sache erinnerte mich aber daran, daß ich den Besitzer des Vampirtheaters ausfindig machen mußte. Denn auch er hatte Susan Walsh gekannt.

9

Um zwei Uhr morgens klingelte das Telefon. Nach einigen Monaten der Recherche war ich ein richtiger Nachtmensch geworden. Ich blieb abends immer länger auf, damit ich an der Welt der Vampire teilhaben konnte. Sie taten schließlich fast alles bei Nacht, und wenn sie mit mir sprechen wollten, erwarteten sie, daß ich zu jeder Tages- und Nachtzeit ans Telefon ging. Was ich auch stets tat.

»Hallo«, meldete ich mich jetzt und gab mir Mühe, so munter zu klingen, als würde ich nie vor Sonnenaufgang ins Bett fallen.

»Ich bin zum Strand runter, um nach einem Jungen Ausschau zu halten«, sagte eine ruhige, männliche Stimme. »Nicht nach *irgendeinem* Jungen, sondern nach einem mit brennendem Blut. Genau so einer mußte es sein. Hier unten ist es nachts ziemlich heiß.«

Er war es. Der Mann, der seine geheimnisvolle Mail mit »W« unterschrieben hatte. Ich war mir absolut sicher, schon wegen der Art, wie er mich überrumpelte, als wüßte er, daß ich ihn erkannte. Und was für eine Stimme! Sexy, leicht heiser, mit einem weichen Akzent, den ich nicht genau einordnen konnte, der aber auf Virginia oder sogar Georgia schließen ließ. Ich entschied mich in diesem Moment, ihn Wraith zu nennen, weil er wie ein Geist kam und wieder verschwand, dabei aber noch bedrohlicher und finsterer war als ein Geist.

»Und wo ist da draußen?« fragte ich, in der Hoffnung, herausfinden zu können, wo er sich aufhielt.

Er ignorierte meine Frage. »Als ich in diese Bar kam, habe ich mit einem Mal eine starke Sehnsucht gespürt. Hier hatte ich *ihn* zum ersten Mal getroffen. Christian.«

»Christian? Wer ist Christian?« Ich überlegte, ob dies der Christian sein konnte, mit dem Susan Walsh zusammengelebt hatte.

»Das erzähle ich Ihnen später«, flüsterte er verschwörerisch. »Diese Bar ist ein cooler Ort für Vampire oder zumindest für … blutgierige Jungs.«

»Blut …«, wiederholte ich. Ich wollte mehr darüber hören, aber er fuhr bereits fort.

»Ich habe einen hübschen Jungen an der Bar sitzen sehen. Er trank eine Cola. Er war jung, zu jung zum Trinken. Wahrscheinlich 16. Ich beobachtete ihn eine Weile, bevor ich zum Sprung ansetzte. Ich ging rüber zu ihm und stellte mich vor. ›Hi‹, sagte ich, ›ich bin der nette Vampir von nebenan. Hast du Lust, ein bißchen Blut zu spenden heute nacht?‹ Er lachte und sagte: ›Hi, ich bin Rick. Kommt drauf an, wo du es mir abnimmst.‹ Er war soweit. Es war einfach. Ich sagte ihm, daß ich alles machen würde, was er wolle. Ich lud ihn zu einer Cola ein und unterhielt mich mit ihm. Ich konnte sehen, daß er aufgeregt war. Er spielte ständig an seinem Schritt herum. Wir gingen zusammen hinunter und nach draußen, in die Schatten der Nacht. Es war dunkel, und er atmete schwer. Als ob er ein bißchen Angst hätte, dachte ich. Er setzte sich hin, während ich ein scharfes kleines Messer nahm, um seine Haut hinter dem Ohr aufzuschlitzen. Ich versicherte ihm, daß es nicht weh tun würde. Das Blut quoll langsam hervor, zu langsam für meinen Geschmack. Ich vergrößerte die Wunde, und das Blut floß schneller. Ich trank und trank und küßte seinen Hals und sein Ohr. Ihm schwanden fast die Sinne, und ich wußte, ich konnte jetzt mit ihm machen, was ich wollte. Ich langte mit meiner freien Hand nach unten und begann ihn zu streicheln. Er wurde immer erregter. Als ich an seinem Hals fertig war und mich versichert hatte, daß die Wunde sich wieder schloß, beugte ich mich über ihn und gab es ihm hart und schnell, damit er begriff, wie aufregend Blut ist. Es ist am besten, wenn es mit Sex vermischt wird. Als wir fertig waren, fragte er mich, wann er mich wiedersehen könnte. Er wollte, daß ich ihn am nächsten Abend besuchen kam. Daß ich durch sein Schlafzimmerfenster einstieg, nachdem seine Eltern schlafen gegangen waren. Wie ein Vampir. Ich ließ mir seine Telefonnummer geben und sagte ihm, daß ich ihn anrufen würde.«

Seine Beschreibung hatte mir fast den Atem geraubt. »Und haben Sie das auch gemacht?« fragte ich.

»Nein. Ich habe nur so getan als ob. Es ist die Vorfreude, wissen Sie. Das ist der beste Teil. Daß man nie weiß, ob es gelingt. Wenn ich sie einmal erobert habe, interessieren sie mich nicht mehr. Ich lasse sie zappeln.«

»Glauben diese Jungs, daß sie zu Vampiren geworden sind?«

»Manchmal. Wenn es sie scharf macht, lasse ich sie in dem Glauben.«

»Sie lassen sie *das* glauben?«

»Ich bin all das, was sie in mir sehen möchten. Was immer diese Erfahrung für sie am besten macht. Ich dringe in ihre tiefsten Phantasien ein.«

Endlich hatte ich die Gelegenheit, also nahm ich sie wahr.

»Wie hat das alles angefangen?« fragte ich. »Wann haben Sie das erste Mal Blut getrunken?«

Er schwieg einen Moment. Doch zu meiner Überraschung antwortete er. Er erzählte mir von den Kindern, mit denen er gespielt hatte, als er aufwuchs.

»Wir spielten jeden Tag zusammen, vor allem im Sommer. Mein bester Freund hieß Terry. Wir waren unzertrennlich. Wenn wir alle zusammen rumhingen, hielten Terry und ich uns immer abseits. Er war für mich wie mein eigener Bruder. Er war 14 und ich zehn, aber wir hatten dieselben Wünsche und Träume. Terry war verteufelt niedlich, er hatte sonnengebleichtes Haar und betörende grüne Augen. Seine Nase und sein Mund waren klein, aber perfekt. Mir gefielen am meisten seine Arme. Sie waren breit und stark, mit gebräunter Haut über gewölbten Muskeln. Er konnte mich mit einem Arm hochheben. Immer nach dem Abendessen ging ich zu ihm rüber und wartete auf ihn.

Wir rannten über die Straße ins Moor und suchten nach Zeichen von Eindringlingen in ›unserem‹ Wald. Die Pfade waren voller dicker Flechten, die von den Bäumen herabhingen – und wir schwangen uns an ihnen von Baum zu Baum.

Eines Tages, als wir im Wald spielten, beschlossen wir, schwimmen zu gehen. Wir zogen uns aus, kletterten einen alten Baukran hoch und schwangen uns an einem langen Kabel in das dunkelgrüne Wasser. Nachdem wir den ganzen Tag im Wasser gewesen waren, hockten Terry und ich später am Nachmittag in der Astgabelung einer riesigen Eiche. Er spielte mit seinem Taschenmesser und tat so, als wolle er sich einen Leberfleck auf der Innenseite seines Schenkels wegschneiden. Aber ihm rutschte die Hand mit dem Messer aus, und er stach sich nicht nur in den Leberfleck, sondern schnitt sogar ein ganzes Stück seines Beines auf. Ohne nachzudenken, beugte ich mich über ihn, trank das Blut aus der Wunde und umspielte seine nackte Haut mit meiner Zunge. Terry wirkte überrascht, aber auch irgendwie erleichtert. ›Tut das weh?‹, fragte ich, und er antwortete: ›Nein … überhaupt nicht. Aber was, um alles in der Welt, machst du da?‹

›Nichts‹, entgegnete ich, ›ich lecke nur das Blut ab‹. Terry fragte mich, ob Blut gut schmecken würde. Ich sagte ›Ja‹, und daraufhin beugte er sich plötzlich zu mir und küßte mich. Unsere Zungen trafen sich. Als er sich abwandte, sagte er: ›Ja, ich schmecke gut.‹ Dann öffnete er seine Hose und begann, mit sich zu spielen. Ich war verblüfft, wie schwer er atmete, fast als bekäme er einen Herzinfarkt. Dann pißte er mich an, und ich genoß das warme, nasse Gefühl auf meinem Körper. Er stöhnte und spritzte dann einen Strahl heißer, weißer Flüssigkeit auf meine Brust. Ich fühlte mich ihm in diesem Moment sehr nah.

Wir versprachen uns gegenseitig, niemandem etwas von der wahren Natur unserer Beziehung zu erzählen, und trafen uns von da an regelmäßig, um unser Blut auszutauschen. Beim zweiten Mal schnitt er seinen Arm auf, und bat mich, sein Blut zu trinken. Ich tat es. Bald stachen wir uns gegenseitig Nähnadeln in unsere Leisten, um Blut daraus zu saugen. Es dauerte nicht lange, und ich war süchtig nach dem Geschmack des Blutes, und Terry ging es genauso.

Unsere gewagteste und intensivste Begegnung hatten wir, als sich Terry mit einer Rasierklinge das Handgelenk aufschnitt. Vorher waren es immer nur kleine Mengen von Blut aus kleinen Schnitten oder Wunden gewesen. Jetzt wollten wir mehr, direkt aus den Adern. Ich legte meinen Mund an sein Handgelenk und saugte sanft daran, als hätte ich damals schon gelernt, ein Vakuum zu vermeiden. Es tat ihm weh. Ich kann mich immer noch an den Geschmack seines Blutes erinnern – es erschien mir so köstlich, warm und seidig in meinem Mund. Terry hatte seinen Schwanz in der Hand und kam, während ich sein Blut trank, aber da er immer schwächer wurde, hörte ich auf.

Wir machten lange so herum, bis er eines Tages nach New York zog. Da war ich gerade 14 geworden. An dem Tag, an dem er fortging, umarmte er mich und flüsterte mir ins Ohr: »Ich werde dich immer lieben.« Ich weine immer, wenn ich an diesen Tag denke – an seinen Geruch, als er seine Nase an meinem Ohr rieb, seine Lippen auf meinen Hals drückte. Ich werde ihn nie vergessen. Er war der Anfang meines Daseins als Vampir. Aber nach ihm gab es andere. Ich erzähle Ihnen ein andermal davon. Ich muß Ihnen von Eric erzählen.«

»Ich will Sie kennenlernen«, warf ich ein.

Er zögerte einen Moment und sagte dann: »Ich glaube nicht, daß das gut wäre.«

»Warum nicht?«

»Weil ... weil ich glaube, ich bin vielleicht krank.«

»Krank? Inwiefern krank?« Jetzt war ich alarmiert. Die große Frage, die sich in der Vampirszene immer stellt, ist natürlich die Frage nach Aids. Wie schützten sich die Vampire? Haben sie keine Angst?

»Manchmal glaube ich, daß ich krank bin. Ich kann es nicht mit Sicherheit sagen, aber ich glaube, mein Schicksal ist ... eines Tages ... verrückt zu werden. Ich weiß es, aber ich will nicht in Ihren Augen lesen, daß Sie es auch wissen. Manchmal habe ich Angst. Ich kann nicht immer vorhersagen, wie ich in der Gegenwart eines anderen sein oder was ich tun werde. Ich weiß nicht, was ich Ihnen antun könnte.«

Nun, das klang ziemlich ernst. Sogar persönlich. Aber ich wollte nicht aufgeben. »Also gut, wir könnten uns an einem sicheren Ort treffen.«

»Schön hell?« Ich hörte die Ironie in seiner Stimme, als wenn er mich daran erinnern wollte, daß Vampire nicht ins Licht gehen.

»Ein dunkles Restaurant oder eine Bar. Ein öffentlicher Ort.«

»Sie kennen mich noch nicht. Sie sollten nicht danach fragen. Ich könnte gefährlicher sein, als Sie glauben. Ich erschaffe mich immer neu, um zu überleben. So kann ich als akzeptierter Außenseiter unter normalen Menschen leben. Ich spiele mit ihren Projektionen. Ich kann werden, was sie in mir sehen wollen. Sie lassen sich so leicht verführen. Ich verwandle mich immer neu, um zu jagen. Und meine Opfer wollen es so.«

Das erschreckte mich ein wenig. Ich fragte mich, ob irgend jemand so mit Susan Walsh gesprochen hatte. Jemand, der versucht hatte, sie zu verlocken, aber sie statt dessen erschreckt hatte. »Wirklich alle?« hakte ich nach.

»Ja, alle. Ich könnte sogar Sie dazu bringen, daß Sie sich wünschen, meine Beute zu werden. Ich könnte es tun. Es wäre sehr einfach.«

Langsam wurde es etwas aufreibend, aber ich dachte, ich könnte ihn zur Zusammenarbeit überreden, wenn ich ihn weiter zum Sprechen brachte. »Was genau meinen Sie damit?«

Am anderen Ende der Leitung blieb es still

»Sind Sie noch dran?«

Aber da war nur mehr Stille – noch nicht einmal Atemgeräusche. Dann hörte ich ein Klicken. Er hatte aufgelegt. Wahrscheinlich glitt er wieder zurück in die Nacht. Wie eine fließende Erscheinung.

KAPITEL VIER

Eine schwierige Balance

1

Das Prinzip der »fließenden Erscheinung« hatte mir ein anderer schwuler Mann erläutert, der sich in der Vampirszene bewegte. Er führte ein interessantes, dunkles Doppelleben: Er war eigentlich Geistlicher in einer konservativen Gemeinde des Mittleren Westens. Ein gemeinsamer Freund hatte mich auf ihn aufmerksam gemacht, und nach einer Reihe komplizierter Absprachen arrangierte er ein Treffen. Da er anonym bleiben wollte, nenne ich ihn Michael.

Die Vampirkultur hat gewiß religiöse und spirituelle Aspekte. Einige sehen den Vampir als einen dunklen Engel, als die Schattenseite Gottes oder sogar als dessen Stellvertreter. Ich habe in der Vampirliteratur und Kunst zahlreiche Vergleiche zwischen Christus und den Vampiren gefunden. Anne Rice zieht sogar eine Verbindungslinie von ihren Vampirfiguren bis zu den ägyptischen Göttern. Sie deutet die Vampire als »Engel, die einem anderen Weg folgen«. Für sie sind die Vampire wie himmlische Geschöpfe, und ihre Romanfigur Lestat vergleicht seine eigene Erfahrung mit der Wandlung in der katholischen Kirche – der Verwandlung einer weltlichen Substanz in eine spirituelle durch das geheiligte Blut. Es überraschte mich also nicht so sehr, wie man annehmen möchte, einen praktizierenden Geistlichen zu finden, der sich zu Vampiren hingezogen fühlte. Daß er vorgab, ein normaler, heterosexueller Pfarrer zu sein, war jedoch etwas ganz anderes. Die Philosophie, mit der er seine Existenz erklärte, gab einen guten Einblick in die Vampirkultur – und vielleicht auch in die Art von Täuschung, der Susan Walsh zum Opfer gefallen war.

Michael war ein junger Mann, der gerade erst das Priesterseminar verlassen hatte. Er war blond, hatte haselnußbraune Augen und gab zu, daß er gerne Leiden erduldete. Seine Gemeinde wußte nichts von seinen sexuellen Neigungen und davon, daß er gelegentlich das Blut seiner Partner trank, die er als »Beute« betrachtete. Doch obwohl seine Geheimnisse ihn belasteten, sah er keinen Anlaß, sich von ihnen zu befreien.

»Ich bin ein erschreckendes Paradoxon«, eröffnete er mir. »Ich habe mich immer von der heilenden Kraft der Geistlichkeit angezogen gefühlt, und ich bin immer noch davon überzeugt, daß ich in dieser Funktion eine Art Erlösung finde – von meinem heimlichen Doppelleben. Ich habe den Wunsch, am Leben der anderen teilzunehmen und ihre Erfahrung mitzuerleben. Es zieht mich genauso stark dazu, die Messe zu lesen wie meine Opfer anzulocken. Wenn man ihre Bedürfnisse erfüllt, sehen sie dich genauso, wie sie dich sehen wollen. Es ist einfach, sie zu beherrschen. Alle Geistlichen kennen dieses Gefühl der Macht.«

»Ich dachte, Geistlicher zu sein bedeutet, anderen in Demut zu dienen«, warf ich ein. So naiv war ich natürlich nicht, aber ich wollte sehen, wie er darauf reagierte.

Er lächelte. »Ich liebe die Macht. Ich manipuliere gern. Ich nutze meine Fähigkeiten für alle meine Werke – im Guten wie im Bösen.«

»Im Bösen? Denken Sie, Ihre Vampiraktivitäten sind schlecht?«

»Oft. Die Grundsätze meines Glaubens würden das niemals erlauben. Andererseits hat der Glaube, den ich in Gott und die Kirche gesetzt habe, meinen Geist ausgepreßt. Die Kirche ist wie ein Vampir – nur daß *sie* jeden Tag das Leben von Hunderten Menschen aufsaugt. Dabei soll sie doch Leben geben und es nicht in muffiger Liturgie ersticken. Also zahle ich ihr nur heim, was sie mir angetan hat.«

»Das klingt ziemlich desillusioniert.«

Er zuckte mit den Schultern und nickte. »Das bin ich auch. Ich wollte immer Priester werden, sogar schon als Kind. Aber ich wollte auch immer Vampir werden. Und ich wußte schon früh, daß ich schwul war und daß das irgendwie nicht gut war. Ich hatte das Gefühl, daß etwas in mir schlecht war und unterdrückt werden mußte. Ich glaubte, daß schwul zu sein inakzeptabel sei, auch in meiner Familie, die sehr gläubig ist. Aber irgendwie ergab das keinen Sinn. Es scheint mir nicht richtig, daß jemand, der die Gabe zu helfen hat, sie nicht ausüben darf, nur weil er ein anderes Leben führt als die meisten Leute in der Kirche. Also gebe ich vor zu sein, was sie in mir sehen wollen, damit ich tun kann, was ich will, und anderen Beistand leisten kann.«

Das erschien mir sehr extrem, aber es war nicht meine Aufgabe, über andere zu richten.

»Wie leben Sie mit diesen zwei Identitäten?« fragte ich weiter. »Ich meine, wie können Sie das vor sich selbst rechtfertigen?«

»Es ist eine meiner schwierigsten Aufgaben, diese beiden Welten miteinander zu versöhnen, meine Blutgier mit der spirituellen Welt. Es ist schon vorgekommen, daß ich nach einer sündhaften Begegnung direkt in meine ›heiligen‹ Gewänder geschlüpft bin, um die Messe zu lesen. Ich habe bei Versammlungen gesprochen und mich dabei sehr einsam gefühlt, durch meine Geheimnisse von allen anderen getrennt und unfähig zur Ehrlichkeit. Dennoch ist meine dunkle Seite bei geistlichem Beistand und Rat nützlich. Ich verstehe den Kampf zwischen Sünde und Verlangen.«

Ich nickte. Auch ich kannte diesen Konflikt aus meiner Erfahrung als Beraterin und Psychologin.

»Ich glaube, ich sehe Vampire immer als schwule Männer«, fuhr Michael fort. »Als eine Art fließender Erscheinung.«

Ich war verblüfft. Ich hatte diesen Ausdruck nie zuvor gehört. »Fließende Erscheinung? Was bedeutet das?«

Er erklärte mir, daß der Begriff aus dem Werk Oscar Wildes stamme, dessen *The Picture of Dorian Gray/Das Bildnis des Dorian Gray* die homosexuelle Maskerade beschreibe und in Szene setze. Der irische Autor lebte wie Dorian: Am Tage wandelte er durch die Welt der Reichen, während er seine Nächte mit verderbten Taten zubrachte. Wilde wurde schließlich verhaftet, und bald war es ein offenes Geheimnis in England, daß Sodomie in den Salons ein gewöhnlicher Zeitvertreib war. Kurzum, Wildes Roman handelte von einer weitreichenden gesellschaftlichen Selbsttäuschung.

»Wildes Werk spiegelt seinen Glauben an diese Selbsttäuschung«, erläuterte Michael. »Das bedeutet, daß er in seinem Werk versucht hat, die Idee eines kontinuierlichen Selbst zu enthüllen und die zahlreichen Schichten einer sich stets verändernden Maskerade zu zeigen, die jeweils nur für einen flüchtigen Moment gelten. Genauso ist es, ein heimliches Doppelleben zu führen. Um zu überleben, muß man sich immer neu verwandeln. Die Werke, in denen schwule Männer ihre Existenz beschreiben, sind aus diesem Grund fließend, zu jedem Zweck veränderbar. Wilde war seiner Zeit voraus, er erkannte die Maskerade als Realität.«

»Ich verstehe«, sagte ich »Aber was hat das mit Ihnen zu tun?«

»Ich habe begonnen, mich als Person zu erschaffen, als ich 14 war, in dem Augenblick, in dem ich begriff, daß ich schwul war. Als ich dann zum Vampirismus kam, wurde die Maskerade komplexer, ich verfeinerte sie. Vertrauen und Kontinuität sind die Voraussetzungen der meisten Beziehungen, nicht so unter Vampiren. Hier geht es nur darum, die Bedürfnisse einer Nacht zu befriedigen, dafür ist keine feste Beziehung notwendig. Ich muß mich für jedes Opfer neu erschaffen und darstellen. Daher ist mir die eigene Identität zum Rätsel geworden.«

»Und gefällt Ihnen das?« wollte ich von ihm erfahren. »Nicht zu wissen, wer Sie wirklich sind?«

»Wir stellen uns alle und zu jedem Zeitpunkt immer neu dar, erschaffen uns als die Charaktere und Persönlichkeiten unserer Träume. Der Surfer aus Kalifornien, der seine Haare bleicht und weite Shorts trägt, ebenso wie der Geschäftsmann aus New York, der sorgfältig seine Anzüge aussucht. Wir alle benutzen äußerliche Mittel, um unsere Persönlichkeit zu präsentieren. Das moderne Subjekt ist nur ein Konstrukt, eine Maske, hinter der sich oft der verzweifelte Wunsch verbirgt, unser wahres Selbst zu finden.«

»Das ist sehr postmodern gedacht.« Es sollte ein bißchen ironisch klingen, da das alles doch sehr konstruiert wirkte. »Und Sie glauben, daß es ein wahres Selbst gibt?«

»Die Menschen glauben daran. Aber das gibt es nicht.«

»Vielleicht sagen Sie das nur, weil Sie einer Form der Schwulenkultur angehören, für die es so etwas nicht gibt.«

Er zuckte die Achseln. »Der fließende Wandel in der schwulen Existenz ist die Voraussetzung des Überlebens, auch wenn die Transvestiten und Filmschwulen es wie ein lustiges Kostümfest aussehen lassen. Das Bild der Schwulen in der Öffentlichkeit wird ständig umgeformt, übermalt und verändert, um neue ›Persönlichkeiten‹ zu erschaffen, in die man schlüpfen kann wie in ein Kostüm. In unseren Beziehungen verhalten wir uns wie Chamäleons, und in der Vampirszene ist es genauso.«

»Warten Sie«, bat ich. »Wenn Sie sich als eine Persönlichkeit präsentieren, von der Sie wissen, daß Ihr jeweiliger Partner sie für Ihre wahre Identität hält – haben Sie da gar keine Skrupel? Oder keine Angst vor einer

Art Persönlichkeitszerfall, wenn Sie Ihr wahres Selbst durch falsche Persönlichkeiten ersetzen, die immerhin zu einem Teil Ihrer Identität werden könnten?«

Er wirkte belustigt. Er hatte ein reizendes Lächeln. »Wieso glauben Sie, daß Identität etwas Kontinuierliches ist?«

»Nun ja, Kontinuität ist die Voraussetzung dafür, daß man sich von einem Moment zum anderen immer noch als dieselbe Person wahrnehmen kann. Daß man sich als jemanden erkennen kann, bei dem man unterscheiden kann ›Das ist echt‹ und ›Das ist falsch‹.« Um Himmels willen, ich hörte mich an wie eine Philosophin.«

»Ich habe noch nie auch nur einen Hauch von schlechtem Gewissen verspürt, wenn ich eine neue Persönlichkeit angenommen habe«, entgegnete er. »Es ist wie bei einem Schauspieler, der das Wesen einer Rolle zu erfassen versucht. Ein Schauspieler kann einen fremden Charakter in sich aufnehmen, er muß es sogar, um seiner Rolle Leben einzuhauchen. Ich schlüpfe ebenfalls in verschiedene Rollen, wenn ich zu einem Pfarrer werde oder meine Opfer anlocke. Aber Sie haben recht. Jemand wie ich, der so viele verschiedene Rollen spielen kann, vermag diese irgendwann nicht mehr auseinanderzuhalten. Charaktere vermischen sich, vor allem weil mich einige mehr faszinieren als meine eigene Persönlichkeit. Ich habe Angst vor dem, was mein Herz weiß. Ich versuche, mir nie etwas vorzumachen, aber das ist sehr schwierig.«

»Ist das nicht sehr belastend oder verstörend? Wie können Sie aufrichtig zu jemandem sein und Intimität aufbauen?«

»Ich muß mich nicht selber in einer unveränderlichen Weise definieren. Wen kennt man schon ganz und gar? Selbst wenn ich mich bewußt als eine bestimmte Person präsentieren würde, die immer die gleichen Charakterzüge aufweist, würde ich doch eine Rolle spielen, sobald ich das Bedürfnis danach hätte. Es ist wichtig für mich, daß ich permanent verschieden Persönlichkeiten durchschimmern lasse.«

»Und dasselbe gilt für Sie als Vampir?«

»Erst durch diesen kontinuierlichen Wandel der Identitäten kann der Vampir entstehen. Vampire sind selbst nur flüchtige Erscheinungen, Unsterbliche, die ihre Persönlichkeit durch jede neue Erfahrung neu erschaffen. Die Maskerade des Vampirs erscheint harmlos, charmant und erotisch. Er reagiert auf jede Nuance im Verhalten seines Opfers. Er verführt seine Beute durch die Anziehungskraft seiner Maskerade.

Jeder schwule Junge von heute träumt von einem Vampir – eine phantastische Neuauflage von Dr. Jekyll und Mr. Hyde. Das Monster verwandelt sich in den Mann und umgekehrt, und beide verschmelzen miteinander. Der Vampir kann sogar der mitfühlende und hilfsbereite Schwule sein, der der alten Dame die Einkaufstasche trägt. Er kann am Sterbebett seiner Freunde sitzen, an wohltätige Einrichtungen spenden, die Obdachlosen unterstützen und bei der Heilsarmee aushelfen. Vampire spenden sogar Blut. Aber bei Nacht unterwerfen dieselben Typen in verrauchten Clubkellern ihre Liebhaber und schlüpfen dabei in die andere, monströse Seite ihrer Persönlichkeit. Ich weiß es. Ich habe das auch schon getan.

Es gibt viele wahre Geschichten über schwule Vampire aus den Hafenanlagen der West Side Manhattans und den Lagerhallen an der Folsom Street in San Fransisco. Sie würgen und verstümmeln einander, und manchmal führen ihre Abenteuer sogar in den Tod. Es gibt Männer, die sogar Kabel an ihren Brustwarzen befestigen, um ihren Orgasmus mit einem elektrischen Schlag zu intensivieren. Einige schnüren ihre Eier mit Lederbändern fest zusammen, während ein Fremder seine Faust und seinen Unterarm so tief in ihren Hintern gräbt, daß er fast das Zucken ihres Herzmuskels spüren kann. Andere bohren Löcher in ihre Leisten und Arterien, schneiden sich die Brustwarzen auf und trinken das Blut ihrer Liebhaber, während sie kommen. Die Figur des Vampirs lauert in jeder schwulen Sexpraktik, und es ist nur eine Frage der Zeit, bevor er beginnt, auf Beutejagd zu gehen und erst seine Liebhaber und schließlich auch Fremde anzufallen.«

»Und wie hat das alles angefangen?« fragte ich. »Wie kam es, daß Sie so leben wollten? Es ist mir unerklärlich, wie man in so etwas hineingerät.«

»Das erste Mal benutzte ich die Täuschung, um mich stark zu fühlen. Es hat mir überhaupt nichts ausgemacht, zu lügen, um meine Ziele zu erreichen – vor allem nicht, als ich sah, wie gut es funktionierte.«

»Obwohl Sie Geistlicher sind?«

»Ich erinnere mich, gewußt zu haben, daß es nicht richtig war, jemanden zu täuschen und zu manipulieren, aber ich dachte auch daran, daß *jeder* bis zu einem gewissen Grad eine Rolle spielt. Sogar Tiere täuschen manchmal etwas vor.«

»Aber Sie sind kein Tier. Und Sie tragen eine gewisse Verantwortung.«

»Ich will in allen Bereichen erfolgreich sein, die mein Leben ausmachen. Um das zu schaffen, mußte ich die Kunst der Verstellung nur richtig einsetzen. Täuschungsstrategie. Das ist alles.«

»Täuschungsstrategie«, lachte ich. »Jetzt klingen Sie wie ein Politiker.«

Er nickte bestätigend. »Die Ironie bei der Sache ist, daß ich immer ein Mann der Wahrheit sein wollte, wie Lincoln. Aber eines Tages habe ich gelesen, daß auch Lincoln andere aufs Glatteis geführt hat, und ich war sehr enttäuscht, nein ... am Boden zerstört. Das war eigentlich der Anfang. Als ich herausfand, daß sogar Menschen, die wegen ihrer moralischen Integrität geachtet werden, Tatsachen verdrehen.«

»Aber was haben Sie davon? Abgesehen von dem Gefühl der Macht in diesem Moment?«

»Es bringt keinen wirklichen Nutzen. Nur die Maskerade selbst ist eine unmittelbaren Belohnung. Die Täuschung ist eine effektive Methode, das ist alles. Es ist mehr ein Prozeß als eine Lüge.«

An diesem Punkt fand ich den Mut, etwas persönlicher zu werden. »Kann es nicht sein, daß alldem eine Angst zugrunde liegt, nicht um Ihrer selbst willen geliebt zu werden. Geliebt zu werden, wie Sie wirklich sind? Daß Sie diese Erfahrung nicht riskieren wollen?«

Er gab das zu, ohne daß es ihm peinlich zu sein schien. »Ich frage mich zuweilen, ob ich mich vor mir selbst fürchte. Ich habe immer geglaubt, daß niemand mein wahres Ich mögen, geschweige denn lieben würde. Ich glaube das immer noch. Einmal habe ich versucht, ehrlich zu sein, und niemand wollte mich. Wenn ich meiner Gemeinde erzähle, daß ich schwul bin oder ein Vampir, oder beides, glauben Sie, daß sie zulassen würden, daß ich sie verheirate, beerdige oder ihre Kinder taufe? Ich habe Stunden damit zugebracht, mich hinter verschlossenen Türen mit Idioten über Wahrheit zu streiten. Sie haben alle ihre eigenen Ansichten über die Wahrheit. Wahrheit ist sehr wertvoll, aber wir haben sie in unserem Leben verloren, und sie wird erst wieder in ihrem Glanz erstrahlen, wenn Christus zurückkehrt und alles auslöscht, was vorher war.«

Es war verblüffend, jemanden über derartig traditionelle Vorstellungen sprechen zu hören, der gleichzeitig – wie ich fand – eine »Täuschungsstrategie« einsetzte und Blut trank. Aber ich erinnerte mich daran, daß er aufgrund seines Glaubens zum Priester geworden war. Trotzdem war ich von seiner Ernsthaftigkeit nicht ganz überzeugt.

»Aber eigentlich genießen Sie ihre Geheimnisse, oder nicht?« insistierte ich.

Er nickte. Meine Fragen schienen ihn zu belustigen. »Ja, ich genieße es, meine dunklen Geheimnisse zu bewahren. Ich glaube, daß die Individualität und die Einzigartigkeit des Menschen es verlangen, daß wir mysteriös bleiben, zumindest teilweise. Einerseits möchte ich, daß mir ein anderer Mensch sehr nahe sein kann, andererseits möchte ich aber nicht, daß dieser Mensch alles von mir weiß. Ich bezweifle, daß das irgend jemand möchte. Ich habe früher gedacht, Christus könnte meine Seele retten und daß man, wenn man alle Gebot befolgt, der Vollendung der Seele sehr nahe kommen könnte. Aber es hat nicht funktioniert. Also suche ich nach Liebhabern, die meine Leere füllen und mir die Einsamkeit nehmen. Ich ziehe sie unbewußt in meine Welt und raube ihnen ihre Energie. Ich versuche, mich damit zu erhalten. Ich muß jagen, um existieren zu können.

Ich glaubte früher, daß meine geistlichen Pflichten mich retten könnten. Daß sie alles ausgleichen und mich irgendwie erlösen könnten. Ich praktiziere meinen Vampirismus als ein heiliges Ritual, das Zeit und Raum überwindet und mich und meinen Partner spüren läßt, wer ich bin und was ich bin. Für mich ist das sogar eine existentielle Buße, die auf alttestamentarischen Ritualen basiert. Es ist eine Versicherung meiner selbst, vielleicht sogar eine Feier. Ich fürchte mich vor Verdammnis, nicht so sehr durch Gott als vielmehr durch eine moralische Instanz im Universum. Ich nutze Mitmenschen aus, und das ist eine Verletzung der göttlichen Gebote. Ich habe nach Sinn gesucht, wo man Sinn nicht suchen soll, und jetzt habe ich Geschmack daran gefunden. Seelisch bin ich für immer gezeichnet.«

2

Ich dachte viel über die »fließenden Erscheinungen« und ihre theatralischen Aspekte nach. Ein großer Teil der Vampirkultur besteht aus Maskerade und Spiel, offiziell und inoffiziell. Es ist eine Gelegenheit, dem Alltag zu entrinnen und Spaß zu haben. Für Michael schien es eher eine Möglichkeit zu sein, die Entwicklung zu persönlicher Reife zu vermeiden – wobei ich mir nicht sicher war, ob er das auch so sah. Aus welchem Grund auch immer, ich war jedenfalls davon beeindruckt, wieviel Phantasie und Ideenreichtum auf diese fiktiven Persönlichkeiten und Figuren verwendet wurde. Ich hatte den Eindruck, daß die Vampirkultur sehr phantasievolle Menschen anzog, was nicht heißen soll, daß alles, was ich bislang erfahren hatte, bloß erfunden war. Vielmehr glaubte ich, daß sich in der Vampirkultur nur die theatralischen Variationen einer Mythologie zeigen, die in unserer Kultur bereits lange Zeit nahezu unverändert existiert haben und die diese Menschen in ihren Bann ziehen. Romane, Filme, Spiele und Musik belegen, daß sich gerade phantasievolle und kreative Menschen mit der Vampirkultur beschäftigt und ihr Potential ausgeschöpft haben. Und deshalb konnte jemand wie dieser Priester seine verschiedenen Verkleidungen als einen Teil dieser kulturellen Dynamik ausleben. Fraglich war allerdings, ob sich mit dem Wachstum der Vampirkultur deren Ideen nicht auf die restliche Gesellschaft ausbreiteten und zu deren ohnehin wachsender Fragmentarisierung und Vereinzelung beitrugen.

Eine weitere Frage, die sich mir stellte, während ich den Geschichten meiner Interviewpartner lauschte, war, ob das alles ein bloßes Freizeitvergnügen war oder ob sich diese Menschen, wie der Typ des Tagträumers, einfach in ihre Phantasiewelten zurückzogen. Eine Subkultur, die hauptsächlich auf einer übernatürlichen, phantastischen Figur basierte, zog wahrscheinlich besonders solche Menschen an, die jede Geschichte so erzählen konnten, als wäre sie wahr. Als Therapeutin hatte ich Erfahrungen mit Menschen, die ganz in ihren Phantasiewelten lebten, und ich wußte, daß ein lebhaftes Vorstellungsvermögen zu großer Kreativität führen kann. Ich hatte außerdem die Erfahrung gemacht, daß Menschen, die in einer Scheinwelt leben, von einer Gesellschaft, die logisches Denken und Rationalität verlangt, im allgemeinen nicht besonders geachtet werden. Ich wollte diesen Fehler vermeiden, durfte aber gleichzeitig nicht vergessen, daß Phantasie und Verkleidung gängige Praktiken der Subkultur waren, mit der ich mich auseinandersetzte.

Ich stellte Nachforschungen an und fand etwas über Experimente heraus, die belegten, daß Menschen sich etwas so lebhaft vorstellen können, daß sie es für real halten. So können manche durch Autosuggestion körperliche Symptome hervorbringen: Blasen erscheinen auf der Haut, Warzen verheilen, sie haben Orgasmen, oder es zeigen sich Allergien ohne Kontakt mit den die allergische Reaktion normalerweise auslösenden Reizen. Ich konnte mir nicht einmal vorstellen, wie jemand eine allergische Reaktion zeigen konnte, bloß weil er glaubte, mit einer

Brennessel in Berührung gekommen zu sein. Der entscheidende Faktor bei solchen Experimenten war die Fähigkeit, ein vorgestelltes Ereignis für real zu halten und die entsprechenden körperlichen Reaktionen zu produzieren. Ich konnte das nicht, aber offensichtlich vermochten es andere.

Menschen mit derart lebhafter Vorstellungskraft besitzen in der Regel eine Reihe gemeinsamer Eigenschaften: Meistens haben die Eltern ihre Phantasie gefördert. Sie berichten häufig, daß sie über eine lebhafte Erinnerung an ihre frühste Kindheit verfügen und als Kinder mit fiktiven Freunden gespielt haben. Sie sind meist sehr einfühlsam, glauben von sich selbst, heilende Kräfte zu besitzen, können sich gut konzentrieren, tagträumen aber auch viel und reagieren sehr heftig auf sinnliche Reize. Auch als Erwachsene leben sie häufig in ihren Phantasiewelten, verbergen dies aber. Sie sind angeblich leicht zu hypnotisieren, zeigen gegenüber paranormalen Phänomenen eine größere Sensibilität und sind besonders anfällig für Persönlichkeitsstörungen. Viele wurden als Kinder mißbraucht und zogen sich in ihre Phantasiewelten zurück, um Schutz zu finden.

Ich kannte einen Experten auf diesem Gebiet, mit dem ich in Kontakt trat. Dr. Leonard George ist der Autor des Buches *Alternative Realties: The Paranormal, the Mystic, and the Transcendent in Human Experience* und Psychologe, Schriftsteller und Radioredakteur in Vancouver, Britisch Kolumbien. Er hatte sich mit der Erfassung und Interpretation der Welt durch den Menschen beschäftigt und einen wundervollen Aufsatz über Geschichte und Bedeutung der Imagination für mein Buch über Anne Rice geschrieben.

Ich fragte ihn nach seinen Nachforschungen über den Typ des Tagträumers, da ich mir sicher war, daß viele der Leute, die ich bereits interviewt hatte, fälschlicherweise – und abschätzig – so bezeichnet werden würden. Laut Dr. George bedeutet dieser Begriff, daß ein Mensch in der Lage ist, tief in Phantasiewelten einzutauchen, ohne sich notwendigerweise darin zu verlieren.

»Ich finde es besonders bemerkenswert, daß es den Begriff des Träumers in jeder Kultur gibt und daß er in jeder Kultur nur eine kleine Gruppe bezeichnet«, erklärte Dr. George »Diese Gruppe ist so eine Art kollektiver Ideenproduzent. Aber ›Tagträumer‹ klingt so negativ. Man sollte lieber den Ausdruck ›Phantasiebegabte‹ verwenden, was der Sache viel eher gerecht wird.

Je nachdem wie streng man den Begriff definiert, können vielleicht fünf Prozent der Gesamtbevölkerung als schwere Fälle von Phantasiebegabung gelten. Allem Anschein nach existieren solche Menschen in jeder Kultur. Dabei stellt sich die Frage nach der Wechselwirkung zwischen den Phantasiebegabten und dem Rest der Gesellschaft. Normalerweise ist gerade die moderne Gesellschaft gegenüber einem starken Vorstellungsvermögen sehr negativ eingestellt. Kreativität und Phantasie werden zwar geschätzt, wenn sie gesellschaftlich nützlich sind, aber außerhalb der anerkannten Grenzen werden sie nicht akzeptiert. Wir haben Phantasie fein säuberlich als ›Erfahrung des Unwirklichen‹ definiert und jeden, der das Unwirkliche als Realität ernst nimmt, bezeichnen wir als verwirrt oder sogar als verrückt. Folglich haben wir keinen feststehenden Ausdruck für die Phantasiebegabten und keine kulturell institutionalisierte Möglichkeit, ihr Potential zum Wohle der gesamten Gesellschaft auszuschöpfen.«

»Gibt es denn Gesellschaften, die das tun?« fragte ich.

»In vielen Jäger- und Sammlergesellschaften wurden den Kindern zwischen acht und zwölf seherische Fähigkeiten zugesprochen, die sich in Visionen, Stimmen, wiederkehrenden Träumen oder geheimnisvollen Krankheiten offenbarten. Das sind die gleichen Symptome, die die Phantasiebegabten unserer Gesellschaft in ihrer Kindheit zeigen. Waren diese Kräfte einmal als solche erkannt, wurden die Phantasiebegabten darin unterwiesen, ihre spirituellen Kräfte, die als Zugang zu einer anderen Welt angesehen wurden, zu beherrschen. Schließlich wurden sie zu Schamanen ernannt, die eine wichtige Funktion in der Gemeinschaft ausübten: Sie waren Medizinmänner, spirituelle Führer und das kollektive Gedächtnis der jeweiligen Gesellschaft.

In höheren Zivilisationen hing das Schicksal des Phantasiebegabten von der vorherrschenden Weltsicht und der politischen und wirtschaftlichen Situation ab. Starke Imagination wurde entweder als Quelle von großem Wert oder als Bedrohung wahrgenommen – oder beides gleichzeitig. Die Babylonier schätzten sie und bezahlten Phantasiebegabte während eines Festes, das unserem Halloween glich, dafür, daß sie die Nacht auf den Dächern ihrer Häuser verbrachten. Dort stellten sie sich vor, mächtige Sternengötter zu sein und so das Haus vor dem bösen Bann von Zauberern zu schützen. Im späten Mittelalter dagegen fürchtete die Kirche Phantasiebegabung so sehr, daß jede öffentliche Zurschaustellung damit enden konnte, als Ketzer oder Hexe angeklagt zu werden.«

»Und in unserer Zeit?«

»Die Phantasiebegabten sind eine unsichtbare Gruppe«, antwortete Dr. George. »Sie bewegen sich unerkannt durch das Labyrinth der modernen Gesellschaft. Sie sind nicht willkürlich verstreut, sondern verteilen sich auf zwei Bereiche. Einerseits auf den Bereich, in dem sie ihre Talente nutzen können, zum Beispiel als Künstler, Heilpraktiker oder in verschiedenen religiösen Ämtern; andererseits auf den der diversen Subkulturen, wo sie ihre Phantasien intensiver und exzessiver ausleben können, als es ihnen von der Gesellschaft erlaubt wird. Die Gothic- oder Vampirszene ist ein klassischer Fall. Diese Randgruppe könnte die Gesellschaft mit ihrem Ideenreichtum positiv befruchten, so wie es die Wissenschaftler getan haben, die früher als Wahnsinnige galten. Aber die Phantasiewelt kann auch tragische Ausmaße annehmen, wie zum Beispiel im Fall des kollektiven Selbstmords der Heavens-Gate-Sekte. Wenn sich die Verhältnisse innerhalb einer Gesellschaft verändern, verändert sich auch deren Beziehung zu den phantasiebegabten Menschen, und es kann sein, daß wir ein großes Potential verkennen und ungenutzt lassen.«

Die Worte Dr. Georges ließen mich anders über Diogenes, Wraith, NiteTrain und die anderen denken, die ich getroffen hatte. Ich fragte mich, wieviel ihrer Vampirexistenz sie ihrer Phantasie zu verdanken hatten und ob es überhaupt darauf ankam, was *ich* davon hielt. Fließende Erscheinungen, Phantasiebegabung, Rollenspiele, Täuschungsstrategie. Das Image der Vampire ist wandelbar und flexibel und beruht auf einem Mythos. Diejenigen, die Vampire sein wollen, sich vorstellen, Vampire zu sein, oder sich einfach wie Vampire benehmen, besitzen eine weitreichende Phantasie.

Die Experimente schienen zu belegen, daß die Neigung zu lebhafter Phantasie sich meist mehr an der Realität orientiert, als man glaubt, und das gleiche konnte auch für die Geschichten gelten, die ich gehört hatte, ob sie nun phantasievoll die Realität beschrieben oder komplett erfunden waren und dabei nur einige Bezüge zur Wirklichkeit hatten. Der Vampirgeistliche mochte seiner Beute etwas vorgaukeln, um sie zu lokken, oder vielleicht hatte er mir etwas vorgespielt, um einen bestimmten Eindruck zu erzeugen. Letztendlich machte das keinen Unterschied. Einen Vampir zu spielen oder ein Vampir zu sein: Beides entstammt derselben kulturellen Wurzel, und wenn ich, wie es Wraith ausgedrückt hatte, in das tiefste Innere des Vampirs vordringen wollte, mußte ich jeden von ihnen und jede ihrer Geschichten ernst nehmen.

Andererseits macht es schon einen bedeutenden Unterschied, ob jemand den Vampir nur *spielt* oder ein Vampir *ist*; vor allem, wenn man dieser Person bei Nacht begegnet. In kurzer Zeit würde ich auf Diogenes treffen.

KAPITEL FÜNF

DER BELESENE VAMPIR

»Der moderne Mensch muß eine tiefere Einsicht in sein eigenes spirituelles Leben gewinnen. Um diese zu erlangen, muß er sich mit dem Bösen auseinandersetzen, sich seiner dunkle Seite stellen und den Teufel mit einbeziehen.«

C. G. Jung

1

Die meisten Menschen, die von Vampiren fasziniert sind, kennen sie aus Filmen oder Büchern. Das einflußreichste Buch ist wohl Bram Stokers 1887 erschienener Roman *Dracula*. Zwar gab es bereits im frühen 19. Jahrhundert Varney, Carmilla und Lord Ruthven, aber diese Figuren hatten keine derartige Nachwirkung. *Dracula* wurde immer wieder neu aufgelegt, inspirierte zahllose Theaterstücke und Vampirromane und wurde unzählige Male verfilmt. Der Roman ist ein moralisches Lehrstück über einen transsylvanischen Grafen, der nach England kommt, um nach frischem Blut zu jagen, und über die tapferen Männern unter der Führung Professor van Helsings, die ihre tugendhaften Frauen beschützen und den Vampir schließlich vernichten. Dieser Roman und die Filmversion von 1931 mit Bela Lugosi in der Hauptrolle haben das Bild des Vampirs entscheidend geprägt: Vampire werden von Knoblauch und Kruzifixen abgeschreckt, haben kein Spiegelbild, müssen eingeladen werden, um ein Haus betreten zu können, und sie können nur mit einem Holzpfahl vernichtet werden, der durch ihr Herz getrieben werden muß. Sie können nur in heimischer Erde schlafen, sich in Fledermäuse, Wölfe und in Nebel verwandeln, verfügen über hypnotische und übernatürliche Kräfte, sprechen mit osteuropäischem Akzent und sind im Stil klassischer Eleganz gekleidet (schwarzes Cape und Frack).

Bis zu einem gewissen Grad war dieses Bild von volkstümlichem Aberglauben geprägt, in den sich Furcht vor dem Fremdartigen (Außereuropäischen) mischte. Ich fand sogar ein zeitgenössisches Reisenecessaire zum Töten von Vampiren, das diesen Eindruck bestätigte. Es stammte aus England und wurde im 19. Jahrhundert als Schutz für Reisende in Osteuropa hergestellt. Es enthielt ein Kruzifix, Weihwasser, einen hölzernen Pfahl, eine Pistole mit silbernen Kugeln, eine Lupe (um die Sonnenstrahlen zu bündeln und auf den Vampir zu lenken) sowie Knoblauchpulver. Dabei hatte Bram Stoker die meisten Eigenschaften des Vampirs frei erfunden.

1954 veröffentlichte Richard Matheson seinen Roman *I Am Legend/ Ich bin Legende*, in dem er den Vampirismus als Krankheit beschrieb, aber abgesehen davon erschien lange Zeit kein erwähnenswertes Buch zum Thema Vampire. In den Filmen der Komiker Abbot und Costello wurde Dracula sogar parodiert. Erst in der Fernsehserie *Dark Shadows* mit ihrem Helden Barnabas Collins wurde das Vampirthema 1967 wieder lebendig. Die Serie weckte auch mein Interesse an Vampiren, obwohl ich Barnabas nicht so sehr mochte, weil er stets den richtigen Zeitpunkt verpaßte. Aber Quentin, der Geist, war einfach ein Schatz. *Dark Shadows* präsentierte einen einfühlsamen Vampir, der unter seiner Veranlagung litt.

Mitte der 70er Jahre entstand, abgesehen von Stephen Kings Roman *Brennen muß Salem*, der sich mehr an Bram Stokers *Dracula* orientierte, die Mode der Vampir-Antihelden. Fred Saberhagen präsentierte Dracula in *The Dracula Tape* als einen netten Typen und van Helsing als selbstgerechten Trottel, während Chelsea Quinn Yarbro in ihren romantischen *Saint-Germain*-Geschichten einen ganz neuen Vampir erschuf, und Anne Rice veröffentlichte *Gespräch mit dem Vampir*. Danach hatte sich das Bild der Vampire für immer verändert. In den 80er Jahren rückten *Vampire Tapestry*, *Fever Dream* und *The Hunger/Begierde* den Vampir in den Mittelpunkt der Aufmerksamkeit und räumten mit vielen der althergebrachten Klischees auf. 1985 schrieb Anne Rice die Fortsetzung *Der Vampir Lestat* und drei Jahre später *Die Königin der Ver-*

dammten. Ende der 80er war aus dem Thema eine ganze Industrie geworden.

Das Bild des blutsaugenden Vampirs als des bösen »Anderen« verlor an Gültigkeit. Jetzt verkörperte er mehr und mehr unsere Schattenseite anstelle des Bösen, das irgendwo da draußen lauert. Anne Rice erschuf den von Schuldgefühlen geplagten, einsamen, sich selbst in Frage stellenden Vampir Louis als Hauptfigur eines Romans, der ein Bestseller und ein Kultbuch wurde. Louis erzählt seine Geschichte einem sterblichen Journalisten. Sie führt zurück in das späte 18. Jahrhundert, als er von dem Vampir Lestat gebissen und somit zu einer philosophisch zweideutigen Existenz verdammt wurde. Er vermag die existentiellen Fragen nach Wahrheit, Gott und Teufel, die ihn stets gequält hatten, noch immer nicht zu beantworten, und ist nun auch noch gezwungen zu töten, um zu überleben. Um seine Einsamkeit zu überwinden, hilft er seinem Schöpfer Lestat, ein Kind, Claudia, in einen Vampir zu verwandeln. und gemeinsam mit ihr sucht er in der ganzen Welt nach anderen ihrer Art, um den universalen Sinn ihrer Existenz zu ergründen. Er trifft in Paris den gleichermaßen unwissenden, 400 Jahre alten Armand, aber er verliert Claudia. Er scheitert und ergibt sich einem rastlosen Dasein endloser Nächte und fragwürdiger Wahrheiten.

Dieser einflußreiche Roman wurde zu den *Vampire Chronicles* ausgesponnen, die die beiden bereits genannten Bücher über Lestat sowie vier weitere Geschichten enthielten: *The Tale of the Body Thief*, *Memnoch the Devil/Memnoch, der Teufel*, *Pandora* und *Armand*, denen weitere folgen sollten. In diesen Büchern wurde Lestat zur Hauptfigur, die ihre eigene Geschichte erzählt, aus ihrer Sicht die Ereignisse schildert, die Louis beschrieben hatte, und sich zu einem neuen Vampir für eine neue Zeit erklärt. Lestat ist für das Abenteuer bereit, obwohl er das Dasein als Vampir nicht gesucht hat, und er nimmt seine Mutter Gabrielle mit. Mit der Unbekümmertheit einer jugendlichen Seele sucht er nach Antworten und findet schließlich Marius, der ihm von den Ursprüngen der Vampire im alten Ägypten berichtet.

Mit der Figur Lestats verwandelte sich das Bild des Vampirs. Er wurde zu einer neuen Art Held, der seinen Vampirismus akzeptierte. Die neuen Vampire überschritten die Grenzen der gesellschaftlichen Erwartungen und konnten so ihr ganzes Potential ausschöpfen. Sie besaßen eine gesteigerte Wahrnehmung und übernatürliche Kräfte. Sie konnten tiefes

Verständnis, Leidenschaft und ein Bewußtsein für das Leben entwickeln. Sie konnten Gedanken lesen, fliegen, ihren Astralleib erschaffen, sehr hoch springen, sich in ein anderes Geschlecht verwandeln, sich selbst heilen und den Tod überwinden. Oft waren sie jung, schön und extrem verführerisch, wie antike Götter. Aber selbst wenn sie häßlich waren, besaßen sie Weisheit und Macht. Vampire erlebten, genau wie die romantischen Poeten, alles viel intensiver. Sie kannten die Einsamkeit, hatten Bedürfnisse und suchten nach Sinn, aber sie knüpften auch geistige Bande zu anderen. Sie erlebten das Dasein mit einer Intensität, nach der viele Menschen sich sehen, und offerierten uns, sofern es uns nicht an Mut mangelte, dieses Lebensgefühl. Kurz, die Vampire zeigten uns, was es bedeutet, ein ungewöhnliches Leben zu führen. Die Leser wollten nicht länger Vampire töten – sie wollten werden wie sie.

Um *The Vampire Companion* zu schreiben, verbrachte ich viele Stunden damit, mich mit Anne Rice zu unterhalten, um alle Aspekte ihres übernatürlichen Universums zu verstehen. Sie hatte aus einer Laune heraus begonnen, über Vampire zu schreiben, und als sie bemerkte, daß sie den Wunsch, sich in das Ungeheuer hineinzuversetzen, um dessen Erfahrungen nachzuempfinden, mit einer großen und wachsenden Leserschaft teilte, begann sie, verschiedene Charaktere zu erfinden, um ihr Potential voll auszuschöpfen. »Mit Louis' Augen zu sehen hat es mir erlaubt, in einer Weise über das Leben zu schreiben, die in einem zeitgenössischen Roman unmöglich gewesen wäre. Es hat mir eine Möglichkeit eröffnet, eine phantastische Realität zu beschreiben.«

Rice ist hauptsächlich daran interessiert, wie Gut und Böse in einem starken Charakter zusammenwirken, daher fragte ich sie nach der Bedeutung der Gegensätze in ihrem Werk.

»Meistens arbeite ich nicht mit einander ausschließenden Gegensätzen«, antwortete sie. »In jedem Charakter führen die Gegensätze nicht so sehr zu einer gewaltsamen Auseinandersetzung, sondern vermischen sich vielmehr. Es geht mir nicht darum, Sympathie für den Schurken zu wecken, und ich glaube auch nicht, daß man das Böse besiegen kann, indem man es versteht. Ich beschäftige mich aber mit der Komplexität des Bösen.«

Anne Rices Interpretation zeigt die Vampire eher als rationale denn als tierische Wesen, ein Motiv, das sie aus den Beschreibungen in *Dracula* entlehnt hat. »Für mich waren sie immer dunkle Engel. Sie sind vollkommene Abbilder des Menschen, aber sie werden von dunklen Geistern bewohnt. Ich empfinde die Vampire als gleichermaßen romantisch und abstrakt. Das Bild des Vampirs ist sehr kraftvoll. Es ruft etwas in uns wach, daß aus der Zeit der antiken Götter stammt. Sie überwanden die Zeit und verwandelten sich selbst. Sie sind wie dunkle Heilige – Wesen, die das Verderben überwinden. Sie sind Kreaturen, die außerhalb der Welt der Menschen leben und deshalb über diesen Bereich sprechen können. Ich habe ihnen Bewußtsein, Intelligenz und Weisheit gegeben, so daß sie sehen können, wofür die Menschen blind sind.«

Was sie an Lestat faszinierte, war, daß er den Unterschied von Gut und Böse kennt und trotzdem seine Vampirexistenz auslebt – im Gegensatz zu Louis in der ursprünglichen Geschichte. Er ist energisch, selbstbewußt und will stets gewinnen, also muß er dem Ruf seiner Natur folgen, sogar wenn er sich dabei schuldig fühlt.

»Lestat ist unbesiegbar. Es macht mir Spaß, aus seiner Perspektive zu schreiben.«

2

Anne Rice lebt in New Orleans, wo die Vampirkultur eine Nische gefunden hat. Dort befinden sich das Westgate Museum der nekromantischen Künste, Marie Laveaus Voodoo-Shop, die Ghost-Tours, außerdem werden Ausflüge zu den Schauplätzen von Anne Rices Romanen angeboten. (Es gibt sogar Clubs, in denen sich echte Vampire treffen, aber jene, die sich auskennen, baten mich, deren Namen nicht zu verraten. Aber jeder, der sich lange genug dort aufhält, kann sie leicht selbst finden. Kleiner Hinweis: Denken Sie an religiöse Orte.) New Orleans ist der Hauptschauplatz in Anne Rices Vampirromanen. Auch wenn sie nach London, Paris und San Fransisco reisen, kehren sie immer wieder dorthin zurück. Mit ihrem heruntergekommenen französischen Viertel, den Friedhöfen mit den Steinsarkophagen, ihren Gewaltverbrechen, ihren stets präsenten Geistererscheinungen, neogotischen Kirchen und europäisch-karibischen Einflüssen ist die Stadt für Vampire wie geschaffen. Sogar die Obdachlosen wollen dein Blut.

Nach New Orleans zu reisen ist für manche wie eine Pilgerreise an einen heiligen Ort. Viele Fans von Anne Rice ziehen nach New Orleans, um ihren Lieblingsfiguren nahe zu sein, oder weil sie angeben, sich dieser Stadt zutiefst verbunden zu fühlen. Mir persönlich gefielen besonders die Parties.

New Orleans ist für seine extravaganten Paraden und Feste bekannt, und 1995 feierte Anne Rice dort ihren Memnoch-Ball, mit dem die Veröffentlichung ihres fünften Vampirromans gefeiert wurde. Die Autorin hatte 6.000 Freunde und Anhänger eingeladen. Es gab prunkvolle Kostüme, und der Veranstaltungsort war einmalig: St. Elisabeth, ein ehemaliges Waisenhaus für Mädchen, das Anne Rice gekauft und aufwendig restauriert hatte. Es war die größte Jahresveranstaltung ihres Fanclubs seit 1989 und sollte in der Stadt zur Legende werden.

Abgesehen von der Unmöglichkeit, durch die Türen zu gelangen und die Treppen zu bewältigen, die so überfüllt waren, daß sie Klaustrophobie auslösten, war der Ball der reinste Augenschmaus selbst für den erfahrensten Besucher von Maskenbällen. In einer Stadt, in der Tausende von Dollar für jedes (Kostüm)Fest, wie zum Beispiel den zweiwöchigen Mardi Gras ausgegeben werden, holten die Menschen ihre besten historischen Kostüme aus dem Schrank. In den Sälen und auf allen Etagen des ehemaligen Waisenhauses drängten sich Gestalten nach Anne Rice, religiöse Figuren, S/M-Typen und Vampire jeder Art. Jeder Raum war von der Gastgeberin und ihren Helfern nach einem anderen gespenstischen Motiv dekoriert worden. Zwei Räume wurden allein benötigt, um ihre riesige eindrucksvolle Puppensammlung zu präsentieren, und in der Kapelle verliehen professionelle Tänzer dem Fest die Eleganz des 18. Jahrhunderts. Es gab Bands, Tarotkartenleser, Broadwayhits und ein umfangreiches Programm, um die begeisterten Gäste zu unterhalten.

Jana Marcus, die an dem Memnoch-Ball teilnahm, war von den Geschichten der Anne Rice-Fans so beeindruckt, daß sie sich entschloß, einen Fotoband herauszugeben, der ausschließlich Bilder von dieser Party enthielt. Er hieß *In The Shadow of the Vampire* und erschien bei Thunder's Mouth Press.

Auf Janas Wunsch traf ich mich vor dem Ball mit ihr, um mit ihr über ihre Ideen zu sprechen. Ich begegnete einer hübschen, schwarzhaarigen Frau mit ausdrucksvollen dunklen Augen und sehr viel Enthusiasmus. Sie hatte bereits in der S/M-Szene fotografiert und wollte sich nun mit einem neuen Thema beschäftigen. Ich fragte sie nach ihren Vorbildern, und sie sagte: »Als Fotojournalistin bin ich besonders an den Dingen interessiert, die unsere Kultur am Ende des Jahrtausends beeinflussen. Anne Rice ist ein Phänomen. Ihre ergebenen Fans und deren fanatische Begeisterung faszinieren mich. Ich möchte mehr über diesen Rice-Vampir-Kult herausfinden, über den Grund für ihre Popularität, das Interesse ihrer Leser an der Figur des Vampirs und schließlich über die Neigung der Generation X zu düsterem Narzißmus.«

»Hat Anne Rices Werk auch Sie beeinflußt?«

Sie nickte. »Ich habe mein erstes Rice-Buch 1976 gelesen, damals war ich 14. Ihr Buch eröffnete mir eine Welt der Philosophie und Schönheit. Noch nie in meinem jungen Leben hatte ich so etwas gelesen. Ich wollte so wie ihre Figuren sein ... das Leben in allen seinen Aspekten genießen und das Hier und Jetzt auskosten. Mir gefiel auch, daß sie ihre Welt als wahrscheinlich präsentierte und daß das Buch mich die Dinge in einem neuen und anderen Licht sehen ließ.«

Während der Arbeit an dem Buch bat mich Jana Marcus, eine Einführung mit einem Zitat von C. G. Jung über den Archetyp des Vampirs zu schreiben. Nachdem alles fertig, geschrieben und veröffentlicht war, fragte ich sie, ob unter all den Interviews, die sie geführt hatte, ein besonders interessantes gewesen sei.

»Alle Leute, mit denen ich gesprochen habe, waren sehr nett«, erwiderte sie. »Ich konnte ihre Praktiken zwar nicht immer nachvollziehen, wie zum Beispiel das Trinken von Blut, aber sie haben es mir in einer sehr intelligenten Weise erklärt, und das hat mir geholfen, den Ursprung dieses Rituals zu verstehen. Ich habe etwa 100 Leute interviewt, aber davon erscheinen nur 40 in diesem Buch. Am Ende meiner Recherche habe ich nach den dramatischen ›Ich-habe-mein-Leben-geändert‹-Stories gesucht, wie beispielsweise die der Person, die wegen Anne Rices Büchern mit dem Heroin aufgehört hat.«

»Nachdem Sie dieses Buch gemacht hatten«, fragte ich weiter, »wie lautet jetzt Ihre Ansicht über die Vampirkultur?«

»Ich glaube nicht, daß Vampire etwas anderes sind als mythische Kreaturen, die unsere dunklen Seiten widerspiegeln. Der Vampir ist ein Archetyp, der es uns erlaubt, die Bedingungen der menschlichen Existenz in einer anderen Dimension zu sehen. Der Vampirkult ist eine weitere

Subkultur, in der die Jugend sich in einer einzigartigen Weise artikulieren kann und die somit unsere Zeit widerspiegelt. Durch den Archetyp des Vampirs beschäftigen wir uns mit dem Tod und unserer Sterblichkeit und lernen so, das Leben zu würdigen.«

3

Anne Rices Vampire sind die beliebtesten Figuren ihrer Romane; ihre Anhänger lesen ihre Geschichten wieder und wieder, denken sich neue Szenen aus, schlüpfen in die Rolle ihrer Lieblingscharaktere, treffen sich in Chat-Boxen und treten Fanclubs bei. Eine Leserin, Susan, erzählte mir, daß sie die Romane zuerst gar nicht hatte lesen wollen und wie sie später, nachdem sie die Bücher verschlungen hatte, zu ihrem eigenen Vergnügen Fortsetzungen geschrieben hatte.

Eine junge Anne-Rice-Leserin, Sarah Faye-Starr, 17, schickte mir eine Mail, in der sie schrieb, daß sie sich zu Vampiren hingezogen fühle, weil diese eine starke sexuelle Anziehungskraft hätten. »Sie können jeden haben, den sie wollen, ohne auf großen Widerstand zu stoßen. Schon allein die Vorstellung einer solchen Macht wirkt anziehend auf mich. In meinem eigenen Leben fühle ich mich immer so machtlos, weil ich so viele emotionale Probleme habe: Ich kann keine Zurückweisung ertragen, verliebe mich aber immer wieder in Männer, die mich nicht wollen. Deshalb finde ich die Vorstellung eines Wesens, dem jeder in Liebe verfällt und das tun kann, was es will, so großartig. Ich kann Menschen mit meinen schwarzen Klamotten und meinem ›Gibst du mir dein Blut?‹-T-Shirt schockieren. Vielleicht versuche ich auf diese Art, mir die Macht des Vampirs anzueignen.«

Mit der Ausbreitung des Internets wurden Anne-Rice-Chat-Boxen immer beliebter. Lis Rowe leitet eine solche Chat-Line. »Ich verwalte die Adressenliste jetzt seit einem Jahr, davor habe ich zwei Jahre als *Assistant administrator* gearbeitet«, erzählte sie mir. »Mittlerweile haben wir zwei getrennte Listen, eine nur für die Diskussionen über die Bücher und eine für den Austausch von Nachrichten zwischen den Anne-Rice-Fans. Beide Listen zusammen haben etwa 1.500 Mitglieder. Laurie Salopek hat die Chat-Box 1994 gegründet! Richtig groß wurde sie, nachdem der Film *Interview with the Vampire/Interview mit dem Vampir* herausgekommen war.

Sie brachte Leute zusammen, die bereits seit Jahren Anne-Rice-Bücher lasen. Ich hatte ein gewisses Talent, Neuigkeiten über Anne herauszufinden, und Laurie hat mich als Assistentin eingestellt. Ich leite auch den Anne-Rice-Channel auf EfNet Internet Relay Chat, der seit 1995 auch immer größer wird.

Das interessanteste an der ganzen Sache ist, wie die Leute über ihre gemeinsame Begeisterung zueinanderfinden. Ich habe schon Hochzeiten von Fans erlebt ... und Scheidungen. Ich habe meinen Mann auch über IRC kennengelernt. Die Mitglieder der Chat-Box haben sich schon oft persönlich getroffen, von dem Ball in New Orleans bis zu Veranstaltungen überall im Land. Sie bilden eine echte Gemeinschaft. Wir haben zwar auch einen großen Teil junger Gothics, aber das Durchschnittsalter der Benutzer liegt bei etwa 30. Es ist eine sehr aufgeschlossene Gruppe, die unterschiedlichsten Sexpraktiken sind vertreten. Wir repräsentieren mehr als jede andere Chat-Line einen Querschnitt der amerikanischen Bevölkerung.«

Um die Rice-Fans mit Neuigkeiten zu versorgen, wurden zahlreiche Web Sites ins Leben gerufen, zum Beispiel die von Lilith und Darryle Toney. »Unsere Homepage, ›Dark Rose Manor‹, gibt es seit 1997. Es gibt vier Bereiche, die etwas mit Vampiren zu tun haben, einer davon ist ›The Library‹, wo wir die Bücher von Anne-Rices-Fans untergebracht haben, in denen ausschließlich die von Anne erfundenen Figuren auftreten, in manchen Fällen aber auch neue Charaktere. Diese Bücher sind in ihrem Stil geschrieben und folgen im allgemeinen dem Rahmen, den sie abgesteckt hat.«

(Es sollte an dieser Stelle vielleicht darauf hingewiesen werden, daß Rice ihre Figuren nicht für Rollenspiele oder Bücher ihrer Fans freigegeben hat und möglicherweise nicht vollständig über die Internetsites informiert ist, die sie in dieser Weise »ehren«; die Autorin besitzt die alleinige Rechte an ihren Figuren und zieht es vor, diese ausschließlich selbst zu nutzen.)

»›Black Rose‹« ist eine Web Site für aktive Rollenspieler, die in die Haut von Rices Charakteren schlüpfen wollen. Donna Askren erzählte mir von ihrer Gruppe: »Die Idee für Black Rose kam mir, nachdem ich eine Menge Rollenspielgruppen im Internet gesehen hatte. Das Spiel basiert hauptsächlich auf *The Vampire Chronicles*, auf der *The Witching Hour*-Serie und *The Mummy/Die Mumie*.

Es ist mehr als ein Hobby, nämlich Ausdruck einer allumfassenden Begeisterung für die Welt, die Anne Rice erschaffen hat. Das Ganze ist ziemlich zeitaufwendig. Zuerst sucht man sich eine Figur aus, über die man gut genug Bescheid weiß, um sich für mehrere Stunden am Tag in sie verwandeln zu können.

Im Augenblick haben wir etwa zehn Mitglieder. Wir leben alle ein normales Leben, gehen zur Schule, zur Arbeit und kümmern uns um unsere Kinder, aber dabei wissen wir immer, daß es diesen besonderen Ort gibt, den nur wir kennen und der dunkel und aufregend ist. Und wenn die harte, reale Welt unerträglich wird, können wir davonlaufen und uns hier zumindest für eine Weile verstecken.«

Ein anderer Teilnehmer, Philip Schlesinger, der als Armand auftrat, sagte: »Ich persönlich finde, daß Black Rose eine besondere Art ist, in eine Rolle zu schlüpfen. Als ich klein war, habe ich *Dungeons and Dragons* gespielt; dabei bestimmt der Würfel über die meisten Spielzüge. Bei TBR muß man hingegen auf der Grundlage dessen, was Anne Rice geschrieben hat, improvisieren. Das ist etwas ganz anderes.«

»Was mich an den Vampiren von Anne Rice so anzieht«, erklärte ein anderer Spieler, »ist ihre Sinnlichkeit. Als Santino kann ich mysteriös, sinnlich und gefährlich sein. Er ist mein Alter ego, der Mann, der ich immer sein wollte, mich aber nie zu sein getraut habe.«

Manchmal bringt die Identifikation mit einem fiktiven Charakter auch Gewinn für die Psyche. Pandora hatte *Interview mit dem Vampir* über neunzigmal gesehen. »Als ich von den Rollenspielen im Internet hörte«, berichtete sie, »hatte ich endlich das Gefühl, einen Ort gefunden zu haben, wo ich hingehörte. Ich habe große Angst vor dem Tod, aber als Pandora kann ich dem Tod entkommen. Ich kann meine Enttäuschungen, meine Wut und meine Wünsche in einer Weise kompensieren, wie ich es im wirklichen Leben niemals könnte.«

Natalie Myfair alias Yasmine Voglewede war zwölf, als sie begann, sich für Vampire zu interessieren. »Ich kam mit einer Behinderung zur Welt, ich kann nicht laufen. Meine fiktive Unsterblichkeit erlaubte es mir, auf heißem Sand zu gehen oder auf einen Berg zu klettern. Die Macht der Vampire öffnet die Tür zu einer Welt für mich, zu der ich in Wirklichkeit wohl niemals Zugang haben werde.«

Ich habe selbst an einem Rollenspiele einer Anne-Rice-Gruppe teilgenommen, die mich eingeladen hatte. Ich entschied mich für die Rolle des

Louis, da er meine Lieblingsfigur ist. Diese Erfahrung war vor allem ein guter Test über mein Wissen hinsichtlich aller Details in Anne Rices Werk – immerhin beschäftigte ich mich seit nunmehr sieben Jahren damit! Es ging darum, sich mit den anderen Teilnehmern eine Szene auszudenken und sie durchzuspielen, ohne die Figuren zu verfälschen. Anders gesagt: Wenn Louis niemals Dostojewski gelesen hatte, konnte ich ihn nicht aus *Die Brüder Karamasow* zitieren lassen. Ich mußte Louis also, um ihn verkörpern zu können, sehr gut kennen, da wir ja nicht einfach Szenen aus den Romanen von Anne Rice nachspielten. Es hat Spaß gemacht und war eine gute Übung, aber nichts, was ich jede Wochen tun möchte – geschweige denn jeden Tag! Außerdem dachte ich, ich würde die anderen Spieler mit meiner Teilnahme irgendwie einschüchtern. Wahrscheinlich würden sie denken, ich könnte sie festnageln, sobald sie etwas Falsches sagten. Immerhin habe ich das *Anne Rice Trivia Book* verfaßt. Ich kann mich zwar längst nicht mehr an alle Details erinnern, aber die andern würden das sicher glauben. Ich bin heilfroh, daß sie mir keine kniffligen Fragen gestellt haben.

4

Manche Anne-Rice-Fans beschäftigten sich indes auf eine etwas ernsthaftere Weise mit Vampiren. Die Autorin hat diese Leser inspiriert, sich ihr Leben lang mit Vampiren zu befassen. Nina C. aus Kanada erzählte mir, daß sie von Vampiren fasziniert war, seit sie als kleines Kind von Vlad Tepes gehört hatte. »Ich bin keine Rollenspielerin«, stellte sie klar. »Ein Zweig meiner Vorfahren kommt aus Rumänien, und meine Großeltern, die aus Saskatchewan nach Kanada ausgewandert sind, haben die Folklore und die Legende von Vlad dem Pfähler in die neue Heimat mitgebracht. Der Archetyp des Vampirs hat in meinen Phantasien und Tagträumen stets eine große Rolle gespielt.«

Ich fragte sie, ob sie sich an derartige Phantasien erinnern könne.

»Ja, ich habe immer geglaubt, daß ein Vampir im Schatten meines Zimmers lauern würde, und die einzige Möglichkeit, mich zu schützen, bestünde darin, sämtliche Lichter zu löschen, so daß es vollkommen dunkel war.

Als ich zehn Jahre alt war, begann ich mich in ziemlich unbedarfter

Weise mit meinen transsylvanischen Vorfahren zu identifizieren. Ich habe meinen Schulkameraden meine Eckzähne gezeigt, um ihnen zu beweisen, daß Vampirblut in meinen Adern fließt. Ich sehe das als ein Zeichen: Durch die Figur des Vampirs können wir den verlorenen Eigenschaften und Charaktermerkmalen in uns wiederbegegnen. Allerdings hat der Vampir auch eine negative Seite: Er ist ein Blutsauger, ein Parasit, wie ein menschlicher Psychopath. Aber trotzdem, ich liebe den Stil der Gothics und die prächtigen Kostüme der Vampire aus den Romanen, und ich verkleide mich sehr gerne.«

»Gibt es einen Typ von Vampir, zu dem Sie sich ganz besonders hingezogen fühlen?« wollte ich wissen. »Oder haben Sie jemals Menschen getroffen, die wirklich so drauf waren?«

»Ich habe tatsächlich Leute getroffen, die unter die Rubrik ›psychopathischer Vampir‹ fielen, aber ich sehe meine Vorstellung von Vampiren am ehesten in Trent Reznor verkörpert, dem Mann hinter Nine Inch Nails. Er hat viele Qualitäten, die ich an Vampiren bewundernswert finde. In den Romanen trägt Lestat immer ohne die geringste Mühe den Sieg davon. Das hat mir gefallen, weil ich das Gefühl hatte, einem Teil von mir in der Figur des Vampirs zu begegnen.«

»Inwiefern ist Lestat ein Teil von Ihnen?«

»Als ich noch ein Kind war, habe ich Männer erfunden, die Eigenschaften verkörperten, die ich selber nicht entwickeln konnte, wegen meiner Erziehung oder aus Sicherheitsgründen. Ich konnte mich im richtigen Leben nicht wirklich ausleben, weil es mir geschadet hätte. Als ich dann zum ersten Mal *Gespräch mit dem Vampir* las, hatte ich das Gefühl, meinen erfundenen Figuren zu begegnen. Die Sehnsucht, die Wildheit, den Willen, Gott herauszufordern und den Beweis zu erbringen: ›Sieh hin: Es gibt *nichts* da draußen, wir haben unser Leben auf eine Lüge gebaut‹. All diese Fragen, die meine Figuren beschäftigten, fand ich auch bei Lestat. Er hatte sogar Ähnlichkeit mit meiner Lieblingsgestalt.«

»Ich finde besonders Ihre Idee interessant, daß man mit Hilfe der Figur des Vampirs unterdrückte Wesenszüge in sich neu entdecken kann. Können Sie dazu noch mehr sagen?«

Nina war dazu gerne bereit, schränkte aber ein, daß dieser Gedanke sehr viel komplizierter sei, als sie im Augenblick erklären könne. »In der viktorianischen Zeit war beispielsweise hauptsächlich die individuelle Sexualität ein unterdrückter Wesenszug. Der Vampir war eine Personifizierung der unterdrückten sexuellen Energie. Schließlich muß die Energie der Libido ja irgendwo ein Ventil finden. Ich glaube, daß diese Funktion sich bis heute, 100 Jahre später, kaum geändert hat. Zwar bombardieren uns die Medien mit Sex jeder Art, aber dahinter steckt immer noch ein Tabu, das ›abweichendes‹ sexuelles Verhalten einschränkt. Die Vorstellung von dem, was als weiblich oder männlich gilt, ändert sich zwar, aber die geschlechtsspezifische Rollenverteilung bleibt letztendlich statisch. Der Vampir verkörpert eine Befreiung von den stereotypen Geschlechteridentitäten. Der Vampir existiert jenseits aller Gesetze. Menschlich und doch nicht menschlich. Der Vampir ist eine schematische Figur, ein mächtiges Wesen, das die Menschen versteht und dennoch jenseits seiner Begrenzungen lebt. Der Vampir verkörpert die sogenannte ›dunkle Seite‹ des Menschen.«

5

Ein anderer Anne-Rice-Fan sah sich selbst als Vampir. Im Internet benutzte er wie so viele den Namen einer Figur aus ihren Büchern, und er hegte dunkle Geheimnisse, die er mir mitteilen wollte: »Wenn ich mit wenigen Worten beschreiben sollte, inwiefern mich Anne Rices Bücher beeinflußt haben, würde ich sagen: An dem Tag, an dem ich *Der Vampir Lestat* aufschlug, wurde Lestat ein Teil meiner selbst, oder ich wurde zu Lestat, wie auch immer. Ich habe eine andere Seite meiner Persönlichkeit entdeckt, und sie war plötzlich da, so klar wie schwarze Schrift auf weißem Papier. Die *Chroniken* wurden ein Teil meines Lebens ... und ich sage das nicht einfach so dahin. Ich sehe die Welt jetzt ganz anders als vorher. Anne Rice hat den Vampirmythos auf eine ganz andere Ebene gehoben, hat ihn überaus anziehend gemacht, jedenfalls für mich. Lestats Charakter, das bin ich. Wir haben so viel gemeinsam, daß ich Lestat wäre, wenn er real wäre.

Ich bin ein echter Vampir, oder zumindest einem echten Vampir sehr ähnlich. Das hängt von den vielen unterschiedlichen Definitionen des Wortes Vampir ab. Ich glaube nicht an Vampire, wie sie in Büchern beschrieben werden. Ich habe keine langen Zähne, und ich bin nicht unsterblich, aber ich trinke Blut, und das brauche ich auch. Meine Lebensgeschichte ist ziemlich verschlungen. Ich bin zwar erst 20 Jahre alt, aber ich habe schon viel mitgemacht, und meine Vampirnatur ist durch all die schmerzhaften Erlebnisse zum Vorschein gekommen.«

Er erzählte mir, daß er in einem anderen Land geboren worden sei. Seine Eltern kamen aus verschiedenen Nationen. »Meine Großmutter hat meine Mutter nicht akzeptiert und versucht, sie mit Hexerei zu vertreiben. Meine Mutter hat nicht nachgegeben, aber ab und zu wurde sie von Geistern heimgesucht. Deshalb hatte ich eine sehr unruhige und gewaltsame Jugend.

Meine Mutter hat ihre Wut und ihre Verzweiflung an uns ausgelassen. Sie hat uns manchmal mit ungewöhnlicher Kraft geschlagen. Ich sage Ihnen, es war die Hölle. Auch das Haus war verhext. Es gab keine Gespenster, aber Geister. In diesem Haus hatte ich immer schreckliche Angst. Und komischerweise hat es mich beruhigt, Blut zu trinken. Ich verstehe den Grund dafür selber nicht. Wenn mich meine Mutter verprügelt hat, habe ich manchmal geblutet, und eines Tages, ich weiß nicht mehr genau, wann das war, fing ich an, das Blut aus meinen Wunden zu lecken. Es war ein tröstliches Gefühl, vielleicht wegen des Geschmacks. Von dem Tag an schnitt ich meine Arme auf, um mein Blut zu trinken. Nicht viel, nur ein bißchen, wegen des Gefühls, wegen des Schmerzes und wegen des Geschmacks.

Als wir schließlich umzogen, versuchte meine Mutter, sich von dem Zauberbann meiner Großmutter zu befreien. Die Zeiten wurden etwas besser, aber für mich war es wohl schon zu spät. Nachdem wir von unserer Großmutter weggezogen waren, fing meine Mutter an, sich mit den Zeugen Jehovas zu beschäftigen. Ich mußte sogar für sie von Tür zu Tür gehen, um zu missionieren. Das Problem war nur, daß ich immer noch mein Blut trank, und für die Zeugen Jehovas ist das eine Todsünde! ›Du sollst kein Blut trinken …‹ Ein weiterer Grund also, diese Angewohnheit zu verheimlichen. Dann kamen wir in die Vereinigten Staaten, und ich trat aus dieser Religionsgemeinschaft aus. Zur Zeit gehe ich aufs College.«

Ich fragte ihn, ob er auch das Blut anderer Menschen getrunken hätte.

»Einmal«, gab er zu. »Von jemandem, der sich dazu bereit erklärt hatte. Sie war meine Freundin und wußte über meine kleine Angewohnheit Bescheid. Ich habe ziemlich merkwürdige Wünsche. Ich hätte das Blut lieber mit Gewalt von jemandem genommen, aber das ist krank. Also stelle ich mir so etwas nur vor. Denken Sie bloß nicht, daß ich ein Gothic bin. Ich sehe ganz normal aus, habe normale Freunde, ich bin eben bloß ein Vampir. Ich trinke Blut. Ich lebe sogar lieber nachts und schlafe tagsüber.«

Am Ende unseres Gesprächs verriet er mir, daß er nach New Orleans ziehen wolle.

6

Es gab jedoch außer Anne Rice, deren Einfluß auf die Vampirliteratur sowie auf jene Leser, die eine vampirische Existenz führen wollten, beträchtlich war, auch noch andere Autoren, die herausragende Bücher schrieben und ihre eigene Gefolgschaft um sich scharten. Um die Mitte der 70er Jahre gliederte sich die Vampirliteratur in zwei Bereiche: Es gab den bösen Vampir, wie er von Stephen King in *Brennen muß Salem* beschrieben wurde, während Anne Rice und Chelsea Quinn Yarbro einen eher romantischen und historischen Stil prägten. Andere Autoren versuchten, beide Bereiche zu vermischen, und manche, wie Les Daniels, P.N. Elrod und Brian Lumley entwickelten ihre ganz eigenen Vampirgeschichten. Doch bald gab es einen Umschwung zugunsten von Anne Rice, und einige Horrorschriftsteller fanden, die Figur des Vampirs sei damit entmystifiziert und domestiziert (man habe ihm gewissermaßen die Zähne gezogen). F. Paul Wilson, der Autor von *The Keep* sagte: »Ich finde es unglaubwürdig, eine Kreatur wie den Vampir zu romantisieren.« Nancy Collins, die die blutsaugende Sonja Blue entworfen hat, stimmte ihm zu: »Der Vampir ist alles, was an der Menschheit schlecht ist.« Diese Autoren beschrieben ihre Vampire oft als nihilistisch und extrem brutal. Doch obwohl sie versuchten, Anne Rices Popularität zu übertrumpfen, war keinem von ihnen ein so großer Erfolg beschieden wie der Anne-Rice-Version der Vampirlegende.

Einige Vampirschriftsteller haben eine besonders begeisterte Fangemeinde, zum Beispiel Chelsea Quinn Yarbro. Mit ihrer Lieblingsfigur, dem Comte de Saint-Germain, verlieh sie dem Vampir ein völlig neues Gepräge. Der erste Roman dieser Serie, *Hotel Transsylvania*, erschien 1978, aber Yarbro hatte damit, wie manche meinten, keineswegs versucht, Anne Rice zu kopieren. Ihre Geschichte, die Stokers *Dracula* viel verdankte, entwickelte sich langsam und folgte verschlungenen Wegen.

Ich traf Yarbro zum ersten Mal, als sie die Präsidentin des Verbands der amerikanischen Horrorautoren war. Sie erwies sich als eine starke und redegewandte rothaarige Frau mit einer eindrucksvollen Persönlichkeit, die sich in verschiedenen Ausschüssen unermüdlich dafür einsetzte, die Qualität von Horrorliteratur zu verbessern und potentielle Leser für gute Bücher zu finden. Sie hatte viele Freunde unter den Schriftstellern, und an dem Tag, an dem ich sie traf, befand sie sich in Begleitung von Suzy McKee, Les Daniels und Charlie Grant. Sie ließen sich für einen Artikel interviewen, an dem ich damals gerade arbeitete. Das nächste Mal traf ich Yarbro auf der Dracula-97-Convention, wo sie daran beteiligt war, ein weiteres ziemlich aufwendiges internationales Treffen zu organisieren. Sie schien damals unermüdlich, und mittlerweile hat sie die Welt der Vampirliteratur entscheidend geprägt. Ihre Hauptfigur ist mittlerweile bereits in zweimal sovielen Romanen aufgetreten wie Lestat.

In ihrer Ansprache auf der Convention anläßlich des 150sten Jahrestags von Bram Stokers Geburtstag sagte sie: »Ich glaube, daß keine englische Vampirgeschichte, die nach 1920 geschrieben wurde, frei von Stokers Einfluß ist. Dieses Buch, seine Theaterinszenierungen und Verfilmungen, haben unsere Kultur in einem solchen Ausmaß um Motive und Klischees bereichert, daß die Vorstellungswelt eines Autors selbst dann von *Dracula* geprägt wäre, wenn er sich niemals die Zeit genommen hätte, Bram Stokers Roman zu lesen.«

Yarbro selbst hat das Buch zum ersten Mal mit 14 gelesen. Sie interessierte sich besonders für die weiblichen Figuren, die sie in einer akademischen Arbeit in einen Zusammenhang mit den drei Hexen aus Shakespeares *Macbeth* brachte; außerdem untersuchte sie die Rolle des Vampirs in der Folklore und die Struktur fiktionaler Rollen. Als sie sich später erneut mit *Dracula* beschäftigte, um herauszufinden, was so viele Generationen an diesem Roman begeistert hat, erkannte sie, daß man, um einen zeitgenössischen Vampirroman zu schreiben, einen ganz anderen Ansatz wählen müßte. »Stoker hat den manipulierenden Verführer so gut beschrieben, wie man ihn beschreiben kann«, stellte sie fest. Sie vertiefte ihre Studien, um eine allgemeingültige Analyse der Vampirfigur zu erarbeiten, an der sie sich bei dem Entwurf einer neuen literarischen Gestalt orientieren könnte. Dabei warf sie eine Reihe von Fragen nach der Beziehung des Vampirs zum Tod auf und schloß gegen die traditionelle Interpretation, daß der Vampir stets eine Metapher der Humanität war, oder anders gesagt, ein Teil der menschlichen Existenz, vor allem im Bereich der Erotik. Es ging nicht mehr ausschließlich um den Verführer und seine Beute, sondern vielmehr um Liebesbeziehungen im eher konventionellen Sinn der historischen Romanze.

Als nächstes verlegte sie den Schauplatz ihrer eigenen Vampirgeschichte vom 19. Jahrhundert in das Paris Louis XV. und beschäftigte sich mit der historischen Figur des Comte de Saint-Germain. Sie fand heraus, daß er immer in Schwarz oder Weiß gehüllt war, niemals in der Öffentlichkeit aß oder trank, von sich behauptete, mehrere Jahrhunderte alt zu sein, seine Herkunft und Nationalität verheimlichte, Okkultist und Alchimist war, viele Liebschaften hatte und darüber hinaus reich, elegant, intelligent und kultiviert war. Kurzum, der perfekte Vampir! Yarbro entfaltete seinen Charakter in elf Romanen und ließ ihn bereits auf zahlreiche historische Persönlichkeiten treffen. Gleichwohl sieht sie noch zahllose Möglichkeiten für weitere Entwicklungen. Yarbros Comte ist ein Humanist, kein Monster, und er besitzt nur wenige der übernatürlichen Kräfte, die üblicherweise mit Vampiren assoziiert werden. Saint-Germain ist damit ein gefundenes Fressen für die Phantasie ihrer Leser geworden.

Lindig Harris schrieb in einem offenen Brief über die Autorin: »Ich finde Yarbros Comte de Saint-Germain interessant, weil sie ihn wie einen *Deus ex machina* auftreten läßt, um das menschliche Dasein aus der Perspektive eines echten Außenseiters zu kommentieren. Sie benutzt den Vampir als Symbol des vollkommen Anderen, läßt ihn unheimlich, aber nicht schrecklich erscheinen und setzt ihn an die Stelle des allwissenden Erzählers. Ich schreibe diesen Brief, weil ich der Überzeugung bin, daß sie als Schriftstellerin vielen Kollegen überlegen ist und trotzdem nur als mäßig erfolgreiche ›Kultautorin‹ abgestempelt wird. Ich nahm an, ein offener Brief wäre eine gute Möglichkeit, sie, ihr vielfältiges Werk und ihre Fans bekannter zu machen: Sie schreibt außerdem militärische Science Fiction, Western, Liebesgeschichten und mysteriöse Thriller, und ihre Fangemeinde ist so vielfältig, daß es schwierig ist, sie einer bestimmten Kategorie zuzuordnen.« Eine ganze Reihe von Intellektuellen interessieren sich für ihre Arbeit, Leser, die sich für die historischen Aspekte ihrer

Bücher begeistern, Leute, die auf Mysteries stehen, und Teenager, die der Vampir- oder Gothic-Szene angehören. Suchen Sie sich was aus.

7

Jedoch nicht alle Leser wollen romantische Vampirgeschichten. Manche bevorzugen härteren Stoff, Stories, die eher in einem außergesellschaftlichen Bereich spielen, ohne sich dabei mit moralischen Fragen auseinanderzusetzen. Anne Rice räumte ein, daß der Vampir der Prototyp eines Außenseiters sei, aber ihre eigenen Charaktere waren viel gemäßigter und etablierter als die wirklich unterprivilegierten Figuren unseres Jahrzehnts. So gibt es eine Schriftstellerin, die sich in diesem Milieu bestens auszukennen scheint und die einen Vampirroman mit dem Titel *Lost Souls* veröffentlicht hat. Ihr Name ist Poppy Z. Brite.

Brite stammt aus New Orleans und ist eine hübsche, dunkelhaarige junge Frau mit einer angenehmen Stimme und einem zugänglichen Wesen. Sie schrieb ihre Bücher, um ihre eigenen Erfahrungen zu verarbeiten. Einige ihrer Vampirfiguren waren nicht sonderlich einnehmend und trugen unverkennbar psychopathische Zügen. Sie waren richtige Blutsauger, Parasiten, die sich vom Leben anderer nähren und nichts zurückgeben.

Brite begann *Lost Souls* im Alter von 19 Jahren, als sie in Chapel Hill, North Carolina, lebte. Sie war nicht so sehr von den Vampiren selbst, sondern mehr von der Gothic-Subkultur fasziniert, der sie sich stets verbunden fühlte – »schwarze Spitze und Samt, eine Vorliebe für Friedhöfe, Austausch von Blut«. Der Vampir war eines der bedeutendsten Symbole dieser todessehnsüchtigen Subkultur, und sie formte dieses Symbol zu einer Metapher für erotische Dekadenz um.

In *Lost Souls* trifft ein vier Jahrhunderte alter Vampir, der als Barkeeper arbeitet, auf ein junges sterbliches Mädchen. In derselben Nacht erscheinen drei reisende Vampire, die irgendwie an die dekadentere Variante heutiger Rockbands erinnern. Einer von ihnen schläft mit dem Mädchen, schwängert es und überläßt es dem Schicksal der sterblichen Frauen, die sich mit Vampiren einlassen: Die junge Frau ereilt während der Geburt eines Ungeheuers ein gewaltsamer, blutiger Tod. Das so in die Welt gesetzte Wesen ist ein Vampir, der indes ein Sterblicher zu sein scheint. Das Kind wird Nothing genannt und scheint ein Archetyp jener »mageren Kinder in Schwarz« zu sein, die sich Gothics nennen und sich selbst für den Abschaum der Gesellschaft halten. »Ich habe mich immer als ihnen zugehörig betrachtet«, gestand Brite. »Wann immer ich meinen Vater besuchte, ging ich in das französische Viertel und traf dort auf Gothics. Sie waren immer sehr nett zu mir. Sie haben *Lost Souls* zu einem großen Teil beeinflußt. Mit ihnen trank ich zum ersten Mal Chartreuse, und sie zeigten mir die echten Gothic-Clubs.«

Nothing verliebt sich in den Sänger einer Rockband namens Lost Souls, der Ghost genannt wird. Er entpuppt sich als ein sehr sensibler junger Mann, der die Allgegenwart des Bösen spürt und das Leiden der Welt wie sein eigenes empfindet. Er will Nothing retten, aber weiß, daß er es nicht kann, da sie ihrem Vater folgt und alles über ihre besondere Veranlagung erfährt. Der Roman endet in Gewalt, Blutrausch und Verzweiflung.

Brite erwähnt in ihrem Buch irgendwo eine Gruppe von Jugendlichen, die sich »Deathers« nennen. »Es gab sie zu der Zeit in New Orleans, North Carolina und in Kalifornien. Damals fühlte ich mich selbst so, wie ich sie beschrieben habe. Ich gehörte nur nicht zu irgendeiner Gruppe. Aber ich fühlte mich zur Dunkelheit hingezogen, zum Selbstzerstörerischen und zur Romantik des Todes. Ich fand Dylan Thomas unheimlich cool, weil er sich zu Tode gesoffen hatte. Als ich auf der High School war, gehörte ich zu den Parias. Ich glaube, alle fanden mich irgendwie seltsam, und ich selbst hielt mich jahrelang für häßlich.« Brite steht den Gothics wohl so nahe wie kein anderer Schriftsteller vor ihr.

Poppy Z. Brite hat außer ihrem Roman zwei Anthologien mit Vampirgeschichten herausgegeben, die den Titel *Love in Vein* tragen. »Meine Leser wollen von mir wissen, wann ich die Fortsetzung zu *Lost Souls* schreibe, und meine Antwort lautet: ›Nie!‹ Nachdem ich das Buch geschrieben hatte, erschienen mir die Vampire darin wie nervtötende kleine Geschwister. Ich hatte das Gefühl, in diesem Buch alles gesagt zu haben, was es über Vampire zu sagen gibt. Als einer der Verleger von HarperCollins mich gefragt hat, ob ich *Love in Vein* herausgeben wollte, habe ich zuerst gezögert, aber dann habe ich das Angebot doch angenommen, da es schließlich nicht so viele gut bezahlte Angebote für Horrorschriftsteller gibt. Ich habe absichtlich Autoren ausgewählt, die nicht für Vampirgeschichten bekannt sind, und war überrascht, wie viele neue Ideen sie in das Genre eingebracht haben. Ich glaube, daß genau das der Grund ist, warum sich jeder Horrorschriftsteller einmal an einer Vampirgeschichte versucht: Weil der Hintergrund so bekannt ist, kann man ihn gut variieren und dabei seine eigene Kreativität unter Beweis stellen.«

Die erste der beiden Anthologien leitete sie mit den Worten ein: »Der Vampir verkörpert alles, was wir am Sex und der dunklen Seite unseres Selbst lieben: Abenteuer am Rand der Schmerzgrenze und das erregende Gefühl, Tabus zu verletzen.« Das Bizarre ist etwas, das man suchen und erforschen, dem man sich mitunter sogar unterwerfen kann. Der Vampir gemahnt uns an unsere dunkelsten erotischen Geheimnisse.

Gleichgültig welchen Stil man in der Vampirliteratur bevorzugt, es gibt für jeden Geschmack den passenden Autor. Es existiert sogar ein wachsender Bereich von Vampirgeschichten für Kinder, angeführt von dem Bestsellerautor R. L. Stine. Auch wenn einige behaupten, man könne nichts Neues mehr zum Thema Vampir schreiben, denke ich, daß noch zahlreiche Möglichkeiten für Geschichten und Charaktere brachliegen. Lestat hat sich selbst einen »neuen Vampir für eine neue Zeit« genannt. Niemand hatte sein Erscheinen vorausgesehen, und wie ich die Vampirkultur einschätze, wird es auch in Zukunft noch einige Überraschungen geben.

Kapitel sechs

Vampire auf Zelluloid

1

Die Vampirfigur, die am häufigsten im Film verkörpert wurde, ist Graf Dracula. Als ich mit diesem Buch begann, gab es 133 Filme mit ihm als Hauptfigur (in diesem Jahrhundert entstanden insgesamt 200 Vampirfilme). Graf Dracula wurde besungen, er trat auf der Bühne auf und in jeder Art von Entertainment; doch die meisten Menschen verdanken ihre Vorstellung des Vampirs dem Kino: seine Existenz als Nachtwesen, die Farbe seiner Augen und sogar die Form seiner Reißzähne

Nach J. Gordon Melton, dem Autor von *Vampires on Video*, hieß der erste Vampirfilm *The Devil's Castle*. Der Streifen erschien 1896 und hatte eine Spieldauer von nur zwei Minuten.

Danach kamen viele andere, aber erst *Nosferatu* von 1922 und *Dracula* von 1931 waren wieder von Bedeutung. Sie zogen zahlreiche Fortsetzungen nach sich, wie *House of Dracula*, *Son of Dracula* und *Dracula's Daughter*; es gab Verfilmungen von Sheridan Le Fanus Erzählung *Carmilla* aus dem 19. Jahrhundert; Die Hammer-Studios lancierten Christopher Lee als den ruchlosen Grafen, und andere Schauspieler folgten, unter anderem George Hamilton in der Komödie *Love at First Bite/Liebe auf den ersten Biß*; Frank Langella interpretierte die Rolle (zuerst auf der Bühne und dann in der Verfilmung von 1979) sinnlich und verführerisch.

Es gab andere Vampire in *The Hunger*, *The Lost Boys*, *Fright Night*, *Martin* und *Near Dark*, aber erst mit Francis Ford Coppola's *Dracula* von 1992, angeblich eine werkgetreue Adaption von Bram Stokers Roman (was aber nicht ganz richtig ist), kehrte der »alte« Graf zurück. 1994 wurde, nach 18 Jahren vergeblicher Bemühungen, mit Brad Pitt und Tom Cruise in den Hauptrollen auch endlich Anne Rices *Gespräch mit dem Vampir* verfilmt. Darüber hinaus erlebten wir Vampire im All, Sexvampire, Vampirroboter, lesbische Vampire, schwarze Vampire, Kinder als Vampire und Vampirverschwörungen. Vampire wurden an nahezu jeden nur erdenklichen Schauplatz versetzt, von Campingplätzen über elegante Ferienorte bis zu städtischen Elendsvierteln. Rosemary Ellen Guiley und J. B. Macabre haben in ihrem Buch *The Complete Vampire Companion* festgestellt, daß »diese Vampirfilme hauptsächlich daran kranken, daß den Drehbuchautoren und Regisseuren nichts mehr einfällt und daß sie statt dessen nur wiederholen, was es in der Filmindustrie bereits gegeben hatte.« Dies führe dazu, so die Autoren weiter, daß sich die Drehbücher kaum voneinander unterscheiden.

Gut informierte Quellen haben mich davon unterrichtet, daß eine kommende »Neue Welle« von Vampirfilmen vor allem die Vampirjäger in den Mittelpunkt stellen wird, so zum Beispiel der Film und die Fernsehserie *Buffy, the Vampire Slayer/Buffy – Im Bann der Dämonen*. Eine kalifornische Cheerleader-Schönheit, Buffy, erfährt von ihrem Beschützer Watcher, daß sie das genetisches Erbe einer ganzen Ahnenreihe von Vampirjägern in sich trägt, das sie natürlich keinesfalls verleugnen darf. Daraufhin vernichtet sie die Vampire, die ihre Umgebung bedrohen, und bereitet sich darauf vor, am Ende dem ewigen Erzfeind ihrer Familie, dem Vampir Lothos, zu begegnen. Die Filmidee, moralische Fragen mit dem Leben eines typischen Mädchens aus L.A. zu verbinden, das eigentlich nur an Klamotten und Verabredungen mit Jungs interessiert ist, mutet ziemlich fragwürdig an. Die Fernsehserie löst das Problem jedoch und bringt den Charakter der Hauptfigur, die psychologischen Verwicklungen und Probleme des Erwachsenwerdens besser und glaubwürdiger zur Geltung und wirkt dadurch überzeugender.

Buffys Beschützer ist der ständig verwirrte Bibliothekar Rupert Giles und ihr Freund Angel ein Vampir, der nicht so recht mit seiner vampirischen Natur zurechtkommt. (Eine vielsagende Metapher?). Aber die Vampire, die sie vernichtet, sind eindeutig böse. Woher weiß man das? Sie sind ebenso grotesk wie die Vampire in dem blutigen Actionfilm *From Dusk Till Dawn*. Der zweite Teil des Film, in dem die Vampire ausschließlich als blutrünstige Monstren gezeigt werden, ist nur noch ekelhaft – auch nur ein weiteres Hollywood-Klischee. Buffy indes hat eine große Fangemeinde und lebt in Romanen ebenso fort wie im Internet.

Andere Vampir-Fernsehserien haben ebenfalls ganze Fangemeinden ins Leben gerufen: Zu *Dark Shadows*, *Kindred*, *The Embraced* und *Forever Knight* gibt es Bücher, Chat-Boxen, Zeitschriften, Fanclubs und Zusammenkünfte. Der Mißerfolg der Neuauflage von *Dark Shadow* ist meiner Auffassung nach lediglich darauf zurückzuführen, daß die Vampire nicht angemessen modernisiert wurden. Obendrein waren die Stories völlig veraltet, für eine tägliche Nachmittags-Seifenoper hätten sie ausgereicht, aber für die Neuauflage zur besten Sendezeit wären unverbrauchte Ideen nötig gewesen.

Ich habe viele dieser Filme gesehen und mir natürlich über die ewig wiederkehrenden Ideen aus Hollywood meine eigene Meinung gebildet. Ich weiß genau, was mir Angst einjagt und was mich erregt. Ein Film sollte beide Gefühle auslösen, aber unglücklicherweise arbeiten die meisten Filme mit immer denselben langweiligen Effekten, die weder furchteinflößend noch erotisch sind.

Also wollte ich es mal mit einem Vampirporno versuchen. Anstatt die Beschreibungen in den Katalogen zu lesen, beschloß ich, mir einfach ein Video auszuleihen und gemeinsam mit einer Freundin anzuschauen. Lori Perkins, meine Agentin, war schon immer ein Vampirfan. Lori ist in bezug auf billige, blutrünstige Filme viel abgehärteter als ich (sie konnte sich alle drei Folgen von *Faces of Death/Gesichter des Todes* an einem Nachmittag ansehen), also ließ ich *sie* den Film auswählen. Wir hatten die Wahl zwischen *Muffy, the Vampire Layer*, *Dracula Sucks* und *Dragula* sowie Hunderten von schwulen Vampirfilmen. Sie entschied sich schließlich für einen Film, der als einer der besseren des Genres gehandelt wurde.

Während wir noch Popcorn machten, eine Flasche Vampirwein aus Transsylvanien entkorkten (hat man immer im Haus) und uns ausmalten, was uns wohl erwartete, stieg die Spannung allmählich immer weiter an. Das hier machte wirklich mehr Spaß, als einen Videoverkäufer nach aussagekräftigen Details und Informationen über die Produktion von Vampirpornos zu befragen. *Wir* würden die Experten sein. Wir waren mit Vampiren bestens vertraut. Wir schätzten die erotischen

Künste. Ich hatte sogar ein begleitendes Buch zu Anne Rices »elegantem Sadomasochismus« geschrieben und die Nachforschungen für dieses Buch waren ... nun ja ... sehr lehrreich gewesen. Wir waren also bestens vorbereitet.

Wir ließen uns vor meinem 80-Zentimeter-Fernsehschirm nieder, dämpften das Licht, schenkten uns einen blutroten Merlot ein und legten den Film ein. Das Ganze war wirklich aufregend. Was konnte besser sein als die Kombination von Vampiren, Sex und Tod?

Nachdem ich den Film gesehen hatte, fiel mir einiges dazu ein. Sogar eine ganze Menge.

Wir können uns beide weder an den Titel des Films noch an den größten Teil der Handlung erinnern. Alles in allem ging es darum, daß zwei Vampire zwei Sterbliche in ihrer Gewalt hatten und sie mit entblößten Zähnen und nacktem Oberkörper heimlich beim Sex beobachteten. Dabei knurrten sie zuweilen. Ich glaube, die Idee war, daß sie ihre vampirische Natur auf die ahnungslosen Sterblichen projizierten und dann abwarteten, was weiter geschehen mochte. Es kam zu einer Abfolge unfreiwillig komischer Verwicklungen, bei der niemand wirklich begriff, was los war, am wenigsten Lori und ich. Natürlich gab es die obligatorische Frau-mit-Frau-Szene, und man sah auch ein paar Männer zusammen, aber die Schauspieler waren fürchterlich schlecht, ihre Körper unbeschreiblich, die Fotografie unscharf, die Handlung ein Witz. Zum Schluß ließen wir das Video schneller ablaufen, damit es wenigstens einigermaßen unterhaltsam und möglichst schnell vorbei war.

Auf einen guten erotische Vampirfilm der 90er Jahre werden wir wohl noch eine Weile warten müssen!

2

Da ich eine Produzentin kannte, die auf Vampirgeschichten versessen war, beschloß ich, sie um Informationen über Vampirfilme zu bitten. Gail Zimmerman arbeitet schon seit über 20 Jahren für das Fernsehen und hat 1993 eine Sendung über Anne Rice für das Fernsehmagazin *Day One* produziert. Damals habe ich sie kennengelernt. Sie lud mich in Manhattan zum Lunch ein, und ich fand heraus, daß sie ihren ersten Fernsehjob bei *Dark Shadows* hatte und sich mit Vampiren in den Medien bestens auskennt.

»Vampire sind seit Anne Rice viel populärer geworden«, begann sie. »Ich denke, daß Vampire schon immer verführerisch und aufregend waren, aber jetzt kennen wir sie besser, können verstehen, warum sie so attraktiv sind. Sie sind Wesen, die nie altern und niemals ihre Schönheit verlieren und die alle Zeit der Welt haben, um zu lernen und sich zu bilden. Sie können Gefühle und sinnliche Erfahrungen so intensiv erleben, wie es sich normale Sterbliche nicht einmal vorstellen können. Und sie sind mittlerweile weit von den verstaubten, gehirnlosen Monstren entfernt, die vor Anne Rice in der Literatur beschrieben worden sind.

Ihre Arbeit hat sich auch auf die Vampire im Film ausgewirkt, weil sie den Vampir für immer neu definiert hat. Coppola hat seinen Film *Bram Stoker's Dracula* genannt, aber der Film war mehr als nur ein bißchen von Anne Rice beeinflußt. Ich habe den Fürsten der Finsternis noch nie so grüblerisch und introvertiert gesehen.«

»Was halten Sie von den neueren Vampirfilmen?« fragte ich sie. »Nicht die, die jeder sieht, sondern die etwas anspruchsvolleren?« Ich hatte selbst noch nicht viele Streifen dieser Kategorie gesehen.

»Es gab einige sehr ansprechende Filme – ich denke da etwa an den kanadische Film *Blood and Death* –, aber im allgemeinen ist es ziemlich schwierig, dieses Genre filmisch umzusetzen, genauso schwierig wie Bücher darüber zu schreiben. Vielleicht liegt das an den vielen Nachtszenen oder daran, daß es für einen gerade mal 30jährigen Schauspieler nicht eben leicht ist, ein unsterbliches Wesen überzeugend darzustellen. Aus welchem Grund auch immer, es gibt wenige wirklich gelungene, interessante Vampirfilme.«

»Und im Fernsehen?«

»Gut, es gab natürlich Barnabas Collins, den zweifelnden Vampir aus *Dark Shadows*. Obwohl er kitschig und ungeschickt war und oft in albernen, sinnlosen Stories agierte, war Barnabas eigentlich ganz gut gelungen. Er kämpfte mit seiner vampirischen Natur, aber er gebrauchte seine Macht zu seinem Vorteil. Er hatte Zweifel – und das zu recht. Im Laufe der Jahre wurde mit Barnabas eine Figur entwickelt, die moralisch weitaus komplexer war als die meisten Fernsehcharaktere.

Auch die Serie *Forever Knight* war ziemlich erfolgreich. Sie handelte von Nick, einem Vampir aus dem 13. Jahrhundert, der als Polizist im heutigen Toronto lebt. Von Schuldgefühlen aus seiner Vergangenheit geplagt, versucht er sich mit Hilfe von Natalie zu ›kurieren‹. Natalie kennt und hütet sein Geheimnis, da sie, wie so viele Frauen, glaubt, ihn ändern zu können. Immerhin ist er als Vampir von Natur aus extrem gefährlich. Allerdings weist sie ein älterer Vampir darauf hin, daß es gerade seine Gefährlichkeit ist, die sie zu ihm hingezogen hat. In der letzen Folge schlägt sie ihm die körperliche Verbindung vor, und Nick stimmt zu. Er verliert jedoch die Kontrolle und tötet sie. Ich habe viele Geschichten von Freundinnen gehört, die im übertragenen Sinn ähnlich abliefen. Die Serie war eine Lektion darüber, was passiert, wenn eine Frau einen Mann zu ändern versucht, der sich in 800 Jahren nicht geändert hat.«

Ich genoß Gails Interpretation. Sie sah offenbar stets das Wesentliche, was für meine nächste Frage von Bedeutung war: »Was, glauben Sie, macht den Vampir in unserer Kultur zu einer so anziehenden Figur?«

Sie hatte sich mit dieser Frage schon lange beschäftigt. »Das Motiv des Vampirs als Monster spricht den Menschen an, weil er selber zu finsteren Taten fähig ist. Zwar glauben viele, der Mensch sei an sich gut, aber vieles spricht dafür, daß genau das Gegenteil der Fall ist. Ich habe viele Krimis produziert und dabei herausgefunden, daß es die meisten Menschen mehr verstört, wenn nicht ein verrückter Psychopath schreckliche Verbrechen begeht, sondern ein anscheinend ganz normaler Mensch. Wir wollen nicht glauben, daß wir selber in der Lage sind, schreckliche Dinge zu tun. Vielleicht ruft das Vorstellungen in uns wach, die wir sonst unterdrücken. Aber der Vampir konfrontiert uns mit diesen Vorstellungen.

Außerdem ist die Idee eines Unsterblichen faszinierend, der sich von menschlichem Blut ernährt, weil sie interessante Fragen über das menschliche Dasein überhaupt aufwirft. Nehmen wir einmal an, daß keiner dieser ›echten‹ Vampire unsterblich ist – und ich gehe davon aus, daß sie es nicht sind –, was macht sie dann zu Vampiren? Ich glaube, es ist die Vorliebe für die Nacht und für den Geschmack des Blutes. Wenn diese Leute das auszuleben versuchen, mit all den plumpen und improvisierten Handlungen, die dafür nötig sind, zerstören sie damit eigentlich die phantasievolle und imaginäre Welt des Vampirs. Ich glaube, manche Dinge sollte man besser der Phantasie überlassen.«

3

Blair Murphy war 33, als er sich entschloß, seine eigenen Vampirfilme zu drehen. Mit 25 war er Produzent geworden und hatte sich 70.000 Dollar für seinen ersten unabhängigen Film gepumpt. Er ließ sich den Kopf kahl scheren und einen Anker auf dem Arm tätowieren. Seine Produktionsfirma nannte er Empyre Films.

Blairs Eltern waren Leichenbeschauer, und er war in einem Bestattungsunternehmen aufgewachsen, daher war er mit düsteren Themen vertraut. »Als wir in der zweiten Klasse den Beruf unserer Eltern preisgeben sollten, habe ich ganz unschuldig gesagt: ›Mein Vater schminkt tote Leute‹. Das war das erste Mal, daß ich in der Presse zitiert wurde. Es wurde in der Lokalzeitung gedruckt.« Seit damals interessiert er sich hauptsächlich für die Themen Sex, Tod und Gott und deren künstlerische Verarbeitung.

»War es nicht unheimlich, in einem Bestattungsunternehmen aufzuwachsen?«

»Ich fand überhaupt nichts Unheimliches daran«, antwortete er. »Särge und Leichen sind für mich so normal wie ein Basketballkorb im Vorgarten. Mein Vater war Hobbyfilmer, also begann auch ich früh zu filmen. Und daß mein erster Film ein Vampirfilm werden würde, war von Anfang an klar.« Blair war, ungeachtet seiner Neigung, von den bereits existierenden Vampirfilmen nicht besonders angetan. Er wollte einen philosophischen Vampirfilm machen, wobei er von Nietzsches Idee des Übermenschen beeinflußt war.

Jugular Wine handelt von einem Studenten, der nach Vampiren sucht und in Alaska Zeuge des Todes eines schönen, weiblichen Vampirs wird, der ihn in seinen Bann gezogen und bereits teilweise verwandelt hat. Er tötet einen anderen weiblichen Vampir und muß erfahren, daß sie eine Studentin war, die seit einigen Jahren vermißt wurde. Er nimmt an sich selbst verstörende Veränderungen wahr, aber unglücklicherweise kann nur die Tote seine Fragen beantworten.

Als der Film herauskam, lernte Blair Murphy eine Menge Leute aus der Gothic- und Vampirszene kennen. Er war Co-Produzent eines Dokumentarfilms über die Dracula-97-Convention, und seinen zweiten Film (*Black Pearls*) drehte er, nachdem ihn seine Freundin verlassen hatte. »Ich kam eines Tages nach einem schrecklichen Streit mit meiner Freundin wieder nach Hause und mußte feststellen, daß sie ausgezogen war. Ich mußte irgendwie damit fertig werden, und in dieser Nacht kam mir die Idee zu einem neuen Film. Ich rief die verschiedensten Künstler und andere verrückte Leute an und fragte sie: ›Würdest du dich von mir filmen und interviewen lassen?‹ Ich stürzte mich kopfüber in die amerikanische Nacht, heimlich und ganz allein, und fuhr an die 35.000 Kilometer durch die gesamten Vereinigten Staaten, um all diese Leute zu interviewen. Ich geriet in die merkwürdigsten Situationen. Ich filmte ein Blutritual, woraus der intensivste Teil des ganzen Films wurde. Ich begleitete zahlreiche Rollenspieler. Ich habe ein ziemlich abgedrehtes Jahr heimlich neben der Westgate ›House of Death‹-Gallerie in New Orleans gelebt, was eine Menge Spaß gemacht hat. Ich bin nach Ägypten gereist und habe in Kairo einen Soldaten dazu überredet, mich auf die Pyramiden klettern zu lassen. All das ist in dem Film zu sehen. Dabei habe ich ein Gedicht von Stan Rice, *Excess is Ease*, als eine Art künstlerischen Schlachtruf verwendet.«

»Dennoch«, fügte er hinzu, »handelt mein Film nicht nur von Vampiren. Ich habe viele Themen behandelt: Die Gothic-Szene, Musik, Magie, Vampirschriftsteller, Maskenbildner und die Beziehung von Popkultur und Tod. Ich habe mich auch von dem Roadmovie *Sherman's March*, das im Süden spielt, und Jack Kerouacs Buch *The Subterraneans* inspirieren lassen.«

Der Film war eine kathartische Erfahrung, eine sehr persönliche Aussage und ein künstlerisches Projekt zugleich. Trotzdem ist sich Blair Murphy nicht sicher, ob er einen weiteren Vampirfilm drehen will. »Ich bin nur zur Hälfte an der Vampirszene interessiert; zu einem ebenso großen Teil bin ich von den amerikanischen Autoren der Beat Generation beeinflußt. Und um ehrlich zu sein, ich glaube, daß die heutige Gothic- und Popkultur der Beat Generation viel zu verdanken hat, nur daß niemand diese Verbindung sieht.«

Ich bat ihn, mehr zu diesem Thema zu sagen, da ich wußte, daß auch Anne Rice von Jack Kerouac und den Werken der Beat Generation geprägt worden war. Ich erhielt eine wohlüberlegte Antwort.

»Um was geht es eigentlich in der Vampirkultur, außer um Blut, was für mich eher eine Metapher für Nähe ist. Es geht um Ausbeutung, Geschichte, Verlangen, das Verbotene, das Okkulte, darum, das Absolute in Frage zu stellen, Selbstentdeckung, Sexualität, Poesie, riskante Erfahrungen, Literatur, eine Gemeinschaft mit eigenständiger Mode- und Musikkultur, und letztendlich geht es um einen Bereich, in dem man in jeder Weise ›anders‹ sein kann, ohne deswegen negativ beurteilt zu werden. Mit genau denselben Themen hat sich auch die Beat Generation auseinandergesetzt.

Ich glaube, was ich mache oder was die anderen in dieser Szene machen, die Erforschung und Erfahrung unseres Selbst, die den kreativen Prozeß hervorruft, hat mit Vlad dem Pfähler eigentlich nichts zu tun. Es geht mir nicht nur um die Vampirliteratur. Mir geht es darum, was am Ende dieses Jahrtausends passiert. Viele dieser Jugendlichen haben Bram Stokers Buch nicht mal gelesen. Ihre eigentliche Aufgabe besteht darin, ihre eigenen Wahrheiten herauszufinden. Im Grunde genommen sind Stoker, Vlad Tepes und Anne Rice – oder das Bild des Vampirs – nicht absolut. Genauso wenig absolut sind allerdings die Dinge, denen die Jugendlichen mit Hilfe der Vampiren zu entfliehen versuchen. Dracula und Lestat sind nur die Wegweiser und der Anfang. Aber die echte Wahrheit findet jeder nur dann, wenn er herausfindet, was für ihn selbst am wichtigsten ist.

Ich habe mir jeden greifbaren Dokumentarfilm über Vampire angesehen, und sie handelten meistens von Bela Lugosi in seinem Cape oder von Verbrechern, die das Blut ihrer Opfer tranken. Alle diese Filme waren sehr interessant, aber was hat all das mit *meinem* Leben zu tun? In der Vampirsubkultur geht es darum, Tabus zu brechen, und das macht sie für viele so attraktiv und aufregend. Ich glaube, der Vampir ist so populär, weil er ein auf sich selbst gestelltes Individuum verkörpert, das seine eigene Sterblichkeit überwindet, Gott herausfordert und sich das Recht nimmt und die Macht hat, tiefe Wahrheiten zu erforschen. Der moderne Vampir sucht seinen Platz im Universum sozusagen stellvertretend für diejenigen, die dies nachempfinden können, und daher rührt seine große Anziehungskraft.

Sich selbst zu erforschen ist sehr riskant, weil man vielleicht auf versteckte Seiten in sich selbst stößt und weil einen das für immer verändert. Man findet die Finsternis in sich selbst. Ich habe viele Leute interviewt, die als Kinder mißbraucht wurden. Und sie alle beschäftigten sich mit Geschichten von einem sexuellen Wesen – real oder nicht –, das bei Nacht kommt, von dem keiner weiß, daß es existiert und das sie verfolgt. Wenn sich Jugendliche emotional abgestorben fühlen und sich so zurechtmachen, als wären sie bereits gestorben, wollen sie meiner Meinung nach nicht tot spielen. In der ganzen Gothic-Szene geht es nicht um das Ende. Ich glaube, es geht um das Gegenteil, es ist ein Anfang. In der Gothic-, Vampir-, und Popkultur geht es um Wiedergeburt, man kann sie mit Phönix vergleichen, der sich aus einem Grab erhebt.«

Dies war eine sehr interessante Erklärung der verschiedenen Aspekte der Vampirkultur. Aber was bedeutete nun das Blut, fragte ich, vor allem für die, die glaubten, es trinken zu müssen, um sich stark und spirituell bereichert zu fühlen?

»Mich persönlich läßt die Sache mit dem Blut wirklich kalt. Ich trinke kein Blut. Sie etwa? Bin ich deswegen kein Teil der Szene? Ist deshalb die Metapher vom Vampir weniger wichtig für mich? Trinkt Anne Rice etwa Blut? Warum also interessieren sich die Medien nur für die wenigen Leute, die das tun, als käme es gerade auf *sie* an. In einem Buch mag die Beschreibung von Blut sehr poetisch und schön sein, aber in einem Dokumentarfilm wirkt es nur gefährlich und verrückt.«

Blair Murphy hat in der Szene die immense Bedeutung von Regeln bemerkt, die festlegen, was man tragen, was man denken und was man lesen soll, um ein »richtiger« Vampir zu sein. Er ärgerte sich über diejenigen, die vorgaben, sich nicht um das Urteil anderer kümmern zu wollen, andere aber nach deren Aussehen und Lebensstil beurteilten. »An dem Bild des Vampirs zieht uns alle das Versprechen einer ›uneingeschränkten Existenz‹ an«, erklärte Blair Murphy. »Warum also glauben einige von uns, sie hätten das Recht, die Vampirsubkultur Regeln zu unterwerfen? Einige brauchen diesen Lebensstil. Und viele hatten eine so schreckliche Kindheit, daß sie auch als Erwachsene alles als Konflikt sehen: Wir gegen die anderen! Sie versuchen dann zu bestimmen, was legitim ist und was nicht.«

Ich hatte dieses Phänomen auch bemerkt, und ich fand es meist viel interessanter, mich mit Leuten zu unterhalten, die nicht zur Clubszene gehörten, wo der Druck der Regeln am stärksten zu sein schien.

»In welche Richtung entwickelt sich die Szene?« erkundigte ich mich.

»Wer kann das wissen? Ich habe meinen Freund Alexandro vorigen Monat vor der Kamera interviewt, und dabei trug er ein völlig abgedrehtes Cyber-Vampir-Kostüm. Überall waren Schläuche, die er mit einem grünen Gel gefüllt hatte, das im Dunkeln leuchtete, dazu trug er eine Astronautenbrille. Er sprach die ganze Zeit davon, daß Vampire genauso wie Jesus Christus seien, ... positiv, Gebende, die Gott suchen. Daß wir symbolisch das Blut trinken sollen, genauso wie das Blut Christi.

Ich glaube, diese Subkultur funktioniert besser, wenn man sich allein damit beschäftigt. Man liest allein. Man denkt allein über seinen eigenen Tod nach. Man denkt allein über seinen Platz in der Welt nach. Jeder hat seine eigenen Ängste. Und was du dir im Dunkeln in deiner Phantasie ausmalst, ist auch deine Sache. Es wird immer betont, daß in der Szene alle Erfahrungen geteilt werden sollen, und soviel Spaß es auch macht, in Kostümen im Dunkeln zusammenzukommen oder anderen bei ihren Auftritten zuzusehen – im Grunde geht es doch um die eigene, individuelle Erfahrung.«

4

Vampire haben jedoch auch andere Formen »dramatischer« Inszenierungen inspiriert. So existieren, vom Ballett bis zum Broadwaystück, zahllose unterschiedliche Bühnenfassungen von *Dracula*. Mir ging es indes um etwas exzentrischere Spielarten, und ich wurde gleich in mehrfacher Hinsicht fündig.

In Boulder, Colorado, stieß ich auf das »Theater der Vampire«, eine Trapez-Show der Frequent Flyer Productions. Nancy Smith, die künstlerische Leiterin der Show, erklärte, auf der Suche nach Ideen zahllose Vampirfilme gesehen und über 300 Vampirbücher gelesen zu haben. »1990 wurde die Show uraufgeführt«, erzählte sie mir. »Wir bekamen phantastische Kritiken und waren jeden Abend ausverkauft. Das Publikum erschien zum Teil sogar kostümiert.« Die jährlich stattfindende Aufführung gilt in Boulder als ein großes Ereignis. Nancy Smith schmiedet Pläne für eine Tournee und würde das Stück zu Ehren von Anne Rice gerne in New Orleans aufführen.

Wann immer man Theater und Vampire verbindet, denkt man unwillkürlich an Anne Rices Beschreibung der düsteren Theatertruppe aus *Gespräch mit dem Vampir* im Paris des 19. Jahrhunderts, aber Tony Sokol versicherte mir, daß darin keineswegs die ursprüngliche Inspiration für sein eigenes Vampyr-Theater, das er auch La Commedia del Sangue nannte, bestanden habe. Sokol fand für seine Arbeit andere Anregungen: das Konzept des Grand-Guignol-Theaters, einen alten Film von 1971,

Vampire Circus, (in dem als eine geheimnisvolle Zirkustruppe auftretende Vampire eine Stadt heimsuchen), die Geschichten von Menschen, die er interviewt hat und die behaupteten, echte Vampire zu sein, und schließlich das außergewöhnliche Werk der jungen Dichterin Maria A. Vega.

»Ich habe ein paar Gedichte geschrieben, die im Kern sehr vampirisch sind«, sagte sie mir. »Es genügt zu sagen, daß diese Gedichte aus den unbekannten Regionen der menschlichen Psyche schöpfen und jene ansprechen, für die die Dunkelheit ein sicherer Hafen ist. Tony Sokol suchte nach ungewöhnlichen Vampiren. Ich war mir stets sicher, daß ein Teil meiner selbst von Natur aus vampirisch ist, und das schlägt sich eben auch in meinen Gedichten nieder.«

Sokol ist ein energiegeladener Mann mit einer vielseitigen Ausbildung, zahllosen Talenten und Interessen. Er schrieb Bühnenstücke, war Musiker, Forscher und Journalist. Er war immer in Bewegung und schien überall gleichzeitig zu sein, während er seine Aufführungen beaufsichtigte. Er sprach sehr schnell und sagte von sich selbst, er sei ein Mann »der viel spricht, aber kaum zusammenhängend zu denken vermag.«

Sein Großvater war Totengräber in Brooklyn, und er hatte einst in einem Haus gelebt, in dem ein Geist spukte, den seine Schwester George nannte. Seine Urgroßmutter besaß ein Exemplar von Bram Stokers *Dracula*, eine Ausgabe von 1903, und seine Mutter zeigte sich von dem Buch so beeindruckt, daß der Sohn sich, noch ehe er lesen konnte, eine Taschenbuchausgabe kaufte, aus der die Mutter ihm vorlas. Spätere Einflüsse waren Edgar Allan Poe und *Yellow Submarine*, und sein Bühnenstück von 1997 verdankte eine Menge den Blue Meanies aus dem Beatles-Film, die »nur ein Nein als Antwort akzeptieren«.

Seine erste Show, *The Auction*, wurde 1992 in der sehr schicken Bar Le Bar Bat in Manhattan aufgeführt. Im folgenden Jahr erhielt Sokol eine Einladung in Joan Rivers Talkshow, wo er mit den anderen Gästen über übernatürliche Themen sprach: mit dem Horrorexperten David Skal, dem Vampirmusiker Vlad und dem Sänger der Band One of Us. Sokol verriet in der Sendung seine Telefonnummer und wurde darauf von den unterschiedlichsten Menschen angerufen – Vampire, Verschwörungsopfer und Leute, die von Außerirdischen entführt worden waren –, die ihm ihre Erlebnisse mitteilen wollten. »Die meisten waren Opfer von irgend etwas«, erinnerte er sich, »oder sie hatten in ihrer Vergangenheit irgendwelche schlechten Erfahrungen gemacht.«

Nachdem ich seine Show gesehen hatte, wurde mir klar, daß Sokol der Mann war, den ich am Anfang meiner Nachforschungen über Susan Walshs Verschwinden gesucht hatte. Walsh war wegen seiner Verbindungen zur Vampirszene mit ihm in Kontakt getreten. Sie hatte sich das Stück angesehen und ihn um Material für ihren Artikel gebeten. Er hatte sogar einen ersten Auszug daraus gelesen. Sie waren Freunde geworden und trafen sich gemeinsam mit Leuten, die sich vor einer politischen Verschwörung fürchteten. Als ich mit Sokol sprach, gab er zu, daß er Susan Walshs paranoide Angst für berechtigt hielt, aber er wollte mir keine detaillierten Informationen geben. Er hoffte, daß sie noch am Leben ist. Ich versuchte, mehr aus ihm herauszubekommen, aber er weigerte sich hartnäckig, irgend etwas Konkretes preiszugeben. Abgesehen von seinen Kenntnissen über die Vampirkultur war hier für mich nichts zu holen. Allerdings war mein Interesse an eben dieser Subkultur inzwischen beträchtlich gewachsen. Die Suche nach Susan Walsh wurde von der Beschäftigung mit den Vampiren immer mehr in den Hintergrund gedrängt. Ich hatte sogar fast vergessen, Sokol nach ihr zu fragen. Ich war, genau wie er, von den Geschichten fasziniert, die an mich herangetragen wurden.

Sokol hatte auf der Suche nach Informationen über Vampire eine Anzeige in die *Village Voice* und andere New Yorker Stadtmagazine gesetzt. Ich hatte auch schon an diese Möglichkeit gedacht, unterhielt jedoch mittlerweile so viele andere Kontakte, daß ich es mit der Zeit vergaß. Sokol erzählte mir, daß er viele Anrufe bekommen hatte, darunter etwa 200 von Leuten, die wie Vampire lebten. Ein Viertel davon waren »echte« Vampire, und etwa vier waren, wie er sich ausdrückte, »weniger oder mehr als menschlich«. Er berichtete mir auch von den Risiken, die er eingegangen war, um mit der Obdachlosenszene in einem Park der Lower East Side in Kontakt zu treten. Gerüchten zufolge waren diese Leute auf Bondage, S/M und Vampirismus aus. Er schätzte, daß es unter ihnen etwa fünf Vampire gab. Susan Walshs Freund Christian hatte sie beide den Mitgliedern dieser Gruppe vorgestellt. Sie faßten Vertrauen zu Sokol, er hörte sich ihre Geschichten an und fand in ihrer Auffassung von Realität dieselbe Wut auf die Gesellschaft und die Kultur, die auch er empfand. Er wurde Zeuge eines Versuchs der Polizei, den Park zu räumen, und empfand die Obdachlosen als wesentlich weniger furchteinflößend als die Gesetzeshüter.

Je mehr er den Vampiren zuhörte, desto mehr Material sammelte er für seine Stücke. »Sie hatten von der Show gehört, und deshalb wollten sie mit mir sprechen. Ich traf sie meist in der Dämmerung an Orten, wo es einen sicheren Ausgang gab. Nur einer von ihnen ist einmal zu mir nach Hause gekommen, und eine Frau rannte mitten im Gespräch davon, weil sie offensichtlich der Hunger überkam. Sie eilte die Straße runter und schrie: ›Du bist nicht mehr sicher!‹ Keiner von ihnen hat jemals meine Stücke gesehen, also weiß ich nicht, was sie davon halten würden. Aber meine Figuren sind nicht nur von den Vampiren beeinflußt. Ich habe auch SRA-Überlebende interviewt, Menschen mit MP-Syndrom (multipler Persönlichkeitsstruktur), Mitglieder des AUM-Shinrikyo-Kults und Menschen, die von Aliens entführt worden waren.«

Ich hatte keine Ahnung, was für Leute das waren, aber ich war froh, seinen Bericht über seine Begegnung mit den Obdachlosen zu hören. Bei meinen eigenen beiden Ausflügen in den Park hatte ich niemanden aufspüren können. Als nächstes hätte ich es wohl bei Nacht versucht, aber Sokols Informationen ersparten mir dieses Unterfangen. Die Parkbewohner schienen keine besonders einträgliche Quelle zu sein.

Im letzten Jahr fanden die Aufführungen des Vampyre Theatre an der Ecke 21 Straße, 45. West in Lower Manhattan statt. Das Stück hieß *Just Us Served* und begann mit einer Szene auf dunkler, nebelverhangener Bühne, in der ein junges Mädchen von drei Vampiren einem ironischen Verhör unterzogen wurde – ein männlicher und drei weibliche Vampire in schwarzem Leder, Korsagen und weiteren Gothic-Accessoires. Die Darstellung dieser Figuren basierte auf den Menschen, mit denen Sokol gesprochen hatte.

Wir, das Publikum, saßen in Sitzreihen, die hinter der Bühne anstiegen, und fast alle dieser eingeweihten Gäste trugen Schwarz – bis auf ein Paar um die 60, das angezogen war, als hätte es gerade ein teures Restaurant in einem vornehmeren Teil der Stadt verlassen. Ich fragte mich, ob sich die beiden hierher verirrt hatten.

Ich muß zugeben, daß ich mich einige Male vorsichtig umsah. Sokol hatte erwähnt, daß sich im Publikum manchmal echte Vampire befanden, und ich wollte herausfinden, ob einer von ihnen in meiner unmittelbaren Nähe saß – vor allem hinter mir. Mir fiel jedoch niemand auf.

Das Stück handelte von einem FBI-Agenten, der einen Vampir verfolgte, um ihn vor Gericht zu bringen. Die Vampire bildeten darauf selber ein Gericht, dem ein sehr alter Vampir als Richter (»Euer Ehren«) vorstand. Die Versuche des Agenten schlugen fehl, und schließlich brach er zusammen, ermordete seine Hauptzeugin und saugte ihr das Blut aus. Meiner Meinung nach stellte das Stück die Regierung als einen Vampir dar. Die Inszenierung verband die Vampire mit Themen, die man gemeinhin nicht mit ihnen assoziiert. Und genau das ist, nach Sokols Meinung, der tiefere Sinn der Vampirkultur.

5

Ich war mir nicht sicher, ob ich seine Ansicht teilte. Es steckte eine große Portion Zorn in seinem Stück und die Überzeugung, daß Vampire die Ausgestoßenen der Gesellschaft sind. Ich sehe die Figur des Vampirs als ein Symbol gesellschaftlicher Rebellion, aber die Vampire auf der Bühne waren grob und gewöhnlich, voller politisch motivierter Wut auf Vorurteile und Unterdrückung. Ich leugne diese Seite des Vampirs keineswegs, aber ich teile Blair Murphys Auffassung, daß man seine Phantasien *allein* ausleben soll, weil sie dann am stärksten und effektivsten sind. Aus diesem Grund zog ich Wraiths Geschichten den öffentlichen und politischen Inszenierungen vor. Und ich sollte bald wieder von ihm hören.

Es war einige Wochen nach unserem letzten Gespräch, und ich hatte bereits jede Hoffnung aufgegeben, jemals wieder von ihm zu hören. Er rief mich spät in der Nacht an und begann sofort, als wollte er mich in eine bestimmte Richtung drängen, von einer seiner vampirischen Eroberungen aus seiner Vergangenheit zu erzählen. Obwohl ich bemerkte, daß seine Beschreibungen immer drastischer und dunkler wurden, ließ ich ihn gewähren. Hätte ich nicht gewußt, worum es ging, hätte ich das Ganze vermutlich für einen obszönen Anruf gehalten.

»Es war Mitternacht, und ich ging auf der Suche nach einem Jungen in die Bar«, fing er an. Er sprach so leise, daß es kaum mehr als ein Flüstern war. »Ich checkte das Publikum, schlüpfte in den dunklen Schatten einer unbeachteten Ecke und wartete. Ich war wie ein hungriger Löwe, und ich wußte, daß ich heute nacht töten würde.

Nachdem ich eine Stunde gewartet hatte, sah ich ein, daß dieses Territorium unfruchtbar war, und wollte verschwinden. Ich hatte den protzigen Messingtürknauf schon in der Hand, als ein hübscher junger Typ die Bar betrat. Ich war hin und weg. Er grinste mich an und fragte mich, ob ich schon gehen wollte. ›Jetzt nicht mehr‹, antwortete ich. Wir gingen zusammen zur Bar.

Ich flüsterte in sein Ohr: ›Du bist genau das, was ich heute nacht will.‹ Er errötete. Zu meiner Überraschung war er völlig unerfahren. Frische Beute. Er war 21 und hatte noch nie eine ›richtige‹ Erfahrung gemacht. Ich brachte ihn dazu, mich zu sich einzuladen. Er lebte noch bei seiner Mutter. Er hatte ein behagliches Zimmer mit vielen weichen Kissen – genau die richtige Kulisse. Ich saß in seinem Schaukelstuhl und forderte ihn auf, sich auszuziehen. Er schien etwas unsicher, aber es war dunkel, also begann er sich langsam mit sinnlichen Bewegungen auszuziehen – so als ob *er* mich verführen wollte. Dabei hatte ich ihn mir ausgesucht. Er war perfekt – die Tönung seiner Haut, sein erotischer Stil, seine Leidenschaft und seine Lust auf Abenteuer. Er konnte es offensichtlich kaum noch abwarten. Genau wie ich.

Ich erklärte ihm die Spielregeln – er durfte meinen Körper nicht vor Halloween sehen. Er war enttäuscht, aber von mir angezogen. Ich machte ihn richtig scharf und verabredete mich dann mit ihm, um ihn auf das Ritual vorzubereiten. Ich versprach ihm viel, was ihn aufregte und ungeduldig werden ließ. Ich wußte, daß er mich für mysteriös und undurchschaubar hielt – und daß ihm das gefiel. Ich war der Latin Lover seiner Träume, zumindest dachte er das. Seine Augen waren verloren, wenn er mich ansah. Es gefiel ihm, dominiert zu werden, und mir gefiel es, daß er mich brauchte. Aber ich wollte ihn nicht verletzen. Ich mußte mir eine Möglichkeit zum Rückzug offenhalten. Ich bleibe nie mit ihnen zusammen, nachdem das Ritual vollzogen ist.

In der Nacht vor Halloween trafen wir uns, um am Strand spazierenzugehen. Der modrige Geruch von verfaulenden Algen erregte mich, während wir im Rhythmus der Brandung miteinander sprachen. Ich hatte mich eine volle Woche von ihm zurückgezogen und gab ihm nun einen aufreizenden Vorgeschmack auf die kommende Nacht. Er wollte nicht mehr warten, aber ich beruhigte ihn mit einem langen Kuß. Er willigte ein zu warten, war aber sichtlich enttäuscht. Ich erklärte ihm, was er tun mußte, um sich auf das Ritual vorzubereiten.

Er sollte jede seiner Körperöffnungen sorgfältig reinigen und sich zur Stimulation zwischen den Schenkeln einpudern, damit seine Haut weich wurde, und er sollte nichts unter seiner Jeans tragen.

Am Halloween-Abend holte ich ihn zum Essen ab. Er war furchtbar aufgeregt, aber ich ließ ihn während des ganzen Abendessens zappeln, bevor ich ihn das erste Mal berührte. Wir gingen wieder zu ihm nach Hause, wo seine Mutter und sein Bruder bereits schlafen gegangen waren. Bei flackerndem Kerzenlicht entkleideten wir einander in seinem Zimmer. Seine Hände zitterten, und ich fragte ihn nach dem Grund.

›Ich bin zu aufgeregt‹, flüsterte er.

›Das gibt es nicht‹, versicherte ich ihm. Als ich mich über ihn beugte, blies ich einen Hauch meines heißen Atems auf seinen Mund, leckte seine Lippen, anstatt sie zu küssen. Dann küßte ich ihn lang. Er war sehr erregt, und ich mußte ihn wieder beruhigen, wobei mich seine bebende Ungeduld selbst erregte. Wir betrachteten unsere nackten Körper in dem von Kerzen umgebenen Spiegel. Es war ein wundervoller Augenblick.

Die Mutter des Jungen war Operationsschwester, also hatte er ein Skalpell besorgt, genau wie ich es ihm aufgetragen hatte. Ich ließ ihn mit der Kraft meiner Gedanken das Messer in die Hand nehmen, und er schnitt sich, als hätte er das schon oft getan, die linke Brustwarze auf. Eine dünnes Rinnsal Blut lief über seine glatte Brust. Ich leckte es auf, bevor es kalt werden konnte, und fuhr mit meiner Zunge über seine Brust. Er stöhnte und küßte meinen Kopf. Ich hob mein Kinn und ließ ihn das eigene Blut schmecken. Er mochte es.

Ich wandte mich ab und beobachtete seine grünen Augen, die mich in der Dunkelheit suchten. Als wollte ich ihn warnen. Er würde in der Nacht nach mir suchen, aber ich würde mich vor ihm verbergen. Ich fuhr mit meinen blutigen Händen über seine Brust. Er nahm meine Hand und führte sie über meinen eigenen Oberkörper. Wir hatten Sex, und danach lagen wir still nebeneinander und lauschten unserem Atem.

Wir schliefen und erwachten, um mit seiner rechten Brustwarze weiterzumachen. Danach schlief er wieder ein, und ich verließ das Haus. Er würde darauf warten, daß ich zurückkehrte, aber er würde mich niemals wiederfinden, und gleichgültig, wie sehr ich ihn mochte, für mich war es für immer vorbei. Das ist das Dunkle an meinem Ritual, seine endgültige Leere.«

Es entstand eine Stille, die zu fragen schien, ob mir seine Geschichte gefallen hatte. »Ist all das wirklich so befriedigend für Sie?« wollte ich wissen.

»Ja, absolut. Es ist das Mysteriöse und die Spannung. Das macht die Jagd so aufregend. Ich mag es, wenn sie jung sind. Je jünger sie sind, desto eher sind sie bereit, zu warten und zu tun, was ich ihnen sage. Sie suchen nach einem Lehrer. Er war alles, was ich mir je gewünscht habe. Er hat sehr stark auf mich reagiert. Jede meiner Berührungen, Blicke, Andeutungen und Zärtlichkeiten riefen in ihm eine wilde Lust hervor. Was kann man sich mehr wünschen?«

Ich fragte noch einmal, ob ich ihn treffen könnte. Er lachte leise. »Vielleicht.« Das war alles, was er noch sagte, bevor er auflegte.

Er versuchte, mich zu verführen, und es funktionierte.

Kapitel sieben

New York bei Nacht

1

Die meisten Reisenden, die nach Manhattan kommen, kennen die je nach Saison unterschiedlich dekorierte Pracht des Rockefeller Centers, die Erhabenheit der St. Patrick's Kathedrale, den glamourösen Trump Tower und die exklusiven Kaufhäuser an der Fifth Avenue: Saks, Bergdorf Goodman und FAO Schwarz. Außerdem gibt es das Plaza Hotel, den Broadway, die Metropolitan Opera, den Central Park und die Radio City Music Hall, wo immer noch die Rockettes auftreten. Sogar der ehemals berüchtigte Times Square ist zu einer Touristenattraktion geworden. Man kann sich den South Street Seehafen mit den jüngst renovierten Gebäuden am East River anschauen oder einen Ausflug auf die hundertzehnte Etage jener Zwillingstürme unternehmen, die sich World Trade Center nennen und in deren Schatten sich das Empire State Building wie ein Zwerg ausnimmt. Weitere altbekannte Klassiker sind natürlich die New Yorker Börse und das UN-Gebäude.

Um das andere New York zu finden, nehmen die Touristen ein Taxi oder die Metro nach SoHo mit seinen Gallerien oder ins East oder West Village mit ihren schrillen S/M-Boutiquen und den Death-Shops, in denen man Ringe mit täuschend echten Augäpfeln und jedes andere von Gothics begehrte Accessoires, kaufen kann. Sie übersehen die zerlumpten Penner und meiden die Gegenden, in denen halbverrückte Cracksüchtige randalieren.

Reisende, die das erste Mal nach Manhattan kommen, sind oft ziemlich nervös. Sie haben von der berüchtigten Kriminalität in New York gehört. Reiseführer empfehlen den Touristen, vorsichtig zu sein, andererseits verleiht das allgegenwärtige Verbrechen der Stadt auch ihren eigenen Reiz. Abgehärtete Naturen können eine Rundfahrt zu den Orten berühmter Verbrechen machen. Erste Etappe: der erste belegte Mord, das Ergebnis eines Krawalls von 1638, als die Stadt noch New Amsterdam hieß. Massaker, Mafiamorde, Grabschändungen und tödliche Dreiecksbeziehungen gehören zum dunklen Erbe des Big Apple.

Ich hatte bereits einige Clubs aufgesucht, die abseits der Touristenroute liegen. Im Tunnel (der von einem ehemaligen Subway-Tunnel an die 12. Avenue umgezogen war), im Mother und in The Bank (einstmals wirklich eine Bank) war das Publikum überall das gleiche: jede Menge Gothic-Outfits, viktorianische und edwardianische Kleidung, Korsagen, Spazierstöcke, Zylinder, schwarze Spitze, Lackstiefel, gepiercte Bauchnabel, breite Halsbänder, schwarzer Lippenstift, schlanke, androgyne Körper, Satinwesten, blutunterlaufene Augen, Rüschenkrawatten und Vampirzähne, wo man auch hinsah.

Ich kannte auch das Limelight, einen Club, der in einer ehemaligen neogothischen Kirche eröffnet, geschlossen und dann wieder eröffnet worden war. Und ich hatte vom Cave und vom Vault gehört. Vampire gingen – natürlich nachts – auch in Restaurants. NightPoe, meine Online-Bekanntschaft, die Unterricht für Vampire anbot, erzählte mir von einem Werwolf-Restaurant in dieser Gegend. Sie glaubte allerdings, daß die Besitzer Vampire seien, die sich selbst »Lunars« nannten, »weil sie eher den Werwölfen aus der Legende gleichen, aber dennoch richtige Vampire sind.«

2

Die wenigsten Touristen erkunden das East Village, wo Funk und Punk regieren. Einstmals war die Gegend von Gangs, Bordellen und Spielhöllen beherrscht und wurde zu einem Zentrum des organisierten Verbrechens. Jetzt gibt es Clubs für jeden Geschmack, viele von ihnen haben bis um vier Uhr morgens auf.

Am St. Mark's Place, wo sich die Läden für Tätowierungen, Leder, Silberschmuck, Piercing und exotische Outfits befinden, erlebte ich meine erste Anprobe für ein paar Vampirzähne. James Fenimore Cooper hatte in dieser Straße gelebt und Sundance Kid in der Nachbarschaft gewohnt, bevor er mit Butch Cassidy zu ihrer letzten, verhängnisvollen Reise nach Bolivien aufgebrochen war. Der erste dokumentierte Mafiamord fand an der Ecke St. Mark's und 3. Straße statt. Nicht weit von hier lag der Tompkins Square Park – in den 60ern ein Hippie-Treffpunkt, in den 80ern ein Schauplatz der Auseinandersetzungen zwischen den Obdachlosen und der Polizei, die den Drogenhandel in der Gegend einschränken wollte. Etwas von der alten Beschaulichkeit des Parks ist mittlerweile wiederhergestellt worden, obwohl ich gehört hatte, daß hier besonders viele psychisch kranke Obdachlose leben. Einer dieser Typen, Daniel Rakowitz, ein Schizophrener, der glaubte, vom Teufel verfolgt zu werden, hatte 1989 seine Freundin ermordet und zerstükkelt und anschließend im Park damit geprahlt, wie er ihre Leichenteile ausgekocht hatte. Und in diesem Park hielten sich auch die obdachlosen Vampire auf.

An jenem Tag aber sollte ich erst einmal meine Zähne bekommen. Vater Sebastian, der Veranstalter der Long Black Veil-Nächte im Mother, war der Meinung, daß ich unbedingt ein Paar professionell gefertigte Vampirzähne benötigte, die er selbst herstellen wollte. Wir trafen uns bei Andromeda, einem Piercing-Laden, wo er mir in einem Hinterraum die Zähne anpaßte und anschließend in Form feilte. Der Laden lag etwas erhöht über der Straße. Auf den Treppen saßen zwei junge Typen und ein Mädchen, die den heißen Nachmittag genossen und deren Körper üppig mit Tätowierungen und Piercings bedeckt waren. Sie ließen mich vorbei, aber ich war mir bewußt, wie seltsam ich auf sie wirken mußte. Ich trug eine ganz normale Bluse und einen Rock – der immerhin schwarz war! –, und meine Haare wiesen weder toupierte, noch gelackte Strähnen, noch irgendein anderes exotisches Styling auf. Das gleiche galt für mein Gesicht. Ich hatte das Gefühl, extrem auffällig zu sein.

Während ich in dem Laden auf Sebastian wartete, führte man mir die verschiedenen Größen der Piercing-Nadeln vor – eine war beunruhigend groß! – und erklärte mir, wie man Stichwunden behandeln muß. Ein Typ, dessen überladene Zunge bei jedem Wort laut gegen seine Zähne klapperte, erklärte mir, daß das Piercing an der Zunge am schnellsten verheile. An anderen Körperteilen, vor allem an denen, die immer feucht seien, brauche der Heilungsprozeß ein paar Wochen. Ein Mädchen erzählte mir, daß es seit seinem Bauchnabel-Piercing keine Korsagen mehr tragen könne, weil es zu sehr schmerze. Ich nickte nur, als würde ich jedes Wort verstehen.

Schließlich kam Sebastian wieder herein, er trug Plateaustiefel, die noch einmal fast zehn Zentimeter zu seiner ohnehin stattlichen Größe hinzufügten. In der Hand hielt er eine schwarze Lackkorsage – aus eigener Herstellung –, die ein wenig reparaturbedürftig aussah. Mit atemloser Hast schob er mich in einen kleinen Raum am Ende des Ladens, wo er seine Ausrüstung aufbewahrte. Er stellt, so behauptete er, jedes Jahr an die 1.000 Vampirgebisse her und hatte eine große Auswahl an Modellen im Sortiment. Ich konnte mir das einfachste Modell an meinen Eckzähnen befestigen lassen oder hatte die Wahl zwischen oberen und unteren Reißzähnen, langen Zähnen, die dicht beieinander saßen (»Laterals«) oder doppelten Reißzähnen. Keines dieser Modelle benötigte einen Kleber zur Befestigung, betonte er, aber ich war davon nicht ganz überzeugt. Ich hatte bereits einmal Vampirzähne für Halloween anprobiert und keine Sorte gefunden, die ich länger als fünf Minuten im Mund ertragen konnte.

Sebastian hatte eine Ausbildung zum Zahntechniker absolviert, daher wußte er alles über die Materialien, mit denen er arbeitete. Er nahm einen Abdruck meiner Eckzähne und ließ mir als Eilauftrag Zähne aus »geprüftem zahntechnischem Material« anfertigen. (Einige Leute bevorzugen Gold oder Silber oder lassen sie sich fest einsetzen. Manche lassen sich sogar ihre Eckzähne mit Vampirzähnen überkronen.)

Er erzählte mir, daß die Vampirgebißhersteller in Seattle die Art Vampirszene etabliert hatten, die er in New York aufbauen wollte. 1993 hatten zwei Zahntechniker auf die Bedürfnisse einer neuen Klientel reagiert: die Rollenspieler des Spiels *The Masquerade* und den dazugehörigen Fanclub namens Camarilla, der damals seinen Sitz in Seattle hatte. Sebastian gefiel besonders die familiäre Atmosphäre, die zwischen den Vampirgebißherstellern und ihren Kunden herrschte. »Diese Leute haben einen ästhetischen Stil entwickelt, den ich noch in keiner anderen Szene gesehen habe«, sagte er. »Sie sind in fast allem, was ich mache, meine Vorbilder.«

Während er an meinen Zähnen arbeitete, fragte ich ihn, ob er jemals Susan Walsh kennengelernt hätte. Er warf mir einen kurzen Blick zu und gab zu, jemanden zu kennen, der ihre Bekanntschaft gemacht hatte.

»Sie hat viele von uns hier interviewt«, berichtete er. Dann sank seine Stimme zu einem verschwörerischen Flüstern herab. »Der Fall ist noch nicht abgeschlossen. Wir sollten lieber nicht darüber sprechen.«

»Warum nicht?« Ich war nicht gewillt, das Thema so schnell wieder fallen zu lassen.

»Es geht um mehr, als die meisten Leute wissen, und ich kann dazu nichts sagen.«

»Glauben Sie, daß sie noch am Leben ist?«

»Sie lebt. Niemand hier aus der Gegend war in die Sache verwickelt. Die Polizei hat uns alle verhört. Aber wir waren es nicht.«

»Woher wissen Sie dann, daß sie noch lebt?«

»Ich kann nicht darüber sprechen. Aber ich weiß es.«

Ich versuchte, mehr aus ihm herauszubekommen, kam aber keinen Schritt weiter. Allerdings kannte auch er Susan Walshs Freund Christian. Christian tauchte auf und verschwand wieder, verriet er mir, und niemand hat seitdem etwas von ihm gehört.

Während er meine neuen Vampirzähne zurechtfeilte, erzählte er mir, wie sehr ihn seine Arbeit erfüllte. »Wenn ich ein paar Vampirzähne mache«, sagte er, »nimmt der Kunde ein Stück von mir selbst mit, weil ich mich mit ihm beschäftige und mich von ihm inspirieren lasse. Ich initiiere ihn gewissermaßen, weil ich mit ihm darüber spreche, wie es ist, ein Vampir zu sein.« Er plante, einen »Hexenrat« ins Leben zu rufen, in dem die Abgesandten der verschiedenen Bereiche eine Art landesweites Netzwerk der Vampirgebißhersteller bilden sollten.

Schließlich waren die Zähne fertig. Sebastian hielt sie hoch und zeigte mir, wie man sie einsetzte. Sie saßen perfekt. Und er hatte recht: Sie hielten tatsächlich ohne Fixierer. Ich war beeindruckt. Die Zähne saßen, bis ich sie, nicht ohne Mühe, wieder abnahm. Die Spitzen scheuerten etwas an meiner Unterlippe, aber ich nahm an, daß ich mich schnell daran gewöhnen würde. Jetzt war ich also ein Vampir!

Oder sah vielmehr so aus wie einer. Zumindest wirkte ich wie eine Rollenspielerin, die sich um ein authentisches Kostüm bemühte. Ich war bereit, auf die Piste zu gehen!

Zunächst mußte ich jedoch lernen, wie man solche Zähne richtig pflegt und und wie man mit ihnen ißt. Ich sollte sie in einer Kontaktlinsendose mit etwas Wasser aufbewahren, es vermeiden, mit ihnen zu essen, sie nicht länger als 24 Stunden an einem Stück tragen und sie nicht in Kontakt mit Blutkapseln bringen (da sie sich davon rosa verfärbten). Weiter sollte ich vermeiden, sie großer Hitze auszusetzen, hochprozentigen Alkohol zu trinken und Katzen, Hunde, Menschen oder kleine Waldtiere damit zu beißen. Kein Problem! »Wenn Sie jemanden damit beißen und die Haut verletzen«, warnte mich Sebastian, »sollten Sie sich eine Tetanusspritze geben lassen.«

Danach lud er mich ein, ihn zu einer ehemaligen, historischen Synagoge an der Norfolk Street bei Houston zu begleiten. Sie war während der romantischen deutschen Periode erbaut worden und eine der ersten Synagogen der Stadt. Jetzt beherbergte sie die Angel-Orensanz-Stiftung und diente als Veranstaltungsort für Sebastians extravagante Halloween-Party. Er hatte ein Bankett, einen Raum für Rollenspiele, eine Theater-Performance und einige Bandauftritte geplant.

Auf dem Weg fragte ich ihn nach seinem Leben. Er erzählte mir, daß er bereits als Teenager mit Rollenspielen angefangen hatte. Seine Eltern hatten schwere Probleme, und er fand Trost in seiner Vorstellungswelt. Er verwendete all seine Zeit und sein ganzes Geld für die Spielbücher. Er stahl sich sogar heimlich fort, um zu spielen. Es schien, als ob die Spiele zu dieser Zeit das einzige waren, das seinem Leben Halt gab.

»Ich war immer schon ein Kostümfreak, und es hat mir Spaß gemacht, meine Phantasien auszuleben«, berichtete er. »Die Spielbrettspiele haben mich nicht besonders interessiert, weil ich sie langweilig fand. Sie waren zu langsam, und ich habe die Bücher nur gelesen, um mich inspirieren zu lassen. Ich habe dann mit mittelalterlichen Rollenspielen angefangen, wo ich mich ganz meiner Phantasie hingeben und mir vorstellen konnte, jemand ganz anders zu sein. Es war fast perfekt – mit einer Einschränkung: Es fehlte die realistische Dimension, die das Ganze so aufregend macht. Deshalb sehe ich die Vampirspiele und die Mythologie auch als eine realistische Ästhetik und nicht als rein phantastische Erfahrung an.

Ich habe nie behauptet, unsterblich zu sein oder Blut zu trinken oder im Sonnenlicht zu Staub zu zerfallen, obwohl ich Knoblauch noch nie ausstehen konnte. Mann, ich liebe den Strand und brate gerne in der Sonne. Ich hoffe, daß ich sehr alt werde und Enkelkinder haben werde.«

Ich mochte seinen Sinn für Humor, obwohl es offensichtlich war, daß er mit seiner Sucht nach Spielen traumatische Erfahrungen gemacht hatte. In der achten Klasse hatte er einen Zusammenbruch erlitten und mußte alle seine Bücher weggeben. Jetzt, mit 23, schien er zu einer gesünderen Einstellung gefunden zu haben.

»Was zieht Sie an den Vampiren an?«

»Ich glaube, es ist einfach eine Art ästhetischer Fetischismus. Es gefällt mir, wie wir unsere Phantasien sexuell, theatralisch und romantisch ausleben und wie wir die Kostüme benutzen, um es richtig echt aussehen zu lassen. Es ist toll, wie gut sich die Bondage-Praktiken an das Vampirmotiv anpassen lassen. Ich finde die Vorstellung, Blut zu trinken sexy, aber ich würde niemals wollen, daß jemand mein Blut trinkt. Mein Körper ist ein Tempel. So sehe ich das jedenfalls.«

Er beschrieb sich selbst als einen wiedergeborenen Christen und extrem republikanischen Vampyr-Unternehmer. Christus war ein Diener, und er war es, nach seiner Meinung, auch.

»Wie verbinden Sie die Vampirmythologie mit Ihrer Spiritualität?« erkundigte ich mich. Dieser Aspekt setzte mich in Erstaunen.

»Vampirismus ist Fetischismus für mich«, sagte er wieder. »Meine Spiritualität aber nicht. Ich bin ein sehr unorthodoxer Christ. Ich ignoriere die katholische Herangehensweise und beziehe mich ausschließlich auf meine eigenen Auslegungen, darauf, wie meine persönliche Beziehung zu Jesus beschaffen ist. Ich wurde teilweise von den Quäkern beeinflußt, die jeden Sonntag in absoluter Stille meditieren und danach über die individuelle Beziehung des Einzelnen zu Jesus diskutieren. Meine nächste Produktreihe, Seraphim, wird diese religiösen Überzeugungen, vermischt mit meiner Auffassung von sexueller Freiheit widerspiegeln.

Was die Politik anbelangt, bin ich in vielen Punkten sehr liberal eingestellt, aber ich unterstütze das Programm der republikanischen Partei, beispielsweise weniger Regierung und mehr individuelle Freiheit, und das Recht, Waffen zu tragen. Ich glaube an die Familie. Ich will für meine Kinder die stabile Familie schaffen, die mir weggenommen wurde, als meine Eltern sich getrennt haben.«

Er kam auf meine Ausgangsfrage zurück: »Obwohl ich Christ bin, lebe ich beide Existenzen, und für mich sind sie nicht so weit voneinander entfernt. Daß ich ein Christ bin, fand ich zum selben Zeitpunkt heraus, als ich begann, Vampirzähne zu machen. Das war 1994. Aber vor dem August 1997 habe ich keinen Weg gefunden, beide Lebensformen harmonisch miteinander zu verbinden. Mir wurde klar, daß ich meine Beziehung zu Jesus liebte und daß sie sehr persönlich war. Viele Leute aus meinem Bekanntenkreis lehnen das Christentum ab, weil Tausende von Heiden von Christen ermordet worden sind. Aber ich begriff, daß die Kirche für diese Morde verantwortlich war und nicht Jesus. Was ich von den Quäkern gelernt habe und was mir die Augen geöffnet hat, war, daß es im Christentum darum geht, die Seele zu reinigen und sich an dem vollkommenen Menschen ein Beispiel zu nehmen. Jesus als Vorbild. Wenn ich auf meinem Sterbebett liege, werde ich erkennen, daß ich erlöst werde und daß ich mich, so gut es eben ging, darum bemüht habe, in meinem Leben das Richtige zu tun, das Richtige im Sinne universeller Wahrheiten.«

Er erwähnte eine kleine Gruppe von Christen, die über Vampire genauso dachten wie er und die eine organisierte Kirche gründen wollten, die beide Mythologien vereinigen würde. Er wußte nicht genau, was sie vorhatten, aber die Tatsache, daß es andere gab, die an dasselbe glaubten wie er, begeisterte ihn.

»Also endete mein Konflikt mit der Erkenntnis, daß ich einerseits von der Vampirästhetik besessen bin und andererseits eine außergewöhnliche spirituelle Veranlagung habe. Das bedeutete, daß ich meine kleine Welt teilen und für die Vampirszene wie ein Vater sein konnte. Deshalb heiße ich Vater Sebastian. Ich leiste einen positiven Beitrag. Mir haben schon Leute erzählt, daß sie noch nie so guten Sex hatten wie mit den Vampirzähnen. Die Zähne herzustellen ist wie eine spirituelle Erfahrung für mich, weil ich weiß, daß ich damit das Leben der Menschen verbessere.«

Neben seiner Zahnwerkstatt leitet Sebastian das vielseitige Unternehmen Sabretooth. Von den Beschreibungen weltweiter Vampirverbindungen in Anne Rices Romanen beeinflußt, begann er mit dem Vertrieb der Vampirzähne und erweiterte das Programm um Schmuck, Kleidung und Vampir-Events. Er plante auch, ein Magazin herauszugeben, und war überrascht, daß noch niemand den Namen Vampyre rechtlich geschützt hatte. Es sollte ein Führer für die Vampirszene werden und ein Ort, an dem für alle Artikel geworben werden konnte, die den Leuten halfen, ihre Phantasien auszuleben. Darüber hinaus wollte er Vampirzusammenkünfte veranstalten, wie beispielsweise den Halloween-Ball, einen Vampir-Valentinstag-Ball (eine Veranstaltung, die ein ganzes Wochenende dauerte und die er »Endless Night« nannte), Rollenspiele, die von Sabretooth finanziell gefördert werden sollten sowie eine Art Kunden-Mitgliedsclub. Er wollte, daß die New Yorker Vampirszene alle anderen übertraf.

»Mit diesen Konzepten«, betonte er, »habe ich praktisch eine Gemeinschaft mit eigener Etikette, Kultur und Musik hervorgebracht. Jetzt beginnt sich alles zu verselbständigen. Ich möchte, daß man daran denkt, wenn man sich an mich erinnert. Über den Vampirmythos gewinne ich so eine Art eigene Unsterblichkeit. Nach meinem Tod wird man sagen: ›Vater Sebastian hat die Vampirszene in New York ins Leben gerufen und die weltweite Vampyre Connection gegründet‹.«

Sein Ehrgeiz beeindruckte mich, aber ich war mir nicht sicher, ob sich die anderen Vampire unter seiner Führung zusammenschließen würden. Allerdings hatte er eine treue Gefolgschaft.

House Sabretooth war gegründet worden, um eine positive Beziehung zwischen der Sabretooth GmbH und ihren Kunden zu fördern. »Vor einigen Jahren hatte ich eine Vision, wie man die ganze Szene verbinden könnte«, erzählte Sebastian. »Mein Traum ist es, Clubs und Restaurants zu eröffnen, in denen es so aussieht wie in Anne Rices Romanen. Schauplatz um Schauplatz, Club um Club. Ich will das alles Wirklichkeit werden lassen. Ob ich es schaffe, werde ich niemals herausfinden, aber im Augenblick bin ich glücklich, die Vampirclubs miteinander zu verbinden, wie den Fang Club in L.A. und Mother in New York.«

Die Mitgliedschaft ist für alle, die Vampirzähne bei Sabretooth kaufen, kostenlos. Haus Sabretooth ist wie ein Vampirclan organisiert. Die Vorteile der Mitgliedschaft umfassen einen kostenlosen silbernen ägyptischen Anker, freien Eintritt zu allen Events, Preisnachlaß bei allem Zubehör, einen Platz im »Familienstammbaum« aller Kunden und die Erstellung eines astrologischen Horoskops, das auf dem Tag basiert, an dem die Vampirzähne erworben wurden.

Das erste Gesetz der Vampiretikette lautet – in Anbetracht der Vielzahl der Definitionen des Wortes Vampir – die Bedeutung des Wortes klarzustellen. »Der Vampir ist die kraftvollste Figur der menschlichen Mythologie. Jede Kultur in der Geschichte der Menschheit hatte ihr eigenen Vampirlegenden, von Afrika bis nach Zentralamerika. Unsere Kultur hat ihre eigene Variante, die von Bram Stoker, Anne Rice, Poppy Z. Brite und anderen Autoren beschrieben worden ist. Sie ist mit unserem Leben verbunden und zu einem kulturellen Fetisch geworden.«

Sebastian unterscheidet zwischen »Vampir« und »Vampyr«. »Wenn wir

Vampir sagen, meinen wir das Wesen aus den Legenden, wie es in den Mythen und der Literatur präsentiert wird. Mit Vampyr meinen wir die modernen Vampirliebhaber, die die Vampirmythologie in ihr Leben integrieren. Dazu gehört das Tragen von Zähnen, Kontaktlinsen, blassem Make-up sowie ein bestimmtes Sozialverhalten.

Vampyre können entweder einsame Wesen sein oder sich zu Zirkeln zusammenschließen. Ein Zirkel ist eine Gruppe von Freunden und/oder Liebhabern, die sich ein Versprechen gegeben haben. Enge Zirkel haben selten weniger als drei bis fünf Mitglieder, während etwas offenere Zirkel bis zu 13 Mitglieder haben können.«

Zu Sebastians Gruppe »zählen Mitglieder, die nicht behaupten, unsterblich zu sein oder im Sonnenlicht zu Staub zu zerfallen. Wenn sie Blutfetischisten sind, praktizieren sie das sicher und nur unter Partnern. Blut zu trinken ist sehr gefährlich und sollte nur zwischen Menschen stattfinden, die Sicherheits- und Gesundheitsvorsorge getroffen haben.«

Darüber hinaus muß zwischen »Zufluchtsorten« und »Domänen« unterschieden werden.

»Zufluchtsorte sind örtliche Versammlungsplätze, meistens Nachtclubs. Hier können die Vampire dem Alltag entfliehen, ihre Zähne öffentlich zeigen, sich entspannen, ihre Gesellschaft genießen, tanzen und sich den sozialen Regeln ihrer Region entsprechend verhalten. Eine Domäne ist ein Ort, der bekanntermaßen jemandem ›gehört‹, einem bestimmten Regenten, Haus oder Club.«

Von Bedeutung ist auch das Thema der »Gewöhnlichen«, die keine Ahnung haben, worum es in der Szene eigentlich geht. »Mit den Gewöhnlichen meinen wir Nichtvampire. In der Szene nennen wir sie ›Schwäne‹, weil Schwäne romantisch und scheu sind, aber wenn du sie fütterst, kommen sie zu dir. Schwarze Schwäne sind Liebhaber oder enge Freunde, die den Vampir-Lifestyle vollkommen akzeptieren, während weiße Schwäne Schwierigkeiten machen. Wir machen uns oft über die Gewöhnlichen und ihren Mangel und geistiger Freiheit lustig.«

Ich konnte nicht mehr alles auseinanderhalten, am wenigsten die diversen Fachausdrücke und ihre Definitionen, die man kennen mußte, um Mitglied zu werden. Aber ich wußte, daß die Leute, die sich zu Rollenspielen hingezogen fühlten, auf die komplizierten Rituale, die geheimen Namen und die verschiedenen Stufen der Einweihung abfuhren.

»Wie jede Kultur der menschlichen Geschichte ihre eigene Variante des Vampirmythos besaß«, erklärte mir Sebastian weiter, »so hat auch die moderne, westliche Kultur ihre Version. Wir haben nur eine neue Einstellung dazu. Anstatt den Vampir zu fürchten, nehmen wir ihn auf und machen ihn zu unserem Helden. Da der Mythos die dunklen Seiten jeder Kultur spiegelt, in der er auftritt, reflektiert der moderne, westliche Mythos Erotik, unaussprechliche Begierden, Geheimnis und Dinge, von denen wir uns noch nicht einmal vorstellen können, sie zu besitzen, wie Unsterblichkeit oder Menschen, die uns aufgrund unserer vampirischen Macht zu Füßen liegen.«

Sabastian hatte so viele Pläne, um sein Vampirunternehmen zu erweitern, daß sein Enthusiasmus ansteckend wirkte. Tatsächlich hatte er bereits versucht, mich mit einzubeziehen, indem er mir die Redaktion der Zeitschrift *Vampyre Magazin* anbot. Ich zögerte. Ich hatte genug zu tun, aber die Idee sagte mir zu – vor allem als Einstieg in die Vampirszene. Ich willigte ein, und wir stellten eine Liste von Leuten zusammen, die im Magazin vorgestellt, interviewt und besprochen werden sollten.

3

Meine nächste Einladung betraf ein extravagantes, privates Ereignis – einen S/M-Ball. Er sollte in einem berüchtigten Kerker stattfinden, der »Nußknacker-Suite«, und ich sollte etwas Viktorianisches, etwas aus Gummi, etwas Vampirisches oder S/M tragen. Ich entschied mich für ein schrilles, kurzes schwarzes Kleid und trug dazu eine Kette, an der ein schwarzer Lederknüppel, ein kleines Messer und einige andere vielsagende Instrumente baumelten. An den Handgelenken trug ich lederne Armbänder mit silbernen Nieten, und ich hatte eine mehrschwänzige Peitsche bei mir. Dazu silberne Handschuhe und lederne Schnürstiefeletten über transparenten schwarzen Strümpfen. Meine Vampirzähne wanderten in eine winzige Plastikdose, damit ich sie nach dem Abendessen einsetzen konnte. Ich zog eine leichte Jacke über, so daß ich den Zug nehmen konnte, ohne daß sich jeder Idiot darüber ausließ, was ich wohl im Sinn hatte. Ich würde mich auf die Rolle der unbeteiligten Zuschauerin beschränken. Dachte ich.

Ich hatte versucht, den Gesetzlosen dazu zu überreden, mich zu begleiten, aber er hatte abgelehnt. Ich hatte die Einladung, die den bloßen Hintern einer jungen Frau zeigte, die sich über einen Stuhl beugte, um von einem dämonisch aussehenden Typ ausgepeitscht zu werden, einigen meiner Freunde gezeigt. Darauf wurden sieben Dominas, fünf großzügig ausgestattete Kerker, eine Erniedrigungskammer, eine *Duct-taping*-Performance, Brandmarkungen, Narbenschneiden, Mumifizierungen, Feminisierungen (was *das* wohl bedeuten sollte?) und Piercing angekündigt. Oh, und natürlich Sklaverei und Prügelstrafe.

Meine Freunde lachten nur und sagten, sie würden nie im Leben zu so einer schrecklichen Veranstaltung gehen, aber sie drängten mich, hinzugehen, weil sie hinterher jedes Detail erfahren wollten.

Ich erzählte meiner Freundin Jana in San Francisco von meinem Unterfangen – abends alleine zu einem S/M-Ball in einer mir unbekannten New Yorker Gegend gehen zu wollen. Sie hatte in Manhattan gelebt, kannte die Szene und sah kein Risiko, aber sie bot mir an, mich mit einem Freund aus Brooklyn namens D'Shan bekannt zu machen.

Was machte es für einen Unterschied, ob ich alleine ausging oder mit jemandem, den ich nie zuvor getroffen hatte? Nun ja, er war immerhin durch die Empfehlung meiner Freundin »geadelt«. D'Shan und ich telefonierten, und er lud mich zum Essen ins La Nouvelle Justine ein, einem Restaurant im S/M-Stil, von dem im Augenblick viel gesprochen wurde. Nun gut, ein kompletter S/M-Abend. Bevor er auflegte, fragte er mich nach meinem Halsumfang. Das fing ja gut an! Ich gab ihm meine Größe und fragte mich, was er damit anfangen wollte. Hoffentlich kein Hundehalsband! Es würde überhaupt nicht zu meinem Kleid passen.

Am Freitagabend begab ich mich ins La Nouvelle Justine auf der 23. Straße, Ecke 7. Ein vielversprechendes Schild mit einer nackten Frau machte mir klar, daß ich richtig war. Justine war in Stadtzeitungen als ein Ort beschrieben worden, wo man essen gehen und und sich gleichzeitig vom Personal demütigen lassen konnte. Klang nach einer Menge Spaß.

Ich betrat einen Raum mit schwarzen Wänden, roter Beleuchtung und einer eisernen Brüstung, die um alle Wände lief. Das Restaurant war klein und mit Tischen vollgestopft. Ich sah mich um, fand aber niemand, auf den Janas Beschreibung gepaßt hätte. Ich erwartete einen Afroamerikaner in einem eleganten Vampirkostüm. Alles, was ich von ihm wußte, war sein Vorname und daß er Schmuck entwarf.

Ich fragte nach ihm, aber der Kellner sagte, daß sich bisher niemand mit diesem Namen angemeldet hätte. Einer der Kellner – der eine enge schwarze Hose und einen sehr gut geformten, nackten Oberkörper zur Schau trug – berichtete mir, daß jemand angerufen hatte, um mitzuteilen, er sei überfallen worden und würde sich deshalb verspäten. Vielleicht war er das. Schließlich *waren* wir in New York. Es war möglich. Also setzte ich mich an die Bar, um einen Drink zu bestellen – ich brauchte jetzt einen – und um zu warten. Das Angebot umfaßte den »Masochist« – Wodka, Curacao Orange, Sambuca und Zitronensaft –, den »Nekrophilen« – Gin, Rum, Triple Sec und Zitronensaft – und den »Autophilen« – weißen Rum, Contreau und Sahne. Ich bestellte einen Merlot.

Während ich trank, bemerkte ich, daß die Decke mit einem Fries von schwarzen Tuschezeichnungen eingerahmt war, der nackte Figuren darstellte. Schwarze Vorhänge trennten die Bar vom Restaurantbereich. Ich konnte sehen, daß einige der Nischen wie Betten gestaltet und mit Kirchenkerzen erleuchtet waren. Kellnerinnen und Kellner, die zwischen den Tischen und der Küche hin und her eilten, trugen enges, schwarzes Leder, Halsbänder mit silbernen Nieten, Gummikorsagen oder transparente Kleidung, die sie fast nackt erschienen ließ. Einige hatten kleine Peitschen, und die Frauen trugen sehr hohe, spitze Absätze. Die meisten waren gepierct, und viele schmückten Tätowierungen.

Zigarettenrauch hüllte den Raum in einen dunstigen Schleier, und dröhnender Punkrock ließ die Kellner beim Gehen rhythmisch tänzeln, während sie die Bestellung aufnahmen und Essen servierten. Während ich mich umsah, bestellten einige mutige Seelen den Extraservice, der auf der Rückseite der Speisekarte angeboten wurde, um das Vergnügen am Abendessen zu erhöhen: Prügelstrafe, Hundeerziehung, Schuhe putzen, Fußmassagen, öffentliche Erniedrigung und Beleidigung. Ein Mann wurde auf Händen und Füßen an einem Hundehalsband durch das Restaurant gezerrt, während eine Frau in Handschellen von der Decke hängend mit einem Lederknüppel geschlagen wurde. Bei jedem Schlag verlangten ihre Freunde johlend nach mehr.

Meine Verabredung war immer noch nicht aufgetaucht, aber eine Gruppe von vier Männern hatte sich mittlerweile neben mich an die Bar gesetzt. Sie erzählten mir, sie seien alle »dominant« und luden mich zu einem S/M-Wochenende ein – vermutlich weil sie glaubten, ich sei in diesem Restaurant, weil ich so etwas mochte. Ich lehnte ab. Ich glaubte auch nicht für eine Minute, daß vier Männer, die von sich behaupteten, dominant zu sein, befreundet sein konnten.

Dann betrat ein Mann Mitte 60 mit spärlichem Haar das Restaurant. Er trug ein schwarzes T-Shirt, mit einem Aufdruck, der irgend etwas über den Triumph des Todes verkündete. Er hatte offensichtlich schon etwas getrunken, zog einen Stapel Karten hervor und forderte mich auf, eine zu ziehen. Ich tat es, und er lachte und murmelte etwas von einer Verschwörung, von der nur er wüßte und vor der wir uns alle in acht nehmen sollten. Allmählich begann ich mich zu fragen, ob ich nicht besser gehen sollte.

In diesem Augenblick kam D' herein. Zumindest ein Mann, der D' sein konnte. Er wirkte sehr elegant in einem Gehrock im Stil des 18. Jahrhunderts. Er trug einen Spazierstock mit silbernem Knauf. Sein dichtes, schwarzes Haar war zu zahllosen Zöpfen geflochten, die ihm bis auf den Rücken reichten.

Er brachte ein Kollier mit, das aus ineinander verschränkten silbernen Ketten bestand, die ein Spinnennetz formten, in dessen Mitte eine sehr große Spinne saß. An einer langen Kette hing die Metallkopie eines menschlichen Herzens. Kein Liebesherz. Ein echtes. Er entschuldigte sich für die Verspätung und präsentierte mir dann lächelnd das Kollier, wobei er seine Vampirzähne entblößte. Nicht der übliche Blumenstrauß, aber eine ziemlich dramatische Geste. Ich nahm es und legte es mir um.

Der Kellner mit dem nackten Oberkörper führte uns zu unserem Tisch, und während ein anderer Gast in der Mitte des Raumes an zwei von der Decke herabhängenden Ketten gefesselt wurde, um gezüchtigt zu werden, studierten wir die Speisekarte. Man konnte sich das sehr teure Dessert »La Chaussure Fetiche de Justine« bestellen, einen großen, mit Himbeeren und Mousse au Chocolat gefüllten Schokoladenschuh, während der Rest der Speisen ziemlich alltäglich zu sein schien.

Wir bestellten, und ich fragte D' nach seinem Interesse an Vampiren. Ich wußte bereits, daß er von Anne Rices zweitem Vampirroman *Der Vampir Lestat* fasziniert war. Das Buch hatte seine Art zu denken geprägt. Jana hatte ihn in ihrem Buch *In the Shadow of the Vampire* über die Anne-Rice-Fangemeinde porträtiert, und ich wollte mehr über ihn erfahren.

»Inwiefern hat das Bild des Vampirs das Chaos in Ihrem Leben geordnet?« fragte ich ihn, wobei ich seine eigene Formulierung aufgriff. »Was für ein Chaos war das?«

Es schien ihm viel daran gelegen zu sein, dies zu erklären. »Als ich aufhörte wie ›ein Kind zu denken‹, beispielsweise an den Weihnachtsmann zu glauben, begann ich mich zu finden und eine ausgeglichene Haltung zu suchen. Ich begriff, daß unsere Welt sehr widersprüchlich ist. Ich hielt nach den größten Einflüssen in unserem Leben auf dieser Erde Ausschau, und die Antwort war im wesentlichen, daß wir alle Vampire sind. Meine Kleidung zeigt dies nur äußerlich. Ich zeige mich als Vampir. Mein Denken ist viel ausgewogener als das der meisten religiösen Führer.«

Okay, das war ziemlich intensiv. Ich war mir nicht sicher, ob ich ihn verstand. Ich wußte, daß er kein Horrorfan war, aber als Kind Vampirfilme geliebt hatte. Es hatte ihm gefallen, daß die Vampire Ausgestoßene waren, womit er sich als Afroamerikaner, der in Texas aufwuchs, identifizieren konnte. Er sah, daß die Gesellschaft ihre Ängste auf die Außenseiter projizierte, und es gefiel ihm, daß Anne Rices Vampire, beispielsweise Gabrielle, sich der Dunkelheit hingaben. »Ihre Bücher haben mir geholfen, meine eigenen Gefühle zu verstehen«, erklärte er. »Ich bin früher immer wütend geworden, wenn ich an Leuten vorbeiging und merkte, daß sie vor mir Angst hatten, bloß weil ich schwarz war. Also habe ich mir vorgestellt, ein Vampir zu sein. Wenn ich jetzt über die Straße gehe und die Leute sich vor mir fürchten, haben sie wenigstens einen Grund dazu. Ich fühle mich mächtig, wie ein Wolf. Als wenn ich das Blut eines Vampirs in mir hätte, und deshalb haben sie zu recht Angst.«

Er wirkte mit seinen Vampirzähnen in der Tat ziemlich beängstigend, und er erzählte mir, daß er sie bald für immer einsetzen lassen wollte.

Nachdem wir Zeugen weiterer S/M-Szenen im Restaurant geworden waren, beschlossen wir, daß es Zeit war, zur Nußknacker-Suite aufzubrechen. Wir fanden die Adresse und nahmen den Fahrstuhl zu einem Penthouse, wo wir uns in einem Labyrinth dunkler Räume wiederfanden. In jedem war ein anderes echtes Folterinstrument installiert. Ich war beeindruckt. Dies schien eine ziemlich teure Ausstattung zu sein. Ich fand heraus, daß man dieses Penthouse zu einem exorbitanten Preis mieten konnte, um seine Partner der ganzen Prozedur zu unterziehen. Dieser Ort schien sich großer Beliebtheit zu erfreuen.

Ich sah ein Sprungpferd, war mir aber sicher, daß es nicht für gymnastische Übungen verwendet wurde, da Fesseln und Handschellen daran befestigt waren. Es dauerte nicht lange und ein Mann führte eine nackte, sehr füllige Frau herein und fesselte sie kopfüber an das Foltergerät. Er schlug sie leicht und aufreizend mit den Lederriemen einer Peitsche, drehte sie dann um und bearbeitete ihre Beine, Brüste und den Bauch. Sie stöhnte bei jedem der raschen, kurzen Schläge. Einige Zuschauer liefen zusammen, um fasziniert zuzusehen, wobei die meisten mit dieser Prozedur vertraut schienen. Ich hörte europäische Akzente heraus und erfuhr, daß manche Paare aus dem Ausland angereist waren.

Viele der anwesenden Frauen schienen »Haustiere« zu sein. Ich sah Hundehalsbänder, Korsagen, nackte Hintern und Brüste, während die Männer meist Gummi oder Leder trugen – vor allem *Chaps*. Sie zeigten nichts. Einige waren im Vampirkostüm, und absolut jeder schien irgendeine Art von Peitsche oder Lederknute mitgebracht zu haben. Eine Frau berichtete mir, daß sie nun seit über einem Jahr versuchte, ihre Taille auf einen Umfang von 20 Zentimetern zu bringen; was bedeutete, daß sie die meiste Zeit so eng wie möglich geschnürt einherging. Ich beneidete sie um ihre Wespentaille, aber nicht um diesen Preis.

Ich langweilte mich schnell in diesem Raum und sah mich um, wo etwas los war. Mir fiel auf, daß sich niemand auf dem Gestell festzurren ließ, auf dem man mit dem Kopf nach unten hing, aber in einem anderen Raum entdeckte ich einen vollständig ausgerüsteten gynäkologischen Stuhl. Ja, das ist in der Tat ein Folterinstrument! Eine Frau saß darauf, und ich wollte lieber gar nicht erst hinsehen.

Einer anderen jungen Frau, schmal und nur mit einem schwarzen Seidenslip bekleidet, wurden von einem älteren Mann Handschellen angelegt. Er fixierte ihre Arme an einem großen Haken über ihrem Kopf. Dann schlug er sie mit einer langen Lederpeitsche auf die Beine, während sie atemlose kleine Schreie lustvoller Pein ausstieß. Die Haut färbte sich unter den Schlägen leuchtend rot. Sie wand sich in ihren Ketten, um die Zuschauer scharf zu machen. Der Mann lächelte, tätschelte sie leicht und fuhr mit seinem Werk fort.

D' gesellte sich zu mir, um zuzuschauen.

»Was ist das hier mit all diesen Frauen? Warum werden nur sie gefesselt und gefoltert?«

»In dem Raum da hinten ist es ein Mann«, antwortete er. Ich war sofort unterwegs.

Der Mann hatte lange Haare. Sein Oberkörper war entblößt, und er trug Lederhosen. Nicht sehr offenherzig, dachte ich. Die Frau mit dem langen schwarzen Schleier aus dem Club Mother stand vor ihm. Sie trug wieder Hut und Schleier sowie gemusterte Strümpfe und ein schwarzes Rüschenkorsett. Sie hielt zwei brennende Kerzen in den Händen, von denen sie heißes Wachs auf die haarige Brust ihres Untergebenen tropfen ließ. Er zuckte zusammen und murrte ein wenig, schien aber kaum ernsthafte Schmerzen zu erleiden. Ein- oder zweimal griff sie nach der Peitsche, die ihre blonde, stellenweise kahl rasierte Assistentin hielt, um ihn in einem leichten Rhythmus zu schlagen. Dann fuhr sie ihm mit einer spitzen Metallkralle über die Brustwarzen. Das war alles.

Sebastian, der die Veranstaltung sponserte, kam zu mir, um mich zu fragen, ob ich mich amüsierte. Ich sagte ihm, daß ich enttäuscht sei, daß nur Frauen gefoltert wurden, was ihn erheiterte.

In einem anderen Raum wurde ein junger Mann bis zur Bewegungslosigkeit in ein langes Band eingewickelt. Ich nahm an, daß es ihn erregen sollte, seinen Ängsten vor dem Verlust der Kontrolle ausgesetzt zu sein, aber ich fand den Vorgang nicht wirklich fetischistisch. Jedem das Seine. Ich hatte einmal von einem Mann gehört, der nur dadurch erregt werden konnte, daß man ihn in Beton eingoß (alle Achtung!). Jedenfalls wirkte die ganze Szene eher verspielt als ernsthaft und glich nicht im mindesten den Romanen, in denen beschrieben wird, wie jemand durch echte Schmerzen bis an die äußerste Grenze getrieben wird und dadurch in einen euphorischen und ekstatischen Zustand gerät. Vielleicht wurde so etwas nur privat praktiziert.

Im Foyer fragte mich ein junges Mädchen, ob ich Blut mochte. Ohne nachzudenken, sagte ich ja – nun ja, ich schrieb immerhin darüber –, und sie fragte mich, ob ich ihr Blut trinken wolle. Sie sei eine »Blutgebende« auf der Suche nach einem Vampir. Ich lehnte ab.

Die Aktivitäten der Party sollten die ganze Nacht dauern, aber ich mußte den letzten Zug nehmen, also begab ich mich zum Ausgang. Bevor ich dort ankam, hielt mich der Mann, der die Frau auf dem Pferd geschlagen hatte, an und sagte: »Du bist genau die Art von Frau, von der meine Partnerin und ich geträumt haben. Würdest du zu uns kommen?«

Ich war verblüfft. Ich wußte nicht, was ich sagen sollte. Sie hatten mir gerade ein Kompliment gemacht (dachte ich jedenfalls), und ich suchte nach einer Antwort, die sie nicht verletzen würde. Ich murmelte irgendwas von der letzten Metro.

»Nur ein paar Minuten«, insistierte der Mann. »Komm schon. Wenn du über solche Sachen schreibst, solltest du sie auch ausprobieren, um zu erfahren, wie es ist.« Soviel zu meiner Tarnung.

Also gut, man hatte mich eiskalt erwischt. Ich hatte mich entschlossen, mich mitten in die Sache hineinzustürzen, und das war nun meine erste echte Bewährungsprobe. Ich war schon zweimal ausgewichen, zuerst bei Diogenes, als er mein Blut gefordert hatte, und gerade eben erst dem Mädchen im Foyer. Aber aus dieser Situation gab es keinen Ausweg. Es war an der Zeit, sich auf die Sache einzulassen. Ich ging mit ihm zurück, und er reichte mir die Peitsche.

Sie wirkte eigentlich harmlos, und ich schlug sie ein paarmal gegen mein Bein, um sie auszuprobieren. Nicht schlecht. Aber in diesem Moment kam Sebastian herein und gab mir seine eigene Peitsche, die viel schwerer und metallischer wirkte. Der Mann wies mich an, seine Partnerin damit auf die Brüste zu schlagen, während er sie von hinten bearbeiten würde. Ich sah sie an und schluckte schwer. Es war soweit.

Er erwähnte ein sogenanntes Sicherheitswort. Ich hatte schon davon gehört: Masochisten benutzen ein unerotisches Wort wie »Orange« oder »Maulwurf«, um anzuzeigen, daß sie den Bereich der erotischen Phantasie verlassen haben, weil der Schmerz zu stark geworden ist. Sie können nicht »Nein« oder »Stopp« benutzen, da diese Wörter zum Szenario gehören und die Lust noch steigern sollen.

Ich zögerte. Ich wollte niemanden auspeitschen. Aber da war sie, wartend, und streckte mir ihre nackten Brüste entgegen. Immerhin war ich »oben« und sie »unten«. Ich hätte niemals eingewilligt, wenn es andersherum gewesen wäre.

Also fing ich an. Sebastians Peitsche hatte viele Striemen, fast wie die Fransen an einer 60er-Jahre-Lederjacke. Ich zog sie über ihre großen Brüste, und sie schloß die Augen und stöhnte. Der Mann lugte hinter ihr hervor und bedeutete mir, sie härter zu schlagen.

Na schön. Sie wollten eine Domina, sie würden eine echte Domina bekommen. Ich setzte meine Füße richtig auf und änderte meine Haltung, um mehr Kraft zum Schlagen zu haben. Als ich den Arm hob, sah ich aus dem Augenwinkel jemanden am Rand stehen. Diogenes! Er betrachtete mich mit einem amüsierten Gesichtsausdruck und zog dabei eine Augenbraue hoch. Ich hätte mir denken können, daß er hier sein würde. Ich wandte mich ab und ließ die Peitsche hart auf die verletzliche Haut der Masochistin knallen. Sie machte einen Satz, als wenn sie der Hieb unvorbereitet getroffen hätte. Ihr Partner lächelte und nickte mir aufmunternd zu. Ich tat es noch einmal und noch einmal und fühlte mich mit jedem Schlag sicherer. Es machte mir Spaß. Ich könnte mich daran gewöhnen.

»Erbarmen«, schrie sie, also schlug ich sie fester. Sie sagte es wieder, diesmal lauter, und ich wollte sie gerade schlagen, als ihr Partner dazwischenging und meinen Arm festhielt. »Sie hat ›Erbarmen‹ gesagt«, beschied er mir. »Das ist ihr Kodewort!«

»Entschuldigung«, brachte ich heraus und gab ihm die Peitsche zurück. »Aber was für ein Kodewort soll das denn sein?«

Ich wandte mich ab und wollte gehen. Mit einem Satz war er an meiner Seite und reichte mir ein Stück Papier mit ihrer Telefonnummer und einem Smiley. Er bat mich, ihn anzurufen, und fragte, ob wir nicht Freunde sein könnten. »Wir können das wiederholen«, sagte er. »Wir bringen es dir bei.«

Ich steckte den Zettel ein und ging.

Ich kam durch einen anderen Raum, in dem sich eine schweigende Menge versammelt hatte, und beschloß, einen Blick zu riskieren. Die Beleuchtung war sehr hell und die Atmosphäre intensiv und gespannt. Aller Augen waren auf einen jungen Mann in der Mitte des Raumes gerichtet. Sein Rücken war entblößt, und ein anderer Mann schnitt mit einer Rasierklinge tiefe Schnittwunden in die Haut. Rubinrote Ströme von Blut rannen über seinen Rücken. Ich war entsetzt, und dann begriff ich, worum es hier ging. Narben! Schneiden als Fetischismus. Eine neue Art, die Haut zu schmücken und sich durch den Anblick von frischem Blut zu erregen. Ich bemerkte Diogenes, der mit einem hungrigen Ausdruck in seinen dunklen Augen zusah.

Ich wußte, daß ich hier überall ähnliche Dinge zu sehen bekommen würde, also beeilte ich mich, meinen Zug zu erwischen. Als ich im Taxi saß, ließ ich alles, was ich gesehen hatte, noch einmal Revue passieren. Besonders die letzte Szene hatte mich etwas mitgenommen. Was diese Leute alles für einen guten Kick taten! Ich konnte mir vorstellen, was unter jenen getrieben wurde, deren Fetisch der Vampirismus war. Ich fragte mich, wie weit ich gehen wollte. Ich hatte mir diese Frage noch nie gestellt, und ich fand keine Antwort darauf. Offensichtlich war ich wieder nicht vorsichtig genug gewesen und hatte mich überrumpeln lassen.

Ich schaffte es knapp bis zum Bahnsteig, und während ich darauf wartete, daß sich die Türen öffneten, nahm ich die Lederarmbänder ab, eins nach dem anderen. Ich löste den Knüppel und das Messer von meiner Kette und ließ sie in meine Handtasche gleiten. Plötzlich bemerkte ich einen jungen, spießig aussehenden Typ, der mich mit einem erstaunten Gesichtsausdruck musterte – meinen S/M-Aufzug, die Schnürstiefel und die Vampirzähne. Ich lächelte ihm zu, winkte und huschte in den Zug.

KAPITEL ACHT

GESCHMACKSSACHE

1

Susan Walsh hatte New York während ihrer Nachforschungen nie verlassen, aber da Tony Sokol an Vampiren interessierte Leute in Los Angeles kannte, lag die Vermutung nahe, daß sie dieselben Bekanntschaften gemacht hatte. Das war allerdings nicht der Grund, warum ich nach L.A. fuhr. Es war an der Zeit, Malefika zu vergessen und wieder ich selbst zu sein. Anne-Rice-Forscherin am Tage und Spürhund bei Nacht. Ich sollte herausfinden, daß dieser Identitätswechsel recht gut funktionierte, je nachdem mit wem ich mich unterhielt. Zugegebenermaßen kam es vor, daß ich mich täuschte und eine Informationsquelle verlor, aber meistens stach zumindest eine meiner beiden Persönlichkeiten in das richtige Nest. Und dabei schnitt Dr. Ramsland, die Therapeutin, gar nicht mal schlecht ab.

Ich war eingeladen worden, bei einer Tagung in Los Angeles einen Vortrag zu halten, und das schien mir, von Susan Walsh einmal abgesehen, eine gute Gelegenheit zu sein, etwas über die Vampirszene dort in Erfahrung zu bringen. Ich hatte ohnehin inzwischen beschlossen, das Interesse meiner Recherche von ihrem Verschwinden auf das zu verlagern, was sie gesucht hatte, bevor sich ihre Spur verlor. Ich hielt meine Augen immer noch offen, um Informationen über sie zu sammeln, aber die Vampire waren längst ins Zentrum meiner Suche gerückt. Die Vampire, die Susan Walsh kannten, redeten ohnehin nicht. Zumindest sagten sie nichts über sie. Aber sie verrieten mir eine Fülle provozierender Details über sich selbst. Es war an der Zeit, mein Revier zu verlassen und

1mich umzusehen, was die Kinder der Nacht woanders trieben. Ich wußte, daß immer noch eine Verabredung mit Diogenes auf mich wartete, aber dies hier ging vor.

1997 war das hundertjährige Jubiläum der Veröffentlichung von Bram Stokers *Dracula*. Anhänger aus aller Welt kamen zusammen, um dieses Ereignis zu würdigen. Ich war auf dem Weg zur Dracula-97-Convention. Unterwegs hielt ich in Las Vegas, um die Bühnenshow des Vampirmagiers Jakarr zu sehen.

Anne Rice hat Las Vegas einmal »eine Stadt für Vampire« genannt. Sie hatte sogar geplant, eine Szene mit Lestat hier spielen zu lassen, aber sich schließlich doch für Miami entschieden. Am Abend meiner Ankunft ging ich über den phantastisch illuminierten Strip dieser Wüstenstadt, wo riesige Casinos im Schmuck ihrer Beleuchtung glitzerten. Es war leicht, sich von diesem Anblick fesseln zu lassen. Die größeren Casinos gleichen kleinen Städten, die alle möglichen Attraktionen anbieten, um die Menschen anzulocken und ihnen das Geld aus der Tasche zu ziehen. Auf der einen Seite gibt es Pyramiden und riesige Wasserfälle, auf der anderen Vulkane, Paläste und märchenhafte Königreiche. Wohin man auch schaut, sieht man Werbung für exotische Shows, oft mit halbnackten Tänzerinnen. Verliebte Paare warten geduldig in Schlangen vor den Las-Vegas-Hochzeitskapellen, und das Geräusch der einarmigen Banditen verstummt niemals.

Ich sah mir Jakarrs Show in der riesigen Imitation eines Schlosses an – dem Hotel-Casino Excalibur –, das komplett im Camelot-Stil eingerichtet war: Theater, Boutiquen, Restaurants und Spielzimmer. Das Personal in den verschiedenen schwarz und rot dekorierten Bereichen trug Kostüme im König-Artus-Stil, um dem Ganzen eine mittelalterliche Atmosphäre zu verleihen. Mit über 4.000 Zimmern hatte das Excalibur für die ganze Familie etwas zu bieten, unter anderem zahlreiche Liveshows, darunter die von Jakarr.

Ich beobachtete ihn, als er in viktorianischen Rüschen und einem Umhang auf die Bühne kam. Seine Magie war beeindruckend. Er verwendete Nebel und farbige Lichter, um die richtige Atmosphäre zu schaffen, und wenn er lächelte, zeigte er seine Vampirzähne. Die Show war nicht übermäßig vampiristisch, alles war ganz dezent. Hinterher fragte ich ihn nach seinem Auftritt, und er erklärte mir, daß seine Kleidung, das lange Haar und die Zähne für ihn eine Möglichkeit darstellten, seinen Lebensstil in seine Show einzubringen. Das fügte dem Ganzen eine düstere Note hinzu, aber erschreckte niemanden wirklich. Und es machte ihn einzigartig unter den Magiern – und die sind in Las Vegas nicht gerade selten.

Ich wußte, daß etwas außerhalb der Stadt, auf der Roadrunner Ranch, die bereits an die 1000 Spieler gesehen hatte, *The Masquerade*, eines der beliebtesten Vampir-Rollenspiele, stattfand, und ich fragte Jakarr nach dem Blood Moon Social Club. Er schien für diejenigen, die nur vorgaben, Vampire zu sein, nur Bedauern zu haben. In Vegas, sagte er, wimmelte es von ihnen, und sie seien wie die Stadt selbst, hinter deren glitzernden Fassaden sich nichts Echtes verberge. Rollenspieler beherrschten die Szene, und er konnte nichts dagegen tun, außer sich auf seinen Wohnsitz zurückziehen. Jakarrs Wohnung war wie eine riesiger Sarg gestaltet, Er selbst schien ein perfekter Einzelgänger zu sein.

Las Vegas bot mir nichts außer den vampirischen Spielautomaten, also fuhr ich durch die Wüste nach Los Angeles.

2

Die Stadt der Engel war in jeder Hinsicht eine provokante Wahl für diese internationale Konferenz. Sie ist bekannt für Disneyland, Hollywood, die Simpson- und Mendez-Prozesse, gewalttätige Gangs, Schönheitschirurgen an jeder Ecke und für das höchste Maß von Fälschungen und Täuschungen im ganzen Land. In Wirklichkeit ist die Stadt jedoch viel komplexer. In seinem Roman *Sole Survivor* beschreibt der Autor Dean Koontz, der am Newport Beach wohnt, die Stadt so: »Die glitzerndste, billigste, eleganteste, kitschigste, cleverste, dümmste, schönste, häßlichste, zukunftsorientierteste, rückwärtsgewandteste, altruistischste, selbstsüchtigste, geschäftstüchtigste, politisch ignoranteste, künstlerischste, gewaltverliebteste, bedeutungssuchendste, geldgierigste, gelassenste, verrückteste Stadt der Welt.«

Und genau so ist sie, mit ihren schicken Clubs und den Freizeitparks. Aber das ist nicht alles, was man findet, wenn man nach Einbruch der Dunkelheit auf die Suche geht – und damit meine ich nicht den smogverhangenen Himmel. Es gibt eine stattliche Gothic-Szene sowie eine

Menge Unternehmen, die alle nur erdenklichen fetischistischen Wünsche bedienen.

Necroromance heißt eine Boutique für alle, die tote Dinge lieben. Man kann ein komplettes menschliches Skelett oder nur einen einzelnen Schädel erwerben, eine in Formaldehyd eingelegte Fledermaus, alle mögliche Dinge in Sargform, beispielsweise Schmuck und Folterinstrumente, sowie Gegenstände, die aus Knochen oder Zähnen gemacht sind. Ähnlich ist Skeletons in the Closet, die Geschenkboutique, in der man die Spitze eines Zehs als Schlüsselanhänger oder eine Spardose in Form eines Leichenwagens erwerben kann. Wenn man kein Sammler kurioser Objekte ist, kann man Hollywoods Death Tour mitmachen, die zu den Schauplätzen der Morde, Selbstmorde und tödlichen Unfälle der Reichen und Berühmten führt. Lieber etwas Ruhigeres? Es gibt eine Karte der Gräber aller Berühmtheiten, die hier begraben sind. In Beverly Hills haben einige Leute, die in der Vampirszene aktiv sind, ganz in der Nähe des Fang Club eine Boutique mit dem Namen Dark Gift (guter Name!) eröffnet.

Catarina Coffin, ein bluttrinkender weiblicher Vampir, der in einem Sarg schläft und einen Leichenwagen fährt, ist die Gründerin und Leiterin der Gesellschaft für Leichenwagen in Los Angeles. »Ich traf ständig Leute, die einen Leichenwagen fuhren«, sagte sie. »Schließlich haben wir uns zusammengetan, und ich bin zur Präsidentin gewählt worden. Es gibt die Gesellschaft jetzt schon seit sechs Jahren. Wir veranstalten Picknicks auf Friedhöfen, Treffen in Leichenhallen und jeden Monat eine Gothic-Party.« Catarina lebt mit ihren 43 Haustieren, darunter Schlangen, Frösche, Kröten und Eidechsen, zusammen und gab an, seit ihrer Kindheit ein Vampir zu sein. »Ich trinke Blut, so lange ich zurückdenken kann«, erzählte sie mir. Sie hat zahlreiche Talkshows und Dokumentationen zu diesem Thema gemacht und ihre Praktiken in den letzten Jahren ein wenig geändert. »Ich kenne die Leute, die mir ihr Blut geben, gut und benutzte neuerdings ein medizinisches Skalpell. Man kann nicht irgend jemand auf der Straße kennenlernen und dessen Blut trinken. Es gibt kein Kondome für Blutsauger, also muß ich aufpassen, was ich tue.«

In Los Angeles befindet sich auch The Secret Order of the Undead (SOUND), der »Geheime Orden der Untoten«, auch »Bat Pack« genannt, dessen Leiterin Pandora ist, die »große Mutter der Untoten«. Diese Vereinigung von Vampiren und Gothics hat sich mit sich dem Vampire Haven, einer anderen Gesellschaft, die sich vor allem mit dunklen Themen beschäftigte, zusammengetan. 1988 gründeten sie ein Archiv, in dem vor allem Daten über düstere, historische Persönlichkeiten wie Jack the Ripper, Vlad Tepes und Mary Reilly aufbewahrt werden. »Wir haben uns gegründet, um die makabere Seite der Geschichte zu bewahren«, erklärte Pandora. Ihr Name war der Name eines Pubs in White Chapel, wo Red Jack seine Verbrechen beging, und der *HMS Pandora,* eines verfluchten Schiffes. SOUND gibt eine Vereinszeitschrift mit dem Namen *The Red Ink Pages* heraus und führt Bühnenstücke auf. Eines der weiblichen Mitglieder hat eine Casting-Agentur gegründet, die Filme mit jedem nur erdenklichen Monster oder übernatürlichen Wesen ausstatten kann. So konnte sie einige Mitglieder des Ordens in der TV-Serie *Buffy* und in dem Film *Revenant* unterbringen. Einige waren früher Mitglieder der Undead Poet Society, wieder andere gehörten zur League of Vampiric Bards. Sie veranstalten Diskussionsrunden und Vorträge über makabre Themen.

Pandora gehört der Vampirszene bereits seit einer Dekade an. »Früher habe ich Blut getrunken«, offenbarte sie mir, »dann wurde ich krank und mußte mich dem psychischen Vampirismus zuwenden.« Sie hat im Hauptfach Theater studiert und arbeitet an ihrer Abschlußarbeit über das Drama; außerdem hatte sie Ägyptologie belegt und sich mit der Verehrung von Muttergottheiten auseinandergesetzt. Man kann sie und ihre Gruppe in den Vampirclubs von Los Angeles treffen.

3

Einer von Pandoras besten Freunden ist Nicolas Strathloch. Zu meiner Überraschung stellte sich heraus, daß er bereits seit einiger Zeit Mitglied eines Vampirtempels in Lacy, Washington, war. Ich hatte bereits vor über zehn Jahren, als ich mit meinen Recherchen über die Vampirkultur begonnen hatte, von diesem Tempel gehört. Offensichtlich hatten sie meinen Artikel für *Psychology Today,* »Der Hunger nach dem Wunderbaren: Die neue, eigenartige Vampir-Begeisterung« gelesen und schrieben mir in einem Brief, daß ich, obwohl ich auf der richtigen Spur sei, nicht »wirklich« wüßte, was ein Vampir sei. Sie selbst seien die Hüter des Geheimnisses. Eines ihrer Mitglieder, G. Clinton Smith, stellte klar, daß Vampire kein Blut trinken würden, vielmehr raubten sie ihrem Opfer die Lebenskraft, »genauso wie man eine Kuh melkt«. Beide – Opfer und Vampir – profitierten gegenseitig, es ginge nicht etwa um böswillige Zerstörung. Diejenigen, die Blut mit Lebenskraft gleichsetzten, begingen einen alten Irrtum, der eher einem Psychopathen angemessen sei.

Smith beschrieb den Vampirismus als eine alte Religion, die die spirituelle Evolution des Menschen fördere, und hob hervor, daß der Vampirtempel eine auf Bundesebene eingetragene Kirche sei.

Ich schrieb ihnen zurück und bat um mehr Information. Er antwortete mit einem Monat Verspätung, da meine Fragen erst die Beratung mit einem »Anderen« verlangten. Er konnte nicht sagen, wer oder was dieser »Andere« war. Sie suchten nicht nach Mitgliedern, erzählte er mir, die Interessenten kamen zu ihnen. Die ernsthaften unter ihnen würden mit einer Mitgliedschaft belohnt. Er gratulierte mir zu meiner Arbeit, lobte ihr tiefes Verständnis und erklärte mir, der Sache »sehr nahe« zu sein.

Fast zwei Jahre später erhielt ich ein Paket mit Papieren und einem Brief, in dem mir Lucius Martel von der Priesterschaft des Ur versicherte, daß er autorisiert sei, Fehlinformationen, die ich vielleicht bekommen hätte, zu korrigieren. Das Paket enthielt Verkaufsangebote für einen Vampirring, einen rituellen Spiegel für Vampire und eine Vampirmedaille für jede Mitgliedschaft, die ich nur wünschte, sowie eine Preisliste für Bücher, Pamphlete und die Vampirbibel. Diese Bibel enthielt wichtige magische Schriften aus der uralten mündlich überlieferten Tradition des *Shurpu Kishpu*, eines Buches der Zauberei. Es würde mir die Geheimnisse des Vampirismus eröffnen, wie ich die Lebenskraft meiner Opfer in mich aufnehmen und die alten Riten zur Anrufung der untoten Götter ausführen könnte. Darüber hinaus würde ich auch über die bevorstehende Apokalypse und das letzte Opfer unterrichtet werden. Der jährliche Beitrag lag bei 100 Dollar. Dafür bekam man die Vereinszeitschrift und die Gewißheit, einer Vereinigung anzugehören, die einen »nicht aus den Augen ließ«. Tatsächlich ließen sie mich wissen, daß sie von meinen Aktivitäten in der Vampirszene unterrichtet seien, ob ich nun Mitglied würde oder nicht.

Das alles war ein bißchen unheimlich, aber zum damaligen Zeitpunkt hatte ich kein Interesse, die Sache weiter zu verfolgen. Im Laufe der

Jahre hörte ich von anderen, daß die Priesterschaft des Tempels keine Interviews gab, aber schließlich fand ich ihre Web Site.

Nach den dortigen Angaben war der Tempel der Vampire eine seit 1989 eingetragene internationale Kirche. Sie behandelten ihre Mitgliedschaften absolut vertraulich, akzeptierten aber keinerlei kriminellen Aktivitäten. Sie sahen sich selbst als Jäger, verherrlichten das Ego und die Fähigkeit des Denkens und glaubten an Magie. Zur Familie hatte nur Zugang, wer für das Blut geboren war und dem Ruf der Nacht folgte. Sie unterschieden sich von anderen Vampiren und legten sehr viel Wert auf diesen Unterschied. Die Mission des Tempels bestand darin, diejenigen zu finden, die sich ihrer Berufung noch nicht bewußt waren, und sie auf das letzte Opfer vorzubereiten. Es gabt für jede der fünf verschiedenen Stufen der Einweihung eine andere Bibel – von der Initiation bis zum Grad des Vampirmeisters, was die Erkenntnis des »inneren Drachens« erforderte. Die Bibeln enthielten ein Glaubensbekenntnis, Sprüche, um die untoten Götter anzurufen, vampirische Methodologie, ein Kapitel über Träume und eine Beschreibung der bevorstehenden Apokalypse. Mir fiel ein Zitat über dem Inhaltsverzeichnis auf: »Hierin liegt Realität und Fiktion, Wahrheit und Metapher. Unterscheide mit Sorgfalt!«

Ich überlegte, mit ihnen in Kontakt zu treten, war mir aber nicht sicher, ob ich mehr herausfinden konnte als das, was ich bereits erfahren hatte. Und dann traf ich Nicolas Strathloch. Er saß im Rat, der für den ersten Bezirk des Tempels im Nordwesten zuständig war, lebte aber in Beverly Hills und war der dortige regionale Direktor. Ich war vor allem daran interessiert, einige Gerüchte aus der Welt zu schaffen, also stellte ich ihm eine Reihe sehr direkter Fragen.

»Der Tempel präsentiert sich so, als gäbe es keine Organisation dahinter«, begann ich. »Ist das Ganze nicht einfach eine Methode, den Leuten das Geld für Zeitschriftenabonnements und Medaillen aus der Tasche zu ziehen?« Ich dachte dabei hauptsächlich an die Interviews in dem Buch von Jeff Guin und Andy Grieser, die auf die Gelder von Spenden und die aggressive Anwerbung von neuen Mitgliedern hinwiesen.

Nicolas schien ungerührt. »Es ist weit davon entfernt«, versicherte er. »Wir haben Mitglieder aus 17 Ländern und viele verschiedene Ableger. Wir sind in erster Linie die Dachorganisation, die die kleineren Gruppierungen zusammenhält.«

»Besteht irgendeine Verbindung zum Tempel von Set?« Dies war eine andere Vampirorganisation, die angeblich satanisch ausgerichtet war.

»Es gibt keine Beziehungen zu ihnen«, entgegnete Nicolas. »Viele sagen, wir wären eine satanische Sekte, aber wir praktizieren keinen Satanismus. Wie auch immer, wie Anton Lavey in seinem Buch *The Satanic Bible* geschrieben hat, geht es mehr um eine sozialdarwinistische Philosophie, um das Überleben des Stärkeren. Das ist die einzige Gemeinsamkeit zum satanischen Orden.«

Ich hatte einen ihrer Glaubensgrundsätze gelesen: »Ich erkenne die Kräfte der Dunkelheit als die verborgenen natürlichen Gesetze an.« Es schien naheliegend, daß Menschen das mißverstanden. Das Hauptanliegen dieser Religion schien zu sein, hier und jetzt das Beste aus dem Leben zu machen. »Was hat Sie dazu bewogen, dem Tempel beizutreten?« wollte ich wissen.

»Ich gehöre seit der Gründung dazu. Für mich pflegt der Tempel die Traditionen. Meine Familie hat sich schon seit Generationen mit solchen Dingen beschäftigt. Wir gehörten zum Drachenorden, der Tempel ermöglicht uns also, die Lehren zu überliefern und allen zu helfen, bessere Menschen zu werden. Wir haben eine einjährige Einführungsphase, die sehr streng ist. Wenn Bewerber die Prüfungen nicht glänzend bestehen, weisen wir ihnen eine andere Richtung, beispielsweise eine andere heidnische Religion.«

»Dann ist dies also eine Art heidnische Religion?« Ich wußte um die Berührungspunkte heidnischer Religionen mit dem Vampirkult.

»Ja«, sagte er, »wir beten Tiamat, die antike sumerische Göttin der Vampirdrachen an, und unsere Priesterschaft stammt von der alten Stadt Ur ab. Ich gehöre zum inneren Zirkel, bin also, was wir einen Meisteradepten nennen. Wir halten uns von der menschlichen Welt fern.«

»Wie oft praktizieren Sie die Rituale?«

»Ich vollziehe jeden Tag Rituale, Blutrituale gewöhnlich nur bei Vollmond oder Neumond. Blut nehme ich nur von einem Freiwilligen, seit einiger Zeit von meiner Partnerin. Wir gehen nicht damit an die Öffentlichkeit, daß der Tempel Blutrituale praktiziert. Es ist eine Frage des persönlichen Geschmacks. Nach außen hin verurteilen wir es sogar. Wir sind in erster Linie psychische Vampire. Wir nähren uns von der Lebenskraft anderer Menschen, ziehen die Energie aus ihrer Aura. Wir unterweisen niemanden darin, weil der Vorgang instinktgesteuert ist. Die Mission des Tempels ist es, die sogenannten Verlorenen Kinder des Blutes wiederzufinden. Wir glauben, daß etwas in unserem genetischen Kode auf die Zeit der Annunaki im antiken sumerischen Reich zurückzuführen ist. Das Wort bedeutet ›Die, die vom Himmel kamen‹. Das waren die himmlischen Wesen, die engelhaften Mächte, die menschliche Gestalt annahmen. Genauso sind wir.«

»Das läßt sich genetisch nachweisen?« wunderte ich mich. »Durch das Blutritual?«

»Das Blut ist eine Möglichkeit. Es kann auch sein, daß jemand angeborene übersinnliche Fähigkeiten besitzt, die weit über dem Durchschnitt liegen. Manche Menschen fühlen sich unvollkommen, als gäbe es eine Art unbekannter Bestimmung für sie. Meistens zeigt sich das in der Suche nach etwas. Diese Menschen wählen wir aus und lassen sie Schritt für Schritt wissen, daß es uns gibt. Wir nehmen nicht jeden. Aus 10.000 Bewerbern wählen wir etwa 100 aus. Von diesen 100 bestehen vielleicht fünf oder sechs die Prüfung.«

Ich war noch immer an seiner Motivation interessiert. »Was bleibt denn noch als Anreiz, nachdem man in den inneren Zirkel aufgenommen worden ist«, fragte ich.

»Unsterblichkeit«, erwiderte Nicolas. »Man hört niemals auf zu lernen. Ich habe mich dem Tempel angeschlossen, um zu verstehen, warum ich so anders war. Es war eine Möglichkeit, mich mit mir selber zu versöhnen. Ich starb, als ich sechs Jahre alt war. Ich ertrank. Ich war mehr als 20 Minuten klinisch tot. Nachdem ich das Bewußtsein wiedererlangt hatte, konnte ich die Gedanken und Gefühle anderer Menschen lesen. Ich hatte die Fähigkeit, Dinge zu sehen, die andere nicht sehen konnten, vor allem das *Bwca*, das dem irischen Beansidhe ähnelt. Meine Vorfahren kommen aus Wales, und als mein Großvater merkte, daß ich sehen konnte, sagte er: ›Da ist er. Der nächste‹. Mein Großvater war der Höchste des Großen Drachenordens. Ich wurde mit zwölf Jahren mit einem Blutritual in den Orden aufgenommen. In dem Moment, als ich das Blut trank, öffnete es mir die Augen und ich begriff, daß ich ein Teil von etwas war, das schon seit Generationen existierte.«

»Wie könnte man also Ihre jetzige Organisation beschreiben? Worauf kommt es an?«

»Im Grunde sind wir Vampire. Rein technisch sind wir *annunaki* oder *Akhkharu*, ›die, die bei Nacht reisen‹. In erster Linie betätigen wir uns als

Forschende und Magier, damit wir unsere Magie ausführen und unsere Reisen in andere Dimensionen verstehen können – wir arbeiten mit außerkörperlichen Projektionen, Astralvampirismus, und versuchen, in die höheren Sphären der astralen Schichten vorzudringen. Wir versuchen, anderen begreiflich zu machen, daß man die Energie anderer menschlicher Wesen braucht, um das Leben des Astralkörpers zu erhalten und die Kraft zu sammeln, die nötig ist, um die Rituale durchführen zu können. Genau wie der Vampir der Legende müssten wir uns von anderen nähren, um unser Leben zu erhalten.«

4

In Los Angeles gibt es zahlreiche Gothic-Clubs, wie Stigmata, Helter Skelter oder Coven 13, aber die eigentlichen Vampirclubs sind das Vampiricus und der Fang Club. In dem nach Long Beach umgesiedelten Club Vampiricus, der mit der Friedhofskunst von Robin Graves ausgestattet ist und jeden Donnerstag geöffnet ist, finden neben anderen Veranstaltungen die »Mad-Tea«-Vampirparties statt

Der 31jährige Jack Dean ist der Besitzer und Geschätsführer des am West Pico Boulevard 9575 in Beverly Hills gelegenen Fang Clubs. Mit einer Größe von über zwei Metern, seinen 165 Pfund und dem kahl rasierten Schädel macht er eine eindrucksvolle Figur. Kopf und Rücken zieren diverse Narben von einem Unfall, der sein Leben verändert hat. Halb indianischer Abstammung, hat er eine olivfarbene Haut und dunkelbraune Augen.

Der Fang Club gilt als der »einzige Ort, an dem Menschen Vampire treffen können und lange genug leben, um davon zu berichten«. Und das an Sonntagabenden. »Beabsichtigte Ironie«, gestand Jack, »ist der Sonntag doch der traditionelle katholische Feiertag.« Ich fand den Club mit Kandelabern, Totenköpfen, einem keltischen Kreuz, antiken Wasserspeiern und unheimlicher Kunst – einem lebensgroßen Portrait von Vlad Tepes – dekoriert. Ich sah eine Tanzfläche, eine Bar mit Vampirweinen und dunkle Sitzecken für verstohlene Begegnungen. In der ersten Etage gab es eine VIP-Lounge, die unter anderem den Führern der verschiedenen *Masquerade*-Clans vorbehalten war. Der Club war der Vampirszene verpflichtet, akzeptierte aber auch Gothics. »Die Gothics haben sich von der Punkszene abgespalten. Sie treiben den Protest noch einen Schritt weiter. Sie kleiden sich schwarz und wollen wie Tote aussehen, während es in der Vampirbewegung um historische Epochen und Kostüme geht. Es ist kein Protest, sondern ein Schritt zurück in eine schönere Zeit.« Außer den Sonntagstreffen wurden zu besonderen Anlässen Parties veranstaltet, zum Beispiel eine Halloween-Feier und ein viktorianischer Maskenball.

Der Fang Club wurde am 2. Februar 1997 eröffnet, dem Candlemas-Tag, einem heidnischen Feiertag. Jack war mit dem Coven 13, einem in der Nähe gelegenen Gothic-Club, eine Konkurrenz erwachsen, aber wenn dieser geschlossen blieb, konnte er in seinem Club jedesmal an die 400 Gäste begrüßen.

Eine glückliche Fügung wollte es, daß das Haus einem alten Herrschaftsgebäude aus New Orleans glich. »Ich hatte lange nach einem Gebäude für meinen Club gesucht«, erinnerte sich Jack, begeistert über das günstige Schicksal. »Ich rief Dragonfly Immobilien in Hollywood an, wo eine Bekannte von mir arbeitet. Sie erzählte mir am Telefon von einem Club, der Orsini hieß. Ich sollte dort nach Igor fragen, der mich dann eingeladen hat, mir alles anzusehen. Es war perfekt! Igor saß in einem Haus, das wie ein verwunschenes Spukhaus aus New Orleans aussah. Man hätte es sich nicht besser vorstellen können. Es hat eine einmalige Ausstrahlung.«

»Warum wollten Sie einen Vampirclub eröffnen?« fragte ich.

»Weil ich ein Vampir bin.« So einfach war das. Ich bat ihn, das etwas näher zu erläutern.

»In Wirklichkeit bin ich bei einem Motorradunfall am 28. Januar 1993 ums Leben gekommen. Ich war auf dem Weg zur Arbeit, als mich ein Auto gegen einen parkenden Cadillac schleuderte. Mein Helm löste sich, ich flog durch die Luft und prallte mit 30 Stundenkilometern auf den Asphalt. Ich brach mir ein Bein, den Kiefer und verlor acht Zähne. Ich hatte schwere innere Blutungen und starb auf dem Weg zum Krankenhaus und noch einige Male im Krankenhaus, als sie versuchten, mich wiederzubeleben. Die Stoßstange des Cadillacs hatte ein großes Stück meines Beines herausgerissen, und ich verlor sehr viel Blut. Auch mein Kopf blutete stark. Wenn das Gehirn verletzt ist, braucht es den ganzen Sauerstoff im Blut. Es gab in meinem Körper kein Blut mehr, um mein Leben zu erhalten. Es gab nur noch Luftkammern. Also haben sie mich mit Bluttransfusionen vollgepumpt und mich so wiederbelebt und am Leben erhalten. Ich starb und wurde durch das Blut anderer ins Leben zurückgerufen.«

»Aber das war kein magisches Blut«, wandte ich ein. »Es war kein Blut, das Sie unsterblich gemacht hätte.«

»Ich glaube auch nicht, daß ich unsterblich bin.«

»Trinken Sie denn Blut?«

»Ja, aber das ist eine andere Geschichte. Als ich aus dem Krankenhaus kam, war ich ein anderer Mensch. Ich hatte elf Tage in einem tiefen Koma gelegen. Ich hatte eine Gehirnverletzung und mußte sechs Monate im Krankenhaus bleiben. Ich wurde als blonder, langhaariger Rocker ins Krankenhaus eingeliefert. Als ich entlassen wurde, färbte ich mir als erstes die Haare weinrot und hing nur noch in der Untergrund-Gothic-Szene rum, um meinen Platz in der Welt der Vampire zu finden.«

»Und haben Sie ihn gefunden?«

»So halbwegs. Ich beschäftigte mich sehr stark mit dem Okkulten, mit Satanismus und Vampirismus. Ich verließ das Krankenhaus wesentlich intelligenter. Ich las alles, was ich zu diesen Themen finden konnte. Ich bin von einem Typen, für den Parties das wichtigste war, zu einem Menschen geworden, der sich für Informationen interessiert. Ich fand das Wahre und das Falsche über diese Dinge heraus, und ich fand meinen Platz. Ich bin jetzt sehr zufrieden mit mir selbst.«

Ich war neugierig geworden »Was ist wahr an dieser Welt?«

»Aufgrund dessen, was mir passiert ist, glaube ich, daß es höhere Mächte und Dinge gibt, die unerklärlich sind. Die Leute, die an so etwas nicht glauben, sind nur mit sich selbst beschäftigt. Die Vorstellungen, daß Vampire unsterblich sind und sich in Fledermäuse verwandeln und fliegen können und diese Sachen, sind falsch.«

»Und nach all dem glauben Sie, daß es jetzt einen Sinn in Ihrem Leben gibt?«

»Ja, wirklich. Ich glaube, der Grund, warum ich überlebt habe, war, daß ich mein Wissen vermehren und mir ein Reich aufbauen sollte. Ein Vermächtnis. Ich muß ein Zeichen setzen. Jeden Tag habe ich das Gefühl, daß ich etwas Bestimmtes tun muß. Ich bin zufrieden, aber nicht ohne Antrieb. Ich fühle mich getrieben, etwas zu unternehmen.«

Ich wollte etwas über andere Aspekte seines Lebens erfahren, also fragte ich: »Wenn Sie Blut trinken, nehmen Sie es von Freiwilligen?«

»Ja«, antwortete er. »Ich habe es ausprobiert, um herauszufinden, ob es einem Kraft gibt. Ich habe es wirklich ernsthaft versucht. Ein- oder zweimal die Woche bin ich zu einem Mädchen gegangen, um ihr Blut zu trinken.«

»Hat es Ihnen besondere Kräfte verliehen, ein Vampir zu sein?«

»Ja, ich kann jetzt bestimmte Dinge fühlen. Vielleicht weil ich jetzt meistens nüchterner bin, als ich es früher war. Vielleicht kommt es von meiner Wiedergeburt, jedenfalls kann ich Ereignisse vorhersagen. Die Idee mit dem Fang Club hatte ich in einem Traum. Ich folgte diesem Traum – und hier ist er.«

»Ich weiß, daß Sie auch einen Fang Club in New York aufgemacht haben. Sehen Sie einen Unterschied zwischen L.A. und Manhattan?«

»Es gibt ein paar Unterschiede. Die Musik ist etwas anders. Hier sind wir eher an Ambient interessiert – weichere, sanftere Musik, während die Musik in New York härter und mehr *industrial* klingt.«

»Gibt es etwas, das Sie an der Vampirszene stört?«

»Die Leute, die Blut trinken und anderen schaden. Ich weiß, das klingt inkonsequent, weil ich das auch schon getan habe, aber ich habe meinen Irrtum eingesehen. Diese Leute müssen lernen, das wirklich Interessante an der Sache zu sehen, die Spiritualität. Alle Welt ist nur noch an der Zukunft interessiert, aber wir nehmen uns hier die Zeit, uns auf eine klassische und romantische Weise zu amüsieren. Genau darum geht es. Es macht Spaß, sich für andere elegant und herrschaftlich anzuziehen. Wir reisen so in eine schönere Zeit zurück.«

»Also ist die Gesellschaft selbst der Vampir? Meinen Sie das? Daß Sie ein Vampir geworden sind , um diese Entwicklung aufzuhalten?«

Er lachte. »Das klingt gut. Die Gesellschaft als Vampir. Ja, genau so ist es, und wir werden zu Vampiren, um diese Entwicklung anzuhalten.«

»Aber was ist mit den Drogen? Nicht alles ist romantisch. Viele Jugendliche versuchen ihre Erfahrungen künstlich zu intensivieren.«

»Es gibt Drogen«, räumte Jack ein. »Aber nicht allzu viele. Meistens Ecstasy und Kokain, weil jeder die ganze Nacht durchmachen will. Dope ist ziemlich unpopulär, und die meisten Leute trinken wenig, obwohl auch eine Menge Alkohol im Spiel ist.«

»Was ist mit der S/M-Szene? Gibt es da Überschneidungen in L.A.?«

»Es gibt Überschneidungen, aber mehr mit den Gothics.«

Das klang so, als würden hier tatsächlich andere Verhältnisse herrschen als in New York. »Wie kommen die Vampire zusammen? Ist der Club der Haupttreffpunkt?«

»Die meisten sind Rollenspieler. Es gibt Teeparties und es gibt Vampirbarden, die in den Cafés Gedichte vorlesen. Eine Freundin von mir hat die Gallerie Dark's Art Parlor für die etwas andere Kunst. Zu den Vernissagen kommen viele Vampire. Einige von uns sind Mitglieder der Hearse Society. Einer fährt einen Leichenwagen, der von unten blutrot beleuchtet ist. Sie kommen immer alle in ihren Leichenwagen zum Club und parken vor der Tür. Das sieht toll aus.«

»Wie lange, glauben Sie, wird sich die ganze Sache halten?«

Er war sich nicht sicher, versuchte aber zu schätzen: »Wir haben den Höhepunkt erreicht oder stehen kurz davor. Die Szene wird niemals ganz verschwinden, aber vielleicht ein wenig nachlassen. Ich glaube, weltweit sind wir an die 100.000, wenn nicht mehr. Die Rollenspieler nicht mitgerechnet.«

»Was ist für Sie am wichtigsten an dem Dasein als Vampir?«

Jacks Antwort war kurz und prägnant: »Ein Vampir zu sein gibt mir Kraft, um mich vom Rest der Gesellschaft abzusondern. Ich stehe über allem. Wenn ich mein Kostüm und meine Zähne anlege, fühle ich mich mächtig.«

5

Die internationale Dracula-97-Konferenz brachte Studenten und Gothics, kommerzielle Autoren und Akademiker, Rollenspieler und Unternehmer mit Vampyren zusammen. Die Convention wurde von der unermüdlichen Elisabeth Miller sowie von Jeanne Youngson und J. Gordon Melton organisiert, die alle in ihrem Bereich sehr erfolgreich sind. Der Anlaß war nicht nur der hundertste Geburtstag von *Dracula*, sondern auch der einhundertfünfzigste Geburtstag von Bram Stoker und der zweihundertste Geburtstag von Mary Shelley, der Autorin des berühmten *Frankenstein*-Romans. Vor 75 Jahren hatte zudem der Stummfilm *Nosferatu* seine Uraufführung erlebt.

Jeanne Keyes Youngson leitet seit 1965 den Dracula-Fan-Club außerhalb von Manhattan; sie reist regelmäßig nach Rumänien, sitzt der Bram Stoker Memorial Association vor und hat drei Bücher geschrieben: *The*

Further Perils of Dracula, *The Bizarre World of Vampires* und *Private Files of a Vampirologist*. Darüber hinaus hat sie ein Vampirmuseum und eine auf das Thema Dracula spezialisierte Bibliothek ins Leben gerufen. Es ist stets ein Genuß, sich mit ihr zu unterhalten, und ich freute mich darauf, sie wiederzusehen.

Elisabeth Miller ist Professorin für Anglistik an der Memorial Universität of Newfoundland in Kanada. Sie hat sich auf englische Literatur des 19. Jahrhunderts, hauptsächlich auf *Dracula* spezialisiert und ein Buch mit dem Titel *Reflexions of Dracula* veröffentlicht. 1995 wurde sie auf dem Dracula-Weltkongreß in Rumänien zur »Baronin des Hauses Dracula« ernannt. Außerdem ist sie die Präsidentin der kanadischen Abteilung der Transsylvanischen Dracula-Gesellschaft. Miller präsentiert sich als eine warmherzige, offene Frau, die ihre Arbeit sehr ernst nimmt, aber keineswegs den Wunsch hegt, sich in einem phantastischen, mit Seide gefütterten Umhang unter die Gothics zu mischen.

Gordon Melton ist mit seinem beeindruckend detaillierten Nachschlagwerk *The Vampire Book: The Encyclopedia of the Undead* bekannt geworden, das er unterdessen um den Filmführer *Vampires on Video* ergänzt hat. Er ist ein Experte im Bereich der Religionen und war schon als Jugendlicher von Vampiren fasziniert. Er besitzt eine riesige Sammlung von Büchern und Comics über Vampire und kennt alle wichtigen Leute auf dem Gebiet der Vampirforschung. Er hat die Irrtümer der frühen Vampirforscher aufgedeckt, die sich in unseren kulturellen Überzeugungen niedergeschlagen haben, und korrigierte diese Mißverständnisse. Er war der Gründer der amerikanischen Abteilung der Transsylvanischen Dracula-Gesellschaft, die er immer noch leitet. Als aufmerksamer Gastgeber schien der an diesem Wochenende überall gleichzeitig zu sein.

Dracula 97 fand im LAX Westin Hotel in Santa Monica statt. Als ich die Empfangshalle betrat, sah ich ein riesiges Dracula-Tansparent über dem Eingang einer kleinen Boutique, die Disney- und Winnie-the-Pooh-Figuren feilbot. Der Gegensatz schien auf merkwürdige Weise stimmig.

Ich freute mich darauf, alte Bekannte wie die Ethnologin Norin Dresser und die Schriftstellerin Chelsea Quinn Yarbro zu treffen. Ich hoffte, einige Leute kennenzulernen, die ich noch nicht kannte, aber deren Arbeit ich bewunderte. Anne Rice wollte nicht kommen, aber dafür würden viele andere Vampirautoren anwesend sein.

Als erstes traf ich Raymond McNally, einen außergewöhnlichen *Dracula*-Forscher, mit dem ich einmal im Fernsehen aufgetreten war und in Briefkontakt stand. McNally lehrt am Boston College. Dieser wohlerzogene, weißhaarige Forscher hegt eine große Liebe zum Bild des Vampirs in unserer Kultur. Er hatte als Kind Horrorgeschichten verschlungen und seinen Abschluß über Horrorfilme gemacht. Der *Dracula*-Film von 1931 hatte ihn dazu gebracht, daß Thema zu studieren, da er erstaunt festgestellt hatte, daß die Schauplätze realen Orten nachgebildet waren. Wenn Bram Stoker also so viel Wert auf die Authentizität des Sets gelegt hatte, mußte es auch ein historisches Vorbild für den blutdurstigen Grafen geben.

Gemeinsam mit seinem Kollegen Radu Florescu erforschte er das Leben des Herrschers Vlad Tepes aus dem 15. Jahrhundert, um herauszufinden, wie weit die Ähnlichkeit mit dem Vampir aus Bram Stokers Roman reichte. Sie reisten 1969 nach Rumänien und veröffentlichten 1972 ihr Buch *In Search of Dracula*. 1989 veröffentlichten sie das Ergebnis von zwei Jahrzehnten Arbeit in dem Buch *Dracula: Prince of Many Faces,* und nachdem sie 1994 in Philadelphia Bram Stokers Originalaufzeichnungen und Tagebücher gefunden hatten, gaben sie eine neue und überarbeitete Ausgabe von *In Search of Dracula* heraus.

»Der wesentliche Unterschied zwischen den beiden Büchern besteht darin, daß wir in der neuen Ausgabe beweisen, daß der historische Vlad Tepes tatsächlich Blut trank und somit klinisch als lebender Vampir bezeichnet werden kann«, verriet mir McNally. »Er speiste gern umgeben von seinen gepfählten Opfern und hatte dabei ihr Blut in Schalen auf dem Tisch stehen. Er tauchte das Brot in das Blut und aß es.«

Viele Angehörige der Vampirkultur haben den Namen dieses Herrschers angenommen und können McNally und Florscu für diese Aufklärung dankbar sein!

Unter den Kongreßteilnehmern waren einige Ehrengäste, so zum Beispiel die Fernsehmoderatorin Elvira, der Schriftsteller Fred Saberhagen, Autor des Buches *The Dracula Tape,* sowie Gahan Wilson als »Toastmaster«. Außerdem sah ich Leonard Wolf, der sich ebenfalls seit vielen Jahren mit Dracula beschäftigte und 1972 das Buch *A Dream of Dracula: In Search for the Living Dead* veröffentlicht hat, gefolgt von dem *Dracula*-Kommentar *The Annotated Dracula*. Und schließlich David Skal, der das Nachschlagwerk *V is for Vampire* sowie einen vollständigen

Führer zu allen Verfilmungen und Bühnenfassungen von *Dracula* verfaßt hat.

Das Tagungsprogramm bestand aus einer aufregenden Mischung aus Arbeiten über Dracula und die modernen Vampirfiguren. Es gab anspruchsvolle Vorträge wie beispielsweise »Marx und der Vampir« und populäre Themen wie »Der Vampir als Held«. Ich sollte meine Ansprachen am Sonntag halten – »Tribut an Anne Rice« und »Sinnliche Gefangenschaft: Die Entwicklung der vampirischen Erotik« – und zusammen mit meinem langjährigen Freund Richard Noll auftreten, der den Roman *Dracula* auf psychiatrische Behandlungsmethoden des 19. Jahrhunderts hin untersucht hat. Das Abendprogramm bot die Stars aus *Dark Shadows*, Filmvorführungen und einen Kostümball.

Während ich eine Autogrammstunde gab, traf ich Barbara Leigh, die erste Vampirella-Darstellerin. Sie war genauso schön wie immer und sah einfach bezaubernd aus. Alle Männer, ob jung oder alt, baten sie, für ein Foto zu posieren. Sie erzählte mir, daß man sie aus ihrer Rolle gedrängt und nicht als Modell für die Comicfigur benutzt hätte und daß sie eines Tages ein Buch darüber schreiben wolle.

Im selben Raum wurden Schmuck, Kostüme, Bücher und andere Vampiraccessoires verkauft. Ich sah so viele Menschen in aufwendigen Kostümen, daß ich das Gefühl hatte, mir für den Vampirball am selben Abend unbedingt ein wirklich ausgefallenes Vampiroutfit zulegen zu müssen.

Samstag nachmittag traf ich auf Tim Powers, der *The Stress of her Regard* geschrieben hat, und auf die Vampirschriftstellerin Nancy Holder. Wir bildetet auf dem Ball ein gutes Gespann, saßen zusammen, tranken Vampirwein und kommentierten die Parade der Kostüme. Mein eigenes, in letzter Minute am Nachmittag gekauftes Outfit bestand aus einem enganliegenden Morticia-Kleid aus schwarzem Samt, das vorne geschnürt und tief ausgeschnitten war, hinten einen Schlitz und lange enge Ärmel mit gerüschten Spitzenmanschetten hatte. Natürlich trug ich meine Vampirzähne. Es war sehr unterhaltsam zu beobachten, wie sich ältere europäische Akademiker mit jungen Gothics mischten, einander skeptisch musterten und schließlich akzeptierten, daß sie alle den gleichen Enthusiasmus für Vampire teilten. (Wenngleich ich so meine Zweifel hatte, daß die ältere Generation die lauten Rockbands mochte.)

6

Ich freute mich darauf, auf dieser Konferenz meine Bekanntschaft mit Richard Noll zu vertiefen. Ich wollte unbedingt mit ihm über die Vampirkultur sprechen. Noll ist ein Psychologe mit einer Menge Erfahrung im klinischen Bereich, der zwei Bücher über den Vampirismus aus klinischer Sicht geschrieben hat. In seinem ersten Buch *Bizarre Diseases of the Mind* behandelt er außer Störungen wie Schizophrenie, Besessenheit, Nekrophilie auch den Vampirismus. Er beschreibt die starke Anziehungskraft von Blut und stellt den Fall von Vincenz Verzeni dar, der 1872 mehrere Frauen getötet und ihr Blut ausgesaugt hat. Um an das Blut seiner Opfer zu gelangen, riß er ihnen die Haut mit den Zähnen auf. Als Kind hatte es ihm Spaß gemacht, Hühnern den Kopf abzuschlagen und zu beobachten, wie das Blut aus ihrem Hals spritzte. Noll berichtet auch von anderen berühmten Fällen, wie dem von George Haigh, dessen Vampirismus religiös motiviert war. Noll definiert klinischen Vampirismus als den Zwang, Blut zu trinken, und fügt hinzu, daß für eine solche Entwicklung meist ein bestimmtes Schlüsselereignis ausschlaggebend war.

Es gibt immer noch Menschen, die glauben, jeder, der an der Vampirkultur teilnimmt und Blut trinkt, sei automatisch ein pathologischer Fall, und darüber wollte ich mit Noll sprechen. In seinem zweiten Buch *Vampires, Werewolves and Demons: Twentieth-Century Reports in the Psychiatric Literature* hat er dem Vampirismus ein ganzes Kapitel gewidmet und Aufsätze von Experten hinzugefügt, die über die vampiristischen Symptome bei ihren Patienten geschrieben und einen Zusammenhang zum Vampirismus aufgezeigt haben.

Noll entdeckte sogar bei seinen Patienten eine neues Krankheitsbild, das sogenannte »Renfield Syndrom«. Diese Menschen glauben – wie der fiktionale Renfield –, daß sie Blut brauchen, um ihr Leben zu erhalten. Die Merkmale dieses Syndroms sind ein Schlüsselereignis, das die Aufnahme von Blut als aufregend erscheinen ließ, die Wandlung vom Autovampirismus zum Trinken des Blutes anderer, der Zwang, Blut zu trinken, und der Glaube an die Mystik des Blutes und dessen ungewöhnliche Macht.

»Nachdem ich die klinische Literatur über das Trinken von Blut und die ethnographischen Studien über Kannibalismus studiert hatte, fielen mir bestimmte Muster auf«, erklärte Noll. »Was an den psychiatrischen Studien über klinischen Vampirismus so interessant erschien, war die augenscheinliche Parallelität der Symptome und daß diese Symptome mit den Beschreibungen des Falls Renfield in dem Roman *Dracula* übereinstimmten. Die Gemeinsamkeit von Fiktion, Folklore und Psychiatrie scheint in der Abstufung von nicht-menschlichem und menschlichem Bluttrinken zu liegen. Daher schlug ich vor, den klinischen Vampirismus als das Renfield-Syndrom zu bezeichnen. Es ist ein Syndrom, das in verschiedenen Formen diagnostizierbar ist und nicht mit dem Trinken von Blut bei Einwilligung des Partners verwechselt werden sollte.«

Wir setzten uns einen Nachmittag zusammen, um uns darüber zu unterhalten. Noll war groß, dunkelblond und hatte deutsch anmutende Gesichtszüge. Er war jederzeit zu einer intensive Diskussion bereit – was wahrscheinlich der Grund dafür war, daß ich ihn mochte. Wir setzten uns in eine der Empfangshallen des Hotels, und ich schickte mich an, ihm auf den Zahn zu fühlen.

Bevor wir anfangen konnten, kam ein junger Mann zu uns und unterbrach uns. Er erzählte uns, daß er ein Blutspender für Vampire sei und daß er sein Blut verkaufe: eine kleine Menge für fünf und einen Liter für 50 Dollar. Vampirprostitution. Er hatte seine Vorliebe für Blut im Alter von 15 Jahren in Übereinstimmung mit seiner Freundin entdeckt. Er gab an, immer noch einmal pro Woche Blut zu trinken. Ohne indes dafür zu bezahlen. Wir machten ihm klar, daß wir nicht gestört werden wollten, und begannen unsere Unterhaltung.

»Sie haben erwähnt, daß eine Ihrer Motivationen, nach außergewöhnlichen Fällen zu suchen, die Spannung und Aufregung ist«, sagte ich. »Sind Sie je an einen Fall geraten, bei dem Sie sich gewünscht haben, nicht so neugierig gewesen zu sein?«

»Ich hatte einmal den Fall eines Mannes, der sein eigenes Fleisch aß. Wir mußten ihm immer Handschuhe anziehen, weil er die obere Schicht der Haut an seinen Händen und manchmal auch an seinen Armen essen wollte. Bis auf das Muskelfleisch. Wir haben uns gefragt, wie lange ein menschliches Wesen leben kann, das sich selber Stück für Stück verzehrt. Die wenigen anderen Fälle, bei denen ich wünschte, nicht so neugierig gewesen zu sein, waren die von Mördern und Vergewaltigern, vor allem von Wiederholungstätern. Dabei war Vampirismus meistens nicht der Hauptgrund für ihre Morde. Ich habe noch nie jemanden gesehen, der ausschließlich für Blut tötet.«

»Glauben Sie immer noch, daß es vor allem ein Schlüsselerlebnis im Leben eines Menschen ist, das diesen zu einem klinischen Vampir macht?« Ich dachte, daß er seine Ansicht nach so vielen Erfahrungen vielleicht geändert hatte.

»Ja, zumindest gilt das für den extremem Fall von klinischem Vampirismus. Ich habe meine Meinung nicht geändert. Vor allem dann, wenn das Trinken von Blut eine stark erotische Komponente hat.«

»Gut, aber ich habe in der Subkultur beobachtet, daß Vampir zu sein weniger ein Syndrom ist als vielmehr eine Art Fetischismus oder Statussymbol. Wäre so etwas auch ein Fall von klinischem Vampirismus?«

»Es geht mir nicht darum, die Gothics zu diagnostizieren«, entgegnete er amüsiert. »Einige der Gothics, die Vampirismus betreiben, unterliegen möglicherweise einem leichten Zwang, der von Erlebnissen in ihrer Kindheit hervorgerufen wurde, die meisten aber vermutlich nicht. Blutfetischismus? Vielleicht. Es ist wohl eher wie ein geheimes Zeichen, das sie verbindet oder, wie Sie es ausgedrückt haben, ein Statussymbol. Es gibt keinen Grund, die Gothics oder die Vampirsubkultur zu pathologisieren. Das hat mit echtem klinischen Vampirismus nichts zu tun.«

»Was halten Sie denn davon, daß immer mehr Menschen als Teil eines Rituals oder Kults Blut trinken?« fragte ich.

»Aus medizinischer Sicht ist das sehr riskant. Aber aus gesellschaftlicher oder psychologischer Sicht ist es unproblematisch, wenn das Blut freiwillig gegeben wird. Ich bin aber gänzlich dagegen, wenn Gewalt und Zwang als Mittel eingesetzt werden, Blut zu beschaffen.«

»Wie weit ist der klinische Vampirismus Ihrer Meinung nach verbreitet?«

Er zuckte mit den Schultern. »Es gibt keine Belege dafür, daß der klinische Vampirismus in Nordamerika oder in anderen Teilen der Welt weitverbreitet ist. Die Aufmerksamkeit, die die Medien seltenen Vorfällen schenken, erweckt den Eindruck, der klinische Vampirismus könnte ein weitverbreitetes Phänomen sein. Wahrscheinlich ist der freiwillige Austausch von Blut unter Jugendlichen, die sich selbst als Vampire sehen, in der Subkultur viel häufiger.«

»Was haben Menschen Ihrer Meinung nach davon, wenn sie sich selbst als Vampire verstehen?«

»Sie werden von Gleichgesinnten akzeptiert. Ein Gefühl von eigener Macht, das sie vielleicht vorher nicht hatten, da der Vampir Unsterblichkeit und Macht verkörpert, besonders Anne Rices Lestat. Er ist ein Sinnbild unserer Träume von Unsterblichkeit und – in unserer postmodernen Zeit – Göttlichkeit. Er ist nicht nur unsterblich im spirituellen Sinn, sondern auch ein Rockstar und eine gefeierte Persönlichkeit. Für Dracula gilt genau das Gegenteil. Er ist zwar auch unsterblich, aber gleichzeitig degeneriert. Er verkörpert Verfall, spirituelle und kulturelle Degeneration und sinnlosen Tod ohne Erlösung. Wenn man an Dracula denkt, denkt man unwillkürlich an den Geruch verwesenden menschlichen Fleisches. Nach der Veröffentlichung von *Dracula* 1897 bildete sich keine Subkultur aus, wie die Gothic- und Vampirszene, die durch die Popularität der Romane von Anne Rice entstand. Heute hat die Figur des Vampirs nichts mehr mit Tod und Verfall zu tun, sie wird vielmehr mit ständiger Erneuerung und unsterblichem Ruhm assoziiert. Ein Vampir zu sein ist wie ein Filmstar oder ein Medienstar zu sein. Ich denke, die schwarze Kleidung, die Vampirzähne, das Make-up und die eigenartige Gestik der heutigen Vampire rufen die gleiche Aufregung und das gleiche Interesse hervor wie der öffentliche Auftritt eines Medienstars. Diese Form der Aufmerksamkeit kann, nachdem man die Identität des Vampirs angenommen hat, die eigene Persönlichkeit bestätigen und das Gefühl der eigenen Macht verstärken.«

Ich fand diese Unterscheidung interessant. »Was ist mit Rollenspielen?« fragte ich. »Manche behaupten, es sei gefährlich, sich so intensiv mit den Gedanken an Vampire zu beschäftigen. Was halten Sie davon?«

»Eigentlich finde ich diese Spiele sehr phantasievoll. Aber es gibt immer Leute, die zu weit gehen. Es wird immer Menschen geben, die Probleme haben, bevor sie mit den Rollenspielen anfangen, und die Spiele verstärken ihre Probleme noch. Aber ich kann mir auch vorstellen, daß es für andere wieder genau umgekehrt ist. Mit anderen Worten: Diese Spiele können sehr hilfreich sein. Nehmen wir die Psychotherapie als Beispiel, eine Institution in unserer Kultur. Psychotherapie ist im wesentlichen ein Rollenspiel. Jeder kennt seine angelernte Rolle, entweder Therapeut oder Patient. Im allgemeinen wird das Rollenspiel in der Psychotherapie als positiv und heilend toleriert. Nicht so die anderen Rollenspiele – das Verkleidungsrollenspiel in der Vampirsubkultur ist ein gutes Beispiel. Aber Langzeitstudien haben bewiesen, daß sich der

Zustand einiger Menschen in jeder Form der Psychotherapie verschlechtert. Warum also sollte man nicht annehmen, daß sich die Probleme einiger Menschen durch die Rollenspiele verstärken? Aber für viele andere mag es vorteilhaft sein. Irgendeinen positiven Effekt müssen diese Rollenspiele haben, sonst würden sie nicht so viele junge Leute anziehen.«

Ich teilte Nolls Meinung. Bisher hatte ich noch keinen Grund zur Beunruhigung darin gesehen, daß Menschen in die Rolle von Vampiren schlüpften oder Rollenspieler wurden. Das war allerdings, bevor ich mit einer wesentlich ernsthafteren Form des Vampirismus konfrontiert wurde, die sich zwar als Ausnahme erwies, mich aber lehrte, mit meiner Einschätzung etwas vorsichtiger zu sein.

Kapitel neun

Der mystische Vampyr

1

Nach kurzer Zeit lernte ich auf der Konferenz Madame Elisandrya, eine erfahrene, professionelle Domina kennen, die Jana Marcus für ihr Buch *In The Shadow of the Vampire* fotografiert hat. Sie schien innerhalb der Vampir- und S/M-Szene ein überaus aufregendes Leben zu führen. Gekleidet in ein aufwendiges, farbenprächtiges fließendes Gewand, stellte sie sich mir formvollendet vor.

Es ist nicht weiter ungewöhnlich, unter jenen, die Bondage-Rituale praktizieren, auf Vampirfans zu stoßen. Einer der größten Beiträge, den Anne Rice zur Vampirliteratur geleistet hat, war die unmißverständliche Schilderung der erotischen Machtkämpfe, die den Beziehungen zwischen Vampir und Opfer – oder zwischen Vampir und Vampir – zugrunde liegen. Sie übertrug ihre Kenntnisse, die sie aus erotischen Magazinen gewonnen hatte, auf die Figur des Vampirs. Viele der Vampirfans hatten auch ihre *Roquelaure*-Serie gelesen, und sie räumte selbst ein, daß ihr »eleganter Sadomasochismus« dem Thema des Vampirs sehr nahe war. In ihren masochistischen Charakteren zeigte sie, wie viel Macht diese in einer Herrschaftsbeziehung besitzen. Profis wie Madame waren gerne bereit, anzuerkennen, daß Anne Rice genau wußte, wovon sie sprach.

Madame besitzt einen Schwarm eigener Sklaven (falls sie auch kochten, wollte ich auch einen!), einen professionell ausgestatteten Kerker und eine Schule für Sklaven. Wo immer sie auftritt, fällt sie durch ihre selbstsichere und bestimmende Haltung auf. Sie ist eine kräftige Frau mit exotischen Gesichtszügen und einem schnellen, leichten Lachen. Sie zieht automatisch alle Aufmerksamkeit auf sich, ob sie ihre Arbeitskleidung trägt oder nicht. Ich hielt sie für eine der beeindruckendsten Persönlichkeiten auf der Convention.

Sie erklärte mir, daß ihre Großmutter ihr das erste Mal von Vampiren und dem rituellen Gebrauch von Blut erzählt hatte. Ihrer Meinung nach war der Austausch von Blut die intimste Form der Kommunikation zwischen zwei oder mehreren Menschen und setze großes Vertrauen voraus. Sie arbeitete an einem Buch mit dem Titel *Memoire of a Mad Vampire*, in dem sie ihre Phantasien mit autobiographischen Passagen mischte. Ihr gefiel an der Figur des Vampirs, daß er ein Wesen ist, das sein Opfer zur Unterwerfung zwingt, und dieses Geheimnis nutzte sie für ihre eigenen Ideen.

»Ich benutze die Figur des Vampirs«, sagte sie. »Aber nicht so, wie sie allgemein gesehen wird. Ich trage keine Vampirzähne, sondern arbeite mit subtilen Anspielungen und einer verführerischen Dunkelheit, die meine süße Beute anlockt. Ich setze die dunkle Seite meines Selbst ein, um die Opfer zu erregen und zu erniedrigen. Es ist der Vampir in mir, der diesen Effekt erzielt.«

»Was unterscheidet Sie als Vampirdomina von Dominas, die sich einfach ein Vampirgebiß einsetzen?«

»Nachdem meine Kunden sich vertrauensvoll in meine Hände begeben haben, muß ich meine innere Überlegenheit in einer Form einbringen, die für mich selbst am angenehmsten ist. Das hat automatisch eine dunkle Seite. Ich gebe mich meist als eine dunkle und leidenschaftliche Herrscherin, die nur wenig benötigt, um das einmal angelockte Opfer zu erregen. Mein Körper verändert sich. Man hat mir gesagt, daß ich wie ein aufgeregtes Raubtier wirke.

Ich habe meine vampirische Natur nicht von irgend etwas übernommen, das ich gelesen oder gesehen habe, sondern sie kommt aus mir selbst. Wenn meine dunklen Seiten zum Vorschein kommen, fühle ich mich viel klarer. Meist geschieht das, wenn ich spüre, daß jemand Angst hat. Alles was ich dann will, ist dieser Angst nahe zu sein, sie zu meinem eigenen Vergnügen zu verspotten, bis das Opfer ganz und gar in meine Hände fällt.

Es gibt nichts, was mich mehr bewegt, als der Anblick eines emotional stabilen Menschen, der durch meine Begierde schwach und verletzlich wird. Wie ein gefangenes Tier, das in meiner Falle sitzt.

Ich brauche keine Ausstattung wie Vampirzähne, wenn ich meine Opfer angreife. Diese Verkleidungen würden meine Natur nur lächerlich wirken lassen. Ich habe das Herz eines Vampirs. Ich könnte meine Opfer mit meiner Intensität verzehren, und oft tue ich dies auf emotionaler Ebene auch. Das ist viel gefährlicher als ein Paar Plastikzähne.

Ich glaube, daß ich die meisten Menschen, die meine andere Seite nicht kennen, überrasche oder sogar schockiere, da ich normalerweise ganz normal und zurückhaltend bin. Aber wenn sie mir nahe genug kommen und sich darauf einlassen, lernen sie meine vampirische Natur kennen, die hinter meinem menschlichen Äußeren lauert. Eine kleine Berührung mit der Hand kann schon alles unmißverständlich klarmachen. Dann fängt es an, Spaß zu machen. Ich versuche, daß Ganze ein bißchen humorvoll zu gestalten, nur damit es nicht ... zu intensiv wird.«

Nach dem Maskenball gab sie in ihrem Hotelzimmer eine Party. Als ich dorthin ging, fiel mir auf, daß ihr Gefolge hauptsächlich aus Frauen bestand. (Auf dem Ball in New Orleans führte sie eine Frau und ein paar männliche Sklaven an Ketten, die an ihren Halsbändern befestigt waren, und wurde damit zum zentralen Gesprächsthema.) Ich genoß ihre Gesellschaft und ihre Lebendigkeit, aber die Konferenz war sehr anstrengend für mich gewesen, und so blieb ich nicht lange, während die Party die ganze Nacht andauerte.

Madame kommt aus der Küstenstadt Santa Cruz im Norden der Bucht von Monterey. Sie erzählte mir, daß ihre Heimatstadt als die Welthauptstadt der Vampire galt und, gemessen an der Gesamtbevölkerung, den »höchsten Anteil an Hexen, Okkultisten und Vampiren hatte«. Die nahegelegenen Berge werden deshalb sogar die »kleinen Karparten« genannt.

Auf der Hauptstraße von Santa Cruz gibt es einen Freizeitpark und ein Surf-Museum, und in der Stadt lebt eine große Künstlerkommune. Jeden Freitagabend finden hier Rollenspiele statt – darunter eines der größten Spiele der gesamten Region. Madame lebte hier fünf Jahre lang. Sie stammte aus New Orleans, wo sie ebenfalls Kontakt zu der Hexenkult- und Vampirszene hatte.

Ich fragte sie, ob sie Vampire zu sich nach Hause einlud.

»Ich habe immer sehr viele Gäste«, antwortete sie. »Einige halten sich selbst für Vampire, und einige wünschen sich, Vampire zu sein. Ich kann daran nichts Besonders finden, da ich nicht an die Fledermausgeschichten glaube. Aber die Idee von der Verwandlung ist wahrer, als man glaubt, und ich schätze Menschen, die den Mut haben, zu offenbaren, wie sie wirklich sind.« Ich verstand nicht ganz, was sie damit meinte, aber ich sollte es bald erfahren.

Santa Cruz ist nicht weit von San Fransisco entfernt, dessen Clubs von Madame und ihren Anhängern frequentiert werden. Wenn man an San Fransisco denkt, denkt man an die Golden-Gate-Brücke, an Fisherman's Wharf, Alcatraz, steile Hänge und Morgennebel, den Castro-District, Haight Ashbury, Chinatown, den Ghiradelli-Square, die Straßenbahnen, die späten 40er Jahre und an die Lombard, »die kurvenreichste Straße der Welt«. In einer Stadt, die ihre S/M- und Schwulenszene offen zur Schau stellt, kann man jede Art Unterhaltung in diesem Bereich finden, beispielsweise die erotische Vampirshow von Danielle Willis im New Century Theater, die auch eine Kurzgeschichte zu Poppy Z. Brites Vampirsammelband *Love in Vein* beigesteuert hat. Die Story handelt von einem Vampir, der in einem mittelalterlichen Monsterkabinett gefangengehalten wird, das den Bauern ermöglicht, ihre perversen sexuellen Wünsche zu realisieren. Willis wurde in Charles Gatewoods und David Aaron Clarks Buch *True Blood* vorgestellt, einem Bildband über Blutfetischismus und Vampire. Leser, die sich das Buch ansehen, sollten nicht empfindlich auf Rasierklingen, Haken, lange Nadeln, durchbohrte Haut, blutverschmierte Zähne, rituelle Verletzungen und blutgetränkte Kleidung reagieren. Bereits der Einband des Buches macht deutlich, worum es geht. Er zeigt eine mit Stacheldraht gefesselte Frau, deren Stirn mit langen Nadeln gespickt ist. Aus ihrer Nase rinnt Blut, und ihr Hals ist durchbohrt. Es kann also keinen Zweifel geben, worauf man sich einläßt, aber manche Menschen wollen genau das. Der Fotograf und Kulturanthropologe Gatewood erklärte mir diese Welt auf sehr anschauliche Weise, aber ich bin eher einer Meinung mit Anne Rices Armand, der meint, daß Vampire viel wählerischer und anspruchsvoller sind, als es diese bluttriefenden Fotos nahelegen. Ich fand keinen Reiz an diesem Blutbad und dieser Form der Selbstverstümmelung.

Madame hatte tiefgehende Erfahrungen in der Vampirszene von San Francisco gemacht und mannigfaltige Beobachtungen angestellt: »Die meisten hier sind eher emotionale Vampire als Blutfetischisten«, berichtete sie. »Natürlich haben alle Angst vor Krankheiten und halten sich deshalb ein bißchen zurück. Aber die, die eine Vorliebe für Vampirismus haben, treffen sich privat oder in Clubs mit Gleichgesinnten, um ihre Erfahrungen auszutauschen. Unglücklicherweise ist das für die meisten nur ein Trend der 90er Jahre, der im Augenblick ein bißchen zu angesagt ist. Jeder, der sich Vampirzähne leisten kann und die Spielregeln kennt, kann dazugehören. Aber diejenigen, die die dunklen Seiten ernst nehmen, beschäftigen sich kontinuierlich damit.«

»In welchen Clubs treffen sich die Leute?« fragte ich. Ich kannte einige. Die Liste mit allen Gothic-Clubs von San Francisco konnte man online auf den sogenannten »Black Pages« abfragen, darunter das Roderick's Chamber, The Crypt, Backflash, Death Guild und The Catacombs; außerdem die Boutiquen Gargoyle, Bone Room und Blackened Angel.

»Es gibt Clubs für Vampire und ein Nachtleben«, erwiderte Madame. »Aber Vampire scheinen umherzuziehen und sich nicht lange an ausschließlich einem Ort aufzuhalten. Wenn ein Laden in San Francisco zu bekannt wird, suchen sich die ernsthaften Vampire einen neuen Treffpunkt.«

»Gibt es etwas, was diese Szene von denen in anderen Städten unterscheidet?«

»Soweit ich weiß nicht. Diese Stadt ist für die Vampire genauso interessant wie jede andere Stadt. Genauso düster, genauso *underground*. Es kommt mehr darauf an, wie sich die Leute selber sehen. Einige fühlen sich in New Orleans wohler, andere mögen lieber das warme Klima in San Diego. San Francisco ist nicht die Geburtsstätte der Vampirszene, aber jeder, der einmal in der Dämmerung durch den Golden Gate Park gegangen ist, wenn der Nebel langsam und gespenstisch aufsteigt, weiß, daß dies ein großartiger Ort für Vampire ist, die Trost suchen.«

2

Jana Marcus, die in derselben Gegend wohnt, stellte mir einen jungen Mann vor, den sie für ihren Bildband fotografiert hatte. Sein Name war Conan. Im Interview mit ihr hatte er berichtet, wie er in einem viktorianischen Vampirkostüm eine Party namens Bondage-a-Go-Go besuchte und dort die Macht entdeckte, die einem die Identität eines Vampirs verleiht. Conan kam in San Francisco zur Welt und war seit vier Jahren Mitglied der Gothic- und Vampirszene. Er stellte Accessoires im übernatürlichen Stil her, beispielsweise Vampirzähne und einen Katzenmenschen-(oder Werwolf)-Handschuh mit silbernen Krallen, und hatte selbst miterlebt, wie die Vampirszene diesen Club zu ihrem Treffpunkt machte.

»Ich bin früher immer in einen Gothic-Club in Berkley gegangen, der House of Usher hieß«, sagte er. »Es war ein guter Club. Ich bin mit meinen Freunden zusammen hingegangen, und danach habe ich angefangen, Acrylzähne anzufertigen. Ich habe mich umgesehen und festgestellt, daß es praktisch direkt vor meiner Türe einen Markt für solche Sachen gab. Später sind wir dann mehr in die Industrial-Clubs von San Francisco gegangen und haben schließlich Bondage-a-Go-Go gefunden.«

Die Bondage-a-Go-Go-Parties finden mittwochs im Trocadero statt und bieten einen guten Einblick in die S/M-Szene. »Hawk kümmert sich um die Musik«, erklärte Conan. »Am Anfang war es nur eine VIP-Party, ich glaube von der Janus Society. Hawk hat die Anlage bedient, und dann haben sie ihn gefragt, ob er das nicht regelmäßig machen möchte.«

»Wie geht's da zu?« fragte ich.

»Ich würde sagen, es ist eine Art Club-Hybride. Es gibt eine Tanzfläche, und der Fetischbereich befindet sich oben in einer Lounge. Es gibt eine kleine Ausrüstung dort und eine Bar mit Haken, die an Ketten von der Decke hängen, so daß man Leute daran aufhängen kann. Einige Stammgäste haben das gemacht, während Neugierige zugesehen haben, wie sich diese halbnackten Leute mißhandeln ließen. Ich mag diese Umgebung, weil es Leuten, die noch nie etwas mit dieser Szene zu tun hatten, die Möglichkeit gibt, sie kennenzulernen. Sie sehen dann, daß das nicht alles Freaks und gewalttätige Psychopathen sind. Es sind nur Typen, die Spaß haben.«

»Bist du ein Vampir«, fragte ich ihn, »oder hast du auch nur Spaß?«

»Ich sehe mich selbst nicht als Vampir«, gab Conan zu. »Ich ziehe mich gerne gut an, ich sehe gerne gut aus. Es macht mir Spaß, diesen Teil meiner selbst auszuleben, den ich normalerweise unterdrücken würde. Ich bin dadurch offener geworden und ich fühle mich besser. Es gefällt mir, der Traum aller Leute zu sein. Größtenteils ist es nur Theater. Das Kostüm funktioniert bei mir nur auf einer körperlichen Ebene. Mein Vampiraufzug ist sehr elegant und hat eine Menge Leute beeindruckt, die sich auch sonst zu mir hingezogen gefühlt hätten. Ich bin oft an Anfänger geraten, die nur neugierig waren und die es einmal mit mir ausprobieren wollten, weil ich ihnen vertrauenswürdig erschien. Einige haben mir gesagt, daß sie mein zurückhaltendes Benehmen faszinierend fanden. Ich bin nicht hinter allem und jedem her wie manche Leute und hatte deswegen schon früh den Ruf, sehr wählerisch zu sein. Eigentlich war ich nur schüchtern, das war alles. Ich möchte gerne etwas sinnlicher sein, nicht so wie rohes Leder.«

»Hast du jemals Leute hier getroffen, die behaupteten, echte Vampire zu sein?«

»Ab und zu hatte ich das Gefühl, von Leuten verachtet zu werden, die sich selber für echte Vampire hielten. Aber ich glaube, die Atmosphäre war nicht wirklich genug *gothic*, um die Hardcore-Typen anzuziehen. Viele in der Szene spielen Blutspiele. Und ich habe schon Zähne für Leute gemacht, die damit wirklich jemanden beißen wollten. Das sind die, die sich so tief in die Sache reinziehen lassen, daß sich die Grenzen verwischen. Mir gefällt daran eher, daß es romantisch ist und eine gute Art, jemanden kennenzulernen. Auf diese Weise habe ich auch meine Verlobte getroffen.«

3

In den Städten scheinen die Clubs die beliebtesten Treffpunkte für Vampire zu sein. Viele von ihnen veranstalten regelmäßig Gothic-Abende, und in jeder größeren Stadt trifft sich die Szene, um bestimmte Ereignisse oder Feiertage zu begehen. Viele Leute, die ich kennengelernt habe, bereiten sich zum Beispiel lange auf Halloween vor.

Laut Buffies Mentor Rupert Giles ist Halloween eine »tote Nacht«. Die echten Vampire bleiben zu Hause, während die Sterblichen draußen herumlaufen und so tun, als wären *sie* die Vampire. Ich weiß nicht, ob das stimmt, aber die Vampirclub-Szene erwacht in dieser Nacht zum Leben, die Clubs werden spektakulär und aufwendig dekoriert. Neben dem Fang Club und dem Vampiricus in Los Angeles sowie den erwähnten Clubs in San Francisco gibt es zahllose andere Läden, die Parties veranstalten: DraculaFest in Chicago, BloodLust und die Sanctuary Vampire Sex Bar in Toronto, der Anne-Rice-Ball in New Orleans oder Darkangel's Theatre des Vampyre aux Goth in Salem, Massachusetts. Im Rathaus von Salem findet außerdem der jährliche Vampire-und-

Opfer-Ball statt, dessen Flyer 1997 die Wahl des besten Kostüms und eine Sargverlosung avisierte und versprach: »Opfer werden um Mitternacht ausgepeitscht«.

Ich bekam Eintrittskarten für diese Party, auf denen ein Gedicht abgedruckt war, das folgendermaßen begann: »Es windet sich, es krümmt sich! In Todesqualen/an dem schauerlichen Possenspiel sich zu laben«. Tracy Devine, auch bekannt als Mistress Tracy, eröffnete mir, der Ball sei eine Benefizveranstaltung zugunsten einer Tierschutzorganisation namens New England Alive, und die »ewigen Schwestern der Verdammnis« würden zu diesem Zweck »Sklaven« versteigern. Sie hofften, daß ich kommen und einen Sklaven erwerben würde. Eigentlich hätte ich ja einen Koch gebrauchen können, aber ich hatte bereits etwas anderes im Sinn.

Ich beschloß, in New York zu bleiben und auf den Sabretooth Vampirball im Angel-Orensanz-Gebäude zu gehen, das mir Sebastian schon vor Monaten gezeigt hatte. Dort würde es Verkaufsstände und Bands geben sowie eine Bauchtänzerin. Allerdings mußte er die Idee eines Banketts fallen lassen.

Ich machte mich dem Anlaß gemäß zurecht und wählte eine lange, schwarze Perücke, meine Vampirzähne, schwarze Samthandschuhe, ein paar Schnürstiefel aus Samt, zu denen mich Anne Rice einmal bei einem Einkaufsbummel überredet hatte, ein schwarzes Samtkleid und einen leuchtend roten Theaterumhang aus Samt mit einer Kapuze und einer goldenen Verschlußkette. Sebastian hatte mich zu einer Korsage überreden wollen und mir eine Auswahl verschiedener Modelle gezeigt, aber ich lehnte ab. Ich zog es vor, Luft zu bekommen. Ich verteilte weiße Schminke auf meinem Gesicht, malte mir dicke schwarze Lidstriche an und benutzte einen blutroten Lippenstift. Ich war gespannt, ob mich irgend jemand erkennen würde. (Niemand erkannte mich!)

Die Party bestand hauptsächlich daraus, daß diverse Bands auftraten und die kostümierten Gäste herumstanden und ihnen zuhörten. Vampire und Rockmusik schien mir eine naheliegende Verbindung zu sein. Anne Rices fiktiver Vampir Lestat wußte das, und in *Der Vampir Lestat* gründet er eine Band mit dem Namen Satan's Night Out, deren CDs und Videos seine Autobiographie beigefügt ist. Aber schon früher hatten sich reale Musiker von Anne Rices Geschichten inspirieren lassen und entsprechende Songs aufgenommen, beispielsweise Sting, dessen »Moon Over Bourbon Street« eine Art Klagelied eines Vampirs ist. Dark Theater, die

Band des Chicagoers Vlad, war eine der ersten Gruppen, die »ägyptische« Elemente mit Industrial-Rock und Metal verbanden, um sich ein auffälliges Image zu geben, doch mittlerweile präsentieren sich zahlreiche Bands auf der ganzen Welt als Vampire oder singen Texte über Blutsauger, darunter die Bands Lestat und Savage Garden, die beide von Anne Rice beeinflußt sind. Savage Garden wollen in ihrer Musik die gleiche Schönheit wie jene in den Büchern von Anne Rice entstehen lassen, aber auch die gleiche Wildheit. Die Band Bauhaus hat ein Stück über Bela Lugosi gemacht, Helster eines über Nosferatu, aber die populärste Gothic-Band sind natürlich die Sisters of Mercy. Blair Murphy erzählte mir von den exzentrischen Auftritten Karen Blacks, deren Show vom Stil der Vampirfilme des Hammer Studios inspiriert war. Blut, Gedärme, Sex und alles Morbide waren die bestimmenden Themen ihrer Performance, die um des Schocks und um drastischer Bilder willen auf die Spitze getrieben wurden.

Vor sehr langer Zeit hörte ich die Musik der 70er Jahre-Band Black Sabbath. Ich erinnere mich an die Aufregung, als meine Freunde und ich in verdunkelten Räumen hockten, uns mit verschiedenen Drogen in einen anderen Bewußtseinszustand beförderten und dabei glaubten, dem Teufel mit jedem Mal näher zu kommen. Ich denke, daß sich die heutigen Jugendlichen genauso fühlen, wenn sie den wilden Texten über Haß, Tod und Blut lauschen. Diese Bands schreien buchstäblich nach schwarzer Kleidung, flackernden Kerzen und einem Messer in Reichweite – nur für den Fall, daß einen die Schwermut überwältigt. Um 1990 entstanden so viele Gothic-Bands, daß sie schon fast nichts Besonderes mehr waren: Christian Death, Marilyn Manson, Voltaire, Alucarda und Type O Negative pflegen die dunklen Gefühle und mythischen Symbole.

Ich kann nicht von mir behaupten, ein Fan des Industrial-Sounds zu sein, der in den Clubs, in denen ich war, vorherrschend zu sein scheint. Die Musik klingt mir zu sehr nach einem Ausbruch von Resignation angesichts höherer Mächte. Mir gefällt die subtilere, unheimliche Musik der Celts besser, die ihre ganz eigene vampirische Ausstrahlung besitzt. Aber ich schätze die Energie und die rastlose Intensität, die aus der Begegnung von Vampiren und Rockmusik entsteht. Ich schaue gerne zu, wie Wellen von Wut und Sinnlichkeit durch die Körper der Sänger strömen, während sie ihre Beschwörungsformeln singen, das Publikum aufwühlen und Schmerz und Sehnsucht entstehen lassen. Wenn die Intensität ihren Höhepunkt erreicht, scheint es, als trete man in eine übernatürliche Dimension verstärkter Gefühle und übermenschlicher Kräfte ein. Und jene, die sich darauf einlassen, können sich von allen gesellschaftlichen Konventionen befreien, die ihre Jugend und Selbsterfahrung einschränken könnten.

Als ich mich in dieser Nacht umsah, bemerkte ich heidnische Tanzstile, aber sonst wenig Bewegung. Ich stand nahe bei einem jungen Mann, der sein Gesicht am Hals seiner Freundin vergraben hatte und seine ziemlich langen Vampirzähne in ihre zarte Haut bohrte. Ich trat ein paar Schritte näher, wobei ich hoffte, daß er mich nicht bemerken würde, und sah, daß seine Zunge an einer kleinen Wunde leckte. Sie war weder zurückgewichen, noch hatte sie geschrien, aber er schien sie wirklich gebissen zu haben. Im nächsten Moment zog er sie, seinen Kopf immer noch in ihrem Haar vergraben, an sich, und ich konnte nichts weiter mitbekommen, ohne aufdringlich zu wirken.

Ich wußte, daß damit die Grenze noch nicht erreicht war. Man hatte mir erzählt, daß manche während dieser dunklen Nächte die Beherrschung verlieren und einander Blut abzapfen, aber ich hatte das für ein eher seltenes Phänomen gehalten und nicht erwartet, daß es so offen praktiziert wurde.

Das drolligste Kostüm des Abends trug ein Mitarbeiter von Sebastian: Cleo kam als gefallener Engel mit schwarzen Flügeln und einem Heiligenschein aus Stacheldraht. Aber hauptsächlich gab es natürlich Vampirkostüme mit schwarzen Umhängen im viktorianischen oder edwardianischen Stil. Sebastian trug ein paar verblüffende rote Katzenaugen-Kontaktlinsen, lange Vampirzähne und einen Zylinder, und er erzielte damit eine große Wirkung.

Einige Jungs präsentierten sich mit aufwendigem Schmuck in Form langer silberner Krallen, und in einem Club traf ich schließlich den Mann, der diese Mode kreiert hat. Er hieß Axel, und seine Visitenkarte kündigte ihn als »gefährlichsten Silberschmied der Welt« an. Er arbeitete schon seit den 60er Jahren als Kunsthandwerker und war ursprünglich von Salvador Dali beeinflußt. Er stellte nicht nur diese silbernen Schmuckstücke her, sondern malte auch surrealistische Gemälde mit seinem eigenen Blut – wie beispielsweise seine Darstellung einer Fledermaus mit Brüsten. Er sah sich selbst allerdings nicht als ein Mitglied der Vampirszene. Er stand überhaupt nicht auf Gruppenbewegungen.

»Die Menschen wollen einen Teil des Künstlers«, sagte er. »Was könnte intimer und persönlicher sein als ein Gemälde aus meinem eigenen Blut? Das ist eine sehr introvertierte Form der Kunst, ich benutze meinen eigenen Körper als Quelle und gebe ein Stück von mir. Wenn du meine Gemälde kaufst, bekommst du wirklich einen Teil von mir. Und ein Einzelstück. Selbst wenn jemand anderes auch mit Blut malt, hat er immer noch eine andere DNS-Struktur.« Axel plante, ein Lehrbuch über das Schmieden von Silber zu veröffentlichen, in dem er auch erklären wollte, wie man ungefährdet mit seinem eigenen Blut malt.

Ich hatte gehofft, auf einer dieser Parties Vlad zu treffen, einen Vampirmagier, der mir Informationen über sich geschickt hatte. Er versprach sogar eine Vampirpuppe, die wie er aussah, aber die Verhandlungen mit Sabretooth waren ergebnislos geblieben. Bei seinen magischen Auftritten benutzte Vlad okkulte Symbole, und er betonte die romantische, verführerische Seite des Vampirs. »Meine Show ist in erster Linie das, was man ein ›Close-up‹ nennt«, hatte er mir erklärt. »Ich trete in einem intimen Rahmen vor einem kleinen Publikum auf. Auf diese Weise ist die Erfahrung für alle Anwesenden viel intensiver. Ich erzähle niemandem, daß ich ein Vampir bin. Auf diese Weise ist es subtiler.«

Was mir an der Vampirclub-Szene besonders gefiel, war die Art, wie sie Menschen zusammenbrachte, die sich sonst mit ihrem Interesse für die Dunkelheit isoliert gefühlt hätten. Und alle Menschen mit solchen Interessen waren willkommen, nicht nur Vampire. Die Clubszene spiegelte im Kleinen die Vielfalt der gesamten Szene wider, wie ich sie landesweit beobachtet hatte. Gothics, Psychics, Okkultisten, Rollenspieler, Hexen, echte Vampyre, S/M-Vamps, Zauberer, Werwölfe (sagte man mir!) und andere Formen, die nicht unbedingt vampirisch, aber damit verwandt waren und sich selbst »Shifter« nannten. Ich wußte, es gab sie, aber sie mischten sich unauffällig unter die anderen.

Madame hatte die Shifter mal erwähnt, und jemand in einem Vampir Chat-Room hatte mich mit einem bekannt gemacht. Die Verbindung war naheliegend, da die Vampire selbst ihre Gestalt verändern können und Dracula als ein Wesen dargestellt wird, das sich jederzeit vom Menschen in ein Tier verwandeln kann.

4

Nachdem er sich selbst als Shifter vorgestellt hatte, fragte ich meinen neuen Bekannten als erstes nach der Bedeutung des Wortes.

»Es bezeichnet die Verwandlung eines Menschen in eine andere Gattung«, antwortete er. »Manchmal wird es Lycanthropie genannt, aber das ist nicht dasselbe. Die Fähigkeit zur Verwandlung ist entweder angeboren oder an ein Ritual gebunden. Es ist eine Verbindung mit meinem vergangenen Leben. Mein spiritueller Führer ist ein Schwarzbär, der sechs Jahre in den Wäldern nordwestlich von Maine an der Grenze zu New Brunswick gelebt hat.« Er fuhr fort, mir die Möglichkeiten physischer Verwandlung auseinanderzusetzen, und nannte die Werwölfe, dann erklärte er mir die spirituelle Transformation der Schamanen sowie die mentale, die er selbst praktizierte.

»Mentale Verwandlung bedeutet, daß man die ganze oder fast die ganze menschliche Identität durch die animalische ersetzt.«

Ich fragte ihn, ob er seine persönlichen Erfahrungen beschreiben könne und erhielt bald darauf die folgende E-Mail: »1986, kurz vor meinem fünfzehnten Geburtstag, traf ich in dem Wald hinter dem Haus meiner Tante einen schwarzen Bären. Der Bär, es war ein weibliches Tier, näherte sich mir, und seltsamerweise hatte ich keine Angst. Als die Bärin bis auf etwa fünf Meter herangekommen war, blieb sie stehen und schnüffelte in der Luft, dann ging sie langsam einmal ganz um mich herum. Ich fiel fast in Ohnmacht. Seit damals habe ich regelmäßig Begegnungen mit Schwarzbären. Meine erste richtige Verwandlung fand 1994 in einer kalten Frühlingsnacht statt. Es begann mit einem merkwürdigen Kribbeln der Wirbelsäule, danach verlor ich meine Farbsicht. Ich wurde von einer Kraft erfaßt, die mich mitriß. Es war, als würde ich in einem Bus sitzen und alles um mich herum durch die Windschutzscheibe wahrnehmen. Ich versuchte, eine bewaldete Gegend zu erreichen, genau wie ein Bär, der in einem geschlossenen Raum von Panik erfüllt wird.

Meistens kann ich spüren, wie mein Bewußtsein in den Hintergrund gedrängt wird. Es ist, wie wenn man im Halbschlaf in einem Zug sitzt und die Landschaft in einer irgendwie unwirklichen Weise an einem vorbeirauscht. Einige Verwandlungen dauern nur ein paar Minuten, vor allem, wenn ich mich gegen sie wehre. Bei anderen Gelegenheiten hat es, soweit ich es beurteilen kann, an die 20 oder 30 Minuten gedauert.«

»Würdest du sagen, daß die Menschen, die sich für Vampire halten, eine mentale oder spirituelle Verwandlung erleben, so wie du sie erlebt hast?« schrieb ich zurück.

Er bestätigte das. »Ich glaube ganz sicher, daß viele Vampire Shifter oder *auch* Shifter sind. Ich habe einen Freund, der ein psychischer Vampir ist. Er nährt sich nicht von meiner Aura, weil er sagt, daß ›er in meiner Aura etwas Fremdes spürt‹. Diese Aussage hat dazu geführt, daß ich mich mehr mit der Entdeckung, daß ich mich verwandeln kann, beschäftigt habe.«

Er betonte unermüdlich, daß es sehr gefährlich für Menschen sei, eine Verwandlung zu versuchen, wenn sie die Kräfte, denen sie sich öffneten, nicht verstanden. »Aus diesem Grund verleugnen viele Shifter ihre Fähigkeiten oder sprechen nur mit denen darüber, die ihre Veranlagung teilen.«

Einige Monate später meldete er sich wieder und erzählte mir von einem weiteren Verwandlungserlebnis. Durch Meditationsübungen und mentale Kontrolle konnte er nun seine Verwandlungen bewußter erleben und sich besser an Einzelheiten erinnern. So erinnerte er sich daran, durch den Wald gerannt zu sein, eine Spur aufgenommen und ein kleines Tier gerissen zu haben.

»Später fielen mir zwei große Kratzspuren in meinem Gesicht auf, eine auf meinem Arm und drei Wunden an meiner Hand. Deswegen nehme ich an, daß sich die spirituelle Verwandlung mit der körperlichen vermischt. Ich kam blutbeschmiert wieder zu mir und hatte einen toten Waschbär vor mir liegen.«

Ein Shifter ist, laut Dr. George, ein Mensch, der sich so sehr in seine Phantasiewelt hineinversetzen kann, daß sie Wirklichkeit für ihn wird. Einige verwechseln das mit dem Zerfall der Persönlichkeit, aber mein Shifter behauptete von sich, durchaus gefestigt zu sein und ein ganz normales Leben zu führen. Ich glaubte, daß die starken Eindrücke, an die er sich erinnerte, genau das waren, wonach Menschen suchen, wenn sie die Identität eines Vampirs annehmen und davon überzeugt sind, die Welt mit den Augen eines Vampirs zu sehen. Ich verstand nun, warum die Shifter sich in der Welt der Vampire heimisch fühlten.

5

Auf einem der zahllosen Vampirfeste traf ich Viola Johnson, die Autorin des Buches *Dhampir: Child of the Blood*. Sie sprach freimütig über ihre »Vampirkinder« und vertrat eine ganz andere Auffassung von Vampiren als die meisten Menschen, die ich bisher getroffen hatte. In *Dhampir* veröffentlichte sie die Briefe, die sie ihrer »Vampirtochter« geschrieben hatte. Ihre Vampirtochter war eine junge Frau, die 1995 auf einer Konferenz in Toronto zum Vampir geworden war. In diesen Briefen bringt Viola ihrem »Jungen« bei, was sie von den Effekten des *Mara*, des Vampirvirus in ihrem Körper, zu erwarten hat.

Viola entpuppte sich als schwere, strahlende Afroamerikanerin mit dunklen Haaren, die sie glatt zurückgesteckt trug. Ihre Tochter, die ich ebenfalls kennenlernte, war eine dünne, blonde kaukasische Frau, die sich gerne als Mann im Stil vergangener Epochen, mit Halsbinden und Brokatgehröcken, verkleidete. Sie hatte gerade eine Dokumentation über Vampirismus und Tuberkulose in New England produziert. Beide wurden mir von einem gemeinsamen Freund vorgestellt, der ebenfalls ein Vampir ist. Sie gaben sich offen und warmherzig und berichteten bereitwillig von sich selbst.

Viola ist Mitglied eines Vampirclans, den sie die »Kinder der Lilith« nannte und als einen Teil des Geheimordens der Illuminati bezeichnete, und sie schrieb ihr Buch, um die heiligen Traditionen an ihre Sippe weiterzugeben. Sie hat es ihrem Herrn Abba gewidmet, der 45 Jahre älter als sie ist und einmal ein berühmtes Medium war. Er hat sie Metaphysik gelehrt.

»Mein Schöpfer war ein Mann namens Allan, aber ich habe ihn immer Abba genannt, was ›Vater‹ bedeutet. Er und meine Mutter haben zusammen gearbeitet. Meine Mutter hat mich immer unterstützt, ihm viele Fragen zu stellen. Als ich 15 Jahre alt war, wußte ich viel mehr als nur das, was in meinen Schulbüchern stand. Und ich wußte, daß meine Mutter ein Vampyr war.« (Viola benutzte das Wort Vampyr anstelle von Vampir, da es ihr vertrauter erschien.) »Ich begann ihm Fragen zu stellen, als ich eines Tages sah, wie er das Blut eines Freundes trank. Es sah aus, als würde er die Wunde küssen, aber dann bemerkte ich die Blutspuren an seinem Mund. Für ihn schien das alles vollkommen normal zu sein.«

Schließlich machte er sie zu einem Vampir. »Ich saß mit einigen von

Abbas Freunden zusammen, und wir sprachen über die Macht des Blutes in Stammesritualen und religiösen Zeremonien. Danach schnitt Abba sich das Handgelenk auf, um seine Freunde sein Blut trinken zu lassen. Ich fragte ihn, ob er auch mich trinken lassen würde. Er wollte wissen, ob ich mir sicher sei, ob ich bereit wäre, und ich sagte ›Ja‹. Er fragte mich noch einmal, und ich antwortete wieder mit ja. Ich war 17 Jahre alt. Er hatte gewartet, wie es das Gesetz der Illuminati vorschreibt, bis ich alt genug war, meine Einwilligung zu geben. Er umarmte und küßte mich, und dann reichte er mir seinen Arm, an dem ich wie eine Verdurstende zu trinken begann. Ich hatte das Gefühl, es würde eine Ewigkeit dauern. Als ich schließlich zu trinken aufhörte, überkam mich plötzlich eine große Müdigkeit. Ich schlief mit dem Kopf auf seinem Schoß ein. Als ich erwachte, verschlang ich alles Eßbare in meiner Reichweite. Das einzige, was meinen Hunger stillen konnte, war mehr Blut.«

Viola brachte ihrerseits zwei andere Vampire mit in die Familie und umgab sich mit einem Blutzirkel, dem sie vertraut – die einzigen, von denen sie Blut trinkt. Sie hat einen Ehemann und eine Ehefrau – beide weiblich – und eine Reihe weiterer Beziehungen, die ihre Vampirfamilie bilden. Darüber hinaus gibt es drei weitere Blutsgeschwister, die sie aber nicht alle persönlich kennt.

»Für die Mitglieder der Kinder der Lilith sind Kinder das wertvollste Geschenk, das uns gemacht wurde«, erklärte Viola. »Sie sind es, die uns wahre Unsterblichkeit verleihen, da sie unser Erbe weitertragen. Wir suchen Menschen, die moralisch streng und den Gesetzen treu sind, nach denen wir leben. Wir suchen Menschen, die Wissen schätzen und würdigen, die das Leben lieben und respektieren und ihre eigenen Begierden beherrschen können, wenn es nötig ist. Wir sind nicht wahllos, wenn es um unsere Nachkommenschaft geht. Ich muß dafür Sorge tragen, daß meine Kinder gut darauf vorbereitet sind, mit dem ›Virus‹ in sich in diese Welt zu gehen.«

Violas Tochter Cub formulierte das Vorwort zu dem Buch ihrer Mutter, in dem sie bekannte, daß sie sich zur Schauspielerei und zur Lederszene hingezogen fühlt. An dem Wochenende, an dem sie zum Vampir wurde, glaubte sie noch an ein Spiel, aber inzwischen behauptet sie, ein naturgegebenes, biologisches Bedürfnis nach Blut in sich entdeckt und es von da an regelmäßig genossen zu haben.

 Einer der interessantesten Aspekte, den Viola in ihrem Buch diskutiert, ist der Unterschied zwischen weiblichen und männlichen Vampiren. Sie behauptet, daß weibliche Vampire sich durch ihre Fürsorge von den männlichen unterscheiden. »Männliche Vampire trinken Blut und lassen ihre Opfer danach in die Arme des Todes fallen. Ich habe kein Verlangen danach, Leben zu nehmen und meinen Opfern die Lebenskraft zu rauben. Blut nährt und muß zurückgegeben werden.« Ihre Tochter hat sie gelehrt, darauf zu achten, niemals nur zu nehmen, ohne auch etwas zurückzugeben.

»Ich glaube, daß die Unterschiede zwischen männlichen und weiblichen Vampiren fast die gleichen sind wie die von Mann und Frau im allgemeinen«, ergänzte sie. »Einige sind biologisch, andere kulturell. Abba sagt, daß viel mehr weibliche Vampire Nachkommen schaffen als männliche. Frauen sind meistens nicht so verschwenderisch und haben mehr Geduld, den Jungen beizubringen, was sie lernen müssen. Männer haben im allgemeinen einfach nicht den Drang, fürsorglich zu sein. Sie nehmen einfach nur und verschwinden dann.«

Nach Violas Meinung können Vampire die Sonne aushalten, sollten sich ihr aber nicht allzusehr aussetzen. Sie werfen einen Schatten, und ihr Verdauungssystem ist komplex und empfindlich. Sie verfügen über geschärfte Sinne, sind nicht »untot« und anfällig für Krankheiten. Um das Haus eines anderen zu betreten, müssen sie eingeladen werden, und sie sind »erleuchtet«. »Was den Vampyr so einzigartig und sinnlich macht, ist zu einem großen Teil darauf zurückzuführen, daß er seine animalische Natur kennt und akzeptiert«, erklärte sie weiter. »Wir leben im Einklang mit dem Tier in uns, und diese animalische Kraft ist der Ursprung aller menschlichen Sexualität. Wir sind Jäger. Das ist die Natur des Tieres. Einige von uns haben gelernt, das Tier im Menschen zu verstehen, es zu beherrschen und – manchmal – zu unterdrücken.« Viola schätzte die Anzahl der Vampire im ganzen Land (USA) auf etwa 350.000; bei verschiedenen Leder- und S/M-Konferenzen veranstaltet sie jedes Jahr Vampirworkshops und hat festgestellt, daß manche Teilnehmer bestimmte »genetische Eigenarten« aufweisen, die sie zu Vampiren machen.

Ich fragte sie, ob sie das Blut von jedem trinkt, der sie darum bittet.

Sie verneinte. »Von 99,9 Prozent der Leute, die das wollen, nehme ich kein Blut, obwohl ich jedes Jahr Blut von Hunderten von Leuten trinke. Ich unterhalte eine sehr spezielle Wohlfahrtseinrichtung, die Kissing

Booth. Ich erkaufe mir das Recht, jemanden zu beißen, was meinen Wunsch nach dem Geschmack des Fleisches befriedigt, und die Einrichtung bekommt das Geld – all das, ohne wirklich Blut zu nehmen. Wir Vampyre bilden Blutzirkel. Für mich ist das Trinken von Blut ein sehr intimer Akt. Ich trinke nur von einer ausgewählten Gruppe von sieben oder acht Leuten, die ich alle sorgfältig überprüft habe.«

»Sind Sie glücklich mit Ihrer Entscheidung, ein Vampir geworden zu sein?«

»Ich bin glücklich und stolz, ich selbst zu sein, mit allem, was das einschließt. Ich kenne nichts anderes, also weiß ich nicht, was für ein Mensch ich sonst geworden wäre. Nur einmal habe ich mich so geschämt, daß ich mir wünschte, jemand anderes zu sein. Vor etwa drei Jahren leitete meine Familie einen Workshop für die National Leather Association. In einem Raum, der Platz für 25 Leute bot, drängten sich 80 Besucher, und alles, was dabei herauskam, waren Horrorgeschichten von diesen Leuten! Wir mußten uns eine schreckliche Geschichte nach der anderen darüber anhören, was diesen unschuldigen Leuten angetan worden war und daß einige von ihnen lieber sterben würden, als mit den Erinnerungen an die Taten der Vampire zu leben. Alles, was ich tun konnte, war zuhören und sie trösten. An diesem Tag hätte ich alles dafür gegeben, jemand anders zu sein!«

Ihre Erfahrungen in der Welt der Vampire hatten mein Interesse geweckt. »Gibt es ein Vampirnetzwerk?« wollte ich wissen.

»Ja und nein. Die meisten Vampire leben unerkannt. Sie fürchten sich davor, daß jemand sie umbringen könnte. Es ist schwierig, aber nicht unmöglich, andere Vampire zu finden. Einer der Gründe, warum ich mein Buch geschrieben habe, war, andere Illuminati aufzuspüren und ihre Geschichten aufzuschreiben. Ich glaube, daß das Wissen, daß es andere von uns da draußen gibt, das Wichtigste ist, was wir haben. Es kann ganz schön einsam sein, wenn niemand versteht, was man als Vampyr so durchmacht. Nicht viele deiner Freunde haben Verständnis dafür, wenn du sie als ein Stück rohes Fleisch betrachtest, weil du so hungrig bist, daß dich die Blutgier überkommt. Ich denke, es ist wichtig, daß die Menschen wissen, daß wir überall sind. Wir tragen nicht ständig Schwarz. Wir schlafen nicht in Särgen. Wir können das Tageslicht ertragen, und wir sind einzigartige Persönlichkeiten mit einer langen Tradition.«

»Wie ist es für Sie, wenn Sie Blut trinken?«

»Es ist etwas, das ich tun muß, um meinen Hunger zu stillen. Manchmal ist es wie ein Spiel. Manchmal reagiere ich auf die sexuelle oder erotische Unterwerfung meiner Opfer. Es kann sehr aufregend sein, den Körper eines schönen Mannes oder einer Frau in meinen Armen zu halten, da ich weiß, daß es für sie meist ein erotisches Erlebnis ist. Aber ich weiß nicht, ob Sie *das* meinen. Ich gehe immer sehr sorgsam und respektvoll mit der Intimität um, die notwendig ist, um Lebensblut zu empfangen, da dies das kostbarste aller Geschenke ist. Andererseits ist es eine biologische Funktion wie jede andere auch. Ich denke über diese Erfahrung nicht allzusehr nach, nur wenn ich mit meinem engsten Partner zusammen bin.

Aber es ist ein sehr friedvolles Gefühl, meinen Kindern oder anderen meiner Art mein Blut zu geben. Ich kann fühlen, wie das Blut aus mir herausfließt und in sie übergeht, während sie trinken. Unsere Herzen schlagen im gleichen Rhythmus, werden eins, wenn Sie so wollen. Für die Zeit des Austauschs sind wir eine Einheit mit zwei Seiten. Ein Teil von mir lebt in ihnen fort, und das ist ein Erlebnis, das weit über die Erregung hinausgeht.«

6

Blutsverwandtschaft, Blutschwüre. Es existieren aber auch Vampirfamilien, die nicht dem fürsorglichen Bild entsprechen, das Viola entworfen hatte. Ich erfuhr dies, als ich mich endlich mit Diogenes traf. Ich hatte ihn ein bißchen warten lassen, hatte Verabredungen abgesagt und nicht eingehalten, teilweise um andere Mitglieder der Szene zu treffen, teilweise weil er mich nervös machte. Trotzdem war er immer noch bereit, mir zu zeigen, wie es ist, das Blut eines Menschen zu trinken. Ich sollte sehr bald herausfinden, daß ich nicht auf die *ganze* Vampirszene vorbereitet war – nicht auf diese Art von Vampiren jedenfalls.

Die Menschen waren schon immer vom Blut fasziniert. Blut ist Leben, und für viele hat es magische und spirituelle Qualitäten. In einigen Kulturen tranken die Krieger das Blut ihrer Feinde, um deren Kraft in sich aufzunehmen. Die Gräfin Elisabeth Bathory badete im 16. Jahrhundert in Blut, um ihre Jugend zu bewahren. Als der berüchtigte Mörder Dillinger auf der Straße erschossen wurde, tränkten die Menschen ihre Taschentücher mit dem Blut, das aus seinen Wunden sickerte, und Händler verkauften kleine Flaschen, die angeblich mit seinem Blut gefüllt waren. Die Katholiken glauben, daß sich der Meßwein in das Blut Christi verwandelt. Blut begleitet die Geburt eines Menschen, und eine Blutspende kann Leben retten. Es ist eine heilige Substanz.

Es stellte sich heraus, daß Diogenes richtig versessen auf Blut war. Ich hatte das schon auf dem S/M-Ball bemerkt. Wir trafen uns an dem verabredeten Ort, und er brachte mich rasch in ein schäbiges, kaum möbliertes Apartment, wo ein paar andere »Gäste« – ein Mann und zwei Frauen – bereits mit dem Ritual angefangen hatten. Was sich hier vollzog, ist für manche der wahre und beste Vampirismus, während andere denken, daß diese Variante mit echten Vampiren nichts zu tun hat.

Ich roch den Duft brennender Räucherstäbchen und sah einen kleinen Glastopf auf dem Herd, in dem eine dunkle Flüssigkeit erhitzt wurde. Auf der Ablage daneben lagen einige lange Nadeln. Eine der Frauen, die rote Strähnen in ihre langen blonden Haare gefärbt hatte, saß auf dem Bett, beugte sich vornüber und bedeckte ihre Brust mit einem Handtuch. Auf ihrer Schulter sah ich eine Narbe, die wie ein Brandmal aussah. Ihr Rücken war entblößt, und die andere Frau hatte mit einer chirurgischen Klinge einige Linien darauf eingeritzt, aus denen Rinnsale von Blut in ein Handtuch flossen, daß sich schnell rot färbte. Die »Künstlerin« hatte ein Zeichen entworfen, daß wie ein Baum aussah, und sie hielt die hellste Lichtquelle darauf gerichtet, die es in dem abgedunkelten Raum gab. Daneben war eine Kerze aufgestellt worden, damit sie ihre Klinge erhitzen konnte.

Der Mann war groß und hager und hatte zahlreiche Gesichts- und Nasen-Piercings und eine farbenprächtige Tätowierung, die an seinem Hals begann und sich bis hinunter zu seinem schwarzen Hemd zog. Er stand regungslos im Zimmer. Er wandte nicht einmal den Kopf, als wir hereinkamen, sondern wippte nur leicht im Takt der Musik, die leise aus den beiden Lautsprechern drang. Sein braunes Haar war hinten zusammengebunden, und ich sah die Spitze eines Vampirzahns auf seiner Unterlippe.

»Bei jedem Schnitt ausatmen«, sagte die Künstlerin zu dem Mädchen.

Diogenes schloß die Tür hinter uns. Mir wurde fast schlecht von dem Geruch des frischen Blutes und des Alkohols in diesem Raum. Die Räucherstäbchen konnten den Geruch nicht verdecken.

Ich kannte verschiedene Formen der Selbstverstümmelung, um den Körper zu schmücken: erhobene Narben (»Keloids«), heiße oder kalte Brandmale, Tinteneinreibungen in Wunden und Verbrennungen, kleine wie große, je nachdem, welches Instrument verwendet wurde. Ganz zu schweigen von »Braidings«, bei dem Hautstreifen aufgesetzt wurden, um besonders extravagante Keloids zu erhalten. Für manche ist dies ein Initiationsritus oder ein Weg zu größerer Spiritualität, für andere eine Methode, Lust durch Schmerz zu erfahren – und jede Narbe gilt als Trophäe. Ein blutiger Sport im S/M-Stil. Wieder anderen gefällt es einfach aus ästhetischen Gründen, obwohl Psychologen diese Verletzungen als eine Form der Selbstverstümmelung ansehen.

Es sah so aus, als wenn das Mädchen mit dem Messer Essig zum Einreiben der Wunde verwenden würde, um die Verletzung zu reizen und anschwellen zu lassen. Danach roch es zumindest. Ich vermochte mir kaum vorzustellen, wie sehr es schmerzen mußte, dieses Zeug in eine frische Wunde gerieben zu bekommen.

Diogenes bot mir an, mich neben das »Opfer« zu setzen. Er stellte mir das Mädchen mit dem Messer als Ophelia vor, den abgehobenen Typ als Rod und die Blondine als DiDi. Sie nickte mir zu, wirkte aber ziemlich zugedröhnt. »Das sind die Endorphine«, erläuterte sie, als hätte sie meine Gedanken erraten. »Das ist der Kick. Du denkst wahrscheinlich, das tut weh, aber es tut nicht weh. Es ist wirklich unglaublich.«

Ich sah Diogenes an und bemerkte, daß er mich prüfend musterte. Ehrlich gesagt, fand ich die ganze Sache eher abstoßend, aber ich war entschlossen zu bleiben. Zumindest in diesem Augenblick.

»Willst du ein Zeichen?« fragte er.

»Nein. Deswegen bin ich nicht hier«, erwiderte ich.

Er fuhr mit einem Finger über DiDis Rücken und hielt ihn hoch. Er war blutbefleckt. Mit einem Lächeln steckte er ihn in den Mund. Dann nahm er eine gerade erblühte gelbe Rose aus einer Vase, zog sie durch ihr Blut und reichte sie mir. Ihre Ränder waren blutverschmiert. Ein Tropfen Blut fiel auf den Boden.

Ich schüttelte den Kopf.

»Wir sind alle sicher«, versicherte Ophelia mir. »Wir haben alle einen Test gemacht. Wir machen es nur unter uns.«

»Sie gibt Blut«, sagte Diogenes zu Ophelia. »Ich glaube, sie will, daß man ihr Blut trinkt und nicht selber trinken.«

Ophelia warf ihm einen Blick zu, der sagte: »Warum hast du sie dann mitgebracht?«

»Sie will es erleben, um zu sehen, wie es ist«, erklärte er. Ophelia nickte abwesend, in ihre Arbeit vertieft. DiDi wimmerte ein wenig, hielt aber still. Blut sickerte in leuchtend roten Strömen über ihren Rücken und glänzte im Licht.

Ich wollt nicht noch mehr sehen. Ich brauchte das nicht. Mir wurde schlecht, und so wie es aussah, würde das hier lange dauern und noch extremer werden. Ich versuchte mir zu überlegen, mit welcher Begründung ich verschwinden konnte.

Der Regisseur Blair Murphy hatte recht. Es ging nicht so sehr um das Blut selbst als um die Phantasie. Das hier war ein Stammesritus und hatte mit Vampirismus nichts zu tun. Auch wenn sie alle am Ende mit ihren Vampirzähnen das Blut von DiDis Rücken lecken würden (ich hatte Fotos davon gesehen), ging es hier nicht um Vampire, sondern um Blutfetischismus. Langsam lernte ich meine Vorurteile richtig einzuschätzen.

Nach einigen Minuten verschwand Diogenes im Badezimmer, und ich ergriff die Gelegenheit. »Ich gehe jetzt«, sagte ich. »Wißt ihr, ich hatte eigentlich etwas anderes erwartet. Sagt Diogenes einfach, ich komme ein andermal wieder.«

Rod schaute kurz auf, sagte aber nichts, also lief ich hinaus in die Nacht. Ich sah Diogenes auf einigen Parties in Manhattan wieder, aber ich fragte ihn nie mehr nach irgend etwas. Selbst wenn er mir angeboten hätte, mir zu zeigen, wie er DiDis Blut trank, wollte ich es nicht mehr sehen. Es würde mir nicht helfen, die Dinge, an denen ich interessiert war, besser zu verstehen. Es war eine Sache, sich vorzustellen, seine Zähne erotisch in einen zarten Nacken zu versenken, und eine ganz andere, jemanden zu beobachten, der glaubt, ein Vampir zu sein und den Mund voller Menschenblut hat. Ich brauchte mir das nicht anzusehen, um diesen speziellen Teil der Vampirszene kennenzulernen. Sie konnten machen, was sie wollten, aber ohne mich. Vielen Dank!

Kapitel zehn

Das Herz der Finsternis

1

Chicago ist für seinen Wind, seine Jazz-Festivals, Museen, Universitäten, Rippchen, Pizza und seine Mafiabosse berühmt. Aber es gibt wesentlich mehr in dieser Stadt, als Touristen im allgemeinen zu sehen bekommen. Große Städte mit ihren vollgestopften Straßen, lebendigen Promenaden und spiegelnden Hochhäusern ziehen die Machthungrigen an, die Menschen, die einem Vermögen nachjagen, und jene, die einfach nur neugierig sind. Sie ziehen aber auch Menschen an, die sich in der Menge verbergen wollen. Diejenigen, die nur zur Michigan Avenue – der »Magnificent Mile« – pilgern, verpassen eine der größten Attraktionen der Stadt: die Vampire!

Ich lernte einen Vampir aus Chicago kennen, der über hauptsächlich geheime Treffen und Aktivitäten berichtete und sich beklagte, daß die Schönheit des Vampirs – ein wichtiges Merkmal dieser Gemeinschaft – in Wahrheit ein Fluch sei. Er mußte es wissen. Mit seinen grünen Augen, den edlen Zügen und dem langen dunklen Haar konnte er fast als Mädchen durchgehen. Er war auch noch sehr schlank, was ihn noch androgyner erscheinen ließ. Da er betonte, daß ein echter Vampir im Schatten bleibt, nannte ich ihn »Shadow«.

Wir saßen in seiner karg möblierten Atelierwohnung am Rand von Chicago, und er erzählte mir von seinem Fluch.

»Schönheit hebt einen ahnungslosen Menschen aus der Masse heraus«, erklärte er. »Schöne Menschen erhalten in unserer Kultur immer eine Chance und werden mit Nachsicht behandelt. Äußerliche Schönheit wird immer belohnt und verleiht dem schönen Menschen eine unglaubliche Macht. Es erlaubt einem, andere Menschen zu manipulieren – und sie auszubeuten. Nur Menschen ohne Gewissen betrachten das nicht als Fluch. Sie nehmen sich einfach, was sie brauchen, und gehen dann mit dem, was sie genommen haben, fort, gleichgültig ob sie jemand anderen verletzt haben. Alles, was ich je haben wollte, habe ich bekommen. Jeden, den ich haben wollte, habe ich gehabt. Die Versuchung, diese Macht zu mißbrauchen – und sie zu vergrößern – ist groß.«

»Aber Sie brauchen diese Macht doch gar nicht«, sagte ich. Er sah zu Boden und ich bemerkte, wie lang und schwarz seine Wimpern waren. Okay, komm schon, laß das!

»Wir werden ganz verrückt danach«, fuhr er fort. »Und wir können es nicht ertragen, zu altern. Wir können es nicht ertragen, wenn unsere Macht zu schwinden anfängt. Und deshalb zerstört Schönheit die Seele. Schönheit ist selbst ein Vampir. Sie kann einen Menschen unglücklich und hoffnungslos narzißtisch machen.«

»Bereuen Sie etwa, daß Sie schön sind«, fragte ich voller Zweifel. »Wären Sie lieber mit einem anderen Gesicht geboren?«

»Nein ... und ja«, bekannte er. »Ich habe mich sehr ernsthaft mit meinen Vampiraktivitäten beschäftigt. Ich weiß jetzt sicher, was ich früher schon geahnt habe: Ich glaube, mein Vampirismus und mein Narzißmus sind in meiner Persönlichkeit vereint. Narzißmus bedeutet für mich den Wunsch, bewundert zu werden. Ich bin damit aufgewachsen, bewundert zu werden – auf ein Podest gestellt zu werden –, und jetzt brauche ich das eben.«

Er hielt einen Moment inne und sah in diesem Augenblick wie ein Gemälde von Raphael aus. Er versuchte, neu zu formulieren: »An diesem Punkt tritt der Vampir in mein Leben. Vampire sind mächtige Geschöpfe, Objekte der Lust und Begierde, die für ihre Schönheit, Jugend und ihren unsterblichen Charme angebetet werden. Als Kind war ich schön und intelligent, witzig und charmant. Ich habe schnell gelernt, diese Eigenschaften zu nutzen, um bewundert zu werden. Das hat dazu geführt, daß ich von Vampiren fasziniert war. Es schien ganz natürlich zu sein, mich mit Vampirfiguren im Fernsehen oder sonstwo zu identifizieren, weil sie genauso dargestellt wurden, wie ich mich selber sah. Ich fühlte mich zu der Existenzweise des Vampirs hingezogen, weil ich an Macht und

Bewunderung gewöhnt war. Sie bestärkte mein Ego und führte schließlich dazu, daß ich mit Freunden Blut austauschte. Ich trank das Blut aus der offenen Wunde und suchte die übernatürliche Kraft, von der ich glaubte, daß sie durch das Blut übertragen würde. In dieser Zeit, während ich experimentierte, begann ich mich von psychischem Vampirismus angezogen zu fühlen. Ich lernte die Möglichkeit schätzen, Menschen und Situationen zu manipulieren. Ich erkannte die Vorteile, die es hat, wenn man Menschen dazu bringen kann, zu tun, was man selbst will. Durch den psychischen Vampirismus bekam ich mein Spielzeug und andere Sachen billiger. Kurz, mein Dasein als Vampir wurde zum Ausdruck meiner narzißtischen Persönlichkeit. Ich lernte mein Ego und meine Libido damit zu füttern. Ich verleugnete vollkommen mein wahres Selbst und versuchte nur, meinen ständigen Hunger zu erhalten und zu befriedigen.«

»Das klingt alles so leer«, bemerkte ich. »Ich meine, ein Narziß braucht ständige Aufmerksamkeit, um sein Selbstbewußtsein zu bewahren. Ohne den Spiegel, den ihm die anderen vorhalten, verliert er seine Substanz.«

»Vampire suchen immer nach etwas, was sie nicht haben«, sagte Shadow. »Sie versuchen, sich die Merkmale anzueignen, von denen sie glauben, daß sie für ihr Leben notwendig sind, aber oft besitzen sie gerade diese Merkmale oder Eigenschaften schon. Viele Vampire in meinem Bekanntenkreis sind blind für ihre wahren Talente und suchen nach Opfern, die ihnen geben, wonach sie suchen, und bemerken nicht, daß sie es längst besitzen. Sie sind sehr hart zu sich selbst und erkennen ihren eigenen Wert nicht. Sie versuchen mit allen Mitteln, sich als etwas Großartiges darzustellen, aber sie übertreiben es, weil sie alles verschlingen, was sie eigentlich schon von Natur aus in sich tragen.«

Er war Mitglied einer geheimen Vampirgemeinschaft in Chicago, gab aber ihren Treffpunkt nicht preis. Als er mir einige ihrer Aktivitäten beschrieb, verstand ich auch den Grund.

Ich bat ihn, mich in seine Gruppe einzuführen, erhielt jedoch die folgende Antwort: Ich war eine Außenseiterin. Keine von ihnen. Er durfte mich nicht einfach so mitbringen.

»Vielleicht wären Ihre Leute zugänglicher, wenn Sie ihnen von den Büchern erzählten, die ich über Anne Rice geschrieben habe«, schlug ich vor.

»Das habe ich schon getan«, entgegnete Shadow. »Sie waren davon sehr beeindruckt. Sie wollen wissen, ob sie Ihr Blut trinken können.«

Ich entschied, daß mir Shadows Bericht genügte.

Nach seiner Darstellung bedurften Vampire einer privaten Atmosphäre, um ihre Rituale auszuführen, und es gibt keinen besseren Ort dafür als Chicago. Die dortige Untergrund-Vampirszene ist nicht so bekannt wie die von New York und Los Angeles, sogar der Vampirszene von Florida ist in der Presse mehr öffentliche Aufmerksamkeit zuteil geworden. Wie kam es also, daß die drittgrößte Stadt im Land ihre Vampire einfach übersah? Weil sie sich sorgfältig verstecken!

»Im Gegensatz zu vielen anderen Vampirgemeinschaften«, berichtete Shadow, »ist die Chicagoer Vampirszene eine geheime Organisation, die im verborgenen agiert. Es gibt keine öffentliche Parade an Halloween, zumindest nicht von den echten Vampiren. Jede Aktivität zu dieser Zeit des Jahres stammt von den Möchtegernvampiren. Echte Vampire verachten sie, schätzen es aber, daß deren Präsenz von ihren eigenen Operationen ablenkt.

Die Chicago-Vampire sind die gefährlichsten im ganzen Land. Es gibt unter ihnen ein sehr starkes zerstörerisches Element. Die Vampirszene umfaßt mehr als 1.000 Mitglieder, die im Stadtzentrum leben und arbeiten, dazu kommen noch ein paar kleinere ›Häuser‹ in den Vororten. Sie sind sehr gut organisiert und nehmen die Sache sehr ernst. Sie haben einen Pakt untereinander geschlossen, Blut zu trinken, um sich die Lebenskraft anderer Seelen anzueignen. Viele glauben, daß diese Energie sie mit jugendlicher Schönheit und Kraft ausstattet, die zu einer Art ›sterblichen Unsterblichkeit‹ führt.

Jedes Haus unterhält ein Jagdterritorium, einen sogenannten ›Turf‹. Diese Häuser sind so etwas wie die berüchtigte Chicagoer Mafia, eine organisierte Armee von Soldaten, die zu allem bereit und darin geschult sind, sich vom Leben anderer zu nähren.

Es gibt einen Vampirkult im Chicagoer Stadtteil Halsted. Die meisten Vampire dort sind schön, mächtig und verführerisch gefährlich, und sie teilen meine Verwegenheit in Dingen der Jagd. Ich bin auf sie gestoßen, als ich mich im Side Tracks, einer Bar in der Gegend, herumtrieb, und plötzlich einen anderen meiner Art bemerkte. Er war ein großer, naturblonder Mann mit indianischen Gesichtszügen. Er war ganz in Schwarz – Seidenhemd mit langen Ärmeln und Jeans. Seine Lippen waren so gerötet, als hätte er stundenlang im kalten Wind gestanden. Ich gab mich desinteressiert, ignorierte ihn absichtlich, blieb in meiner Ecke sitzen und trank einen Brandy. Ich wollte, daß er *mich* jagte. Nachdem ich eine Stunde mit dieser Situation geflirtet hatte, stand ich auf und ging dicht an ihm vorbei. Er folgte mir in eine dunkle Ecke, zog mich zu sich und biß und leckte zart meinen Hals. Scharf! Wir beschlossen, zusammen auf die Jagd zu gehen. Es war ein eigenartiges Gefühl, mit jemand anderem unterwegs zu sein, der mir so ähnlich war. Aber wir lenkten uns gegenseitig ab – der Vampir wollte den Vampir verführen. Ha!« Shadows grüne Augen blitzten, als er das sagte, und er lächelte.

»Danach lud er mich zu sich ein. Sein Zuhause erwies sich als Sitz eines Vampirrates. Die Wände des zweistöckigen Stadthauses waren in satten dunklen Farben gestrichen und mit schweren Stoffen verhängt. Es gab neun andere Vampire dort, männliche und weibliche, die herumsaßen, Musik hörten, ins Kerzenlicht starrten oder sich leise unterhielten. Mein Vampir führte mich nach oben, und ich merkte, daß andere uns folgten. Danach feierten wir eine Vampirorgie und bissen, leckten und saugten an allen Stellen des Körpers. Keiner kümmerte sich darum, wer welches Geschlecht hatte. Wir erlebten einen totalen Rausch.

Später luden sie mich bei einem Glas Wein ein, mich ihrer Gruppe anzuschließen. Ich gab ihnen keine verbindliche Zusage. Das ist immer besser. Wie sich herausstellte, war ich in dieser Nacht die Beute. Ihre Gesetze verlangten, daß einer oder zwei von ihnen auf die Jagd gingen und die Beute für alle anderen mitbrachten.«

»Wie sieht das Haus eines Vampirrates aus?« fragte ich.

Er dachte einen Moment nach und sagte dann: »Es gibt ein besonderes Haus, das Haus von Abel, das den Mittelpunkt der Gemeinschaft bildet. Ich nenne ihn Abel, weil das ›Ausdünstung‹, ›Dampf‹ oder ›Nebel‹ bedeutet. Es bedeutet etwas Inhaltsloses, Leeres, und genauso ist er. Abel ist der Führer aller Vampire, und er verfügt über unwiderstehlichen Charme. Sein Haus ist ein prächtiges Refugium für seine Gefolgschaft. Schätzungsweise zehn Vampire leben dort mit ihm. Der Teppich ist von einem satten königlichen Rot, genau wie die passenden Vorhänge, die die französischen Fenster einrahmen. Seine Möbel im frühen amerikanischen Stil sind aus Kirschbaumholz. Es gibt kaum Licht in Abels Haus, höchstens indirektes Licht von den elektrischen Kerzen, die von der gewölbten Decke herabhängen. Es ist wie in einer Kathedrale, aber der

Kontrast zwischen diesem Haus und einer Kirche, die doch beide dasselbe – den Geist – anbeten, ist wirklich bemerkenswert.

Das Haus ist herrlich unheimlich. Ein leichter Geruch nach feuchten Mauern, der aus den Kellerkatakomben aufsteigt, wo Abel schläft, hängt in der Luft. Sie leben dort wie Vampire, schlafen tagsüber in ihren Särgen im Keller und jagen nachts in den Straßen von Chicago.

In dieser pulsierenden Stadt ist Abel ein stiller König, der auf der Suche nach frischem Blut die Straßen durchstreift. Er träumt davon, ein Gott zu werden, ein Herrscher über sein eigenes Königreich – ein Kult, der aus Hunderten von Vampirkindern besteht, die seine Pläne in die Tat umsetzen sollen.«

»Haben Sie auch andere Häuser gesehen?« wollte ich wissen.

»Ja. Ein anderes üppig ausgestattetes Domizil in einem renovierten Keller im alten Teil der Stadt. Eine riesige Wohnung mit zehn Zimmern, jedes von ihnen in einem anderen Farbton gestrichen. Es gibt einen Raum für Zeremonien, und ich war einmal dort und wurde Zeuge, wie vier junge Männer und zwei Frauen eingeführt wurden. Sie waren alle Anfang 20. Sie wurden entkleidet und an Pfähle gebunden, die in einem Kreis aufgestellt waren, so daß sie einander ansahen. Die Mitglieder des Rats umringten sie, während ihr Anführer in der Mitte stand. Er sprach ein langes Gebet für das Ritual, teilweise in einer unbekannten Sprache. Dann betraten fünf Vampire mit scharfen Messern den inneren Zirkel und fügten jedem der nackten Körper an vier verschiedenen Stellen Schnitte zu: jeweils einen auf jeder Brust und jeweils einen auf der Innenseite der Schenkel. Währenddessen wurden Gebete gesprochen.«

»Gebete?«

»Die Gebete des Rates, die meist an den Vampirgeist gerichtet sind, den der Rat anbetet. Es werden Schwüre abgelegt, die den Eid des Blutes bestätigen, nach dem Blut Leben ist und Lebenskraft spendet. Durch das Töten anderer wird der Eid jedesmal erneuert, er ist wie ein Hexenschwur.

Die Novizen bluteten stark, und ihr Blut wurde in silbernen Schalen aufgefangen, die zu ihren Füßen standen. Nach der zeremoniellen Reinigung durch das Feuer wurde das Blut von den Mitgliedern des Rates getrunken, die damit das Leben der anderen in sich aufnahmen. Dann wurde der Gebende hereingebracht.«

»Der Gebende?« echote ich. »Das klingt sehr heidnisch.«

»Es war ein junger Mann, dessen Pulsadern leicht geritzt waren. Er bot jedem der Novizen Blut aus seinen Adern an. Danach wurden sie losgebunden und jeder in einen anderen Raum geführt, wo sie mit den anderen tun konnten, was sie wollten. Es sollte für sie die Erfüllung ihrer Phantasien sein. Wenn sie jemanden aus der Gruppe der Mitglieder begehrten, konnten sie diesen erwählen, mit ihnen zu gehen.«

»Hat denn niemand Angst vor Krankheiten?«

»Nein, niemals. Ich habe noch nie einen Vampir kennengelernt, der sich davor gefürchtet hätte. Die meisten fühlen sich unverwundbar, oder es kümmert sie einfach nicht. Wenn sie an einer Infektion sterben, sehen sie das als ihr Schicksal als Vampir an.«

»Also gut, weiter. Die Zeremonie.«

»Die Zeremonie dauerte gut zwei Stunden, und danach zog ich mich in einen Raum zurück, der für mich bestimmt war. Er war mit einem Bett, einem Frisiertisch, einem Nachttisch und einem großen Spiegel ausgestattet. Der Teppich war von einem tiefen Blutrot und sehr dick. Die einzige Lichtquelle war eine kleine Fackel in der Ecke des Zimmers. Abel wies mich darauf hin, daß einige Räume nur für die dunkleren Aktivitäten, die ich nicht gesehen hatte, reserviert waren. Dort würden ›Dinge geschehen‹. Ich schätze, daß dort illegale Aktivitäten stattfanden. Ich nehme an, daß die ganzjährige Jagd nach Blut dort ihren Höhepunkt findet.«

»Höhepunkt? Glauben Sie, daß sie Menschen töten?«

Shadows Antwort war ausweichend und unverbindlich. »Ein Leben zu nehmen, um den Rat zu erneuern und zu stärken ... angeblich geschehen solche Dinge überall im Land. Es wird geheimgehalten, geschieht so selten und wird so gut vorbereitet, daß es schwer ist, solche Vampire zu fassen oder zu überführen. Man nennt es den ›Heiligen Tod‹, aber ich habe so etwas noch nie miterlebt, obwohl ich schon eingeladen worden bin, daran teilzunehmen.«

»Würden Sie hingehen?«

Er sah mich an und zuckte mit den Schultern. »Ich weiß nicht. Ich glaube nicht.«

»Gibt es neben dem Heiligen Tod noch andere Arten von rituellen Morden?«

»Verräter werden getötet. Wenn man dem Rat beitritt, ist das ein lebenslanger Bund, und wer die Gesetze mißachtet, wird gnadenlos gejagt. Manchmal wird auch nur für den Kick getötet.«

»Wie kamen Sie zu dieser Gruppe?« fragte ich. Ich machte mir allmählich Sorgen um ihn. »Sind Sie von denen gefunden worden oder umgekehrt?«

»Eigentlich beides. Ich war in einem Club und traf ein paar junge Männer, die mich zu sich einluden. In jener Nacht beschworen wir den Geist des Vampirs und begannen offen über unsere Absichten mit ausgewählten Opfern zu sprechen. Wir wußten, daß wir alle Vampire waren: durch Augenkontakt, Gesten, Andeutungen.«

»Was für Gesten?«

»Nun, beispielsweise durch einen bestimmten Handschlag. Ein Vampir preßte seinen Zeigefinger auf meinen Puls, als er mir zur Begrüßung die Hand gab. Ich wußte sofort, was diese Geste bedeuten sollte.«

»Und Sie wurden Mitglied dieses Rates? Oder wie ging es dann weiter?«

»Nein. Ich bin Einzelgänger. Ich bin nach dieser Nacht nie wieder dorthin zurückgekehrt. Aber ich habe mich öfter nachts mit ihnen herumgetrieben, besonders mit Abel. Ich habe durch ihn von einem Vampirzirkel erfahren, der von Stadt zu Stadt zieht, um andere Gruppen von Vampiren auszubilden und zu organisieren. Ich wußte darüber nicht viel, und es interessierte mich auch nicht besonders. Aber er gehörte dazu. Er sagte, dieser Zirkel bestünde aus zwölf Räten mit jeweils zwölf Mitgliedern, obwohl der Chicagoer Untergrund selbst überall Ableger gründet. Abel selbst führt 20 verschiedene Gruppen an, so sagte er jedenfalls. Aber es gibt viel andere Gruppen mit eigenem Stil und eigenen Praktiken. Der Kick liegt für sie hauptsächlich in ihrer Unsichtbarkeit – das niemand wirklich weiß, wer sie sind.«

»Wenn Sie sich ihnen so verbunden fühlen, wie Sie sagen, warum sind Sie dann nie wieder hingegangen?«

»Gerade weil ich mich ihnen so nahe fühlte. Ich spürte, daß ich mich selbst verlieren könnte. Damals fürchtete ich mich davor.«

»Können Sie mir davon erzählen, wie Sie mit Abel jagen gegangen sind?«

Shadow schwieg einen Moment, als wenn er die beste Geschichte rauspicken wollte – oder eine Geschichte, die am wenigsten verraten würde. Dann sagte er: »Es war eine regnerische Nacht. Wir trafen uns zu einem Drink, und das Gespräch drehte sich bald um Blut und Sex. Er versprach mir eine tolle Nacht. Wir tranken aus und gingen durch die menschenleeren Straßen zu einem Club. Die Häuserwände waren naß und wirkten hinter dem dichten Nebel wie Schemen. Wir gingen ins ... nein, egal.« Er lächelte. »Das kann ich nicht verraten. Als wir hineinkamen, übernahm Abel sofort die Kontrolle über den ganzen Raum. Ein Mann um die 40 kam die Treppe herunter und blieb bei unserem Anblick stehen. Er nickte Abel zu und stieg die Stufen wieder hinauf und verschwand. Wir bestellten uns was zu trinken und gingen über eine Holztreppe zu einem Raum im oberen Stockwerk. Der Raum war erfüllt von Maulbeerbaumduft, der von den Kerzen herrührte, die an den Wänden aufgestellt waren. Vielleicht 20 Personen waren anwesend, die uns beobachteten. Sie saßen oder lehnten an den weißen Säulen, die die Bar vom Rest des Raumes trennten. Hinterher erfuhr ich, daß sie alle Vampire waren.

Nach einigen Minuten wurde ein nackter 21jähriger Mann mit dunkelblonden Haaren hereingeführt. Er mußte sich mit dem Gesicht zur Decke auf zwei große schwarze Sockel legen. Er tat es bereitwillig. Dann betrat eine Gestalt den Raum, deren Gesicht von einer Kapuze verhüllt war. Sie verbreitete einen Friedhofsgeruch, als wenn sie ihren Mantel aus einem Grab gezogen hätte. Der Mann beugte sich mit einem Krug, der mit irgendeiner Flüssigkeit gefüllt war, über den Jungen und senkte ihn über dessen Brust. Er murmelte etwas, aber zu leise, als daß ich es hätte verstehen können, aber es klang wie Latein. Dann goß er den Inhalt des Krugs über den Körper des Jungen. Es war eine dicke, dunkle Flüssigkeit, die nach frischem Blut roch, und ich denke, das war es auch. Ich erfuhr später, daß es eine Mischung aus dem Blut aller im Raum Anwesenden war – außer meinem. Der Mann mit der Kapuze tränkte den Jungen in diesem Blut und trat dann zurück, um mit den anderen einen Kreis zu bilden. Ein wunderschöner Gesang erklang, und darauf machten sich die Anwesenden – hauptsächlich Männer – daran, das Blut von dem nackten Körper zu lecken. Der Junge bog sich vor Angst und Lust. Der letzte Mann leckte sorgfältig die Reste ab und bohrte dann blitzschnell seine langen Zähne in den Hals des Opfers. Er trank eine ganze Minute, bevor er den Jungen dem Mann mit der Kapuze überließ.

Er bedeutete dem Jungen, sich zu erheben, und danach berührte jeder der Anwesenden seinen Mund mit einem Heiligen Kuß und umarmte ihn. Einige Vampire flüsterten ihm etwas ins Ohr, und ich hätte mein Leben gegeben, um zu wissen, was sie sagten. Ich nahm an, daß es sich um erotische Aufforderungen handelte. Danach war er bereit für die rituelle Reinigung. Einige der Männer masturbierten und ergossen ihren Samen auf ihn, den er sich in die Haut rieb. Danach schlug der Mann mit der Kapuze seinen Mantel zurück und entblößte seine Schenkel. Er fügte sich einen Schnitt an der Leiste zu und bot dem Novizen an, daraus zu trinken. Der Junge sank auf die Knie und leckte an der Heiligen Wunde. Das Ritual war vollendet. In den Augen der Gruppe war er nun ein Vampir, der sein Dasein der psychischen Ausbeutung anderer widmen konnte. Alles, was es für ihn noch zu erfahren gab, war die Lust, der Verführer anstelle des Verführten zu sein.«

»Haben Sie daran teilgenommen?«

»Ja, Abel nahm meine Hand und führte mich zu dem Jungen. Ich blickte in seine Augen und durchdrang seine Ängste und Begierden. Ich suchte nach seiner Seele, nach seinem innersten Herzschlag, der hinter seiner äußeren Hülle verborgen war. Ich fand einen Bezirk seiner Seele, der seine tiefsten Begierden enthüllte, seine geheimsten Passionen. Was er am meisten begehrte, war Erniedrigung, also stellte ich mich in Position und pißte auf ihn, auf sein Gesicht und in seinen Mund. Gleichzeitig durchbohrten einige der anderen Vampire seine Haut und steigerten damit seine Leidenschaft noch.«

Ich schauderte. Das war nicht meine Vorstellung von ›tiefsten Begierden‹.

Shadow lächelte. »Wollen Sie noch mehr hören? Es wird noch abartiger.«

Ich schüttelte den Kopf. Man brauchte nicht viel Phantasie, um sich vorzustellen, worauf das hinauslief. Ich hatte etwas über das Initiationsritual erfahren, und das reichte mir vollkommen.

»Als es vorbei war«, fuhr Shadow fort, »ging der Junge mit dem Mann mit der Kapuze hinaus, ich schätze, um sich weiter unterrichten zu lassen. Ich verließ mit Abel den Club, um auf die Jagd zu gehen.«

Ich mußte eingestehen, daß mir Shadows Geschichten mit all ihren Ritualen und Geheimnissen etwas übertrieben vorkamen, aber er schien diese Dinge sehr ernst zu nehmen. Während ich ihm zuhörte, bemerkte ich, daß er sich manchmal zu widersprechen schien und seine Erzählung nicht ganz im Griff hatte. Ich fragte mich, ob er nur ein besonders phantasiebegabter Spinner war, der sich das alles nur ausgedacht hatte, oder ob es ihm einfach gleichgültig war, daß einige Details nicht übereinstimmten, solange er mir nur die richtige Vorstellung vermittelte. Besonders die Figur von Abel schien etwas unstimmig, was daran liegen mochte, daß er in Wirklichkeit vielleicht gar nicht existierte. Es war auch möglich, daß er, wenn es ihn gab, Shadow widersprüchliche Dinge über sich selbst erzählt hatte oder daß Shadows widersprüchliche Angaben über ihn machte, um ihn zu schützen. Er hatte mir gesagt, daß er Menschen mit seiner Schönheit manipulieren konnte, und ich war bereit, ihm trotz meiner Zweifel zu glauben, wahrscheinlich genau aus diesem Grund.

Was mich an seinen Geschichten faszinierte – wenn sie denn der Wahrheit entsprachen –, war, daß die vampirischen Erfahrungen offensichtlich an kein bestimmtes Geschlecht gebunden waren. Sie schienen mit Anne Rices Behauptung übereinzustimmen, daß es zwischen dem männlichen und dem weiblichen Geschlecht, sobald jemand zum Vampir geworden war, keinen Unterschied mehr gebe. Und daß die Sexualität eine große Rolle dabei spielte, wenn man – wie die Vampire dieser Gruppe – zum Blutjäger werden wollte.

2

Martin Riccardo lebt ebenfalls in Chicago, in Berwyn, wo das kleine, bunte Glasfenster eines rumänischen Restaurants ein Bild von Vlad Tepes zeigt. Er ist eine der Hauptfiguren der Vampirszene und verfügt über die Erfahrung von zwei Jahrzehnten. Seit 1977 sammelt er mit Hilfe seiner Frau Denise in seinem Vampire Studies Center alle Dokumente und Berichte über die Aktivitäten von Vampiren. Eine Weile hat er das *Journal of Vampirism* herausgegeben und einige Bücher geschrieben: *Vampires Unearthed* (eine Bibliographie), *The Lure of the Vampire* (eine Sammlung von Essays) und *Liquid Dreams of Vampires*. Er plant weitere Projekte, da er der Meinung ist, daß »es immer wieder eine neue Sichtweise dieses Themas gibt«. Riccardo hat überdies mit Hypnose gearbeitet und ein Buch über verschiedene meditative Stadien geschrieben.

Er kennt fast alle, die mit Vampiren zu tun haben – vielleicht wirklich alle –, darunter auch die weniger verborgenen Mitglieder der Chicagoer Szene. So erzählte er mir von Jule Ghoul, der Herausgeberin der monatlich erscheinenden Vampirfanzeitschrift *The Vampire Archives* und von

Vlad, einem Vampir-Rockmusiker, der bereits in zahlreichen Talkshows aufgetreten ist und die Aufmerksamkeit von mehr als nur einem Journalisten auf sich gezogen hat. Vlad ist der Sänger der Band Dark Theater, deren erstes Album *Matters of Life and Death* hieß. Vlad hat von sich behauptet, ein indirekter Nachfahre Vlad des Pfählers zu sein. Damals glaubte er, daß seine Seele von Körper zu Körper wandert und daß seine erste Geburt auf das Jahr 1431 datierte, was ihn sozusagen zu seinem eigenen Urahnen machen würde. Er gibt außerdem an, einmal pro Woche Blut zu trinken, um sein innerstes Selbst zu erneuern. Ich habe ihn einmal bei einem Konzert erlebt – mit seiner blassen Haut, seinen langen schwarzen Haaren und dem dramatischen Augen-Make-up, das seinen düsteren Blick betonte, sah er wie ein echter Vampir aus –, und ich habe die Wut in seiner Musik gespürt. Riccardo hielt ihn für einen netten, aber etwas sonderbaren Typ; er tauchte in Carol Pages Buch *Bloodlust* und in Guinns und Griesers Publikation *Something in the Blood* auf, obwohl er sich selbst eher für einen Bluttrinker als eine Vampir hält. Riccardo meinte, Vlad sei zu einzigartig, um ihn irgendwie einordnen zu können.

Riccardos riesige Sammlung von Büchern, Magazinen, Fanzeitschriften und Briefen über (und von) Vampiren hat ihm Auftritte in Fernsehsendungen wie *Sightings* und Artikel in Zeitungen und Magazinen eingehandelt, die allesamt zu definieren, herauszufinden oder zu erklären versuchten, warum Menschen zu Vampiren werden. Er hält Vorträge, schreibt Artikel über Vampirismus und leitete zuweilen Diskussionsrunden im Umkreis von Chicago. Er war der Gründer der Ghost Research Society, und seine Erfahrungen mit Hypnose haben ihn gelehrt, daß auch mit Hilfe von Methoden wie der Rückführung in ein vergangenes Leben nicht schlüssig zwischen Phantasie und Realität unterschieden werden kann. Er fand schnell heraus, wie sehr sich unterbewußte Bilder mit dem überschneiden können, was die Menschen für Realität halten. Es ist für manche Leute nicht sonderlich schwer, zu glauben, sie seien Vampire, wenn ihre Phantasie ihnen diese Vorstellung eingibt. Diese Erkenntnis hat ihn zu einem seiner Bücher, *Liquid Dreams of Vampires*, inspiriert.

Martin und Denise Riccardo erwiesen sich als vernünftige Leute, die ernsthaft an den Geschichten interessiert sind, die ihnen Gothics, Vampire, Opfer und andere Mitglieder dieser Subkultur anvertrauen. Martin ist groß, er hat einen Schnurrbart und dunkles, sauber geschnittenes Haar. Denise hat lange braune Haare, trägt eine Brille und entbot mir ein äußerst freundliches Lächeln. Tolerante, zugängliche Menschen aus dem Mittleren Westen, die jedermann willkommen heißen und das Gefühl geben, zu Hause zu sein. Das war wahrscheinlich der Grund dafür, daß sie so eine riesige Datei über Leute zusammentragen konnten, die sich zur Vampirszene zählen.

»Ich glaube, wenn man sympathisch und interessiert ist und sich nicht oberlehrerhaft verhält, sprechen die Vampire bereitwillig über ihr Leben«, meinte Riccardo. »Sie genießen wie jeder andere die Aufmerksamkeit, und wenn sie das Gefühl haben, du glaubst ihnen, sind sie bereit über Dinge zu sprechen, die jemanden, der nicht darauf vorbereitet ist, beunruhigen oder schockieren könnten.«

Manche Menschen haben Riccardo von Liebhabern berichtet, die kalt wie der Tod waren und keinen Herzschlag hatten, von vampirischen Mentoren, die die Träumenden heimsuchen, telepathischen Wesen, die andere Menschen in ein erhöhtes Dasein locken, anämischen Fremden, die der Sonne ausweichen, Spuren von Bissen, die nach Träumen über Vampire erscheinen, und von plötzlichen Anfällen von Blutgier nach der Begegnung mit einem Vampir. Riccardo ist sogar zwei jungen Frauen begegnet, die von einem Vampirwesen gepeinigt wurden, das dazu ein Ouijabrett benutzte. Er kannte einen Mann, der mit Vampiren verbundene Geistererscheinungen erforschte, und hatte von einem Paar gehört, die behaupteten, den Geist Vlad Tepes' aus dem 15. Jahrhundert beschwören zu können. Obwohl er den Aussagen jener, die behaupten, lebende Untote zu sein, mit Skepsis begegnet, glaubt er doch an psychischen Vampirismus. Er erwies sich sogar dem Ausdruck ›Astralvampirismus‹ gegenüber als aufgeschlossen, der ein Phänomen bezeichnet, bei dem man seinen eigenen Geist auf die Reise schickt, um das Blut oder die Lebenskraft eines anderen einzufangen.

Riccardo hat im Laufe der Jahre einen Trend bemerkt: »Heutzutage gibt es mehr und mehr Menschen, die wissen, daß sie sterblich sind, und sich trotzdem Vampire nennen. Sie sind meist an dem ganzen charakteristischen Drumherum interessiert: den schwarzen Kleidern, den Zähnen ... einige schlafen sogar in Särgen. Es gibt natürlich auch Vampire, die normal aussehen, aber da einige dieser Leute Blut trinken, tendieren sie dazu, sich mit dem klassischen Bild es Blutsaugers zu identifizieren, und das heißt: schwarze Kleider und Vampirzähne und das Meiden von Sonnenlicht.«

In seinem letzten Buch (*Liquid Dreams*) hat Riccardo die unterbewußte Kraft der Figur des Vampirs untersucht, die in Träumen, Phantasien und Erfahrungen ihren Niederschlag findet. »Vampire sind der Stoff, aus dem die Träume sind«, sagte er. Der Vampir ist »eines der großen, mythischen Bilder der modernen Kultur«. Deshalb glaubte er, den besten Weg gefunden zu haben, die Macht, die das Bild des Vampirs in den kollektiven Wunschphantasien besitzt, zu erforschen: Er hat Träume und Phantasien über Vampire studiert. Das Projekt dauerte sechs Jahre und umfaßte die Auswertung Hunderter Statements aus dem ganzen Land.

»Es war wirklich bemerkenswert«, berichtete er, »daß die meisten Aussagen den Vampir als eine begehrenswerte romantische Figur beschrieben und nicht als die Schreckensfigur, die vor über 100 Jahren in Osteuropa erfunden wurde. Einige schrieben mir, sie wollten von einer überwältigenden Leidenschaft mitgerissen werden und von einem schönen Wesen verführt werden, das sie mit rasender Lust begehrte. Sogar der Biß selbst wurde mit ekstatischen Worten beschrieben, wie ›ein Schmerz, der sich ganz wundervoll anfühlt‹. Viele Leute stellten sich vor, wie sie verwandelt wurden, nachdem sie das Blut eines Vampirs getrunken hatten, was interessant ist, da diese Vorstellung nicht zur ursprünglichen Legende gehört. Eine große Zahl der Berichte beschrieb den Vampir als ein Wesen mit hypnotischer Kraft. Meiner Meinung nach waren diese Begegnungen mit Vampiren ein Ausdruck sexueller Wünsche, die gesellschaftlich nicht akzeptiert werden.«

Riccardos Ergebnis besagte, daß die Anziehungskraft des Vampirs nicht auf einen einzigen Grund reduziert werden kann. Verschiedene Menschen fühlten sich von verschiedenen Facetten des Vampirs angezogen, von seiner Energie, seiner Erscheinung oder seinem Verhalten. »Der Vampir ist der allgemeine Ausdruck für geheime Phantasien und unterdrückte Leidenschaften.« Er stimmte Joseph Campbell zu, nach der die »Mythen die Träume der Welt« sind, und sein Buch ist ein wertvoller Beitrag zur Literatur über den Vampir.

3

In Chicago und Umgebung existiert eine ausgeprägte musikalische Subkultur mit einer starken Tendenz in Richtung Gothic. Riccardo erzählte mir, daß im NEO, einem Club in der North Clark Street 2350, jeden Dienstag eine Goth-Party stattfindet. Eine Frau mit dem Namen Carrie Monster legt die Platten auf. Eine andere Gothic-Nacht wird regelmäßig in der Smart Bar an der North Clark Street 3730 veranstaltet; hier heißt der weibliche DJ Scary Lady. Diese Lady leitet auch die American Gothic Productions, die in Chicago zahlreiche Gothic-Konzerte veranstaltet.

Riccardo stellte mich auch der ehemaligen Gattin des Rockmusikers Vlad vor, die früher einmal Mitglied seiner Band war. Lynda Licina ist zu einer Subkultur-Diva geworden und schreibt für die Chicagoer Schwulen- und Lesbenzeitschrift *Nightlines Weekly* eine Vampirkolumne mit dem Titel »She Poison«. Vorher war sie bei der Firma Screem Jams, die sie gemeinsam mit ihrem Mann gegründet hatte, zuständig für Inhalt und Design. Die Firma veröffentlichte das Magazin *Screem in the Dark* und unterstützte den Vampire Circus und andere Ereignisse im Stadtgebiet von Chicago. (Der Vampire Circus ist ein Event, der die ganze Nacht dauert und dessen Programm aus Rockbands, Magiern, Vampirgebißherstellern, Tarotkartenlesern, Artisten, einer Sargverlosung und Renfield, dem Yo-Yo-Vampirclown besteht, der so lustig sein soll, daß »man sich totlacht«. Ein Drei-Sterne-Ereignis sozusagen.)

Lynda hat sich dank ihrer witzigen und treffenden Beobachtungen über Subkulturen im allgemeinen, ob schwul oder hetero, *gothic* oder *vampire*, eine treue Anhängerschaft erworben. Einige ihrer Themen waren der besessene schwule Poltergeist in ihrem Apartment, ihre Web Site, auf der man sich sein persönliches Todesdatum ausrechnen lassen kann, um den eigenen Abgang optimal planen zu können, und »Dinge, die ich nicht wissen will«, wie zum Beispiel »Wie riecht eine Knoblauchfahne?« oder »Was ist mit den Männern los?«. Mittlerweile gibt sie ein Schwulen- und Lesben-Vampirmagazin mit dem Namen *Fugue* heraus, weil sie der Meinung ist, daß es einen sehr großen, noch nicht erschlossenen Markt dafür gibt.

Ich beschloß, mich mit ihr zu treffen.

Lynda wurde 1956 in Chicago geboren, zog jedoch mit drei Jahren in einen Vorort. »In der Vorstadt aufzuwachsen ist eine echte Herausforderung. Ich war schon immer anders als alle anderen. In den 60ern und 70ern, als alle die Allman Brothers, Fleetwood Mac und Carole King hörten, war ich die Glitter-Glamrock-Queen und stand auf T-Rex, Gary Glitter, David Bowie und die New York Dolls und alle, die in Glitter, Straß und Pailletten auftraten. Ich trug seit der siebten Klasse ausschließlich Schwarz! Mir war immer klar, daß ich ziemlich extrem war, ob es nun um Kleidung, Haltung, Ideen oder Drogen ging. Ich habe nichts ausgelassen. Jetzt langweilt es mich. Ich glaube, ich mußte alle diese Erfahrungen machen, um zu begreifen, daß Drogen *kein* notwendiger Bestandteil eines kreativen Lebens sind.« Während einer kurzen Phase in ihrem Leben fuhr sie Autorennen. Ihre erste Ehe, auf die sie sich noch in der Vorstadt einließ, hat nicht lange gehalten.

»Ich dachte, ich hätte daraus gelernt«, sagte sie. »*Falsch!* In meiner ersten Ehe begann ich mich ernsthaft für Vampire zu interessieren. Damals stellte ich mir auch Fragen über meine sexuellen Vorlieben. Ich fühlte mich sehr stark zu einer Freundin hingezogen, und es schien mehr als nur Gefallen zu sein. Ich habe das natürlich verdrängt und weiter mit Männern gelebt.«

»Wie haben Sie Vlad kennengelernt?«

»Ich lebte zwei Jahre mit einem Mann zusammen, der Stephen hieß, und dann kam ... Vlad. Ich war damals mit meinen Freunden viel im EXIT, einem berühmten Chicagoer Punkladen, der eine Art zweites Zuhause für mich war. Eines Abends war ich dort mit zwei Freunden, Stephen und Ceil, um zu tanzen. Die Tanzfläche war von einem riesigen Käfiggitter im *Thunderdome*-Stil eingeschlossen und lag etwas tiefer als der restliche Boden. Vlad war in dieser Nacht auch im EXIT, um die Musik seiner Gruppe vorzustellen. Er hatte ein Band mit drei Stücken dabei. Ich tanzte mit Ceil und Stephen, und er sah mich und näherte sich mir sofort. Er hat behauptet, es sei Liebe auf den ersten Blick gewesen und er habe sofort gewußt, daß ich sein weibliches Gegenstück sei und wir heiraten würden. Ich weiß nicht, wie lange er mich beobachtete, aber irgendwann sprang er mit dem Umhang und in voller Montur über die Käfigstangen, glitt zwischen Ceil und mich und reichte mir eine Kassette. Er sagte: ›Die ist für dich. Ich weiß, du hast einen Freund, aber ich möchte trotzdem, daß du sie nimmst.‹ Später entdeckte ich, daß er seine Telefonnummer darauf gekritzelt hatte.

Ich fühlte mich mehr als nur hingezogen zu diesem Mann mit seinen Vampirzähnen, dem Umhang und einer Sprache, um die ihn jeder Dichter beneidet hätte. Was für ein Charme und was für eine Ausstrahlung! Später unterhielten wir uns alleine, und er erzählte mir, daß Carol Page ihn für ein Buch interviewt habe und ... daß er ein Vampir sei. Ich verließ den Club in dieser Nacht mit dem Wissen, daß die Beziehung zwischen Stephen und mir zum Scheitern verurteilt war.

Ich ließ die Sache eine Weile auf sich beruhen, aber dann rief ich ihn unter dem Vorwand an, ich hätte den Titel des Buches vergessen. Wir trafen eine Verabredung für ein Killing-Joke-Konzert, wo wir uns treffen wollten, um uns zu ›unterhalten‹. Der Rest ist, wie man so sagt, Geschichte.

Das war am 22. September, und am 1. Dezember desselben Jahres heirateten wir. Wir heirateten auf einem Friedhof – Leichenwagen, Klamotten, das ganze Programm. Ich begleitete ihn zu Talkshows, und man versuchte mich als eine Idiotin darzustellen, präsentierte mich als seine monogame Blutgeberin, aber ich habe nie behauptet, sein Blut getrunken zu haben. Ich sagte lediglich, ich hätte es nur einmal, bei unserer Hochzeit, getrunken. Wir waren sechs Jahre verheiratet.

Ich spielte drei Jahre lang Keyboard in seiner Band und war für den Inhalt und das Design von *Screem in the Dark* zuständig. Ich habe mit dem Heft Nummer 13 aufgehört, nachdem Vlad und ich uns getrennt hatten. Ich war auch die Designerin aller bedruckten Screem-Jams-T-Shirts und des Druckmaterials.

Vlad und ich blieben ›gute Freunde‹, aber mein Leben hat sich dramatisch verändert, nachdem ich akzeptiert hatte, daß ich lesbisch bin. Ich lebe jetzt in einer neuen Gemeinschaft mit neuen Gesetzen und Möglichkeiten. Ich habe meinen Tagesjob als Grafikdesignerin beibehalten, aber bei Nacht bin ich eine Art Undergroundstar, da ich hier der erste sogenannte lesbische Vampir bin. Ich bin ein Kind des nächtlichen ›SheCago‹. Ich gehöre auch zu einer Gruppe von Wortkünstlern, die Sprech-Performances in der Stadt aufführen, und beschäftige mich in allen meinen Projekten weiterhin mit dem Vampirthema.

Um an Halloween die Schwulenszene und die ›normale‹ Szene zusammenzubringen, habe ich in der Gerber/Hart-Bibliothek, dem größten Schwulen- und Lesben-Archiv im Mittleren Westen, die Auslage gestaltet. Ich habe eine ›Hundert Jahre Dracula‹-Ausstellung zusammengestellt und dafür so viele Bilder zur Schwulenthematik verwendet, wie ich konnte. Ich habe von allen Seiten großartige Kritiken bekommen, bis hin zur republikanischen Leitung der Bibliothek, die meinte, dies sei die beste Auslage in der Geschichte von Gerber/Hart gewesen.«

Lynda ist eine vielbeschäftigte Frau, aber sie nahm sich die Zeit, mir ihre letzten Kolumnen zu schicken. Sie waren ziemlich humorvoll, und ich habe die folgende als Beispiel ausgewählt, da sie treffend beschreibt, was ich selber an der Gothic-Szene (nicht zu verwechseln mit der Vampirkultur) beobachtet habe. Lynda gab mir die Erlaubnis, die ungekürzte Originalfassung zu veröffentlichen: »Als Antwort auf die in den zahllosen (sieben) Briefen, die ich erhalten habe, häufig gestellte Frage ›Wie werde ich ein richtig unheimliches Gothic-Mädel/ein Gothic-Typ?‹ (Das ist natürlich austauschbar, je androgyner du bist, um so weniger mußt du unterscheiden!), folgt hier die ›Gothic-Styling-in-einer-düsteren-Stunde-Anleitung‹, mit der ich, gefeiertes VampGirl aus She-Cago, DIR helfe, deine trostlose Existenz zu einer noch düstereren Existenz zu machen! Diese Tips richten sich nur an jene, die sich zeitweise verkleiden wollen, denn jede Verwandlung auf Dauer würde einige Wochen Therapie nach sich ziehen, um deinen Sinn für Realität wiederherzustellen.

Nachdem ich dich also in die Schranken gewiesen habe ... kann's ja losgehen ...

Die wichtigste Regel für wahres Gothictum: Sei für jedermann ersichtlich deprimiert! Bedenke, die Last der ganzen Welt liegt auf DEINEN Schultern, und das ist DEINE Schuld! Von jetzt an darf nicht mehr gelächelt werden. Übe dich in deiner Freizeit in klinischer Depression, dein Auftritt muß perfekt sein. Die zweitwichtigste Regel heißt: Vergiß, wie man die Begriffe ›ätherisch‹, ›melancholisch‹, ›Verzweiflung‹ und ›Tod‹ schreibt. Schreib sie falsch!

Jetzt zum Look. Schwule Jungs sind ganz nah dran. Mädels, aufgepaßt ...

Make-up und Frisur: Unheimlich ist das Schlüsselwort. Gebt euer Bestes, um tot auszusehen. Wenn ihr könnt, hungert ein bißchen, das macht immer viel her. Ansonsten benutzt weiße Grundierung, schwarzen Lidstrich, schwarzen Lippenstift und schwarzes Rouge. Frisur? Erstens: Schwarz einfärben (ein häufig benutztes Wort), dann äußere Partien abrasieren, frisieren und mit Haarspray fixieren. Wenn euch fast alles ins Gesicht fällt, um so besser. Langes Haar sollte frei ins Gesicht hängen – zumindest über ein Auge. Weitsicht braucht keiner.

Kleidung/Accessoires: Alles schwarz. Spitze oder Samt. Fließend. Vorhänge oder Tischdecken gehen auch. Beispielsweise ein paar Meter Minnesota Fabrics. Eine sichere Regel: Spitze für den Sommer, Samt für den Winter. Umhänge gehen immer. Jungs ... werdet zur Transe (und ich meine TRANSE in jeder Weise). Kurzer Rock, schwarze Netzstrümpfe und ein enganliegendes Spitzentop. Mädels ... ein langes schwarzes Kleid ist Pflicht, ich fände ja auch ein tiefes Dekolleté ganz toll, aber ihr kennt mich ja. Accessoires sind alles, und damit kann alles gemeint sein, von einem Rosenkranz über verwelkte Blumen bis zu einem Sarg.

Trefft eine gute Wahl. Für einen Sarg braucht man einen Leichenwagen, wenigstens ein Auto. Versucht einmal, mit einem Sarg in die Straßenbahn zu steigen, es macht einen komischen Eindruck, und wahrscheinlich muß man für das Ding einen Fahrausweis kaufen. Eine andere Möglichkeit sind Tätowierungen und Piercings. Ihr wollt ›anders‹ sein, also versucht es mit einer Stelle eures Körpers, an der garantiert nur ihr gepierct sein werdet – vielleicht ein Auge (nicht das, wo das Haar drüber hängt) oder ein inneres Organ. Wenn Tätowierungen, dann jede Menge. Sammelt so viele Accessoires wie möglich. Minimalismus ist NICHT Bestandteil des Gothic-Vokabulars. Ich glaube zwar nicht, daß es *irgendein* Vokabular gibt, aber falls ja, gehört Minimalismus bestimmt nicht dazu!

Musik/Tanzen: Eine der beliebtesten Beschäftigungen der Gothics ist das Tanzen, oder was sie so tanzen nennen. Du solltest hauptsächlich viel hin und her schaukeln und deine Hände so bewegen, als würdest du Karate üben. Die Hände sind der Körperteil, die den Großteil des Tanzens ausmachen. Egal welches Tempo, es ist immer dieselbe Bewegung, es gibt nichts Kniffligschickes, das du einstudieren müßtest. Die Musik ist meistens klagender und sich ständig wiederholender Kram in d-moll.

Versucht es, Leute, und fangt an zu schwingen und Kung-Fu zu üben, und ihr werdet in kürzester Zeit Tanzexperten! Und wo wir gerade beim Thema sind: Kauft euch ein paar ALTE Sisters-of-Mercy-CDs. Das war einstmals DIE Musik. Die Band ist mittlerweile total unbedeutend, seitdem Mr. ›Ich-bin-kein-Goth-Sänger‹-Andrew-Eldrich sich ›neu erfunden‹ hat und jetzt ein gelb gefärbter Industrial-Punk ist (Ja, ich bin erst 20!). Au! Richtig. Also versucht es mit Siouxsie oder einer *Cleopatra Compilation*. (Ihr MÜSST das 70er-Disco-Ding (Jungs!) und die Indigo-Girls-kd-Melissa-Schiene (Mädels!) vergessen. Ihr wißt schließlich, wer ihr seid!

Wenn ihr jetzt in den Spiegel schaut, müßtet ihr eigentlich ziemlich traurig werden. Den letzten Gothic-Schliff verpassen euch die finanziellen Nöte, in denen ihr steckt. Ihr braucht kein Geld für gar nichts, vergeßt das nicht. Besorgt euch ein paar Vampirzähne, jeder Gothic hat ein Paar, und ändert eueren Namen in Christian oder Lucretia oder etwas vergleichbar ›Romantisches‹.

Voila! Ihr seid auf dem besten Wege, ernsthaft verhaltensgestört zu werden – in nur einer Stunde! Keinen Dank, das ist mein Job. Ich freue mich darauf, euch tief ausgeschnittene und in Samt gehüllte Gothic-Mädels demnächst irgendwo da draußen in der Finsternis zu treffen. Ich bekomme jetzt schon Zustände …

Eine kurze Zusammenfassung, ihr Süßen. Um ein Mitglied der Untoten zu werden, müßt ihr den Gothics-Test bestehen. Spitzt euere Bleistifte. Lernt fleißig. Und KEIN LÄCHELN!«

Okay. So verwandelte man sich also in eine perfekte Gothic. Doch ich habe auch ein paar Leute getroffen – keine Gothics –, die ein breites Lächeln zur Schau trugen … weil sie ihren Vampirpartner fürs Leben getroffen hatten.

KAPITEL ELF

BLUTSBANDE

1

»Ich begegnete Scott zum ersten Mal in einem Rockerclub in Florida. Ich tanzte und verspürte plötzlich den Wunsch, den Kopf zu heben. Ich blickte auf, und da war er, in schwarzem Samt und einem altmodischen Hemd ... Großartig! Ein absoluter Traummann mit vollen, schwarzen schulterlangen Locken ... durchdringenden blauen Augen ... und so schön wie nur möglich. Ich ging zu ihm und kommentierte seinen wundervollen Stil. Er lächelte, und ich sah seine langen Fangzähne. Ich spürte in diesem Augenblick ein unglaubliches Begehren. Scott hatte die Art von Selbstsicherheit und Überheblichkeit, die Frauen unweigerlich anzieht. Es schien, daß wir beide häufig in diesen Club gingen, also nahm unser kleines Spielchen seinen Lauf und wirflirteten miteinander. Eines Abends näherte ich mich ihm von hinten, packte sein Haar und hörte, wie er aufstöhnte, als ich mit meiner-Zunge seine Halsschlagader entlangfuhr und ihn ganz leicht wie zur Warnung biß, bevor ich seinen Kopf losließ und wegging. Manchmal stand er nur am Rand der Tanzfläche im Schatten, beobachtete mich intensiv und verschwand, sobald ich ihn ansah. Oder er erschien wie aus dem Nichts, lehnte sich zu mir und biß mir sanft in den Hals, um mich verrückt zu machen, und ging dann fort, als wenn nichts geschehen wäre. Wir spielten dieses Spiel monatelang. Und dann, eines Nachts, traf ich ihn – mein Gott, sah er gut aus! –, ich packte ihn, warf ihn rücklings auf einen Tisch und küßte ihn. Scott hatte so etwas Animalisches, das bei Frauen deren aggressive Seite hervorbringt. Es war seine ganze Erscheinung, seine bestimmende Art ... die blauen Augen. Er erinnerte mich an den Vampir aus dem Mythos, der die Lust der Frauen weckt. Wir hatten bissigen, wilden Sex in seiner Wohnung, und er brach sich dabei fast einen seiner Eckzähne ab. Das Ganze war ziemlich irre, kam uns aber vollkommen normal vor.«

2

Ob in Rollenspielen, spontanen Begegnungen oder langfristigen Beziehungen, viele Menschen innerhalb der Vampirgemeinschaft suchen nach einer Romanze wie der eben beschriebenen (bei absoluter Anonymität). Egal ob schwul, hetero oder bi, das Bild eines verführerischen, selbstbewußten und anziehenden Wesens, das Macht und Geheimnis besitzt, regt uferlose Phantasien an.

Im Internet stieß ich auf eine Web Site mit einer Liste von Vampirhochzeiten – Nitetrain und Catarina, Cochease und Vampiria, Osyras und Nala ... manche Paare brachten auf ihren Homepages sogar Fotos –; ich erfuhr weiter, daß auf dieser Site seit dem September 1997 bereits 13 Eheschließungen bekannt gemacht worden waren. Eine Frau berichtete, wie sie kurz nach dem Tod ihres Mannes online ihren Vampirfreund kennengelernt und erstaunlich schnell geheiratet hatte. (Hatte dieser Vampir sie schon gekannt, *bevor* ihr Mann gestorben war?) Allerdings informierten Dreiviertel der Paare auf der Site für Vampirscheidungen die Öffentlichkeit alsbald über das Scheitern ihrer Träume.

Diejenigen, die zusammenblieben, teilten das Interesse an dunklen Begierden, die sonst vielleicht unerfüllt geblieben wären. Eine Frau namens Blu erzählte mir, daß ihre Begegnung mit der Vampirkultur ihr Leben auf magische Weise verändert hatte. »Ein Zufallstreffen ... online ... zwei scheinbar unbedeutende Namen in einem abgelegenen Chat-Room bei AOL. Ich suchte nach einer schmerzlichen einsamen Nacht nach dem Weihnachtsabend Trost, er suchte eine Zuflucht für sein gebrochenes Herz. Es funkte, die Chemie stimmte von Anfang an. Die Unterhaltung dauerte fast fünf Stunden ... ohne Unterbrechung. Und es gab eine Verbindung, etwas Unterschwelliges, das auf dunkle, intimere Dinge verwies. Aber er blieb zunächst diskret ... und ging nicht zu weit.

Also nahm der Austausch seinen Fortgang. Er ist Musiker, hat klassisches Klavier studiert ... lange, bewegliche Finger auf Elfenbeintasten. Er schickte mir eine Kassette ... einen Walzer von Chopin, dann ein Nocturne. Er bezauberte und betörte mich mit blumigen Worten.«

Der Vampirliebhaber schrieb romantische Grüße und begann seine Briefe mit Worten wie »Meine geliebte Prinzessin der Nacht« oder »Mein kostbares Mondkind«. Zwei Wochen nach ihrer Begegnung schrieb er: »Seit unserer ersten Begegnung denke ich ständig an Dich ... ich glaube, Du bist ein seltenes und wunderbares Wesen. Ich liebe alles, was mit der Dunkelheit zu tun hat. Das ist der Vampir in mir. Als würde ich ganz nah bei Dir in einem dunklen Kinosaal sitzen... oder so tief in Deine Augen schauen, daß ich aus deiner Seele trinken könnte.«

Er versicherte ihr, daß er jeden Tag nach Hause kam und sich darauf freute, ihre Mails auf seinem Computer zu finden. Er las jedes Wort wieder und wieder und war stets erstaunt, wie viele gemeinsame Interessen sie hatten. Als er von scharfem Essen sprach, fügte er hinzu: »Aber ich mag auch süße Sachen, wie den Duft Deines zarten Halses, den Geschmack Deiner Lippen ... mehr wage ich nicht zu sagen.« Er unterschrieb seine Briefe mit »Dein Vampir«, teilte ihr mit, daß er stets an sie dachte, von ihr träumte – auch erotische Träume – und daß er mit ihr zusammensein wollte. Er bat sie darum, ein spezielles Sylvesterritual durchzuführen, das sie in einem Geist vereinigen sollte. Das Spiel ging so weiter, auch an anderen Feiertagen, an denen sie sich nicht sehen konnten.

»Schließlich«, sagte Blu, »fragte ich ihn nach seinem Enthusiasmus für dunkle, vampirische Dinge, und er stand mir Rede und Antwort. Er ging damals wieder zur Schule, um seinen Abschluß nachzuholen. Da besuchte er eine rauchige kleine Bar. Er bestellte etwas zu essen und einen Drink und spürte plötzlich, daß ihn jemand beobachtete – mit seinen Worten ›eine exotische Frau‹. Sie schien ihn mit ihren Blicken etwas zu fragen. Er winkte. Sie kam herüber ... setzte sich ... das Essen kam und wurde kalt. Er rührte es nicht an. Sie hielten ein wortloses Zwiegespräch. Er bezahlte, und sie gingen zusammen, Arm in Arm, die Straße hinunter, bis sie zu einer dunklen Ecke kamen. Sie drängte ihn gegen eine Mauer. Er erinnerte sich an das Gefühl der rauhen Backsteine in seinem Rücken. Sie küßte seinen Hals, knabberte daran ... und dann spürte er einen Schmerz ... aber nur kurz. Seine Gedanken verschwammen. Plötzlich wandte sie sich ab und wollte gehen. Er fragte sie verblüfft, ob er sie wiedersehen könne, aber sie lächelte nur und antwortete: ›Vielleicht.‹ Sie verschwand in der Nacht. Er sah sie nie wieder.

Er sagte, es hätte keine Spuren an seinem Hals gegeben. Er will nicht wahrhaben, daß damals etwas mit ihm geschehen ist. Aber er räumt ein, daß sich sein Leben seit dieser Nacht für immer geändert hat. Er ist seitdem wie besessen von der Schönheit der Nacht, von klassischen ›gotischen‹ Dingen, von einer tiefen Romantik. Er macht Witze darüber, ein ›Halbvampir‹ zu sein.

Unser E-Mail-Kontakt dauerte ein Jahr. Ich schwöre, wir konnten unsere Gedanken lesen. Sehr häufig schrieben wir dieselben Sätze ... dieselben Gedanken, die uns aus dem Nichts zuflogen. Und eines Nachts regte sich zur gleichen Zeit derselbe Gedanke in unserem Bewußtsein. Ich erinnere mich ganz deutlich an unsere Unterhaltung. Es war ein Gedanke, ein Wunsch, den keiner von uns beiden vor dieser Nacht jemals gehabt hatte. Es war der Anfang einer Obsession. Wir hatten schon vorher gelegentlich davon gesprochen, zusammenzukommen, und jetzt sagte ich: ›Was ich wirklich will ... ist, daß du den Kreis schließt ...‹ Und er wußte sofort, worauf ich hinauswollte. Er beendete den Satz für mich. Man kann es kaum aussprechen ... und ich kann mir vorstellen, daß jeder, der dies liest, uns für verrückt hält. Zwischen uns gibt es die furchtbare, obsessive Begierde, uns vollständig zu vereinigen, so eng, daß sich unsere Seelen verbinden und wir unser Bewußtsein verlieren. Das Bindemittel ist das Blut ... und der gemeinsame Herzschlag ... im Moment der Leidenschaft, wenn ich ihn in mir aufnehme, er mich in sich aufnimmt, als würde sich ein Kreis schließen.«

Schritt für Schritt enthüllten sie ihre Geheimnisse voreinander, ständig in Angst vor einer schmerzlichen Zurückweisung. Es waren schwierige Zeiten. Es gab vorübergehende Konflikte, versöhnliche Umarmungen.

»Schließlich trafen wir uns letzten Juni zu unserem großen Tag«, erzählte mir Blu weiter. »Es war unser erstes Treffen nach etwa drei Jahren Korrespondenz. Wir haben noch immer keine Nacht miteinander verbracht ... worauf wir uns am meisten freuen. Aber bei Nacht geschehen Dinge, die Stimmung verändert sich, die Pupillen weiten sich, und es entsteht die vampirische Begierde, die uns beide treibt. Ich denke an ihn, und plötzlich ist er am Telefon oder auf meinem Account, teilt meine Seufzer und mein sehnsüchtiges Warten auf unser Zusammensein. Manchmal ist die Sehnsucht fast unerträglich ... die Begierde, diesen süßen Schmerz zu fühlen, purpurfarbene Tropfen von seinen Lippen zu lekken ...

Und so geht es mit uns weiter. Ich habe ihm Anne Rices Bücher gegeben. Er ist ihr neuster, größter Fan. In ihren Worten findet er Verständnis und Verbundenheit. Und ich kann nur sagen, es gibt Menschen ... angeblich ›normale‹ Menschen da draußen, die ihre dunkle Sehnsucht verstekken. Es ist eigenartig, er ist Physiker und ich bin Informatikerin. Wären unsere Kollegen nicht entsetzt, wenn sie wüßten, wie unsere wahren Leidenschaften beschaffen sind?«

3

Ich wurde von einem Mann namens Dave kontaktiert, der mit »Draugr« (dem norwegischen Wort für »Vampir«) unterschrieb, um mir von seiner Beziehung mit einer Frau zu berichten, die ihn bereits seit fünf Jahren ihr Blut trinken ließ. Er hatte einen Zahnarzt dazu überredet, ihm Vampirzähne einzusetzen, und sich lange Zeit damit beschäftigt, die Vampirlegenden der norwegischen Folklore zu sammeln. Seine Mutter hatte die okkulten Künste studiert und seine Faszination für Vampire und Werwölfe reichte bis in seine Kindheit zurück. Er war Programmierer und hatte Bühnenerfahrung.

»Ich beschäftige mich schon seit vielen, vielen Jahren mit Vampirismus und Blutfetischismus«, gestand er. »Ich würde sogar sagen, daß Blut schon immer mein Fetisch gewesen ist. Meinen ersten und entscheidenden Schritt machte ich vor sechs Jahren, als ich mir meine Eckzähne verlängern ließ. Ehrlich gesagt war dies weniger ein Ausdruck meiner vampirischen Natur als meiner Eitelkeit. Ich wollte sie schon immer so haben, und obwohl sie zu meinen fetischistischen Neigungen eine vergnügliche Note hinzufügen, habe ich normalerweise andere Methoden, um meine Opfer zufriedenzustellen.«

»Wie alt waren Sie, als es damit losging?« fragte ich ihn.

»Ich hatte nie den Mut, meine Gier nach Blut auszuleben, bevor ich 17 Jahre wurde und anfing, in einem kleinen Beutel Rasierklingen mit mir herumzutragen. Wenn ich sie ›zufällig‹ sehen ließ, wurde ich oft in Unterhaltungen darüber verwickelt. Wenn ich meinen Gesprächspartnern dann in die Augen sah, konnte ich erkennen, ob sie bereit waren. Wenn sie interessiert an der Sache waren, boten mir die Leute, denen ich erklärte, wofür die Klingen waren, ihr Blut an.

Ich habe immer schon mit Blut gespielt, und da Sie die wahre Geschichte hören wollen, muß ich Ihnen wohl meine Blutbesessenheit erklären, die fast an einen Troll erinnert. Meine Mutter erzählte mir, daß ich es als kleines Kind auf die Wände schmierte, es aus meinen eigenen Wunden saugte und mit Freunden austauschte. Wann immer wir kleine Unfälle hatten, tauschten wir unser Blut aus und sprachen nachher nie wieder darüber. Mit 18 hatte ich immer Rasierklingen dabei. Meine Lieblingsmarke kostete 1,50 Dollar im örtlichen Supermarkt, und die Klingen waren in einer kleinen Plastikschachtel verpackt, die an der Seite eine geniale kleine Öffnung hatte, wo man die gebrauchten Klingen hineinschieben konnte.«

Ich war neugierig wegen seiner Zähne. »Wie haben Sie sich die Eckzähne verlängern lassen. Und wie haben die Leute darauf reagiert?«

»Ein Zahnarzt hat das gemacht. Ich hatte mein ganzes Geld gespart, aber er bekniete mich, es nicht zu tun. Meine Freunde sagten mir damals, ich würde es bereuen, aber ich liebe meine Zähne immer noch. Sobald ich es mir leisten kann, lasse ich mir unten auch ein kleines Paar Zähne einsetzen, damit ich ein komplettes Gebiß habe. Die meisten Leute reagieren mit großer Zustimmung. Wir leben in einem Zeitalter, in dem die Betonung der ursprünglichen Instinkte – des Teufels im Menschen, wenn Sie so wollen – gefeiert wird. In Clubs werde ich ständig gefragt: ›Beißt du mich?‹ Es ist auf jeden Fall sehr amüsant. Nur damit Sie Bescheid wissen, ich beiße niemals ohne die Einwilligung der jeweiligen Person in die Haut. Ich bin kein Monster. Einige Leute erschrecken sich, aber ich hatte noch nie Probleme bei der Arbeit deswegen. Die meisten glauben, es sei ein angeborener Defekt.«

»Wie oft stillen Sie Ihren Blutdurst?«

»Früher bestimmt vier- oder fünfmal die Woche. Mit 18 bin ich alle zwei Wochen in eine Klinik gegangen und habe mein Blut testen lassen. Ich trinke nur noch selten, da ich jetzt eine Verlobte habe. Zu unserer beider Sicherheit trinke ich nur ihr Blut.«

»Als Sie jung waren, schienen Sie aber keine Angst gehabt zu haben, sich am Blut anderer mit Krankheiten zu infizieren. Haben Sie sich geschützt, so wie Sie es heute tun?«

»Damals habe ich mir deswegen keine Sorgen gemacht. Ich hatte nicht das Gefühl, das sei notwendig … Das war vielleicht jugendliche Naivität, aber die Leute kamen zu mir, und meistens hatte ich es im Gefühl. Ich erinnere mich, daß einer meiner Freunde die AIDS-Hotline anrief und fragte, ob man sich anstecken könnte, wenn man Blut trinkt. Die Frau am Telefon schwieg eine Weile und sagte dann: ›Warum um alles in Welt willst du so etwas tun?‹ Sie ließ ihn einen Augenblick warten und kam dann mit der Erklärung ans Telefon zurück, daß es technisch eigentlich kein Problem sei, wenn man keine Wunden im Mund oder offenes Zahnfleisch hätte. Die Magensäure würde das Virus abtöten. Derartig in unserem Lebensstil bestätigt, tranken wir in den Wochen danach ziemlich viel.«

Daves Verlobte erzählte mir ihre Sicht der Erlebnisse und was diese für sie bedeuteten. »Ich habe wegen Dave damit angefangen, Blut zu geben. Ich kann mich nicht erinnern, irgendwelche Zweifel deswegen gehabt zu haben, aber es kann sein, daß ich mich nicht an alles erinnern kann. Ich sage das, weil ich eigentlich ein Problem damit habe, mir Blut abnehmen zu lassen. Wenn ich mir für medizinische Zwecke Blut abzapfen lassen muß, wird mir immer schlecht. Sogar bei diesen kleinen Mengen, die aus der Fingerkuppe entnommen werden. Die Vorstellung, daß jemand anders mein Blut in sich hat, ist mir unangenehm. Es schien mir immer eine Art spiritueller Diebstahl zu sein. Es gab schließlich Zeiten, wo es fast nichts anderes gab, was mir gehörte. Aber wenn ich bei Dave irgendwelche Ängste hatte, gingen sie immer schnell vorbei. Vielleicht weil ich ihm schon immer vertraut habe. Wir sind jetzt an einem Punkt, wo ich ihm recht häufig etwas von meinem Blut anbiete, weil ich es mag, wenn er von mir trinkt.

Mein Blut zu geben ist etwas ganz Besonderes für mich. Soweit ich mich erinnern kann, hat noch nie jemand anders mein Blut getrunken. Mein Blut mit Dave zu teilen ist wie ein Bund. Er trinkt nicht mehr soviel wie früher, und irgendwie vermisse ich die alten Zeiten. Als Dave anfing, mein Blut zu trinken, wurde ich richtig *stoned* davon. Ich war damals magersüchtig, und ich habe gehört, daß das eine normale Wirkung ist. Ich bekomme immer noch einen Kick davon, wenn er von mir trinkt, aber es ist nicht mehr dasselbe. Ich gerate dadurch in eine euphorische Stimmung und fühle mich ihm sehr nah. Manchmal ist es erotisch, und wir schlafen entweder danach miteinander oder benutzten es als Vorspiel – wie ein Aphrodisiakum. Manchmal denken wir auch bloß, daß es Zeit ist, meine Haut mit einem neuen Schnitt zu verzieren. Seit neustem schneidet er kleine Herzen auf meine Schulterblätter. Zu meiner Enttäuschung – nicht zu seiner – sind bisher keine Narben zurückgeblieben. Wir benutzen immer saubere, scharfe Klingen, um Entzündungen zu vermeiden. Manchmal haben wir keine im Haus, und dann ist es eine Qual, warten zu müssen. Also sieht man uns recht häufig in der Drogerie, um unseren Vorrat an Rasierklingen aufzustocken.«

4

Von der Verlobung zur Hochzeit. Ich wurde zu einer heidnischen Vampirhochzeit in Florida eingeladen. Da ich nicht zur Zeremonie kommen konnte, beschloß ich, das glückliche Paar vorher zu treffen, also noch in der Vorbereitungsphase. Ich flog nach Orlando, weil ich gehört hatte, daß es dort eine ansehnliche – größtenteils sehr junge – Vampirgemeinschaft gibt, und ich wollte mir selber ein Bild davon machen. Man hatte mir gesagt, daß da unten ein Netzwerk von Leuten besteht, die in den Clubs der Gothic- oder Vampirszene arbeiten und manchmal spezielle Vampirparties organisieren. Die Polizei soll die Szene beobachten, weil man angeblich leicht an Drogen herankommt und die meisten Raver zu jung sind, um legal zu trinken. Trotzdem existieren sieben oder acht Clubs, die von Vampiren frequentiert werden.

Als ich ankam, erfuhr ich, daß sämtliche Vampiraktivitäten eingestellt worden waren. Keine Versammlungen, kein Blutaustausch, keine Auftritte in den Clubs. Die Leute in der Szene verhielten sich so, weil sie von angeblich bevorstehenden verdeckten Aktionen der Polizei erfahren hatten. »Wenn es da draußen irgendwelche Vampire gibt, gehen Sie nicht auf die Jagd, töten nicht und nehmen auch an keinen Aktivitäten welcher Art auch immer teil!« lautete das Gebot in der ganzen Stadt. Die Vampire waren aufgefordert, unauffällig und unsichtbar zu bleiben.

Ich fand das erstaunlich. Seit wann konnte ein Komitee einem Vampir vorschreiben, was er zu tun hatte? Das schien mit der Idee des Vampirs absolut unvereinbar zu sein.

Ich suchte trotzdem einen der größeren Clubs auf, das Firestone, denn bei 1.000 Gästen war es wahrscheinlich, daß auch Vampire darunter sein würden. Ich hatte auch von anderen Clubs gehört, aber man wies mich darauf hin, daß einer geschlossen worden und ein anderer zu klein sei und daß dort nicht viel los sein würde. Das Firestone war riesig, mit vielen Balkonen, von denen man hinunter auf die Tanzfläche blicken konnte. Die meisten Männer trugen ärmellose Hemden (oder gar keine), während die Frauen dünne, enganliegende Kleidung anhatten. Nebelmaschinen und Zigarettenrauch hüllten den Ort in einen unwirklichen Dunst, die Musik dröhnte laut in einem harten Rhythmus und ging ohne Unterbrechung von einem Stück in das nächste über. Rote und schwarze Poster mit sich windenden nackten Gestalten zeigten den Tänzern, was sie zu tun hatten, obwohl mir gesagt worden war, daß einige dieser Tänzer Zivilbullen seien. Die Atmosphäre war feucht von Hitze und Erregung, als wenn jeder auf die Begegnung wartete, die sein Leben für immer verändern würde. In einem schnellen, aber entzifferbaren Kode wurden über die Köpfe der Leute hinweg Zeichen ausgetauscht.

Es gab einen von der erschöpfenden Musik abgesonderten »Ruheraum«, der von Zigarettenrauch erfüllt war (sicher auch mit anderem Rauch). Ich ging hinein und sah mich nach Leuten um, die bereit waren, über ihre Erfahrungen zu sprechen. Ein junger Rotschopf behauptete, 19 zu sein (aber ich glaubte ihm nicht), und sagte, er käme wegen der Musik hierher. Manchmal schluckt er ein Mittel, das es ihm erlaubte, ganz in die Szene einzutauchen. Es gab ihm das Gefühl, keine Grenzen mehr zu kennen, keine Gesetze und keine Vorurteile. »Es ist gut«, murmelte er. »Alles ist ganz toll.«

Ecstasy – oder »E« oder »Z« – schien hier die beliebteste Droge zu sein. Mir wurde einige Male etwas angeboten, aber ich lehnte jedesmal ab. Ecstasy gibt es schon eine ganze Weile, und zu einer Zeit, als es noch legal war, wurde es von Psychotherapeuten benutzt, um Patienten zu helfen, sich zu entspannen und zu öffnen. Die Legenden sagen, es sei vom Militär als Wahrheitsdroge verwendet worden, aber dafür gab es nie einen Beweis. Auch MDMA oder »Adam« genannt, hat die Droge seit Mitte der 80er Jahre die Szene erobert. Es dauerte aber noch bis zu den 90er Jahren, bis die Jugendlichen sie zu ihrer bevorzugten Partydroge machten. Sie wurde in den Staaten 1985 für illegal erklärt, aber das änderte nichts daran, daß sie auf Warehouse-Parties und in Clubs weiterhin genommen wurde.

Als psychedelisches Amphetamin hat Ecstasy den merkwürdigen Effekt, gleichzeitig stimulierend und entspannend zu wirken, und führt zu einem Gefühl größerer Nähe zu anderen. Die Bewegungen werden fließend, und manche Leute haben behauptet, sich wieder wie ein Kind vor dem Einsetzen des Selbstbewußtseins zu fühlen. Manche sprechen auch von größerer Toleranz, Friedfertigkeit und einem Gefühl der Zusammengehörigkeit – ein Gefühl, das dem Verliebtsein ähnelt –, und oft gehen die Leute auf »E« Beziehungen ein. (Einige User beschreiben jedoch auch ein Gefühl der Trockenheit im Mund, paranoide Ängste, Depressionen, Erschöpfung und ein allgemeines Unwohlsein beim Nachlassen der Wirkung.) Viele Leute behaupten, daß sie nach der Einnahme von Ecstasy intensivere spirituelle Erlebnisse gehabt und sich der Natur näher gefühlt hätten. Es gibt Teenager, die meinen, wenn sie »E« nahmen, irgendwie ›übersinnlich‹ zu werden, aber keiner konnte diesen Effekt genau erklären. Kein Wunder also, daß jeder hier meinte, alles sein »ganz toll«.

Ein Typ, der mich dazu zu überreden versuchte, die Droge auszuprobieren, erzählte mir von seinem Erlebnis: »Ich hatte das Gefühl, von der Musik aufgesaugt zu werden, und mir zuckten merkwürdige, visuelle Bilder durch den Kopf. Ich sah Grafiken und Diagramme in Technicolor, surreale Landschaften und Erscheinungen der Jungfrau Maria. Ich konnte die Menge spüren, ohne sie anzusehen. Ich konnte die Seelen der Menschen in meiner Nähe fühlen, und ich hatte ein tiefes Mitgefühl für alle. Je mehr ich tanzte, desto intensiver wurde es, bis ich das Gefühl hatte, ich würde explodieren. Ich fühlte eine große Kraft in mir, als wenn ich unglaubliche Mengen von Energie freisetzen könnte. Ich spürte eine Einheit um mich herum, die alles erlaubte. Ich begriff in diesem Moment, was der Trieb ist und daß der Trieb alles ist, was zählt. Der Wille zur Macht – ich betete ihn an! Ich wollte mich fortpflanzen, zerstören, befehlen! Mein Bewußtsein öffnete sich. Mein Gehirn glühte, und meine Gedanken waren so klar. Das erste Mal in meinem Leben fühlte ich mich wirklich im Einklang mit mir selbst.« Na ja, es schien nicht so sehr viel anders als Speed oder Meskalin oder LSD zu sein. Vielleicht etwas weniger intensiv, aber immer noch zu »fließend« für meine Zwecke. Ich war hier, um die Szene zu beobachten und zu analysieren, nicht um mich in alle zu verlieben. Ich kannte das Gefühl, absolut brillante Einsichten zu haben, während man auf Droge ist, nur um am nächsten Tag zu erkennen, wie banal oder unsinnig sie waren. Ich lehnte das Experiment ab. Ich hatte schon Erfahrungen mit anderen Bewußtseinszuständen gemacht, und ich konnte mir lebhaft vorstellen, daß man sich noch mehr wie ein Vampir fühlte, wenn die Sinne geschärft waren und das Gefühl der Macht von der Droge verstärkt wurde. Und ich konnte mir vorstellen, daß sich der Eindruck, ein Vampir zu sein, bei diesem geballten Zusammengehörigkeitsgefühl in etwas anderes verwandeln konnte und daß man sich mit den Opfern und den anderen Vampiren enger verbunden fühlte.

Aber ich hatte ein bißchen Angst um diese Teenager, die nur für diese Droge zu leben schienen, als würde ihnen ihr alltägliches Leben nicht genügen. Das war die Sorte, die es auf der Suche nach einem noch größeren Kick häufig übertrieb.

Ein anderer Typ – ein Disney-Fan mit zehn Zentimeter hohen Plateauschuhen – erzählte mir undeutlich nuschelnd, daß er »Typen, Pärchen und Frauen ohne Oberteile« liebe. Nun, das galt wohl für so ziemlich jeden in diesem Club. Er trinke Blut aus Injektionsnadeln, verriet er mir kichernd, und er kam in diesen Club, weil es hier einfacher war, an Blut heranzukommen, vor allen Dingen aber wegen der Mädchen.

Ein Transvestiten-Vampir hatte jemandem erzählt, von dem wiederum ich diese Geschichte erfuhr, daß er/sie in örtlichen Bars Heteromänner verführte, und alles, was er/sie an Getränken schnorren konnte, in sich hineinschüttete. Er/sie verwandelte sich mit jeder neuen Begegnung und paßte sich den Phantasien seiner/ihrer Bekanntschaften an.

Ein Mädchen, das wie 15 aussah, erzählte mir, daß einige Leute sie in dieser Nacht gefragt hätten, ob sie ihr Blut trinken könnten. Ein junger Mann, der mehrmals auf die Tanzfläche gegangen war, berichtete, daß er einmal mit einem Typ nach Hause gegangen war, der genauso wie er selbst aussah. Nach dem Sex hatte er gesagt: »Ich will den Geschmack deines Blutes kennenlernen, und ich will, daß du mein Blut trinkst.«

»Und hast du es getan?« fragte ich.

»Sicher. Es war ein Erlebnis. Er dachte, Blut würde sein Leben bereichern und es würde so eine Art Erlösung für ihn sein. Er schnitt sich die Innenseite seines Handgelenks auf und preßte es auf meinen Mund. Dann wollte er, daß ich mir die Lippen aufbeiße, so daß er mein Blut probieren konnte.«

Ich erfuhr von den Erkennungszeichen unter den Vampiren, zum Beispiel von dem Handschlag, den mir schon Shadow aus Chicago beschrieben hatte. »Aber oft ist es nur eine Reaktion der Augen oder des Mundes«, erklärte mir eine junge Brünette. »Ein Vampir benutzt ein bestimmtes Wort oder läßt seine Augen an einem bestimmten Punkt der Unterhaltung aufblitzen. Oder man kann einfach offen fragen. Aber meistens sieht man es schon an der Art, wie sie flirten. Einige fragen einfach nach Blut. Wenn sie dich hinter dem Ohr lecken, weißt du, daß du es mit einem Vampir zu tun hast.«

Ich blieb noch eine Weile in diesem Club, fand hier aber viel weniger Vampiratmosphäre, als ich erwartet hatte, mit all den wilden Tänzen, den Lichtern und der Dancefloor-Musik. Ich schätze, ich ziehe es vor, daß meine Vampire im Dunklen bleiben.

Aber ich fand es bemerkenswert, daß es so nah bei Disneyworld eine Vampirgemeinschaft gab, aber auf eine ironische Weise machte es auch Sinn: Die Vampire im Schatten des großen Symbols für normales Leben und Familienspaß – und umgekehrt. Es schien, als ob es das eine nicht ohne das andere geben könnte.

Was ich über die Vampirszene in Orlando herausfand und was für die Jugend in Florida allgemein galt, war, daß sie offenbar gerne Drogen nehmen, um ihre Erlebnisse während ihrer Nächte in den Clubs zu intensivieren, daß sie geradeheraus und promiskuitiv in ihren Praktiken sind und daß sie großen Wert auf einen perfekten Körper und Sex legen. Speziell auf die Vampire bezogen, erfuhr ich, daß sie sich etwa eine Wegstunde vom Strand treffen, um dort ihre Rituale abzuhalten. Oft im Mondschein. Niemand wollte bei seinem Namen genannt werden, aber sie waren alle bereit, sich mir anzuvertrauen. Ich wußte nicht, wie viele Mitglieder es gab, aber ich war mir sicher, daß es eine große Gemeinschaft war. Ich hätte gerne mehr Zeit mit ihnen verbracht, aber ich hatte eine Verabredung am South Beach.

5

Bevor ich Jesse und Michael traf, hatte ich bereits davon gehört, wie sich Jesses Bluthunger entwickelt hatte. Ihr Vampirname war Dementia, nach der Freundin von Onkel Fester aus der *Adams Family.*

»Ich wurde adoptiert, als ich noch sehr klein war«, hatte sie mir geschrieben. »Ich glaube, meine Adoptivfamilie hat mich nie wirklich gemocht. Als ich 18 Jahre alt wurde, zog ich nach Miami, um meine richtigen Eltern kennenzulernen, obwohl meine leibliche Mutter schon gestorben war. Ich lebte bei meiner Tante und fing an, die Bücher von Anne Rice zu lesen. Zu dieser Zeit hatte ich schon die nächtlichen Angewohnheiten eines Vampirs angenommen: Ich kam spät nach Hause und trug ausschließlich schwarze Kleidung. Eines Nachmittags guckte ich im Wohnzimmer MTV, und irgendwie schnitt ich mir in den Finger. Es floß Blut, und ich steckte mir instinktiv den Finger in den Mund. In dem Moment kam meine Tante herein. Sie sah mich, ganz in Schwarz, mit meiner Sonnenbrille und dem blutigen Finger im Mund und drehte ab. Sie sagte mir, daß ich mich wohl für einen Vampir halten würde und daß sie mich rauswerfen wolle. Man kann also sagen, meine Tante hat mich auf diese Möglichkeit aufmerksam gemacht.

Es gab schon immer einen übernatürlichen Einfluß in meinem Leben, und ich kann Ihnen auch sagen, warum das so war. Mein natürlicher Vater hat karibische Vorfahren. Sie sind sehr spirituell und beschäftigen sich intensiv mit der Natur. Ihre Familie scheint für solche Dinge sehr empfänglich zu sein.«

Als ich Jesse nach anderen Einflüssen in ihrem Leben als Blutsauger fragte, erzählte sie mir, daß sie einige Erfahrungen mit Hexerei gemacht hätte. »Ich glaube, meine Begeisterung für die Unterwelt und das Okkulte ist einfach immer größer geworden, aber ich hatte eigentlich niemanden, dem ich mich anvertrauen konnte. Irgendwann einmal, als ich so um die 20 war, kam das alles an die Oberfläche. Ich arbeitete in einem Club, dem Washington Square am South Beach, mit dem Sänger einer Band zusammen. Ich ging damals zur technischen Hochschule, weil ich ins Musikgeschäft wollte, und einer der Typen, die ich von der Schule kannte, zog mich irgendwie an – es war etwas Tiefes, Dunkles und Finsteres an ihm, das ich nicht erklären konnte. Er war einer, der immer herumspielte, und normalerweise finde ich diesen Typ nicht so attraktiv, also war ich überrascht, als wir zusammen bei mir landeten. Er schlief bei mir (nur das!), und als ich am nächsten Morgen aufwachte, lag er über mir, lächelte mich an und fragte: ›Magst du Blut?‹ Ich schätze, der Ausdruck in meinen Augen verriet mich, denn als nächstes erinnere ich mich nur noch daran, wie er ohne jede Mühe mein Blut in seinen Mund bekam

– als würde es von ganz allein fließen. Ich habe nie herausgefunden, wie er das gemacht hat. Es tropfte auf meine Brust. Ich war, um das mindeste zu sagen, erregt.

Er tat das noch ein paarmal bei anderen Gelegenheiten, und dann, als wir eines Nachts bei ihm waren, erreichten die Dinge ihren Höhepunkt. Sein Zimmer war in Schwarzlicht getaucht, und das Bett sah aus wie ein Altar. Wir waren mittendrin, als er mich plötzlich auf den Rücken drehte, meine Hände über meinem Kopf zusammenhielt und einfach nur dasaß und mich ansah. Er wies mich an, meine Augen zu schließen und meinen Mund zu öffnen, was ich bereitwillig tat. Das nächste, an das ich mich erinnere, ist, daß ich zum ersten Mal den Geschmack von Blut in meinem Mund spürte. Er beugte sich über mich und ließ es dort hineintropfen. Ich kann es kaum beschreiben, Katherine, es war einfach … wie ein Orgasmus. Schon alleine diese Nähe!

So fing es also an. Wenn ich es getan habe, war es meistens hauptsächlich sexuell motiviert, und als ich älter wurde, fand ich meine bevorzugte Methode. Ich verstehe es nicht, daß Leute sich gerne beißen lassen. Einer meiner Freunde hat mich immer gebissen, und es hat mir einfach zu weh getan. Menschliche Zähne sind einfach nicht dafür gemacht, Haut zu durchbohren.

Ich lebte nur für den Kick, den ich dabei bekam. Kein körperlicher Kick, eher ein psychischer oder mentaler, mit einem Orgasmus vergleichbar. Ich beschäftigte mich immer mehr mit der Vampirszene. Wie ich schon sagte, ich habe es immer schon gemocht, mich schwarz zu kleiden und nachts lange auszugehen, aber ich geriet immer tiefer da hinein, teilweise wegen Anne und teilweise wegen der Renaissancefestivals, bei denen sich diese Leute versammeln. Ich verliebte mich in das Mittelalter und in den Stil der Renaissance und des viktorianischen Zeitalters.«

Ich fragte Jesse, worin ihrer Meinung nach die Anziehungskraft des Vampirs bestehe.

»Ich glaube, es sind mehrere Dinge. Viele Menschen würden alles für diese emotionale Freiheit, für die Unabhängigkeit von ihrer Umgebung tun, um dem unerträglichen Alltagsleben zu entkommen … Und die Nacht ist selbst so wundervoll. Der typische Job ist anstrengend und hektisch, eine Welt von Krawatte und Kostüm. Die Nacht ist dunkel, und das harte, helle Licht des Tages wird weich und ungewiß und verschmilzt zu einer anderen Realität, in der die Menschen tun können, was sie wollen, ohne daß ihnen eine Autorität ständig über die Schulter schaut und ihnen sagt, was sie zu tun haben. Ich glaube, die Idee, sich von der Lebenskraft eines anderen zu nähren, gibt einem ein Gefühl von Kraft und Erotik und Intimität. Ein Vampir zu sein gibt den Menschen die Möglichkeit, aus der Form, in die sie gepreßt wurden, auszubrechen und ihre eigenen Regeln zu machen. Es gibt ihnen das Gefühl wirklicher Freiheit.«

Ihr Verlobter Michael hatte noch keine Erfahrungen mit Blut gemacht, also wollte ich wissen, wie sie ihn getroffen hatte.

»Ich arbeite schon seit sechs Jahren als Go-go-Tänzerin. Eines abends kam er in einen Club, wo ich auf der Junggesellenparty eines Freundes auftrat. Ich erschien ihm außergewöhnlich, erzählte er mir später. Ich besaß ›eine Aura‹. Er konnte es nicht beschreiben. Etwas zog ihn zu mir hin, genauso wie ich vorher von Derek angezogen worden war. Er wurde noch faszinierter, als er eine Ahnung von meinem ›dunklen‹ Hintergrund bekam. Als Tänzerin war ich natürlich ziemlich aufgemacht (was ich ihm hinterher gestand), aber es stellte sich heraus, daß er eigentlich ein gradliniger, ganz normaler Typ war – genau die Sorte, die meistens an der ›anderen Seite‹ interessiert ist. Nachdem wir begonnen hatten, uns regelmäßig zu treffen, erzählte ich ihm von meinem Fetisch, und da er sehr offen ist, interessierte er sich auch dafür. Nachdem wir uns sehr nahegekommen waren, erklärte ich ihm meine Begierden und daß ich sie mit ihm teilen wollte. Er war bereit.«

Sie beschlossen, mit diesem Ritual bis zur Hochzeit zu warten, obwohl sie sich fragten, wie sie das Ritual wohl vor ihren Familienangehörigen und Freunden durchführen konnten, ohne alle zu schockieren. Als ich sie traf, waren sie immer noch besorgt deswegen.

Michael und Jesse kamen zu meinem Hotel am South Beach, und wir gingen zu einem Italiener in der Nähe. South Beach ist der südliche Teil von Miami Beach und berühmt für seine Art-Deco-Hotels, schönen Menschen, karibischen Restaurants und für das große Anwesen, vor dem Gianni Versace erschossen wurde. South Beach umfaßt Ocean, Collins und Washington Avenue. Anne Rice hat South Beach als Schauplatz für den Anfang von *The Tale of the Body Thief* ausgewählt; Lestat bewohnt darin ein Zimmer im Park Central Hotel. Er verfolgt den »Backstreet Strangler« auf der Collins Avenue und tötet hier eine ältere Frau. In Miami habe ich zum ersten Mal einen dieser ekligen Palmettokäfer gesehen.

Die Ocean Avenue und die Washington Avenue sind von Clubs gesäumt, und die »schwarze Szene« geht ins Kitchen und am Sonntag, wenn die »Kirche« geöffnet ist, zum Groove Jet, einer wöchentlich stattfindenden Pary für »Graver« – Gothics in historischen Kostümen – »der größte Spaß, den man haben kann, ohne wirklich tot zu sein«, verkündete eine Kritik.

Jesse hatte rotes, lockiges Haar und eine lebendige Art. Sie sprach schnell, und ihre Augen funkelten ständig. Michael war gutaussehend und gepflegt und etwas ruhiger als sie, aber sehr herzlich. Ich wußte nicht, wie entgegenkommend er sein würde, da ich die Erfahrung gemacht hatte, daß die Partner von Bluttrinkern, die dieses Dasein selber nicht führen, es meistens nur tolerierten. Aber in Michaels Fall war dies anders. Er arbeitete als Mechaniker bei Porsche und liebte die Natur und das Angeln. Er erzählte mir, daß sein Leben, bevor er Jesse getroffen hatte, langweilig und nur auf Sicherheit bedacht gewesen sei und daß ihre Begegnung es ihm ermöglicht hätte, viele Dinge auszuleben, die er vorher nicht gekannt hatte, was sehr aufregend für ihn sei. »Ich kann mit ihr so sein, wie ich bin«, sagte er. Er fürchte sich nicht vor Dingen, die er nicht kannte, versicherte er mir, und er glaubte, sie zu heiraten, sei ein großes Abenteuer.

Beide freuten sich wirklich darauf, ihre Renaissancekostüme für die Heilige Zeremonie anzulegen. Michael würde schwarze Hosen und ein Piratenhemd sowie einen bordeauxroten und grünen Umhang tragen, und Jesse hatte ein smaragdgrünes Kleid mit langen Ärmeln ausgesucht. Über ihrem langen Haar würde sie einen Kopfschmuck aus Ketten und grünen Steinen tragen. Sie wollte Draht in die Bänder flechten, die den Kopfschmuck zieren sollten. Die Einladungen sollten Kalligraphie und die Tuschezeichnung einer Burg zieren, darunter sollte eine Erklärung ihres Hochzeitsrituals abgedruckt werden. Sie erwarteten etwa 75 Gäste – die alle passend gekleidet sein würden – und wollten ihre Flitterwochen auf den nächsten Oktober verschieben, wenn der Anne-Rice-Ball in New Orleans stattfand.

»Und wo habt ihr das Aufgebot bestellt?« fragte ich. »Bei ›Lord and Taylor‹?« Das klang zumindest ein wenig mittelalterlich. Sie lachten. Daran hatten sie gar nicht gedacht.

»Nun, ich weiß gar nicht, was man zu einer solch ungewöhnlichen Hochzeit schenkt«, fuhr ich fort. (Schließlich schenkte ich ihnen eine schwimmende Kerze in einem Druidenbaum und ein Totensonntaghochzeitspaar auf einem Sarg, auf dem »Ewige Liebe« stand.)

Sie beschrieben mir ihr altes, keltisches Hochzeitsritual, das die Vereinigung zweier Menschen vor Zeugen segnete und dabei ihre Energie zum Universum erhob. Sie wollten keine einfache Hochzeitszeremonie und auch keine gewöhnliche Hexenhochzeit, und ihr Blutaustausch machte ihre Hochzeit zu einem einzigartigen Ereignis. Sie überlegten, wie sie den Austausch vornehmen sollten, der ihre Seelen vereinigen würde, und wie öffentlich er sein sollte. »Ich glaube, wenn du das Blut eines Menschen trinkst, bist du dadurch tief mit ihm verbunden«, erklärte mir Jesse. »Genauso wie es im biblischen Sinn beim Sex geschieht. Deshalb war ich immer sehr wählerisch, mit wem ich mein Blut geteilt habe. Unser Blutaustausch auf dieser Hochzeit und jeder danach wird uns und unseren Schwur dem anderen gegenüber jedesmal erneuern. Es ist die vollkommene Intimität und ein vollkommener Bund.«

Am 7. Februar 1998 reichten sie sich vor etwa 50 Gästen die mit einem bestickten Band geschmückten linken Hände – gleichsam um die Fesseln zu schließen –, sprachen ein Hochzeitsgebet und tauschten ihren Heiligen Schwur. Danach luden sie alle Gäste ein, das Renaissancefest zu genießen, und bereiteten sich auf die private Zeremonie vor, die sie nur in Gegenwart der Trauzeugen durchführen wollten. Das war der Blutaustausch. Jesse hatte zu diesem Zweck einen Kelch gekauft, der mit »gotischen« Ungeheuern verziert war, da Michael diese so liebte, und sie benutzten einen kleinen spitzen Dolch, um ihre Handgelenke aufzuschneiden.

Es kam kein Blut.

Es war für Florida ungewöhnlich kalt in diesem Februar, etwa 13 Grad, und sie hatten Schwierigkeiten, auch nur ein paar Tropfen herauszupressen. Sie versuchten es wieder. Nichts.

»Es war unglaublich«, berichtete Jesse. Es dauerte etwa zehn Minuten, aber schließlich gelang es beiden, etwas Blut aus ihren Adern zu quetschen, und sie tauschten es als Teil ihres Schwures aus.

Also, alle, die eine Vampirliebe suchen, nur Mut! Sie ist irgendwo da draußen. Nachdem ich gesehen hatte, wie nah sich diese Paare waren, überlegte ich, ob ich mir auch einen Vampir suchen sollte. Ich konnte eine Kontaktanzeige aufgeben (»Vampir verzweifelt gesucht«) und abwarten, ob sich jemand mit Biß melden würde.

Kapitel zwölf

Ich bin okay, du bist ein Vampir

1

Im ersten Vampirclub, den ich aufsuchte, traf ich eine junge Frau – sie sah aus wie 18, aber sie mußte älter sein, den es war einer der Clubs, die beim Einlaß Ausweiskontrollen durchführen lassen. (Sie konnte natürlich einen gefälschten Ausweis haben). Sie hatte schwarzen Lidschatten aufgelegt und trug eine enge, rote Satinkorsage, schwarze Samthandschuhe und einen winzigen Minirock über schwarzen Spitzenstrümpfen und Schnürstiefeln aus Leder. Ihr Atem roch nach Zigarettenrauch mit einem leichten Anflug von Marihuana. Sie trug keine Vampirzähne, und als ich sie nach dem Grund fragte, gestand sie mir: »Ich bin hier, um einen Vampir zu finden.«

»Um einen zu finden?«

»Ja, ich will mein Blut geben. Ich will mich jemandem hingeben und ihn mein Blut trinken lassen.«

Das erschien mir fast so gefährlich wie Sex ohne Kondom, vielleicht sogar noch gefährlicher, da sie an einen Mann geraten konnte, der ihr wirklich Schaden zufügen oder sie vielleicht sogar töten konnte. Sie erschien mir so bereitwillig.

»Warum wollen Sie, daß Sie jemand schneidet oder beißt?«

»Darum geht es nicht«, wehrte sie ab. Ihre Augen waren so verschleiert, daß ich den Eindruck hatte, sie hätte irgend etwas genommen, wahrscheinlich Ecstasy. »Ich habe einmal ein Erlebnis gehabt, das ich nicht vergessen kann.«

»Sind Sie von einem Vampir gebissen worden?«

»Ich wurde *genommen*. Es hat mir zuerst angst gemacht, aber dann wurde es ganz – anders. Ich hatte so etwas davor noch nie erlebt.« Sie lehnte ihren Kopf zurück und schloß die Augen. »Er hatte große dunkle Augen, die mich zu kennen schienen. Die alles wußten, was ich durchgemacht hatte, wie schlecht es mir ging, wie ich von allem einfach nur weg wollte. Ich sah ihn auf einem Rockkonzert, und als ich mich ihm näherte, hörte ich, wie er tief in seiner Brust vor sich hin summte. Er hörte nicht auf, zu summen, während er mich beobachtete, und es fühlte sich an, als würde mich etwas wegziehen. Er trommelte leicht mit den Fingern gegen sein Bein, als wenn er meiner Lebensgeschichte einen Rhythmus geben wollte. Ich setzte mich neben ihn und spürte, wie warm er war, aber ich fröstelte trotzdem. Er lächelte leicht, aber nicht so, daß es die Stimmung zerstört hätte. Er sprach vertraulich mit mir über all das Elend, das ich in meinem Leben erlebt hatte. Er teilte diese Gefühle mit mir, und er wußte meinen Körper zu benutzen, um ihn in Poesie zu verwandeln. Es kam mir vor, als würde ich mein Tagebuch vor mir sehen, und plötzlich war alles, was darin stand, völlig in Ordnung. Er akzeptierte alles und liebte mich dafür. Er rief mich, um mich ihm hinzugeben.«

»Und, haben Sie es getan?«

»Ja. Nach dem Konzert ging ich mit ihm. Wir gingen zusammen, ohne etwas zu sagen. Er hielt meine Hand, und manchmal sah er mich an. Dann führte er mich hinter ein Gebäude und fragte mich, ob er mein Blut trinken könnte. Ich hatte Angst. Ich wußte nicht, was ich sagen sollte. Er zog eine kleine Rasierklinge hervor und sagte, es würde nicht weh tun, nicht wirklich. Er nahm meinen Arm, und ich ließ ihn meine Manschette aufknöpfen. Ich fühlte mich unfähig, mich zu wehren, aber ich wollte es eigentlich nicht. Er schob den Ärmel zurück, entblößte mein Handgelenk und benutzte die Klinge nur, um meine Haut zu ritzen. Ich blutete, und er sah mich an und lächelte. Ich schmolz unter seinem Blick dahin und bot es ihm an. Seine Lippen waren heiß auf meiner Haut, und ich spürte diesen seltsamen Druck, aber dann war es toll. Fast friedlich. Als wenn mich jemand wirklich lieben würde – mich wirklich *haben* wollte. Und dieses Gefühl will ich wieder erleben!«

»Was haben Sie dann getan?«

»Nichts. Er brachte mich zurück zum Konzert und ging. Ich habe ihn nie wieder gesehen, obwohl ich wochenlang Geschichten über ihn geschrieben und von ihm geträumt habe. Ich wünschte mir, ich könnte ihn wiederfinden, aber eigentlich ist es egal. Ich will nur irgend jemand. Ich will einen Vampir.«

Dazu konnte ich nichts sagen. Sie hatte bestimmt nicht übertrieben, und es schien, als wenn sie in ihrem Leben viel durchgemacht hätte und Trost suchte. Diese romantische Unterwerfung jemandem gegenüber, der ihr soviel einzigartige Aufmerksamkeit schenkte, war für sie sicher sehr verführerisch.

2

Manche Menschen treten nur als Vampire auf, um willfährige Opfer mit ihren Versprechen auszunutzen. Eine junge Frau beschrieb mir einen Mann, der ihr versprochen hatte, sie zu einem Vampir zu machen, wenn sie vorher dreimal mit ihm schlief, damit er herausfinden konnte, ob sie würdig sei. Auf der Suche nach Unsterblichkeit ließ sie sich auf den Handel ein, und er schloß sie in seinem Apartment ein und benutzte sie, bis er ihrer überdrüssig wurde und sie gehen ließ. Er dachte offensichtlich zu keinem Zeitpunkt daran, seinen Teil der Abmachung zu erfüllen.

Irgendwie schien die Vorstellung von einer Vampirvergewaltigung widersinnig, da der Vampir ohnehin mehr oder weniger als skrupelloser Verführer gilt. Ich amüsierte mich über die Geschichte eines jungen Mannes, der mit einem anderen Mann ausgegangen war, von dem er wußte, daß er ein Vampir war, und sich nun darüber beklagte, daß sein Begleiter die Gelegenheit ausgenutzt hatte. Sie trugen beide Vampirzähne, der junge Mann war betrunken, und der Vampir biß ihn und trank sein Blut. Jetzt überlegte er, ob er ihn verklagen sollte. Wie bitte? Seit wann wird ein Vampir wegen sexueller Belästigung verklagt? Andererseits gab es bestimmt auch wirklich nichtsahnende Opfer, die sich freiwillig niemals auf die Sache eingelassen hätten. Ein Vampir erzählte mir sein Geheimnis: »Die Natur des Wolfes bleibt nicht lange verborgen. Jeder normale Student geht auf Parties, nicht wahr? Einige Freunde luden mich zu einer großen Party ein. Ich lernte ein Mädchen kennen, und sie ließ sich bereitwillig von mir von den anderen wegführen. Sie wäre mir besser nicht gefolgt. Wir gingen also in einen ruhigen Teil des Hauses. Verstehen Sie mich nicht falsch, ich wollte ihr Blut nicht trinken. Nur mit ihr herummachen, wie jeder Typ auf einer Party. Wir schliefen miteinander, aber sie war schon nicht mehr ganz bei sich. Da dachte ich an etwas, was ich immer schon einmal tun wollte. Ich nahm eine Bierflasche, zerschlug sie und schnitt mit einer Scherbe ihre Haut von der Taille bis zur Innenseite ihres Schenkels auf. Ein gut versteckter Schnitt an einer intimen Stelle. Es war ein leichter Schnitt, gerade tief genug, um den Geschmack ihres Blutes zu testen. Als ich ging, ließ ich an die 100 Studenten zurück, die betrunken oder *stoned* herumlagen ... und ich, ich war – gesättigt.«

3

Die Opfer werden nicht nur wegen Sex und Blut ausgenutzt, sondern die Vampire rauben ihnen auch die psychische Energie – zumindest behaupten sie das. Ich erhielt eine aufgeregte Nachricht von einer Frau, die mir schrieb, daß ihr bester Freund zu einem psychischen Vampir geworden sei und es noch nicht einmal bemerkt hätte. Sie fühlte sich in seiner Gegenwart ständig müde, und sie glaubte, er zerstöre ihr Leben. Sie hatte von Austreibungsritualen und Exorzismen gehört und wollte wissen, ob ich ihr einen Rat erteilen könnte.

Ich fragte sie nach Details, und es stellte sich heraus, daß sie ein Buch über psychische Vampire gelesen hatte. Die Situation schien mir eher ein Fall von Autosuggestion als von echtem Vampirismus zu sein.

In einer Zeit schwerer Blutkrankheiten scheint es nichts Besonderes zu sein, in die Rolle eines Vampirs zu schlüpfen, der anstelle von Blut von der Lebenskraft anderer zehrt. Auf zehn psychische Vampire, die ich getroffen hatte, kam nur ein Blutsauger – immerhin! Aber ich gewann den Eindruck, daß es bei diesem Thema ziemlich viele Mißverständnisse gibt und mehr als nur kleine Übertreibungen.

Existiert psychischer Vampirismus wirklich oder handelt es sich nur um Gedankenmanipulation? Um diese Frage zu beantworten, war es zunächst einmal wichtig, zwischen psychischem und psychologischem Vampirismus zu unterscheiden. Im Fall des psychischen Vampirismus geht es um den tatsächlichen Verlust von Lebensenergie, der mit den richtigen Instrumenten sicherlich meßbar wäre (obwohl er schwierig nachzuweisen ist). Das zweite Phänomen, das ich »versteckten Vampirismus« nenne, bedeutet, daß jemand mit einer schwerwiegenden Persönlichkeitsstörung jemand anderen emotional ausbeutet; es ist nur auf einer metaphorischen Ebene vampirisch. Die meisten Menschen, die von psychischem Vampirismus sprechen, meinen diese zweite Variante, und diese »Vampire« haben das Bild des Blutsaugers und damit die ganze Vampirkultur entscheidend geprägt.

Meiner Meinung ist der versteckte Vampirismus, die manipulative Zersetzung des Egos, weitaus verbreiteter als der psychische Vampirismus. Er ist zumeist der Schlüssel zu sogenannten Abhängigkeitsverhältnissen, und diejenigen, die sich selbst als echte Vampire sehen, nutzen diese Methoden aus, um den vampiristischen Eindruck zu verstärken. Aber ganz gleich, wer diese Methode einsetzt, sie ist in jedem Fall sehr heimtückisch!

Der Film *Blue Sky* mit Jessica Lange als Carly Marshall und Tommy Lee Jones in der Rolle ihres Mannes handelt von diesem Menschentyp, dessen ständige Stimmungsumschwünge einen vampirischen Effekt haben. Carly hat einen geduldigen Mann, der beim Militär arbeitet und die gefährlichen Wirkungen von Verstrahlung nach Bombentests erforscht. Während er versucht, seiner Arbeit nachzugehen, muß er sich gleichzeitig um seine unberechenbare Frau kümmern, die sich ständig die Haare umfärbt, um wie berühmte Filmstars auszusehen, kindische Dinge tut, sich phantastische Geschichten ausdenkt, Männer verführt und von der Aufmerksamkeit anderer lebt. Sie gefährdet die Karriere ihres Mannes und zwingt ihn auch noch dazu, sich in einer Klinik einer psychiatrischen Behandlung zu unterziehen. Er bekommt dort so schwere Beruhigungsmittel, daß er kaum noch menschlich, eher wie ein Zombie ist, während seine Karriere in Scherben geht. Als sie ihm schließlich hilft, wieder auf die Beine zu kommen (weil sie ihn gerade verzweifelt braucht), tritt sie gerade wieder in eine ihrer manischen, rücksichtslosen Phasen ein.

Carly Marschall ist die Art von Frau, die Menschen anzieht. Sie ist geistreich, frei, erotisch, vibrierend, energiegeladen und schön. Sie beeindruckt die meisten Menschen, und die Männer sind verrückt nach ihr. Sogar ihr Mann, der ihre depressiven Phasen kennt, findet sie charmant und sexy. Sie nutzt ihn aus und zerstört ihn fast, und doch bleibt er bei ihr. Fast jeder kennt einen Menschen, der so ähnlich ist, und wir erleben den Charme dieses Vampirs genauso wie die unausweichliche Zerstörung, die seine Bedürfnisse, seine Lügen, die Manipulationen und seine Forderungen bewirken. Sie spielen, provozieren und brechen dramatische Szenen vom Zaun, um Druck auszuüben. Ihr Bedürfnis, unvergleichlich zu sein, ist verführerisch. Niemand ist sicher vor solchen Menschen, aber der Wunsch, in ihrer Nähe zu sein, ist dennoch groß. Und dieser Wunsch macht einen blind für die Gefahr.

Das Problematische an den psychischen Vampiren ist, daß sie kein Mitgefühl haben. Sie haben kein Gefühl für die Verletzungen, die sie anderen zufügen. Sie interessieren sich nur für ihre eigenen Bedürfnisse. Sie sind impulsiv, Meister der Verstellungskunst, nutzen Schwächen aus und werden häufig oft von einer Wut angetrieben, die dicht unter der Oberfläche schwelt. Wenn sie nicht bekommen, was sie wollen, sieh dich vor!

Sie nähren sich vom Selbstbewußtsein, dem Ego, dem Selbstbild, den Wertvorstellungen anderer oder was auch immer deren Selbstwertgefühl ausmacht. Je stärker jemand ist, desto mehr interessieren sie sich für seine Ressourcen, da sie selbst im Inneren leer, einsam und nicht im reinen mit sich selbst sind. Sie versuchen, alles zu bekommen, aber sind niemals zufrieden. Sie haben sozusagen keine seelischen Rücklagen. Sie können sich nicht an Freundlichkeit, Komplimenten und Versicherungen erinnern. Sie haben nichts, was sie in schwierigen Zeiten stützt, wenn nicht jemand bei ihnen ist, der innen immer wieder versichert, daß alles in Ordnung ist. Sie leben in Phasen, nur für den Moment und immer im Zwiespalt zwischen Selbstüberschätzung und Selbstzweifeln. Ihre Umgebung wird zu einer Theaterbühne, auf der sie ihre verschiedenen Stücke aufführen, die alle von der Wahrheit weit entfernt sind.

Sie haben einen unendlichen Nachschub an Opfern, die sich nur allzu bereitwillig ausnutzen lassen, nur um in ihrer elektrisierenden Nähe zu sein. Sie rufen in anderen Menschen das Bedürfnis hervor, sich um sie zu kümmern, für sie aufzukommen, ihnen zu helfen und ihnen zahllose Hilfsmittel zur Verfügung zu stellen. Sie haben ein Gespür dafür, wie sie einen Menschen ausnutzen oder verletzen können, ohne daß dieser sie verläßt. Sie wissen genau, welche Fäden sie ziehen müssen, um andere Menschen der Hoffnung, des Selbstbewußtseins, aller Wertvorstellungen und Sicherheiten zu berauben.

Ich kannte diese Art von Vampiren gut. Ich hatte selber Erfahrungen mit ihnen gemacht. Paul war wahrscheinlich von allen der gefährlichste. Ich bemerkte ihn unter den Zuhörern einer Konferenz, auf der ich einen Vortrag hielt. Er nickte zu allem, was ich sagte, und bat mich anschließend um eine Unterredung. Er war um die 50, aber sein Gesicht war faltenlos und schön. Er gab sich ruhig und selbstsicher. Ich sagte ihm, er solle später auf der anschließenden Party zu mir kommen.

Nachdem ich mich mit Hors d'œuvres und Wein versorgt hatte, fiel mir ein, daß ich vielleicht einmal nach ihm Ausschau halten sollte. An die 500 Gäste verteilten sich auf verschiedene große Räume, also hätten wir uns leicht verpassen können. Zu meiner Überraschung sah ich mich um – und da war er. Er sagte mir, daß er ebenfalls gerade nach mir zu suchen begonnen hatte. Diese Gleichzeitigkeit erschien mir überraschend. Wir setzten uns in eine ruhige Ecke und unterhielten uns.

Die Unterhaltung wurde nach kurzer Zeit sehr persönlich und sogar vertraulich, denn wir tauschten Geschichten über schreckliche Krankheiten aus, die wir gehabt hatten, die sich in unheimlicher Weise ähnelten. Er erzählte mir, er sei durch eine Vision geheilt worden und habe übersinnliche Kräfte entwickelt, die ihn zu einer Art Schamanen machten. Er war ein geweihter Geistlicher und ein sehr gefragter Rechtsbeistand. Es war jetzt sein Ziel, ein Buch zu veröffentlichen, da er der Ansicht war, die erstaunlichsten Geschichten erzählen zu können.

Wir blieben in Kontakt, und er schickte mir sein Manuskript mit der Bitte um Verbesserungsvorschläge. Er deutete an, daß ich vielleicht einige Beziehungen für ihn anknüpfen könnte, um ihm die Mühen, die alle unbekannten Autoren sich machen müssen, zu ersparen. Wann immer ich mich weigerte, ihm eine Abkürzung auf dem Weg zum Erfolg zu ermöglichen, reagierte er gereizt, aber beherrschte sich sofort wieder und versuchte es erneut. Es schien ein Verhaltensmuster zu sein. Eines Tages fiel mir in seiner Wohnung ein Brief in die Hände, den er dem Lektor eines großen Verlagshauses geschrieben hatte. Er führte darin Veröffentlichungen an, die er niemals gemacht hatte und drängte den Mann, ihm bald zu antworten. Es verstörte mich, daß er solche Lügen benutzte.

Dann wurde Paul krank, und ich wollte ihm helfen. Er wollte nicht, daß ich ihn besuchte, und ich begriff bald, warum. Es schien, er hatte Leuten erzählt, daß ich ihm einen Vertrag für ein Buch beschafft hätte, für das er angeblich einen Vorschuß von 60.000 Dollar erhalten sollte. Er hatte auch behauptet, ich wolle wegen ihm meinen Mann verlassen. Ich war fassungslos. Ich verstand nichts mehr. Und dann lernte ich eine Frau kennen, Anna, die eine alte Freundin von ihm war – und sein letztes Opfer.

Anne erzählte mir, daß sie als Kind übersinnliche Fähigkeiten besessen und fein strukturierte mentale Kräfte ausgebildet hätte. Als sie Paul kennenlernte, hatte er ihre Fähigkeiten sofort erkannt und sie gebeten, sie ihm beizubringen. Da sie eine einsame Frau war, willigte sie ein, weil sie glaubte, er wolle mit ihr zusammensein – einen Eindruck, den er aufrechterhielt, bis er bekommen hatte, was er wollte. Sie half ihm, die Hürden der Priesterweihe in ihrer Kirche schnell zu überwinden, wobei er, da sie sein Leumund war, diese Stadien gar nicht durchlaufen mußte. Sie war davon überzeugt, daß er ungewöhnlich begabt war und sich deshalb den erforderlichen Prüfungen nicht zu unterziehen brauchte. Als er schließlich seine Urkunde in den Händen hielt, sagte er ihr, sie solle ihn von nun an in Ruhe lassen. Sie war zutiefst verletzt. Er wurde gemein und begann, um seinen eigenen Erfolg voranzutreiben, Geschichten über sie zu erzählen, die sie bei ihren Kunden in Mißkredit brachten. Ihre Kunden wechselten zu ihm. Er hatte ihr ihren Lebensunterhalt genommen, ihre Selbstachtung und ihr Sicherheitsgefühl zerstört. Nach dieser Erfahrung glaubte sie ihren eigenen Instinkten nicht mehr trauen zu können – ein unermeßlicher Schaden für sie.

Als Paul nicht lange danach starb, erfuhr ich, daß sein ganzes Leben auf Betrug und Täuschung aufgebaut war. Er hatte keinen Schulabschluß und keine Zulassung als Rechtsbeistand. Seine Priesterweihe war ein einziger Betrug. Er hatte behauptet, als Hypnotiseur geprüft und zugelassen zu sein, und auch das stimmte nicht. Im Gegensatz zu dem, was er behauptet hatte, als wir uns kennenlernten, hatte er niemals dieselben Krankheiten wie ich gehabt. Anderen hatte er weisgemacht, er sei verheiratet, wieder anderen, daß er Bücher veröffentlicht habe, daß er ein Unternehmensberater oder ein Wunderheiler sei. Ich begann zu verstehen, was er mit mir vorgehabt hatte – eine Beziehung zwischen uns aufzubauen, um mich dann dazu zu benutzen, veröffentlicht zu werden – aber er war gestorben, bevor er seine Pläne in die Tat umsetzen konnte.

Ich war am Boden zerstört. Ich hatte geglaubt, daß wir uns als gute Freunde nahe gewesen seien und daß er mich als Mensch geschätzt hatte. Nun wurde mir klar, daß das keineswegs der Fall war. Ich hatte das

Gefühl, all meine Energie und Motivation verloren zu haben. Ich hatte viel Zeit und Geld für ihn aufgewendet, als er im Sterben lag – und dabei hatte er mich nur ausgenutzt. Trotz all meiner Arbeiten über das Thema des Vampirs hatte ich den Vampirismus niemals in Paul vermutet, und genau deshalb hatte es so gut funktioniert.

Hier eine Beschreibung der Vorgehensweise des versteckten Vampirs:

1. Er spürte, daß er mich beeindrucken oder meine Aufmerksamkeit erlangen konnte.
2. Er dachte sich Geschichten aus, die den meinen ähnelten, um mir das Gefühl zu geben, daß wir uns schon lange kannten.
3. Er behauptete, die gleichen Traumata wie ich gehabt zu haben, um mir zu zeigen, wie ähnlich wir uns waren.
4. Er gab mir das Gefühl, etwas Besonderes zu sei, indem er meinen Namen während unseres ersten Gesprächs häufig wiederholte und mich manchmal mit meinem akademischen Titel ansprach.
5. Er gab mir Anlaß, mir zu wünschen, ihm nahe zu sein.
6. Er gab mir das Gefühl, daß er meine Hilfe benötigte.
7. Er präsentierte sich in einer Weise, die mir genau das zu geben schien, was mir in meinem Leben fehlte.
8. Er war, wann immer es notwendig war, bereit zu lügen, um mich an ihn zu binden.
9. Er erzählte anderen Leuten die Unwahrheit über mich, um sie – und sich – von seiner Sicht der Dinge zu überzeugen.
10. Er begab sich in die Position des Freundes, der Hilfe braucht, während er mich die ganze Zeit als jemand ansah, der ihm nützlich sein konnte und den er abservieren konnte, sobald er sein Ziel erreicht hatte.
11. Er hatte sich Alternativpläne zurechtgelegt, so daß er, wenn eine seiner Methoden fehlzuschlagen drohte, eine andere Strategie einsetzen konnte.
12. Er hatte sich dadurch Sicherheit erworben, daß er andere wiederholt und unentdeckt ausgenutzt hatte.
13. Er hatte kein schlechtes Gewissen, weil er unmoralische Methoden benutzte. Für ihn schienen Täuschung, Ausbeutung und Verrat selbstverständliche Mittel.

Er war mehr als nur ein manipulierender Charakter. Er war ein »Nehmender«. Ich hatte mich auf diese Beziehung eingelassen, an unsere Freundschaft geglaubt und seinen Worten vertraut. Hätte unsere »Freundschaft« noch länger bestanden, wäre ich ausgeplündert, meine Kraftquellen entleert worden. Schlimmer noch, wie Anna hätte ich wahrscheinlich meine Selbstachtung verloren. Paul hatte um ein Haar die Wertvorstellungen zerstört, die mir am wichtigsten waren: Wahrheit, Integrität und Vertrauen.

Versteckte Vampire geben *niemals* etwas zurück. Das einzige, was für sie zählt, ist zu nehmen. Sie können keine echte Liebe, echtes Vergnügen, echte Freundschaft oder echte Nähe bieten, sondern immer nur den Anschein dieser Dinge. Sie lassen einen glauben, was immer man glauben will, und gaukeln einem die Illusionen vor, die man sich am meisten wünscht, um die Früchte ihrer Machenschaften zu ernten. Auf diese Weise erscheinen sie nicht vampirisch. Sie bauen dich auf, wie die alte Hexe im Märchen Hänsel mästet, um ihr eigenes Mahl zu bereichern. Versteckte Vampire geben nur etwas, um vom anderen zu zehren. Wenn sie jemanden dazu anhalten, sich zu verbessern, eine höhere Form der Spiritualität zu erreichen, etwas für seine Gesundheit und Kraft zu tun, tun sie das nur zu ihrem eigenen Besten. Und man begreift erst, was sie getan haben, wenn man leer und alleine zurückgelassen worden ist.

Aber diese Menschen sind keine psychischen Vampire. Sie entleeren Menschen emotional, aber sie rauben ihnen nicht die Lebenskraft. Es gibt einige Bücher zu dem Thema, die jedoch vampirische Manipulation wie die Pauls mit psychischem Vampirismus zu verwechseln scheinen. Die pragmatischste Publikation ist *Vampires: Emotional Predators Who Want to Suck the Life out of You* von Daniel und Kathleen Rhodes, die interessantes Material zusammengetragen haben. Da sie sich nicht einig geworden sind, ob Vampire echte Energie rauben oder ob dies nur den Anschein hat, konnten auch sie die Verwirrungen zu diesem Thema nicht beenden. In ihrer Analyse definieren sie einen Vampir als jemanden, der Menschen auf emotionale Weise verletzt oder angreift, aber versucht, dem Opfer die Schuld dafür zu geben. Der Vampir versucht, sein Opfer in einen psychisch unausgeglichenen Zustand zu versetzen. Bevorzugte Opfer sind arglose Menschen, die großzügig mit ihren Gefühlen umgehen.

Was die versteckten Vampire besonders gefährlich macht, ist, daß sie sorgsam verbergen, worauf sie hinauswollen. Das heißt, sie sagen einem nicht nur nicht, daß sie psychische Vampire sind, wie so viele, die ich getroffen habe. Sie halten sich selber auch nicht für psychische Vampire. Und sie greifen zu Methoden, die ein echter psychischer Vampir niemals benutzen würde. Oft beziehen sie eine dritte Person mit ein, um die Aufmerksamkeit von sich abzulenken und um diese Person als eine sogenannte »projizierte Falle« zu benutzen: Der Vampir will vielleicht einer Person schaden, der er sich unterlegen fühlt (was das Gefühl der Leere in ihm verstärkt), also sucht er sich jemanden aus, der den Plan an seiner Stelle ausführen kann. Wenn er sein Opfer erniedrigen kann und trotzdem den Zugang zu seinen Ressourcen behält, gewinnt er in zweierlei Hinsicht. Beispielsweise würde eine Patientin, die von ihrem Arzt spezielle Vergünstigungen haben will, ihm dadurch aber schaden würde, die Krankenschwester, die sich um sie kümmert, gegen ihn aufhetzen. Sie bekäme ihre Vergünstigung, hätte ihn gleichzeitig erniedrigt, und sein Ärger richtete sich ausschließlich gegen die Schwester, nicht gegen die Patientin.

4

Was aber ist echter psychischer Vampirismus?

Diese Erscheinung geht offenbar auf die mittelalterliche Vorstellung des Inkubus oder Sukkubus, männlicher beziehungsweise weiblicher Buhlteufel, zurück, eine Art sexuell motivierter Heimsuchung oder Wesen, die »bei Nacht kommen«, um mit ihren Opfern den Geschlechtsakt zu vollziehen, wobei manche Opfer das nicht sonderlich stören mochte. Auch die griechischen Lamien waren spirituelle Wesen vampirischer Natur. Der psychische Vampirismus ist also keine neue Erscheinung, aber er hat sich in der Subkultur der 90er sehr schnell verbreitet und gilt sogar fast schon als schick. Susan Walshs Freund Christian war angeblich ein psychischer Vampir, und er vertrat die Ansicht, daß Susan selbst das Opfer von manipulativen Menschen geworden sei, die er als negative Beispiele für psychische Vampire bezeichnete. In seinem Artikel beschrieb er Erfahrungen mit psychischem Vampirismus, beispielsweise das sogenannte »contact high«, eine Energie, die bei einer erotischen Begegnung entsteht, oder die Atmosphäre, die auf einer Tanzfläche herrscht. Aber er wies auch darauf hin, daß diese Energie nicht immer positiv genutzt wird. Er bezeichnete Eltern, Unternehmen und soziale Einrichtungen als Parasiten und somit als psychische Vampire. Aber auch er verwechselte die Metapher mit dem echten Verlust körperlicher Energie. Ein psychischer Vampir mag auch den versteckten Vampirismus praktizieren, aber meiner Ansicht geht es hier um zwei ganz verschiedene Dinge.

Dan Simmons hat das wohl verständigste und beeindruckendste Buch über den psychischen Vampirismus verfaßt. In *Carrison Comfort* beschreibt er eine Gruppe von Vampiren, die die Macht besitzen, Menschen unterbewußt zu Gewalttaten anzustiften, um sich von der Energie zu nähren, die beim Tod ihrer Opfer frei wird. Sie machen ein Spiel daraus, um herauszufinden, wer von ihnen den spektakulärsten Unfall provozieren kann, und als sie das Spiel zu langweilen beginnt, setzen sie sich neue Ziele ...

Sogar Bela Lugosi hat behauptet, einem Einfluß ausgesetzt gewesen zu sein, der einen Fall von psychischem Vampirismus vermuten läßt. Einmal beschrieb er, wie er sich in seiner Anfangszeit als junger Schauspieler in Ungarn in eine Frau mit blasser Haut und spitzen Zähnen verliebte. In ihrer Gegenwart fühlte er sich schwach, angegriffen und schwindelig, war aber gleichzeitig vollkommen von ihr betört. Erst als er das Land verließ, sagte er, habe er den Bann brechen können.

Ich habe einige Menschen kennengelernt, die angaben, psychische Vampire zu sein. Sobald ich sie jedoch einem Test unterzog, hatten sie alle möglichen Ausreden parat, warum nichts dabei herauskam. Ich forderte sie auf, sich an mir zu versuchen – ich wollte herausfinden, wie es sich anfühlt, wenn einem die Lebenskraft ausgesaugt wird. »Beginnen Sie«, sagte ich. »Ich bin bereit.« Sie lehnten immer ab, entweder weil sie nicht wollten, oder weil ich zu konzentriert war oder zu den seltenen Menschen gehörte, die dagegen immun sind. Einige sagten, sie müßten eine spezielle Beziehung zu ihrer Beute aufbauen oder in der richtigen Stimmung sein.

Lehne ich diese Form des Vampirismus als bequeme, ungefährliche Variante ohne Risiko ab? Es scheint so. Ich habe jedoch Barbara Kirwin, eine erfahrene Psychotherapeutin, gefragt, ob ihr jemals ein derartiger Fall bekannt geworden sei, bei dem der Patient zugleich eine Vorliebe für düstere Themen aufwies.

Sie wußte tatsächlich von einem solchen Fall zu berichten. »Ich hatte einen jungen Mann in Behandlung. Wenn er in einen Zustand rasender Wut geriet, geschahen Dinge, die an ein Poltergeist-Phänomen grenzten. Gegenstände machten sich selbständig, Maschinen schalteten sich von selbst ein. Ich war davon überzeugt, daß soviel negative, mit Wut aufgeladene Energie von ihm ausging, daß elektronische Instrumente es hätten messen können, und nach jeder Sitzung hatte ich eine Art Nervenzusammenbruch – Sodbrennen, Laryngitis und so weiter. Es geschah etwas, das ich ›Vergegenständlichung‹ nennen würde. Ich forderte ihn auf, sich seine mörderische Wut als einen Gegenstand vorzustellen, als eine Art Besessenheit, und nicht als Teil seines Selbst; als etwas, das er bekämpfen und aus sich herausreißen mußte. Es hat offenbar funktioniert.«

Ich war durchaus bereit, ihren Worten Glauben zu schenken, wollte aber immer noch eine Demonstration oder irgendeinen Beweis.

Ich bekam die E-Mail-Adresse von Lori, die behauptete, ein psychischer Vampir zu sein, und sich lange damit beschäftigt hatte, was für ein Wesen sie war. Ich bat sie, mir ihre Erfahrungen zu schildern.

»Ich bin mir nicht wirklich sicher, wie ich zu einem psychischen Vampir geworden bin«, meinte sie. »Ich habe einfach eines Tages bemerkt, daß ich mich von fremder Energie nährte. Ich realisierte, was ich alles mit dieser Energie tun konnte ... hauptsächlich vermochte ich sie in eine Kraft zu verwandeln, die mein Körper nutzen konnte.«

»Wie zeigt sich das?«

»Ich kann Dinge sehen, die die meisten Menschen nicht sehen können, und ich kann Dinge fühlen, für die ich für immer eingesperrt werden würde, wenn ich sie verraten würde. Wenn ich Energie aufnehme, ist das für mich wie das Paradies, oder zumindest das, was ich mir darunter vorstelle.«

Da sie gesagt hatte, daß sie sich mit dem Thema gründlich auseinandergesetzt hatte, fragte ich sie: »Wie wird man ein psychischer Vampir?«

»Ich glaube, es ist angeboren«, antwortete sie. »Es gibt ein bestimmtes Gen, das alles kontrolliert, was mit der Psyche zu tun hat. Zunächst fiel mir auf, was ich immer als erstes tat, wenn ich im Schulbus aufwachte. Es klingt vielleicht komisch, aber ich bemerkte, daß ich, wann immer ich etwas tat, was ich heute als ›Energieaufnahme‹ bezeichnen würde, davon wie berauscht war, als wenn ich getrunken hätte. Von da an begann ich mit Dingen herumzuspielen, die Energie generieren, Elektrizität beispielsweise. Dann sagte ich mir: ›Gut, wenn es mit Elektrizität funktioniert, warum versuche ich es nicht mal mit Menschen?‹«

Als ich sie nach ihrer Einschätzung fragte, welche Formen von Energie existieren, schickte sie mir einen Essay, den sie geschrieben hatte und dessen Inhalt sich aus ihren eigenen Erfahrungen, Aussagen ihrer Freunde und den Informationen anderer Web Sites zusammensetzte, die sie studiert hatte. Hier ein Auszug daraus: »Psychische Vampire sind eine der vielen Arten von Vampiren. Obwohl man nicht viel über sie weiß, stellen sie den größten Teil der Gattung der Vampire. Um den psychischen Vampir ganz zu verstehen, muß man zunächst die verschiedenen Klassifikationen von Energie kennen.« Lori zählte drei Arten der Energie auf, »leblose«, »lebende« und »magische«.

Als leblose Energie bezeichnete sie etwas, das an Elektrizität oder eine Art Motor erinnerte, und der psychische Vampir nahm davon so viel in sich auf, daß er oder sie die Energiequelle dabei zerstörte. Lebende Energie umfaßte physische, mentale, emotionale Energie und Lebenskraft. »Lebende Energie«, erklärte sie, »ist die Art von Energie, die menschliche Wesen zum Leben brauchen, ähnlich dem, was man die menschliche Seele nennt. Seele ist Energie, und deshalb bezeichne ich sie als Lebenskraft.« Die dritte Form der Energie, die magische, entstammte entweder einem magischen Bann oder Ritualen.

»Die zentrale Frage (für den Vampir)«, so Lori, »ist die nach der Möglichkeit, von fremder Energie zu leben, ohne etwas zu zerstören oder einen Menschen krank zu machen. Ein Weg, Schaden zu vermeiden, ist der häufige Wechsel der Energiequelle und, wenn es sich vermeiden läßt, niemals mehr als nur einmal aus einer Quelle Kraft zu schöpfen. Wenn es sich um leblose Energie handelt, sollte man etwas benutzen, das niemandem, den man kennt, und auch nicht einem selber gehört. Auch dabei sollte man die Quelle ständig wechseln. Eine andere Möglichkeit ist, immer ausreichend Energie aufzunehmen und so zu vermeiden, häufig unbewußt Energie aufzusaugen. Ist man hungrig, nutzt man jede Quelle, mit der man in Kontakt kommt. Schließlich muß man herauszufinden versuchen, wie man die Ausbeutung fremder Energiequellen vermeiden kann.«

Lori sagte, sie versuche zur Zeit, eine Heilmethode für psychische

Vampire zu finden, Es mußte doch zumindest eine Möglichkeit geben, zu kontrollieren, wie oft sich die Vampire von Energiequellen nährten, so daß sie lernen konnten, lange Phasen ohne Energie auszukommen oder ihr Unterbewußtsein zu kontrollieren.

Wie ich bereits erwähnte, war dies ein Online-Briefwechsel. Ich hätte Lori sehr gerne persönlich getroffen, sie oder jemand anders, der ein solches Dasein führte, um eine Demonstration dieser Vorgänge zu erleben. Es hätte mir gefallen zu sehen, wie ein Vampir den Motor eines Autos in die Luft jagte. Das war bestimmt beeindruckend.

5

Nicht jeder, der »gebissen« wird, macht so gute Erfahrungen wie das junge Mädchen, das ich in der Bar getroffen hatte und das nach dem »richtigen Vampir« suchte. Der 32jähriger Michael glaubte, nach einer unheimlichen Begegnung in einen Vampir verwandelt worden zu sein. Er hatte über einen IRC-Online-Service für Vampire eine Frau kennengelernt. Sie war so interessant, daß er sich entschloß, sich mit ihr zu treffen. Er war überrascht, wie kräftig sie war, als sie ihn umarmte. In dieser Nacht überwältigte ihn die Lust, und sie schliefen miteinander.

»Ich bin nicht besonders stolz darauf«, gab er zu. »Im Laufe des Abends habe ich sie gebissen. Ich weiß nicht, warum ich das tat. Es schien mir einfach irgendwie passend. Sie blutete, was mich beunruhigte, aber sie lächelte nur, und ich fühlte mich dazu getrieben, ihre Wunde auszulecken.« Er fand dieses Verhalten selbst äußerst »uncharakteristisch«.

Er blieb eine Weile bei ihr, und eines Tages biß sie ihn, trank sein Blut aber nicht. Er verspürte seitdem einen seltsamen Zwang, mit ihr zusammen zu sein, und er sagte, daß es sich, wenn er sie berührte, anfühlte, als würde Elektrizität durch seinen Körper fließen. Manchmal wachte er nachts auf und sah, daß sie sich über ihn beugte. Wenn sie zusammensaßen, fühlte er sich manchmal müde oder fiel sogar in Ohnmacht.

Als sie sich besser kennenlernten, erzählte sie ihm, daß sie sich mit Magie beschäftigte, und gestand, ein psychischer Vampir zu sein. Er wußte nicht, was das bedeutete, aber als er nach Hause kam, las er ein Buch darüber und war sich nun sicher, in ihrem Bann zu stehen. Er war extremen Stimmungsschwankungen ausgesetzt und hatte ein starkes Bedürfnis nach Blut. Ein Bekannter, der sich mit Hexerei beschäftigte, erklärte ihm, daß er sich in einen Vampir verwandelte. Er war verwirrt und hatte Angst.

»All das passierte, nachdem ich meine Verlobte verloren hatte«, erzählte er mir. »Es war eine schwierige Zeit für mich. Ich hatte gerade *Forever Knight* gesehen und loggte mich ins Internet ein. Ich war bei IRC und tippte einfach ›Vampir‹. Und siehe da, ich wurde fündig! Alle waren sehr nett zu mir, und ich schloß viele neue Freundschaften. Eines Tages lud mich jemand in den ›Vampirsaal‹ ein. Nach einer Weile kam ich dieser Frau näher, ich nenne sie Magess.«

Sie erzählte ihm, daß sie Probleme mit ihrem Exfreund hätte und daß sie sich vor ihm fürchtete. Das war der Moment, als Michael sich entschloß, sich mit ihr zu treffen. Schließlich blieb er einige Wochen bei ihr. Magess weigerte sich, von ihm fotografiert zu werden, und bestand darauf, daß er sein silbernes Kreuz ablegte, daß er immer trug. Er tat es für sie.

»Ich weiß nicht, wieso, aber eine Zeitlang funktionierte es ganz gut«, berichtete er. »Aber ich bemerkte Erscheinungen oder wie man so etwas nennt, und sie verlangte immer von mir, daß ich ihre Tarotkarten und ihren Zauberstab berührte. Wir sprachen davon, zu heiraten, und ich fuhr nach Hause, um ein bißchen Geld zu verdienen. Sie hatte mir eine merkwürdige Halskette gegeben, an der eine Drachenklaue aus Zinn hing, die einen Kristall hielt, und mich gebeten, sie immer zu tragen. Sie sagte, daß ihre Essenz darin eingeschlossen sei, und sie segnete die Kette, die sie für ihre Zauberei verwendet hatte. Das mag jetzt komisch klingen, aber manchmal fühlte sich die Kette heiß an, manchmal pulsierte sie, und manchmal schien sie mich zu erdrücken. Eines Nachts ging ich mir Wasser holen, und ich schwöre, daß ich *sie* sah, ganz in Schwarz, wie sie durch den Flur zu meinem Zimmer ging. Ich schickte ihr die Kette zurück, und danach hatte ich Erscheinungen, die abgrundtief böse zu sein schienen.«

Michael konsultierte eine Hexe, die ihm ein Pulver gab, das er verbrennen sollte, und ihn ermahnte, seinem Hunger nach Blut nicht nachzugeben, weil er sich sonst in einen psychischen Vampir verwandeln würde. Sie empfahl ihm, christliche Gebete zu sprechen, wann immer ihn der Hunger überkam.

Aber seine Nemesis (Rachegöttin) ließ nicht von ihm ab. »Sie sagte, sie wollte meine Seele und daß sie mich für immer an ihren Leib und ihre Seele ketten wollte.«

Er gestand mir, große Angst zu haben, und fragte mich, ob ich der Ansicht sei, daß er dabei war, sich in einen Vampir zu verwandeln. Er verspürte einen unersättlichen Hunger, und die Stelle, an der sie ihn gebissen hatte, klopfte und schmerzte häufig. Er träumte von dieser Frau und hatte das Gefühl, sie sei immer in seiner Nähe.

Ich bat ihn, mir seine Träume zu schildern, und erkannte in seiner Sprache und seinen Bildern den Einfluß von Rollenspielen. Er gab zu, im IRC mit ihr Rollenspiele gespielt zu haben und daß sie ihn ihren »Ritter« genannt hatte. Darüber hinaus war er lange Zeit allein gewesen und einer »Dame in Not«, die einen Mann brauchte, der sie rettete, gegenüber recht empfänglich.

Ich sagte: »Ich habe von anderen Menschen gehört, die ähnliche Erfahrungen schilderten. Ich glaube sogar, daß in dem Buch *Vampires Among us* jemand ein ganz ähnliches Erlebnis beschreibt. Bis zu einem gewissen Grad ist die Macht, die diese Frau über Sie hat, psychischer Natur. Sie hat Ihnen vielleicht mit Hilfe von Hypnose suggeriert, was Sie denken und fühlen sollen. Und je mehr Sie das spüren, je mehr Sie darüber nachdenken, was geschehen ist, desto größer wird Ihre Angst und das Gefühl, verloren zu sein. Auf jeden Fall können Sie, sofern Sie es wirklich wollen, verhindern, zu einem Vampir zu werden. Wollen Sie? Wenn nicht, werden Sie anfangen, Menschen als Beute zu betrachten. Sie werden Verhaltensmuster ausbilden, um Menschen zu manipulieren und auszubeuten – und Sie werden sich immer leerer fühlen, mit dem starken Bedürfnis, diese Leer mit dem zu füllen, was Sie anderen entziehen.« Seine Besorgnis wegen der Bisse versuchte ich so zu zerstreuen: »Wenn Sie die Wunde spüren, sobald Sie an sie denken, ist das eine Art von Trance-Induktion. Die Kraft der Suggestion ist sehr stark, aber sie kann Sie nur an diese Frau binden, wenn Sie das wollen. Schauen Sie in Ihr Innerstes. Ist diese Erfahrung aufregend für Sie? Sind Sie erregt? Sie kann Ihnen nur schaden, wenn Sie sich ihr gegenüber verletzbar machen, wenn Sie sich zum Beispiel wünschen, sie wäre bei Ihnen oder würde etwas von Ihnen nehmen. Sie werden vielleicht spüren, daß sie versucht, in Ihre Gedanken einzudringen. Auch das ist bloß Suggestion. Aber Sie können sie kontrollieren.

Sie können sie ausschließen. Wann immer Sie hungrig sind oder vor ihr Angst haben, beginnen Sie zu zählen. Versuchen Sie sich abzulenken. Wenn sie spürt, daß Sie stark sind, wird sie sich nach einem schwächeren Opfer umsehen.«

In den nächsten sechs Monaten hörte ich noch ab und zu von ihm, und er schrieb, daß ihr Einfluß schwächer wurde. Irgendwann bat sie ihn sogar um Verzeihung, aber er tat alles, um ihr aus dem Weg zu gehen. Und es gab keinen Anlaß zu glauben, daß er aufgrund dieses Erlebnisses zum Vampir wurde – weder zu einem psychischen noch zu irgendeiner anderen Sorte.

6

Es gibt einen Spezialisten für Fälle von psychischem Vampirismus; sein Name ist Konstantinos, und er hat ein Buch mit dem Titel *Vampi res: The Occult Truth* geschrieben. Darin unterscheidet er zwischen absichtlichem und unabsichtlichem psychischen Vampirismus und hebt hervor, daß Erscheinungsformen psychischer Energie unter verschiedenen Namen bekannt seien, beispielsweise Orgon-Energie, Odic-Kraft, Chi oder Buoplasma. Alles Lebendige scheint irgendeine Form psychischer Energie zu generieren. Psychische Vampire sind also unter den Wesen zu finden, die selbst nicht genug von dieser Lebenskraft produzieren, wie beispielsweise Alte und Kranke, aber auch tote Gegenstände, die an die Erde gebunden sind. Konstantinos führt aus, wie dieser Mechanismus funktioniert und beschreibt auch die Phänomene Astralvampirismus und Osmose. »Was geschieht, ist, daß sich die Aura oder der Astralkörper eines psychischen Vampirs an das Prinzip der Energieaufnahme anpaßt ... und programmiert werden kann, einige Funktionen selbständig auszuführen.« Er glaubt, daß dieser Energieverlust meist nachts geschieht, wenn die Opfer schlafen.

Er schildert verschiedene Methoden, die von psychischen Vampiren benutzt werden – Berührung, Nähe, Augenkontakt –, berichtet über seine persönlichen Erfahrungen mit psychischem Vampirismus und stellt Abwehrmöglichkeiten vor, darunter die Repurifikation und die Reprogrammierung des Astralkörpers. Genau wie der Vampir seine Aura dazu ausbilden kann, Energie zu stehlen, vermag jeder dasselbe zu seinem Schutz zu tun.

Da ich der großen Zahl derer innerhalb der Vampirgemeinschaft, die von sich behaupteten, psychische Vampire zu sein, recht skeptisch begegnete, trat ich mit Konstantinos in Kontakt, um ihm einige Fragen zu stellen. Er hatte sehr langes dunkles Haar und dunkle Augen und sah angemessen rätselhaft aus. Als erstes wollte ich etwas über seinen Hintergrund erfahren. Er erzählte mir, er sei auf Long Island geboren und hätte bereits im Alter von acht Jahren begonnen, sich für das Okkulte zu interessieren.

»Meine Großmutter paßte auf uns auf, wenn meine Eltern arbeiten mußten«, erklärte er. »Sie erzählte uns dann die wundervollsten Geschichten aus der Folklore des Alten Landes – Griechenland –, und ich wollte nicht glauben, daß sie alle nur erfunden waren. So nahm mein lebenslanges Interesse für das Okkulte seinen Anfang. Ich bin seit über einem Jahrzehnt praktizierender Magier.« Vampire, gab er zu, gefielen ihm aus mehreren Gründen. »Es ist die Idee der Unsterblichkeit und die beeindruckende Verwegenheit. Ich fand es immer interessant, daß die Welt voller Vampire sein sollte und daß jede Kultur ihre eigenen Vorstellungen von Vampiren hat. Aber so sehr ich auch jede Art von Horror schätze, ich glaube nicht, daß die fiktionalen Vampire tatsächlich existieren. In meinem Buch versuche ich, zwischen dem zu unterscheiden, was die Menschen früher geglaubt haben, und den Vampiren auf der Leinwand und in den Büchern, für die sie heute ihr Geld ausgeben, um sich davon für eine gewisse Zeit erschrecken zu lassen.«

»Was war das eigenartigste Erlebnis, das Sie während ihrer okkulten Forschungen hatten?« wollte ich wissen.

»Wenn ich einmal nur an den Vampirismus denke, war das eigenartigste Erlebnis, einen psychischen Vampir beim ›Fressen‹ zu beobachten. Direkt in meiner Nähe stand eine Frau, die einen Tentakel einer feinen, normalerweise unsichtbaren ätherischen Substanz dazu nutzte, anderen ihre Energie zu rauben.«

»Das haben Sie *gesehen*?«

»Ja. Dieses Erlebnis hat mich dazu gebracht, mein Buch zu schreiben.«

»Würden Sie sagen, daß dieses Phänomen in den letzten Jahren zugenommen hat?«

»Wenn man sich die Folklore ansieht, wird klar, daß es immer schon existiert hat, schon seit den Tagen der Sumerer. Ich kann nicht sagen, ob es notwendigerweise in dichtbevölkerten Gegenden weiter verbreitet ist als früher. Man kann einfach nicht sagen, wie viele Angriffe es vor Hunderten von Jahren im Vergleich zu heute gab. Ich habe in der heutigen Zeit allerdings viele gesehen, und ich helfe den Opfern.«

»Wie groß schätzen Sie den Anteil der psychischen Vampire in unserer Bevölkerung?«

»Schwer zu sagen. Wenn man unabsichtlichen Vampirismus mit einbezieht, würde ich sagen, einschließlich der Menschen, die gar nicht wissen, daß sie die Energie von anderen stehlen, gibt es eine ganze Menge. Die Zahl derer, die es absichtlich machen, ist sicher geringer. Es gibt nur eine Handvoll Gruppen, die es in diesem Land praktizieren, und es kann nicht allzu viele Einzelgänger geben.«

»Glauben Sie, daß jeder, der behauptet, ein psychischer Vampir zu sein, es auch wirklich ist?« Jetzt kamen meine Vorurteile zum Vorschein, aber da ich einen Experten vor mir hatte, wollte ich die Gelegenheit nicht ungenutzt verstreichen lassen.

»Nein«, entgegnete er, »ich habe mehr als nur ein paar Betrüger gesehen, aber auch echte, was mir hilft, jene zu entlarven, die nur so tun als ob.«

»Was ist mit den Opfern? Könnte es nicht sein, daß einige dieser Leute übertreiben?«

»Kann schon sein«, räumte er ein. »Was auch der Grund dafür ist, warum ich nicht alle Symptome eines Angriffs verrate. Ich möchte niemanden, der nur schlecht geschlafen hat, weil er mit vollem Bauch ins Bett gegangen ist, auf dumme Gedanken bringen. Und die Geschichten werden ja auch mit der Zeit immer mehr aufgebauscht – jemand, der in der U-Bahn mit dem Messer attackiert wurde, berichtet, wenn er zu Hause ist, vielleicht bereits von einem mit der Machete herumfuchtelnden Wahnsinnigen. Trotzdem ist es möglich herauszufinden, welche Erfahrungen authentisch sind, wenn man die Tatsachen mit den bekannten okkulten Gesetzen vergleicht. Genau wie ein Gerichtsmediziner eine Todesursache feststellen kann, kann ein Magier eine spezielle Methode benutzen, um einen übernatürlichen Angriff zu erkennen. Ja, Menschen täuschen paranormale Erlebnisse vor, aber es gibt auch viele echte Fälle da draußen.

Das ganze Ich-will-so-sein-wie-Dracula-Syndrom hat etwas mit den

Leuten zu tun, die vorgeben, psychische Vampire zu sein. Als ich bei der *Ricki Lake Show* zu Gast war, war mein Hauptargument: ›Laß uns erst einmal die Motive untersuchen. Wann hast du zum ersten Mal die Gier nach Blut verspürt? War das, nachdem du bereits ein Vampirfan geworden warst?‹«

Ich verstand, was er meinte. Suggestion. »Werden Sie oft in Fällen von Vampirismus als Berater hinzugezogen?«

»Ich bekomme jedes Jahr eine überwältigende Anzahl von Briefen aus aller Welt. Unglücklicherweise kann ich nicht allen helfen, die meine Unterstützung brauchen. Aber die Leute, die die Selbstschutzanweisungen in meinem Buch lesen, können sich selber helfen.«

7

Wenn man den Eindruck von Macht und einer Verbindungen mit okkulten Kräften vortäuschen will, scheint der psychische Vampirismus das beste Mittel zu sein. Doch kann diese Variante mitunter höchst komplizierte Formen annehmen. Ich sprach mit einer jungen Frau, deren Arzt einen Fall von dissoziativer Identitätsstörung (oder Multipler Schizophrenie) diagnostiziert hatte. Sie behauptete, daß einige ihrer verschiedenen Persönlichkeiten Vampire seien. Sie war nur 1,60 Meter groß, hatte schulterlanges, glattes schwarzes Haar und dunkelbraune Augen. Sie war sich nicht sicher, wie viele Persönlichkeiten augenblicklich in ihrem »System« steckten, aber diejenige, mit der ich sprach – ich nannte sie »Akazie«, nach dem Baum, der die Unsterblichkeit symbolisiert –, war der Ansicht, daß es wesentlich mehr seien, als jene, von denen sie wußte. Meistens war Akazie »anwesend«, aber sie kannte andere Persönlichkeiten, die verschiedene Funktionen erfüllten: Schmerz hervorrufen, Beleidigungen ertragen, aggressive Sexualität oder das »liebe Mädchen« repräsentieren. Einige dieser Persönlichkeiten setzten den Körper des Mädchens Mißhandlungen aus, andere gewährten Schonung.

Sexueller Mißbrauch und ein traumatisierendes Familienleben hatten dazu geführt, daß sie, um zu überleben, alternative Persönlichkeiten entwickelt hatte. »Mein erstes bewußtes Erlebnis einer solchen Spaltung«, erklärte Akazie mühsam, »hatte ich im Alter von sechs Jahren, aber jetzt weiß ich, daß die Spaltungen schon früher auftraten. Als ich sechs war, blieb ich meistens nach dem Unterricht in der Schule, weil ich nicht nach Hause wollte, und ein Hilfslehrer vergewaltigte mich dort. Zu diesem Zeitpunkt wurden sechs meiner Persönlichkeiten geboren.«

Ich fragte Akazie nach ihren Vampirpersönlichkeiten, und sie erzählte mir, daß sie eine Zeitlang geglaubt hatte, daß ihre vampirischen Neigungen nur Einbildung gewesen seien, aber dann bemerkte sie, daß sie diese tatsächlich auslebte. »Ich zögere, über Alex zu sprechen«, sagte sie in bezug auf den Vampir, »weil sie mir emotional, körperlich und mental sehr viel bedeutet. Über sie zu sprechen ist seltsam und unangenehm. Alexandra erschien, als ein anderes Alter ego von mir brutal vergewaltigt wurde, als wir 16 Jahre alt waren. Der Vampir kam als Reaktion auf die Gewalt und kümmerte sich um den Körper, leckte ihm sozusagen die Wunden. Alex kam als Verkörperung der Unsterblichkeit, als die schnelle Beendigung des Lebens die einzige Lösung zu sein schien. Sie hat im Lauf der Jahre viele Dinge getan, wie sich physisch und mental von anderen Menschen und Tieren zu nähren. Sie kann mich ganz schön auf Trab halten, und ich kann sie nicht wirklich kontrollieren. Alex ist etwas größer als ich, sie hat weiße Haare, und ihre Augen sind weiß mit einer leichten Nuance von Blau darin, und sie haben Pupillen, die sich niemals zusammenziehen oder erweitern. Sie ist schlank und spricht mit einem leichten britischen Akzent. Ihre Haut hat die Farbe von Porzellan, wird aber rosig, nachdem sie ein Mahl zu sich genommen hat.«

Akazie sagte, daß sich Alex dem psychischen Vampirismus hingab, und ich bat sie, mir das zu erklären.

»Sie übt den psychischen Vampirismus auf der Basis des Gebens und Nehmens aus«, erklärte sie. »Jedesmal, wenn sie nimmt, gibt sie auch. Sie benutzt ihre Opfer als eine Art Filter, indem sie negative Energie durch das emotionale System des Opfers pumpt, die dadurch zu einer positiven Energie wird, die sie dann wieder in sich aufnimmt. Das gilt auch für sexuelle Energie. Sie raubt mitunter sexuelle Energie, aber sie gibt genauso viel zurück … um sie zu filtern und zu reinigen und sie für den nächsten Austausch sexueller Energie zu nutzen. Wie oft sie sich von jemandem nähren muß, hängt von der Stärke ihres Opfers ab … oder ob sie sich zu langweilen beginnt.

Sie scheint ein sehr intelligenter Vampir zu sein und tut nur Dinge, von denen sie weiß, daß sie damit durchkommt. Meiner Ansicht nach gibt es zahlreiche Vampire, die sich in vielen verschiedenen Formen manifestieren. Weil ich nicht ihr Bewußtsein teile, weiß ich nicht, wie oft sie sich in unserem Körper zeigen.«

Akazie erlebte ihre verschiedenen Persönlichkeiten besonders intensiv, wenn diese selbstzerstörerische Kräfte entfalteten, sich beispielsweise Schnitte zufügten. »Dann kommt Alex heraus, um alles wieder in Ordnung zu bringen, sie leckt die Wunden, bis sie sich schließen. Der Körper blutet nicht sehr stark, und meistens reicht es, wenn Alex zu schreien anfängt, weil wir dem Körper oder ihr das nicht antun sollen – was bedeutet, daß es sie wütend macht, den Körper zu verletzen, nur um ein bißchen Blut zu trinken.«

Eine vampirische Persönlichkeit zu entwickeln, psychisch oder sonstwie, ist eine interessante Methode, mit der sich die Psyche dagegen wehrt, zum Opfer gemacht zu werden. Akazie hatte viel durchgemacht, und als psychischer Vampir konnte sie Stärke, Verbundenheit und einen Weg finden, Kraft für zukünftige Übergriffe zu sammeln.

8

Wraith hatte mir unterdessen mal wieder eine kurze, drastische E-Mail geschickt, die mir demonstrierte, was geschehen konnte, wenn man sich emotional zu sehr mit der Rolle des »Opfers« identifizierte. Er schrieb mir von »Sean, meiner ersten blutigen Liebe« und schilderte eine weitere raubtierhafte Begegnung.

»Sean stand nackt auf dem Balkon und betrachtete das Wasser. Als die sanfte Brise durch seine jungenhaften blonden Locken strich, flüsterte er: ›Nimm mich. Ich will, daß du es tust.‹ Er hob seine grünen Augen und näherte sich mir, bis er mir so nahe war, daß wir denselben Atem teilten. Wir umarmten einander, küßten uns sanft. Dann flüsterte er wieder: ›Nimm mich bitte.‹

Ich wußte, was er wollte. Seit drei Monaten schon fragte er mich, ob ich sein Blut trinken würde. Ich hatte bisher abgelehnt, weil er so jung war, und ich wollte sein Lebenslicht nicht auslöschen. Aber in dieser Nacht hatte er alles schon geplant. Er hatte eine Suite gemietet, meinen Lieblingswein bestellt und meine Lieblingsmusik aufgelegt. Rachmaninows *Rhapsodie*, gespielt von Paganini. Der Rahmen war perfekt. Es fehlte an nichts.

Ich begehrte ihn mehr als jeden anderen zuvor, aber ich liebte ihn auch mehr als jeden anderen, und deshalb konnte ich es nicht ertragen, sein Blut zu trinken. Nicht seines. Ich würde den Schlag seines Herzens noch nicht einmal für einen Moment ertragen können. Ich wußte, wenn ich sein Blut trank, würde uns das untrennbar zusammenschließen. Er kniete nieder und legte sich flach auf den Teppich, seinen Nacken vollständig entblößend, während er den Kopf zur Seite drehte. Ich zögerte lange genug, um seine Hingabe zu betrachten, dann kniete ich mich neben ihn, sucht seine Kehle und biß ihn. Er zuckte ein bißchen, aber hielt dann still. Ich hatte seine Haut schneller durchbohrt, als ich erwartet hatte. Meinen Mund um die zarte feuchte Wunde schließend, saugte ich sein Blut. Er wand sich vor Lust und zitterte im Griff der Ekstase. Unserer beider Leben waren nun eins. Ein Herz.

Ich hob den Kopf, um ihn zu küssen, aber er stieß mich zur Wunde zurück. ›Nimm mehr von mir‹, bettelte er. ›Nimm alles!‹ Es versetzte mich in einen Blutrausch, von jemandem zu trinken, der so bereitwillig, so begierig danach war. Ich preßte meinen Körper gegen den seinen, unsere Formen verschmolzen perfekt miteinander. Dies erregt ihn bis zum Orgasmus, und wir verschmolzen in Leidenschaft. Er segnete unsere Vereinigung von Geist und Körper.

Unglücklicherweise war er süchtig nach mir. Ich mußte ihn verlassen. Er war nur einer von vielen, aber er hatte solche Angst, mich zu verlieren, daß er versuchte, sich zu vergiften, indem er zwei Flaschen Whiskey in nur zwei Stunden trank. Er dachte, er würde an Herzversagen sterben. Aber sie fanden ihn und pumpten ihm den Magen aus.«

»Wie üblich war, als ich versuchte, Wraith zu erreichen, auch diese E-Mail Adresse unbrauchbar. Daher war es weiter an mir, auf ihn zu warten. Ich fragte mich, ob er eine andere Art von psychischem Vampir sei, der mich fütterte und sich von meiner erregten Neugierde nährte. Ich sollte es bald herausfinden.

KAPITEL DREIZEHN

LASST DIE SPIELE BEGINNEN!

»Wir kämpfen gegen Monster, das ist es, was wir tun. Sie tauchen auf, sie machen uns angst, ich mache sie fertig, und dann verschwinden sie wieder«

Buffy zu Rupert

1

Vampirrollenspiele gibt es zur Zeit überall und in vielfältiger Form: in Online-Chat-Rooms, als Kartenspiele und Liverollenspiele. Auch wenn sich die echten Vampyre von diesem Aspekt der Vampirkultur distanzieren, kann es keinen Zweifel daran geben, daß die Rollenspieler, die sich mit Hilfe ihrer Phantasie in eine andere Welt versetzen, einen Großteil der Vampirkultur ausmachen. Ohne sie würden historische Kleidung, Vampirzähne, Schmuck mit düsteren Motiven und andere Vampiraccessoires wahrscheinlich keinen so reißenden Absatz finden. (Wie ich gehört habe, floriert auch das Sarggewerbe.) Die Nachfrage unter den Rollenspielern, die ihren Aufzug möglichst authentisch gestalten wollen, ist groß, und auch die echten Vampyre profitierten davon.

Wie ich bereits erwähnt habe, stieß ich beim Surfen im Internet auf zahlreiche Chat-Rooms mit Namen wie »Vampire Castle« oder »Vampire Diner«; dabei geriet ich in einen Chat, bei dem die Teilnehmer ihre Handlungen detailliert beschrieben (»Schreitet über einen Steinboden und reicht Lord Valin eine schwarze Rose …«) und in einer mittelalterlich anmutenden Sprache kommunizierten. Ich wurde auf der Stelle rausgeworfen, als klar war, daß ich kein Lord oder keine Lady Irgendwas war. Dennoch gewann ich den Eindruck, daß die Teilnehmer eine Menge Spaß hatten. Ich fand darin eine großartige Methode, die Vorstellungskraft zu trainieren und Gleichgesinnte zu treffen, mit denen man exotische Szenarien entwerfen kann.

Einige Spiele basieren auf Romanfiguren und literarischen Geschichten, wie beispielsweise die in den Anne-Rice-Chat-Rooms; andere haben Regeln, die von einem Hersteller festgelegt wurden, wie die erweiterte Version von *Dungeons and Dragons,* die Ravenloft ins Spiel gebracht hat, aber angeführt wird das »Rudel« von White Wolf. Ich bin mir der großen Zahl von Vampirspielen online und offline bewußt – Brettspiele, Cyberspiele, Dinnerparties für Amateurdetektive –, aber seit ich das Szenario von White Wolf ausprobiert habe, ziehe ich diese Variante vor.

Viele 1000 Spieler in aller Welt haben *Vampire: The Masquerade* und seine Varianten geliebt. Das von Mark Rein-Hagen entworfene Spiel wurde 1991 veröffentlicht – die erste Version noch als Brettspiel –; es sprach sich im Internet herum, und es bildete sich schnell eine Spielergemeinde, die den immensen Erfolg garantierte. In vielerlei Hinsicht war es eine Verbesserung der beliebten *Dungeons-and-Dragons*-Spiele des vorangegangenen Jahrzehnts, die hauptsächlich darauf basierten, daß die Spieler ihre Intentionen erklärten und Handlungen ausführten, die vom Würfel bestimmt wurden. *Vampire* setzte mehr auf die Kunst des Geschichtenerzählens, und die Erweiterungen waren noch anspruchsvoller. Bei den Brettspielen gab der Würfel den Spielern die Handlungen vor, die Rollenspielvariante, die sich daraus entwickelt hat, beruht auf Handzeichen und bringt mehr Tempo ins Spiel.

Der Plot von *Vampire* ist von verschiedenen Vampirmythen und auch stark von Anne Rice beeinflußt und basiert darauf, daß alle wichtigen Ereignisse in der Geschichte der Menschheit auf die Manipulationen von Vampiren zurückzuführen sind, den sogenannten »Kindred«, welche die Nachfahren des biblischen Brudermörders Kain sind (der im Spiel »Caine« heißt). Gott hat ihn für seine Tat mit der Gier nach Blut bestraft. Die älteren Kindred-Generationen sind mächtiger, und einige dieser Alten zögern nicht, die jungen Vampire dies auch spüren zu lassen. Es gibt sogar die Bestrebungen, keine neuen Generationen mehr zu zeugen. Jeder Clan strebt nach Macht, Berühmtheit und Einfluß. Zwischen ihnen kommt es immer wieder zu Konflikten und Reibungen, in deren Verlauf die Kindred gegeneinander intrigieren. Es gibt darüber hinaus ein persönliches Element, da die Spieler sich gegenseitig über die Eigenschaften, Fähigkeiten und Schwächen kennenlernen, mit denen sie ihre Figuren ausstatten. Nachdem die Gattung durch die Inquisition fast völlig ausgerottet wurde, operiert sie geheim und von den Sterblichen unerkannt. Diese Vorgehensweise heißt »Masquerade«. Es gibt bestimmte Regeln, die alle Vampirclans in der Welt der Dunkelheit befolgen müssen. Jede Stadt hat ihre eigenen Hierarchien, Fehden und dramatischen Ereignisse, die sofortiges Handeln erfordern. Manchmal werden diese Aktionen mit Ereignissen in anderen Teilen der Welt koordiniert. Zwar existieren gewisse Verbindungen zu intelligenten Sterblichen, aber die Handlung konzentriert sich auf die Intrigen innerhalb der Clans.

Die Kindred bilden eine Gesellschaft mit dem Namen Camarilla, die aus sieben Clans (und einer Außenseiterkategorie) besteht. Jeder Clan ist durch Familien- und Persönlichkeitsmerkmale oder ästhetische Vorlieben geprägt, wie beispielsweise den Ästhetizismus der »Toreadors« oder die kultivierten Führungsqualitäten der »Ventrues«. Wenn man indes eine betrügerische Natur vorzieht, kann man sich den »Malkavians« anschließen, die ebenso verrückt wie klug sind. Wer eher ernsthaft und zurückhaltend ist, entscheidet sich für einen Angehörigen des »Grangel«-Clans. (Ergänzungen, die dem ursprünglichen Regelwerk folgten, haben die Existenz von 13 Clans enthüllt, was die Auswahl noch vergrößerte hat.)

Die Aufnahme eines Spielers in einen Clan erfolgt durch eine »Umarmung«, das heißt, er wird mit einem bestimmten Ritual in einen Vampir verwandelt. Die Charaktere wählen ihre Eigenschaften und bestimmen ihre Macht, die sie durch die Aneignung von Schwächen erweitern können. Die Entwicklung der Spielfigur kann so detailliert sein, daß der Rollenwechsel nahezu das Abstreifen der eigenen Identität zugunsten einer völlig anderen Persönlichkeit bedeutet. Über Triumph oder Scheitern sagt das Regelwerk des Spiels: »Sie werden aus diesem Spiel wahrscheinlich als Verlierer hervorgehen, da es schwierig ist, den unaufhaltsamen Sturz ihrer Figur ins Chaos aufzuhalten.« Es geht vielmehr darum, sich auf das Spiel einzulassen und möglichst von dem sich entfaltenden Drama zu profitieren.

White Wolf hat noch andere Spiele herausgebracht, mit denen das Pandämonium der übernatürlichen Geschöpfe bereichert wurde (*Wraith: The Oblivion*, *Werwolf: The Apocalypse*, *Mage: The Ascension* und *Changeling: The Dreaming*), Aber das Vampirspiel war das erfolgreichste. Ein zweites, umfangreich ergänztes Regelbuch trug den Titel *Vampire: The Dark Ages*, und im Fahrwasser des Erfolges erschienen Bücher wie Robert Weinbergs *Red-Dead*-Trilogie und eine Fernsehshow auf Fox (*Kindred: The Embraced*). 1993 brachte White Wolf Mind's Eye Theatre heraus, ein auf Improvisation basierendes Rollenspielpaket, bei dem man noch mehr in seiner Spielfigur aufgehen konnte.

Ich sprach mit Greg Fountain, dem Direktor der Marketingabteilung von White Wolf, um mehr Informationen zu erhalten. Zuerst fragte ich ihn nach der Anzahl der Spieler.

»Es ist fast unmöglich, das zu sagen«, antwortete er. »Es gibt über 250.000 Spielbücher da draußen und jede der 50 Ergänzungen hat an die 100.000 Kopien. Oft benutzen viele Leute ein Buch gemeinsam. Wir haben einen Fanclub, der über 3.000 Mitglieder hat.«

Bei diesem Fanclub handelt es sich um Camarilla, die offizielle Rollenspielergemeinschaft von White Wolf, die sich seit ihrer Gründung 1992 immer wieder verändert hat. Der Hauptsitz befindet sich in Salt Lake City, Utah, doch der Club umfaßt alle fünf Kontinente. Camarilla fördert Fanaktivitäten wie Treffen, Blutzirkel (Blut wird nicht getrunken!), Conventions und Spiele.

Camarilla ist in Ortsgruppen unterteilt, um den Spielern die Möglichkeit zu geben, ihre eigenen Vorstellungen zu realisieren. Auf der Camarilla-Web-Site heißt es: »Die Mitglieder schreiben für unser vierteljährliches Fanmagazin *Requiem* und helfen sich gegenseitig, Web Sites zu entwerfen, ihre Rollen, die Spielleitung und ihre Führungsqualitäten zu verbessern.«

Neue Mitglieder steigen mit Figuren ein, die mit Hilfe des Mind's-Eye-Theatre-Materials von White Wolf kreiert werden und sich fortan durch den Erwerb von »Erfahrungspunkten« entwickeln. Die Clubmitglieder können das Privileg, einen komplexen Charakter zu verkörpern, durch die Übernahme von Ämtern erwerben. Die Belohnung besteht aus Teilnahmeerlaubnissen und organisierter Unterstützung.

Die einzelnen Ortsgruppen agieren unabhängig und selbständig, und einzelne Gruppen können sich durch die Wahl eines Domänen-Koordinators zu einer »Domäne« zusammenschließen. Diese Domänen haben wiederum einen Spielleiter, der die Ereignisse der einzelnen Handlungsstränge zu einer Chronik verknüpft. Die Domänen und die unabhängigen Gruppen werden von acht regionalen Koordinatoren betreut.

Camarilla bietet außerdem Fernkurse, in denen Führungsqualitäten, Fabulierkunst und Darstellung trainiert werden können. Unter 18 darf man nur dann teilnehmen, wenn die Eltern oder Erziehungsberechtigten ebenfalls Mitglieder sind.

»Die Spieler haben mittlerweile eine Art offiziellen Handlungsrahmen entwickelt, der aus dem Stil unserer Mind's-Eye-Theatre-Produkte hervorgegangen ist«, berichtete Fountain weiter. »Zur Zeit koordinieren wir die Bestrebungen, alle auf den gleichen Stand zu bringen.«

»Was bringt die Zukunft?« wollte ich wissen.

»Was *Vampire* angeht, so wird das Liverollenspiel weiter expandieren, und wir bringen bald ein Videospiel auf den Markt. Außerdem eine neue Version von *Vampire*, die alle 13 Clans berücksichtigen wird und die einige kulturelle Bezüge modernisieren und Entwicklungen in der Mythologie hinzufügen wird. Wir wollen bald auch eine schön gebundene, limitierte Ausgabe anbieten.

Mit *Kindred of the East* haben wir uns auf die asiatischen Märkte gewagt. Diesem Spiel liegt ein vollkommen anderes Konzept zugrunde, das auf asiatischer Mythologie basiert. Die Spielfiguren sind nicht einmal als Vampire angelegt. Sie haben ein wirklich schlechtes Karma, das sie erfüllen müssen, und sie müssen die Yin- und Yang-Aspekte ihrer Macht ausgleichen. Sie verfügen über Kräfte, die es in dem Spiel noch nie vorher gegeben hat.

Wir sind davon überzeugt, daß das Vampirphänomen noch eine Weile sehr populär bleiben wird. Zumindest die Fans, die das Spiel lieben, werden sich auch weiterhin damit abgeben. Es gibt eine gewisse Übersättigung der Kultur mit Vampiren im allgemeinen, aber wir werden sehen, was die Jahrtausendwende bringt.«

Manche spielen nur zu bestimmten Zeiten, zum Beispiel donnerstags in Ricochet's Bar, andere wahren lieber ihre Anonymität. Sie benutzen online einen falschen Namen, der ihre Rollenidentität reflektiert, wie die Namen der Anne-Rice-Figuren, oder sie betreten ihren Chat-Room ausschließlich mit dem Namen ihrer Spielfigur.

Als ich einige dieser Chat-Boxen besuchte, fiel mir auf, daß die Spieler sich offenbar mit jeweils einem speziellen Aspekt des Vampirmythos identifizierten. Die meisten waren Vampire, aber es gab auch Sterbliche, die einen Geheimpakt mit den Vampiren geschlossen hatten. Ich sprach mit ein paar männlichen Vampiren, die Frauen suchten, die sich ihnen unterwerfen wollten, so daß diese Männer ihre »Herren« sein und sie herumkommandieren konnten. Es schien viele Mädchen zu geben, die bereit waren, die Rolle von »Kindern« oder »Leibeigenen« zu übernehmen. Soviel zur Gleichberechtigung. Und es gab Spieler, die die Rolle des Vampirjägers bevorzugten.

»Ich und meine Gilde werden die Welt von euch allen befreien!« warnte jemand, und ein anderer 14jähriger Spieler konnte seine Kräfte als Vampirjager »explodieren fühlen«. Eine junge Frau aus New Jersey schickte verschiedenen Vampirorganisationen folgenden Brief: »Ich schreibe, weil ich auf der Suche nach Informationen über Vampire bin. Ich suche diese Informationen, weil ich ein Vampirschlächter bin. Das ist keine Fehlinformation, wie ihr vielleicht denkt, sondern ich bin eine wahre Vernichterin der Untoten.« Einige Vampire hatten mir erzählt, daß sie das nervös machte. Sie fürchten, daß eines Tages ein Idiot seine Rolle zu ernst nehmen, sie ausfindig machen und ihnen einen Pfahl durch das Herz treiben könnte.

Aber die Rolle des Jägers ist unentbehrlich, und sie zu übernehmen eröffnet einem die Möglichkeit, an der Inszenierung teilzunehmen und sich doch in gewisser Weise abseits zu halten. Eine der Schlüsselfiguren in *Dracula* ist der Vampirexperte Professor van Helsing, der die Jagd auf den ruchlosen Grafen anführt. Ein moderner van Helsing ist ein Mädchen mit außergewöhnlichen Gaben, die Dämonenjägerin Buffy, die an dem unter Teenagern grassierenden Wunsch, Vampirjäger zu werden, sicher keinen geringen Anteil hat. Buffys Mentor hört auf den Namen Watcher, ein Begriff, auf den ich beim Studium der Selbstdarstellung der Online-Vampirjäger häufig gestoßen bin. Immer wieder hieß es, ein mächtiger »Watcher« würde sie beschützen oder daß sie ihren »Watcher« erwarteten. In vielen alten Kulturen stand die Rolle des Vampirjägers einer Person mit besonderen Kräften zu, die allein über das Wissen verfügte, was zu tun war, nachdem sie die Beute gestellt hatte.

In seiner Enzyklopädie *The Vampire Book*, erwähnt J. Gordon Melton den »Dhampir«, den körperlichen (aber sterblichen) Sohn eines Vampirs, der diese Wesen angeblich aufzuspüren und zu vernichten vermag. Filmfans kennen möglicherweise den japanischen Animationsfilm *Vampire D* von 1985, der von einem mächtigen Vampir-Kopfgeldjäger handelt. Die Identifikation mit einem dieser Charaktere ermöglicht den Zugang zur Vampirarena, ohne gleich einen Vampir oder ein Opfer verkörpern zu müssen.

Einige Spieler benutzen das White-Wolf-Spielmaterial auf eine inoffizielle Weise, wie die »Black-Rose«-Web-Site, die von Lillith und Darryle Toney eingerichtet wurde. Dort findet man einen Wegweiser zu Spiel-Sites und Organisationen, die Liverollenspiele veranstalten; Neueinsteiger werden auf die Szene vorbereitet. Greg Fountain erklärte, daß andere Fanclubs die White-Wolf-Symbolik durchaus verwenden dürfen, Web Sites jedoch bedürfen einer speziellen Genehmigung und müssen ein Teil von »Dark Spiral« werden, also einen Link zurück zur White-Wolf-Homepage installieren.

Ernsthafte Spieler wie Stacy Kirk haben das Spiel erweitert, indem sie nicht nur nach den White-Wolf-Regeln spielen, sondern neue Geschöpfe erfanden, die in der Welt der Dunkelheit bisher unbekannt waren. Sie nannten sie die »Antiveninne«, eine im Labor erschaffene Gattung, deren Blut den Vampiren vorübergehend ihre Menschlichkeit wiedergibt. Ihrem Blut wohnen aber auch noch andere Kräfte inne: es besitzt die Fähigkeit zu heilen und steigert die Begierde. Stacy hat diese Kräfte mit einem Punktesystem gekennzeichnet, das man mit dem White-Wolf-Schema kombinieren kann, und ihre äußere Erscheinung detailliert ausgearbeitet. Sie hoffte – wie alle Rollenspieler mit originellen Ideen –, daß White Wolf Notiz davon nehmen und der Idee eine Chance geben würde.

2

Es gibt weitläufige große Liverollenspiel-Vereinigungen wie den Blood Moon Social Club in Las Vegas und Straßenspiele, zum Beispiel jeden Freitag in Santa Cruz. Ich lernte sogar eine kleine Gruppe von Typen kennen, die von Stadt zu Stadt reisen, um das Spiel in gut organisierten Zirkeln aufzuführen.

In New York existiert ein Ableger von Sabretooth namens Syn Factory/

New York by Night. Es basierte auf White Wolves World of Darkness und umfaßt *Vampire* und *Wraith*. Jeden Monat findet an Orten wie dem Club Mother oder dem Cloisters ein Event statt. Die Syn Factory ist One World by Night angeschlossen, einem internationalen Netz von aufeinander abgestimmten Chroniken, und ermöglicht den regelmäßigen Austausch von Figuren zwischen drei Orten: Chicago, Westchester County im Staat New York und Virginia.

Hintergrundinformationen auf der Web Site zufolge wird New York von Camarilla und Sabbat heiß umkämpft. Es besteht ein instabiler Waffenstillstand, und die Stadt ist in Reviere aufgeteilt. Camarilla hat Manhattan, Riverdale, Westchester, die Flughäfen und Long Island übernommen; Sabbat, ein unmenschlicher Haufen, beherrscht die äußeren Viertel sowie Newark, New Jersey. Die Fehden ziehen dunkle Abkommen und Intrigen um Reviere nach sich, wobei alle nur denkbaren Mächte beschworen werden, um Drohungen auszusprechen oder Streitereien zu schlichten.

Johnny, der Spielleiter, ist ein enthusiastischer Mann um die 30, der sein Haare zu einem langen Pferdeschwanz zusammengebunden trägt. Er erklärte mir die Grundlagen: »Syn Factory ist ein halbtheatralisches Improvisationsexperiment, das sich an alle Enthusiasten der wachsenden Szene richtet. Es entstand, als sich einige Einzelpersonen zusammenschlossen, die sich bis dahin meist damit beschäftigt hatten, Geschichten über das Dasein von übernatürlichen Wesen zu erzählen, und es greift auf so ziemlich das gesamte Gothic- und Punkinventar sowie die exotischen Welten zurück, die von White Wolf entworfen wurden. Das Anfängerset erlaubt den Spielern, Tisch, Papiere, Tabellen und den Würfel beiseite zu lassen und statt dessen Kostüme, Make-up und schauspielerische Talente einzusetzen und einen Abend an einem gemieteten Ort zu verbringen, wo sie die von ihnen ausgesuchten Rollen von Vampiren, Werwölfen, Geistern, Mumien und all den anderen Monstern und Wahnsinnigen, die darum kämpfen, von der Menschheit nicht bemerkt zu werden, verkörpern können. Syn Factory konzentriert sich auf die Vampire und die Geister des New Yorker Reviers.«

»Wie sind Sie dazu gekommen?«

»Das passierte etwa zehn Jahre, nachdem ich mit den konventionellen Spielen wie *Dungeons and Dragons* aufgehört hatte. Ich wollte ins Showgeschäft, wollte schreiben, schauspielern und Filme drehen. Ich schrieb mein erstes Drehbuch, in dem es um Vampire ging. Unter den

Materialien, die ich mir für meine Recherchen kaufte, war auch das Spielbuch für das Vampirspiel von White Wolf. Das brachte mich auf die Erstausgabe von Mind's Eye Theatre. Eine Gruppe mit dem Namen Brainstorm Productions leitete damals die Liverollenspiele in Queens Village und ich beschloß, einen russischen Vampir des Ventrue-Clans zu spielen. Die anderen Spieler waren begeistert, und das führte dazu, daß ich bald eine eigene Liverollenspiel-Vereinigung gründete.«

»Was gefällt Ihnen am besten, die Figur des Vampirs oder die Clanstruktur?«

»Auf jeden Fall der Vampir, aber die Clanstruktur ist gut aufgebaut, vor allem, weil sie auf populären Vampir-Archetypen basiert.«

»Was hat Sie veranlaßt, sich derart intensiv damit zu beschäftigen und so viel Zeit damit zu verbringen?« fragte ich, da Johnny einer der ernsthafteren Spieler zu sein schien. »Bekommen Sie Geld dafür?«

»Nicht einen Pfennig. Ich würde mich auch nicht dafür bezahlen lassen, Menschen die Möglichkeit zu geben, für wenigstens einen Abend den Schrecken und der Mühsal der Realität zu entfliehen ... und den Dingen, die wir gerne anders machen würden, aber einfach nicht können ... Wir alle haben ein Anrecht darauf.«

»Wie viele Mitglieder hat Ihre Gruppe?«

»Wir haben 50 Figuren als Basis. Aber wenn wir 25 Spieler haben, die regelmäßig teilnehmen, sind wir schon zufrieden.«

»Gibt es irgendwas, was Leute, die nicht spielen, besser nicht über das Spiel wissen sollten?« Ich wußte, daß diese Spiele mancherorts einen schlechten Ruf haben.

»Vor allem sollten sie den Geschichten, die von Fernsehshows wie *Sixty Minutes* oder *Jeremy Jones* aufgebauscht werden, keinen Glauben schenken. Sie verbreiten nur Sensationsberichte über die Liverollenspiele. Sie stellen sie als lebensgefährlich für Freunde und Familie dar, weil sie uns angeblich dazu verführen, Verbrechen zu begehen, nur weil die Spielfiguren dies tun. Keiner von uns ist ein echter Vampir oder ein Mörder. Wir trinken kein Blut, und wenn es doch so aussieht, dann hat das Blut Pfefferminzgeschmack ... womit ich sagen will, daß es absolut künstlich ist. Wir regen Mitglieder nicht dazu an, zu töten oder das Gesetz zu brechen. Mein Ziel als Spielleiter ist es, Leute durch den Spaß, den sie bei unseren monatlichen Treffen haben, zu unterhalten, zu erleuchten und zu belehren.«

Ich dachte an ein paar negative Zeitungsartikel und fragte: »Werden Sie oft von jungen Leuten angesprochen, die mitmachen wollen, aber nicht der Typ dafür sind?«

»Ja, es gibt Spieler, die wollen aus dem gleichen Grund mitmachen, aus dem der normale Mensch Fußball spielt – weil sie konkurrieren wollen. Ich versuche Spiele zu entwerfen, die auf menschlichen Emotionen und übernatürlichen Verbindungen basieren, und hoffe immer, daß es eine Chance gibt, daß alle friedlich daran teilhaben – aber dann kommt so ein Mike-Tyson-Typ und will jemandem gewaltig eins draufgeben, weil er eine üble Figur darstellt, die so entworfen worden ist. Der Hintergrund (den die Teilnehmer ausschmücken) ist der wichtigste Teil des Steckbriefs eines Charakters. Wenn mir jemand erzählt, daß er nichts anderes gemacht hat, als fünf Nosferatus und zehn Werwölfe ohne Grund durchzuprügeln, weil er glaubte, sie hätten irgendeine Camarilla-Tradition verletzt (schlimmster Fall), macht mir das angst. So einer hat nichts anderes im Sinn, als das Rollenspiel in eine Folge von *American Gladiators* zu verwandeln.«

Eine von Johnnys Einladungen, die er zusammen mit einer umfangreichen Zusammenfassung des bisherigen Spielverlaufs verschickt hatte, begann so: »Sie sind herzlich eingeladen, die Kindred von New York City auf einen großen Ball zu begleiten, der von seiner königlichen Hoheit, dem bedeutenden und einflußreichen Prinz Lawrence Ocus veranstaltet wird. Die Festlichkeiten werden am 31. Oktober 1997 um 21 Uhr beginnen; Kostüme sind anläßlich von Halloween gerne gesehen, was als ein Tribut an die in unserer Vereinigung unumstrittene Anerkennung der Tradition der Maskerade zu verstehen ist. Seine Majestät hat sich die Freiheit genommen, zahlreiche seiner sterblichen Verbündeten und Freunde zu einer konventionellen Feier des fiktionalen Vampirgenres einzuladen, das in den letzten Jahrzehnten von *Dracula* oder den Anne-Rice-Romanen inspiriert wurde. Die Festlichkeiten sollen im oberen Stockwerk der Angel-Orensanz-Vereinigung stattfinden, und die Kindred, die wünschen, mit den anderen Gästen zu feiern, sollen dies auf ihr eigenes Risiko tun; sie sind ... bei Androhung der Todesstrafe ... an die Gesetze der Maskerade gebunden. Sie und der Rest der Kindred werden ihrer Majestät hinter den Kulissen des Schauplatzes der Festlichkeiten begegnen ... was, wie einige von Ihnen wissen, der ehemalige Zufluchtsort, genannt Ezekiel's Own, des berüchtigten Sabbat-Packs war, das sich nach dem Aufstieg von Prinzessin Gabrielle Octavia, die New Nork wiedererobern konnte, nach L.A. zurückgezogen hat. Wir werden uns an diesem Abend an Gabrielle und ihren Kampf um die Befreiung unserer geliebten Domäne von der Gewalt der Sabbat erinnern.«

3

Ich entschloß mich, an dem Spiel der Syn Factory teilzunehmen, und Johnny begleitete mich während der ganzen Vorbereitungen. Ich hatte keine Zeit, das ganze White-Wolf-Material zu studieren und wußte, daß dieser Umstand meine Erfahrungen negativ beeinflussen konnte. Die anderen Spieler waren viel weiter als ich, und ich wußte, ich würde mich wie in meiner ersten Aerobic-Stunde fühlen – ungeschickt und plump.

Als erstes mußte ich einen zum Temperament meines Charakters passenden Clan auswählen. Johnny schlug Toreador vor, weil ich Schriftstellerin bin, aber ich wollte lieber eine Ventrue sein. Mir hatte Julien in der Fernsehserie *Kindred: The Embraced* gut gefallen und ich schätzte die Qualitäten der Ventrue: Sie sind blaublütig, souverän und herrschaftlich. Sie sind elegant und sich ihrer moralischen Wurzeln bewußt. Sie kontrollieren mächtige Sterbliche und verfeinern die Vampirerfahrung in einer speziellen Weise.

Johnny war es gleichgültig, welchen Namen ich wählte, also wurde ich zu Gabrielle Weyland, was Anne Rice (Lestats Mutter) mit *Vampire Tapestry* von Suzy McKnee Charnas verband.

Als nächstes mußte ich mir körperliche, soziale und mentale »Eigenschaften« aus einer Liste aussuchen. Ich wählte »Überlebende« als meine Natur und fügte Verbindung zu den Tieren, detektivischen Spürsinn, Führungsqualitäten, Kenntnisse antiker Mysterien sowie die Fähigkeit zu manipulieren hinzu. Aus der Liste der »Einflüsse« wählte ich die Medien, das Okkulte und die Universität. Ich wollte Befehle erteilen und in der Lage sein, Erinnerungen auszulöschen und mit meinem »Schreckensblick« Angstgefühle auf andere projizieren zu können.

Ich fühlte mich bereits sehr mächtig, aber es gab noch mehr. Ich war mir sicher, daß ich nicht alles im Kopf behalten konnte. Ich brauchte noch eine »animalische Eigenschaft«, also wählte ich die Lust. Darüber hinaus mußte ich mir als Hintergrund eine eigene Geschichte ausdenken, beispielsweise Informationen über meinen »Herrn« und was ich mit meinem »Unleben« angefangen hatte. Das war schon schwieriger, weil es persönlicher war. (Was wir uns in der Phantasie ausmalen, sagt viel über unsere Persönlichkeit aus.) Ich griff auf einige Punkte zurück, die ich bei meinen Begegnungen mit echten Vampyren erfahren hatte.

Endlich war ich bereit, und Johnny stellte einen Steckbrief zusammen. Er überreichte ihn mir im Club, wo die anderen Spieler versammelt waren. Er hatte mir über die Kleidung gesagt, daß ich mich an Gothic und Punk orientieren sollte, was hauptsächlich bedeutete, etwas Schwarzes zu tragen. An diesem Abend war ein Duzend Spieler versammelt, und sie schienen sich alle zu kennen und zu wissen, wer sie waren und was sie zu tun hatten. Ich nicht, aber ich hoffte, sie beobachten und von ihnen lernen zu können. Falsch! Die Handlung entfaltete sich rasend schnell, und der Plot war nicht nur überaus kompliziert, sondern verlangte auch, daß man die Ereignisse der vorherigen Spielabende kannte, an denen ich nicht teilgenommen hatte. Ich konnte mir vorstellen, daß dieses Spiel sehr anregend sein konnte, vorausgesetzt, man wußte, was zu tun war. Ich hatte große Schwierigkeiten, dem Ablauf zu folgen.

Als Spielleiter rannte Johnny die ganze Nacht von unten nach oben in die verschiedenen abgedunkelten Räume, um den Spielern Anweisungen zu geben, die sie brauchten, um ihr Spiel voranzutreiben. Er fand kaum Zeit, mir zu helfen. Jemand las mir mein Schicksal aus den Tarotkarten, und das Endergebnis war, daß ich einige Eigenschaften oder Kräfte gewonnen hatte, die ich zu den anderen hinzufügen konnte. Ich konnte sie benutzten, wenn ich in einen Konflikt verwickelt wurde, und damit wahrscheinlich gewinnen, aber ich kam erst gar nicht in eine solche Situation (zu meiner großen Erleichterung).

Mir fiel auf, daß die Spieler ihre Auseinandersetzungen mit den Handzeichen von »Stein schleift Schere« führten, was das Würfeln ersetzte. Angeblich entschieden manchmal auch die Steckbriefe der Charaktere die anstehenden Konflikte, indem die Kräfte und Schwächen der Figuren verglichen wurden, aber ich hatte das noch nie erlebt. Die Spieler waren über das ganze Gebäude verteilt, und ich war mir sicher, daß sie genau wußten, welche Kräfte am stärksten waren, genau wie ein erfahrener Pokerspieler das beste Blatt erkennt. Ich sah jemanden, den ich kannte, aber seine Figur kannte meine nicht, also grüßte er mich nicht. Das war etwas unangenehm, zeigte mir aber, wie ernst die Spieler ihre Rollen nahmen. Bald hatte sich eine große Spannung in dem Raum aufgebaut, und es gab verstohlenes Getuschel über eine versteckte Bombe. Ich konnte nur hoffen, daß sie nicht für mich bestimmt war.

Nach drei Stunden versammelten sich alle und sprachen darüber, was das Spiel ihnen gebracht hatte, sowie über den aktuellen Stand der Dinge. Johnny hörte zu und merkte sich all das, was er für den Entwurf der nächsten Szenen verwenden konnte.

Ich fragte die Spieler nach ihren Erfahrungen, und sie bestätigten mir, daß das Spiel zufriedenstellend verlaufen war. »Ich kann hier ein ganz anderer Mensch sein«, meinte ein junger Mann. »Ich kann meinem Alltag entfliehen und Spaß haben.« Ein Mädchen in einem schwarzen Catsuit, das wie 15 aussah, aber älter sein mußte, um teilnehmen zu können, bekannte, daß sie das Gefühl, zu einer Gruppe zu gehören, mochte und daß es ihr gefiel, die anderen kennenzulernen und sich gemeinsam mit ihnen vorzustellen, in einer anderen Welt zu leben. Einige Spieler kamen aus Virginia und waren auf ihrer Spielerrundreise zu Syn Factory gekommen. Sie waren der Ansicht, daß sich die lange Fahrt gelohnt hatte. Ihre nächste Etappe war Ohio, was bedeutete, daß sie das ganze Wochenende für das Spiel veranschlagt hatten. Ich war erstaunt, daß sie soviel Zeit investierten, aber sie dachten wahrscheinlich genau dasselbe über meine Arbeit. Ich wurde oft nachts von Vampiren angerufen, die mich einluden, vorbeizukommen und mit ihnen zu feiern und die es nie verstanden, daß ich lieber schreiben wollte.

Ich verließ die Spieler mit einem Gefühl der Verwirrung, hatte aber immerhin einen kleinen Einblick in diesen Teil der Vampirkultur gewonnen. Ich hatte im Sommerlager Theater gespielt, und es hatte mir immer Spaß gemacht, aber ich begriff schnell, daß ich mein Leben so nicht verbringen wollte, also war ich nicht bereit, regelmäßig an den Spielen teilzunehmen, die im ganzen Land und überall in der Welt abgehalten werden. Für die vielen 1000 Spieler, die an ihnen teilnehmen, stellen sie sicher eine Erfüllung dar. Hätte es solche Spiele schon gegeben, als ich jünger war, hätte ich mich daran wahrscheinlich ebenso intensiv beteiligt wie die Leute von Syn Factory.

4

Da ich gerade über Menschen spreche, die sich mit Vampiren identifizieren: Ich bekam einen weiteren Anruf von Wraith. Der letzte lag zwei Monate zurück, und dieser neue Anruf rückte einiges ins rechte Licht und vermittelte mir ein besseres Verständnis für das, was manche Menschen suchen, wenn sie in die Rolle eines Wesens wie den Vampir schlüpfen.

Wraith beschrieb mir wieder eine seiner Eroberungen. Er hatte eine Verabredung mit jemandem getroffen, der sein Blut trinken wollte. Er war sich nicht sicher, ob er einwilligen sollte, so erzählte er mir, aber er traf sich trotzdem mit dem Mann. Er sagte sich, er könne immer noch nein sagen und gehen.

»Wir zogen durch ein paar Clubs, um was zu trinken und uns zu unterhalten«, begann er. »Ich fand, das war die richtige Art, wie wir den Abend angehen konnten. Jeff war ziemlich aufgeregt. Er wollte nicht länger warten. Ich sagte ihm, es würde nicht mehr lange dauern. Nachdem wir ein paar Drinks genommen und getanzt hatten, landeten wir auf der Veranda eines gemeinsamen Freundes, der vor dem Fernseher eingeschlafen war.

Jeff fragte mich, ob er mein Blut trinken könnte. Er wollte es aus meinem Oberschenkel saugen, weil er glaubte, daß das Blut in der Nähe der Lenden am kraftvollsten sei. Ich fügte mir also mit einem Skalpell, das er mitgebracht hatte, einen kleinen Schnitt zu, und er leckte und saugte sanft daran. Ich hatte mich umgedreht und saß fast auf seinem Gesicht. Abgesehen vom flackernden Licht des Fernsehers war es stockdunkel.«

»Was soll das heißen?« fragte ich. »Normalerweise trinken *Sie* das Blut der anderen. Wie war es, die Seiten zu wechseln?«

»Ich stehe da nicht so drauf«, antwortete Wraith. »Aber eigentlich kommt es darauf auch gar nicht an.«

»Aber dieser Junge war nicht nur Ihre Beute, die Sie anschließend fallen ließen. Das war doch sehr intim. Oder wird er Sie jetzt in die Wüste schicken?«

»Ich schätze nein. Ich habe nicht die geringste Ahnung, was als nächstes passiert.« Er schien an der ganzen Sache nicht besonders interessiert zu sein.

»Warum haben Sie nicht, wie sonst immer, sein Blut getrunken?«

»Es war einfach nicht der richtige Moment. Ich habe mich dem Ritual verpflichtet, und meine vampirische Natur verlangt Schweigen – das Ritual aufzudecken hieße, seine Kraft aufs Spiel zu setzen. Ich habe ihm eigentlich gar nichts gesagt. Er weiß immer noch nichts. Er wollte es einfach mal ausprobieren. Viele Typen hier in der Gegend mögen Blut. Also hab ich nichts gesagt.«

»Aber mir enthüllen Sie Ihre vampirische Natur«, warf ich ein.

»Ich bekenne mich dazu, ja, aus bestimmten Gründen. Aber das ist nicht dasselbe, wie es Ihnen zu enthüllen. Ich suche nach einer Grenzerfahrung, und das Geständnis ist ein Teil davon.«

»Was ist eine Grenzerfahrung?«

Ich hatte den Begriff schon vorher in Verbindung mit Foucault gehört. Ich wußte nicht, ob er diesen Philosophen gelesen hatte, aber Begriffe wie dieser werden von Studenten häufig benutzt. Eine Grenzerfahrung im Sinne Foucaults erlebt man, indem man Verstand und Körper bis zum Äußersten treibt, um die Verbindungen zwischen dem Bewußten und dem Unbewußten, zwischen Leben und Tod, aufzuheben. Es ist eine erschütternde Erfahrung schmerzhafter Lust. Für Foucault war sie die lebenslange Vorbereitung auf den Selbstmord.

»Eine Grenzerfahrung«, erklärte mir Wraith, »ist eine Träne, die die konkrete Psyche auflöst, ein Riß im Stoff der gewöhnlichen Erfahrung. Sie ist eine Abfolge hemmungsloser Momente, die sich mit undefinierbarer Geschwindigkeit durch undefinierte Räume bewegen. Wenn mein Verstand und mein Körper sich zusammenschließen, um mein Ganzes in eine unbekannte Dimension der Empfindungen zu katapultieren, erlebe ich eine Aufbruchseuphorie. Eine Grenzerfahrung ist ein Bruch mit der uns bekannten Realität, eine Abkehr von den Dingen, so wie sie sind. Ich bin leer. Ich brauche mehr. Ich muß mich selbst ausfüllen.«

»Was hat das damit zu tun, ein Vampir zu sein?«

»Meine Vampirerlebnisse überschreiten die konventionellen Grenzen der Intimität. Allein die Idee, Sex mit dem Trinken von Blut zu kombinieren ist eine Grenzerfahrung. Bluttrinken versetzt den Verstand in einen Zustand der Euphorie – zumindest *meinen* Verstand. Ich versuche immer, meine Erfahrungen und die der anderen so zu gestalten, daß sie die Grenzen transzendieren – sogar die Grenzen des Vampirs.«

»Und wie wäre es mit einer Grenzerfahrung mit mir?«

Er schwieg. Dann sagte er: »Was wollen Sie damit sagen?«

»Ich will damit sagen, daß Sie sich mit mir treffen und mir ihre Geschichten persönlich erzählen sollten. Das könnte ihren Erfahrungshorizont erweitern. Sie haben so etwas noch nie getan, nicht wahr?«

»Nein.«

»Also ...?« Er schwieg. Ich dachte, er würde auflegen. Aber dann fügte er hinzu: »Ich denke darüber nach. Ich rufe Sie an.« Damit verschwand er. Aber ich war einen Schritt weiter gekommen. Er wollte immerhin darüber nachdenken, und ich glaubte, daß unser Treffen auch ihm etwas geben würde. Etwas, von dem er behauptete, daß er es haben wollte. Die Frage war nur, wer von uns beiden den Köder geschluckt hatte?

Einen Moment lang stand mir das Bild von Susan Walsh vor Augen. Vampire zu jagen war ein gefährliches Geschäft. Das sollte ich besser nicht vergessen.

Kapitel vierzehn

Interkontinental-Vampire

1

Während Wraith darüber nachdachte, was er tun wollte, entschloß ich mich, eine weitere Reise anzutreten. Ich hatte gehört, daß sich die Vampirkultur international ausgebreitet hatte, also mußte ich ins Ausland. So weit ich es beurteilen konnte, stand mir eine große Auswahl zur Verfügung: England, Deutschland, Australien, Japan, Spanien, Brasilien. Wohin sollte ich fahren? Es war eine schwere Entscheidung. Ich wußte nicht, wo die Vampirszene besonders groß oder besonders einzigartig sein würde, und die Berichte, die mir verschiedene Quellen zugetragen hatten, waren unvollständig und widersprüchlich.

Also tat ich, was jeder vernünftige Mensch getan hätte: Ich breitete eine Weltkarte auf dem Boden meines Apartments aus und drehte eine leere Flasche Vampirwein. Mit angehaltenem Atem sah ich zu, wie sie sich drehte und hoffte, daß sie nicht irgendwo in unmittelbarer Nachbarschaft des Südpols anhalten würde. Ich war entschlossen, dorthin aufzubrechen, wo mich die Flasche hinführen würde. Afrika, Neuseeland, Kanada.

Die Weinflasche wurde immer langsamer und blieb schließlich liegen.

Ha! Paris, Frankreich.

Na schön, es sollte sein.

Ich hatte Frankreich zuletzt besucht, als ich Fotos für *The Vampire Companion: The Official Guide to Anne Rice's Vampire Chronicles* gemacht hatte. Mit seinen Museen, engen Straßen, Friedhöfen und der gotischen Architektur ist Paris der perfekte Ort für das »Theater der Vampire«. Ich mußte unwillkürlich an das berühmte Pariser Opernhaus denken, in dem Gaston Leroux' *Das Phantom der Oper* spielt, und an das Quartier Latin, wo Schriftsteller wie Sartre, Camus, Baudelaire, Hemingway und Wilde gelebt hatten, an die historischen Schauplätze blutiger Gewalttaten, wie das Hotel de Ville und die Bastille (die nicht mehr existiert) – und natürlich an Notre Dame, die große gotische Kathedrale.

Also auf nach Paris, die Stadt, die Anne Rice als Schauplatz für ihr berüchtigtes *Theatre des Vampyres* am Boulevard du Temple ausgewählt hatte, wo Louis und Claudia Armand begegnen. Hier lebt Armand mit seinem Gefolge auf dem zerfallenen Friedhof Les Enfants, hier trifft Lestat den »Leichendieb«, und hier erfährt Louis die Wahrheit über sein Dasein und findet seine schlimmsten Befürchtungen bestätigt: Es existieren keine Antworten auf die wesentlichen Fragen des Lebens.

Kurz bevor ich aufbrach, nahm eine junge Frau mit dem Namen Marianne Berges, die in Paris lebte und eine Magisterarbeit über Anne Rice schrieb, mit mir Kontakt auf. Sie konnte kaum glauben, daß ich nach Paris aufbrechen wollte, und bot sich an, mich herumzuführen. Ich nahm an. Marianne war lebhaft, kindlich und sehr hübsch, und wir vertieften uns, während wir mein Paris-Abenteuer planten, sofort in ein intensives Gespräch.

Sie war Mitglied einer Rollenspielgruppe, und sie erzählte mir, daß sie zu viert oder fünft in ihrem Apartment saßen, sich ganze Szenen ausdachten und beinahe acht Stunden lang Vampire und andere übernatürliche Wesen verkörperten. »Ein Vampir oder ein Nephilim (ein Wesen, das den Körper eines Menschen okkupiert) zu sein gewährt uns eine neue Sicht auf das Wesen des Menschen«, meinte sie. Es überraschte mich, daß anscheinend nur wenige Frauen an solchen Spielen teilnehmen und daß Marianne und ihre Freundin Jessica (eine selbstbewußte, intelligente junge Brünette mit einer Vorliebe für Dostojewski) Mißtrauen und Kritik auslösten, weil sie sich daran beteiligten. Rollenspiele sind ein typisch männliches Hobby – obwohl es auch bei Männern kaum toleriert wird –, und von Mädchen, die zu Mitspielerinnen werden, nimmt man an, daß sie irgendwelche Probleme haben.

Marianne wollte mich Yohan Meheu vorstellen, dem Spielleiter ihrer Gruppe, und wir fanden alle, daß der berühmte Friedhof Père Lachaise an diesem kalten, bewölkten Nachmittag ein passender Treffpunkt wäre.

2 Yohan traf uns am Eingang der Metro, und ich war überwältigt, wie perfekt er die Figur eines Pariser Vampirs verkörperte. Er war groß und schlank und hatte halblanges dunkles Haar, das er im Nacken zusammengebunden hatte. Nach Vampirart trug er einen langen dunklen Mantel. Seine Lippen waren sinnlich, und die graublauen Augen lagen tief in dem wohlproportionierten Gesicht, das eine nachdenkliche und etwas distanzierte Miene zur Schau trug – als wenn er einige unterhaltsame Geheimnisse zu verbergen hätte. Und, ja, er hatte diesen bezaubernden französischen Akzent. Man hätte glauben können, Louis de Pointe du Lac gegenüberzustehen.

Aber es kam noch besser: Während wir über den Friedhof schlenderten, kam er auf ein paar sehr faszinierende Themen zu sprechen. Ich erfuhr von ihm und Marianne Dinge über diesen Friedhof, die kein normaler Tourist jemals zu hören bekommt: Infolge der zahllosen Hinrichtungen während der Französischen Revolution von 1789 war der Platz für all die Toten allmählich knapp geworden. Sie wurden in den Innenhöfen der Kirchen aufgebahrt, aber der Gestank und die Verseuchungsgefahr zwang die Politiker, außerhalb von Paris nach einer Lösung des Problems Ausschau zu halten. Napoleon kaufte einen Park mit dem Namen Père Lachaise, der den Parisern jedoch zu weit außerhalb gelegen war, um ihre Toten dort zu bestatten. Napoleon versuchte, den Friedhof attraktiver zu machen, indem er die sterblichen Hüllen berühmter Menschen, wie beispielsweise Molière, hierher überführen ließ. Aber es nützte nichts. Also begann der Schriftsteller Honoré de Balzac seine Figuren, wenn sie starben, hier zu »begraben«. Seine Leser kamen zu dem Friedhof, um ihn zu besichtigen, und so wurde er schließlich zu einer berühmten letzten Ruhestätte. In diesem Skulpturenpark finden sich die Gräber von Berühmtheiten wie Sarah Bernhard, Oscar Wilde, Marcel Proust und natürlich Jim Morrison (sein Grab ist klein, schmucklos und eher gewöhnlich im Gegensatz zu dem reichen Kunsthandwerk, das ihn umgibt).

Marianne erzählte mir von geheimen, unter dem Friedhof gelegenen Zugängen zu den Katakomben, die bis nach Paris zurück führen. Manche jedoch gehen einfach ins Leere. Sie hatte gehört, daß dort unten Parties stattfanden, also betraten wir mehrere Grabstätten, deren Pforten offen waren oder deren Platten gesprungen waren, um einen solchen Zugang oder zumindest ein paar Knochen zu finden.

Marianne und Yohan erläuterten mir ihre Erfahrungen mit Rollenspielen, und wie es ihnen gefiel, die Figur des Vampirs zu verkörpern. Yohan nahm schon seit Jahren an Rollenspielen teil, und er schätzte besonders *The Masquerade,* weil das Spiel in der heutigen Zeit angesiedelt und weil es düster ist und schließlich, weil es ihn faszinierte, in die Rolle derart mächtiger Kreaturen zu schlüpfen. Er hatte Marianne in einem Seminar getroffen und sie eingeladen mitzuspielen. Sie hatte eine Zeitlang in einer anderen Gruppe gespielt, in der der Spielleiter die meisten Kräfte nur an die erfahrenen Spieler verteilte, und einem »jungen Vampir« wie ihr hatte das keinen Spaß gemacht. Sie zogen es beide vor, mit einer kleinen Clique von Leuten zu spielen, die sie kannten.

»Wenn ich spiele«, sagte Marianne, »hilft es mir zu begreifen, was menschliche Wesen eigentlich sind, was ich selbst bin und was für Möglichkeiten und Gelegenheiten sich mir als Mensch bieten. Wenn ich einen Vampir spiele, beneide ich die Menschen, auch wenn ich sie dann nur als Nahrung ansehe.«

Sie zeigten sich angesichts der kraftvollen Imagination des Spiels davon überzeugt, daß Rollenspiele nicht ohne Risiko und Eltern mit Recht besorgt sind, aber sie glaubten, daß die Gefahr minimal sei. »Wenn wir merken, daß einer unserer Freunde Schwierigkeiten hat und das Spiel anfängt, gefährlich zu werden, hören wir einfach auf«, erklärte Marianne. »Es ist nur ein Spiel. Man muß dafür ausgeglichen sein. So wie manche Menschen zuwenig Phantasie haben, um spielen können, haben andere eben zuviel davon. Sie kommen davon nicht mehr los.«

Während wir zwischen den Reihen der hohen Mausoleen und Marmorskulpturen spazierengingen, fragte mich Yohan, ob es im Amerikanischen ein Wort für *cataphile* gäbe.

»Was ist das?« erkundigte ich mich.

»Jemand, der den Katakomben verfallen ist.«

Den Katakomben verfallen – diesen unterirdischen Gängen voller Schädeln, Knochen und seltsamer Poesie. Das klang fast vampirisch. Auf jeden Fall *gothic*. Ich wollte mehr darüber wissen. Es stellte sich heraus, daß Yohan einen Freund hatte, der *cataphile* war und fast jedes Wochenende in die Katakomben ging, um dort mit Freunden, anderen »Kataphilen«, Parties zu feiern oder alleine die Nacht zu verbringen.

Die Katakomben erstrecken sich zum größten Teil unter der Rive Gauche und bilden ein riesiges Netz von Gängen, die ursprünglich von den Römern in die Erde getrieben wurden. Ihre Gesamtlänge beträgt 150 Kilometer. Im späten 18. Jahrhundert wurden hier Millionen von Skeletten aus geräumten Gräbern untergebracht, und während des Zweiten Weltkrieges waren sie das Hauptquartier der Resistance. 1830 wurden die Knochen sortiert, und die Katakomben wurden für Besucher geöffnet. Einige Gänge sind mit menschlichen Knochen angefüllt, und nur ein kleiner Teil ist offiziell der Öffentlichkeit zugänglich. Aber Yohan zufolge widersetzen sich manche dem Verbot, um an der Dunkelheit, der Einsamkeit und Stille unter der Erde teilzuhaben – genauso wie sie es bevorzugten, die tiefsten Untiefen der menschlichen Seele zu bewohnen.

»Es gibt leider keine Katakomben in unserem Land«, antwortete ich Yohan, »also haben wir auch kein Wort dafür, aber ich würde sehr gerne mehr darüber erfahren.«

Er erzählte mir, daß er mit einer Gruppe von acht anderen Leuten, darunter seine Freundin Jeanne, in die Katakomben hinabgestiegen sei. Ich bat ihn, mir davon zu berichten, und umgeben von Grabsteinen unter einem dämmerndem Himmel schilderte uns Yohan sein Abenteuer. (Stellen Sie sich vor, lieber Leser, die Geschichte würde Ihnen von Louis mit einem französischen Akzent erzählt!)

»Wir stiegen um Mitternacht an der Porte d'Orleans in die *Cata* hinab, wie die Kataphilen die Katakomben nennen«, begann er. Ich wußte, daß dies keiner der offiziellen Eingänge war, also mußte es sich um einen heimlichen Ausflug gehandelt haben. »Wir gingen zuerst zu St. Michel nahe der Seine und dann zurück. Jeanne und ich verbrachten sieben Stunden unterhalb von Paris. Wir mußten zuerst zu einer alten Eisenbahnlinie absteigen, die der ›kleine Gürtel‹, ›la petite ceinture‹, genannt wird. Es ist nur ein Loch in der Erde. Wir drängten uns im Licht einiger Kerzen um den schmalen Abstieg. Dann machten wir die Taschenlampen an und krochen in das Loch. Im Tunnel ist nur Platz für eine Person. Manchmal ist er zwei Meter und manchmal nur 80 Zentimeter hoch, und man muß immer aufpassen. Man kann sich an der Decke verletzten, weil ihre Höhe ständig variiert, und man muß darauf achten, ob Wasser in den Gängen steht.

Wir kamen an zwei Parties in kleinen Räumen vorbei. Sie waren wie andere Parties auch: Alkohol, Gras und Musik. Aber man wird dort unten eben nicht von den Nachbarn gestört. Und das ist der Reiz an der Sache. Die Gesetze der Oberwelt haben hier keine Geltung. Viele verschiedene Leute kommen hier runter, aber sie haben alle dasselbe im Sinn: Sie wollen einmal weg von der Welt da oben. Sie können hier tun, was sie wollen, können die ganze Nacht hier verbringen, Schlafen, Gras rauchen ... das gibt ihnen ein Gefühl von Freiheit. Sie sind ihre eigenen Herren, und es gibt niemanden, der ihnen etwas verbietet.«

»Also sind die Leute ganz versessen darauf, dort runterzugehen?« fragte ich. Sein Bericht klang ziemlich spannend.

»Das sagt zumindest meine Freundin. Jeanne sieht es als eine Herausforderung an, weil es eine körperliche Erfahrung ist und zudem verboten. Diese Leute versammeln sich in der Nacht unter der Erde, um darüber zu diskutieren, wie die Welt eigentlich sein sollte. Die meisten kennen sich untereinander. Jeanne sagt, es ist wie eine Stadt unter der Stadt – eine Mikrogesellschaft mit eigenen Gesetzen und Kodes. Es geht darum, sich an einem verbotenen Ort zu treffen, verbotene Dinge zu tun (kiffen!) und von einer utopischen Welt zu träumen.«

Wir fanden keinen der geheimen Eingänge zu den Katakomben, aber wir hatten trotzdem einen angenehmen Nachmittag verbracht.

Marianne und ihre Freunde wollten mich in der *Dracula*-Ausstellung treffen, wo ich an diesem Wochenende einen Vortrag halten sollte. (Also gut, ich habe nicht wirklich die Flasche gedreht.) Sandrine Armirail hatte sich mir auf der Dracula-97-Konferenz in Los Angeles vorgestellt und mir erzählt, daß sie diese Vampirversammlung plane, und ich hatte entgegnet: »Sagen Sie mir nur wann, ich komme auf jeden Fall.«

Ich glaube, sie war darüber ebenso verblüfft wie froh, mich im Programm zu haben. Meine Anne-Rice-Biographie war ins Französische übersetzt worden, und viele Leser kannten den *Vampire Companion*. Marianne übernahm den anstrengenden Job meiner Dolmetscherin. Etwa 200 Menschen kamen zu der Veranstaltung, und ich hatte die Gelegenheit, mehr über Sandrine zu erfahren, die seit langem in der Vampirgemeinschaft aktiv ist.

»Ich war schon immer an allem interessiert, was wir *fantastique* nennen«, bekannte Sandrine. »Ich denke, meine Begeisterung für Vampire rührt von meinem Interesse an Raubtieren im allgemeinen her. Eine Zeitlang habe ich Haie geliebt. Ich wollte mit ihnen tauchen, sie anfassen und ihre Kraft spüren. Ich habe auch immer schon Drachen geliebt, und es kann sein, daß ich deswegen zu den Rollenspielern gestoßen bin. Ich glaube, mein Interesse an Vampiren hat denselben Ursprung. Sie sind wie Raubtiere, die dunkle Seite des Menschlichen, ein Teil von uns, den wir nicht offen zeigen wollen, der aber tief in uns liegt. Vampire erwecken das Raubtier in uns und geben uns ein Gefühl von Macht.«

Sie hatte eine Menge Vampirfilme gesehen, aber eigentlich war ihr Interesse durch die Anne-Rice-Romane geweckt worden. Und sie wollte diese Vorliebe mit anderen teilen. »Eines Tages las ich eine Anzeige, in der ein belgisches Mädchen ›alles über Vampire‹ suchte, also antwortete ich ihr. Das war der Beginn einer langen Freundschaft. Wir hatten die Idee, ein Vampirmagazin zu gründen, weil es so etwas in Frankreich nicht gab. Wir riefen andere Vampirfans an, ich traf mich mit französischen Autoren und Akademikern, und dann brachten wir *Vampire Dark News* heraus. Die erste Ausgabe erschien 1995. 1996 gründete ich die Vampire Story, eine Vampirgesellschaft, und wir haben mittlerweile 200 Mitglieder. Wir organisieren Parties und Treffen, wie beispielsweise Filmpremieren und die Dracula-Convention.«

Ich kannte eine andere französische Vampirorganisation, die Cercle d'Etudes Vampiriques (Studienkreis Vampire), die 1989 gegründet wurde und von Lea Silhol geleitete wird. Diese Gesellschaft widmet sich ›der Erforschung von Vampirmythen in jeder Form‹. Sie hat ein umfassendes Archiv zusammengetragen und stellt eine lokale Leihbücherei und Web Sites für Benutzer zur Verfügung, die dort Fragen stellen, recherchieren und Brieffreunde finden können. Die Gesellschaft gibt das vierteljährlich erscheinende Magazin *Requiem* heraus und förderte 1997 ein Dracula-Festival mit einer Ausstellung in Südfrankreich. Ziel des Unternehmens ist die »Verbrüderung« mit Vampirgesellschaften in der ganzen Welt, um die Informationsquellen zu bündeln und leichter zugänglich zu machen.

»Der Hauptunterschied zu anderen Vampirgesellschaften in Frankreich ist der akademische Aspekt«, verriet mir Silhol. »Es ist nicht leicht, sich hier mit Vampirismus zu beschäftigen, da die Gothics einen schlechten Ruf haben und es zu zahlreichen Fällen von Vandalismus auf den Friedhöfen gekommen ist. Die meisten Menschen glauben, daß die Vampirfans ein bißchen verrückt sind, aber unsere Mitglieder sind hauptsächlich Literaturfans und Cineasten. Wir glauben nicht, daß Vampire wirklich existieren.«

Ich lernte einige solcher Vampirfans während Sandrines Ausstellung kennen, die Filme, Poster, Vampiraccessoires, Bücher und Vorträge präsentierte. Der Dracula-Forscher Jean Marigny, der das Buch *Vampires: Restless Creatures of the Night* geschrieben hatte, stellte mich vor, und nach meinem Vortrag sprach ich mit vielen Leuten, die daran interessiert waren, den Mythos des Vampirs weiter zu verbreiten. Ein Paar erzählte mir, daß sie eine Ausstellung planten, die um die ganze Welt reisen sollte. Ich erfuhr, daß Catia Lattanzi in Mailand eine Ausstellung plante, die ebenfalls auf Tournee gehen sollte. Und ich lernte den Präsidenten der französischen Camarilla kennen, dem dortigen Mitgliedsclub von *The Masquerade*. Sein Name war Vincent Audigier, und er war 24 Jahre alt.

Er erzählte mir, daß der Club etwa 300 Mitglieder in Frankreich und Deutschland und etwa 350 in Belgien hat. Er selbst hatte mit Freunden in Versailles den ersten Orden gegründet. Er wurde danach zunächst regionaler Koordinator und dann Landespräsident und steht mit Spielern in England, Belgien, Deutschland, Österreich, Japan, Italien, Holland und den USA in Verbindung, und er hat viele Leute in ganz Europa getroffen, die an Vampiren interessiert waren. Sie hielten sich alle an dieselben Regeln. Seine Mitgliedschaft in der Camarilla-Vereinigung hat Vincent auch mit der großen Gothic-Szene in Frankreich vertraut gemacht. »Eigentlich sind wir zwei ganz verschiedene Gruppen, aber mit einigen Gemeinsamkeiten. Wir hören dieselbe Musik und mögen dieselbe Art von Büchern und Filmen.«

Aus Mangel an einem speziellen Gothic-Club veranstaltet Camarilla Gothic-Treffen, Parties, Konzerte, Modeschauen und Kunstausstellungen. Vincents Interesse an Vampiren wurde vor etwa fünf Jahren durch die Romane von Anne Rice geweckt. Dann stieg er, der bereits im Alter von elf Jahren an Rollenspielen teilgenommen hatte, bei *The Masquerade* ein. »Als ich mich immer mehr bei Camarilla engagierte, wuchs mein Wissen über die Vampirsubkultur. In Frankreich gilt Camarilla als die größte Vereinigung innerhalb dieser Subkultur.«

Ich bat ihn um mehr Informationen über die Gothic-Szene, und er klärte mich auf: »Das war zuerst eine kleine, exklusive Gruppe, aber im letzten Jahr sind die Gothics ziemlich *hip* geworden. Die größten Parties, bei denen an die 500–700 Leute zusammenkommen, finden in Paris statt.«

Ich erzählte Vincent, daß in den Staaten Überschneidungen zwischen den Gothics und den Vampirfans existieren, aber auch einige Unterschiede.

»Hier gibt es auch Unterschiede«, nickte er. »Nicht im Stil. Alle Gothics pflegen den Vampirlook und sind meist die größten Vampirfans. Aber in der Einstellung, ja, da gibt es einige große Unterschiede. Der Vampir ist nur ein Teil von dem, was die Gothics interessiert. Im allgemeinen interessieren sich die Gothics in Frankreich eher für Musik und Mode.«

Nach der Convention gab es ein privates Diner an einem ganz besonderen Ort. In der Rue Erard Nr. 3, ganz in der Nähe von Victor Hugos Haus und der ehemaligen Bastille ist der Gothic-Club Le Conte Dracula beheimatet. Die Wände des Clubs waren mit dem Mauerwerk einer rumänischen Burg geschmückt, von der Decke hingen Fledermäuse, und es konnte keinen Zweifel geben, daß wir uns an einem Ort befanden, an dem Vampire und alle, die die Dunkelheit lieben, willkommen waren. Viele Leute kamen im Kostüm zum Essen, und es herrschte eine festliche Atmosphäre in der besten und dunkelsten aller Traditionen.

Der Besitzer, Georges Horhat, entpuppte sich als ein im Exil lebender Rumäne, der in Transsylvanien zur Welt gekommen war. Er herrschte mit großer Geste über sein Etablissement und sprach Englisch mit osteuropäischem Akzent. Er hatte eigentlich Priester werden wollen, doch dann eröffnete er eine Vampirbar. An zwei Abenden im Monat finden hier Gothic-Abende statt, bei denen sogar eine Hausmarke Vampirwein kredenzt wird.

Georges bereitete für uns ein köstliches Mahl nach authentischen Rezepten aus der Zeit des Vlad Dracul: Kalbsbraten in rumänischen Kräutern, ausgewählte Gemüse und Apfelstrudel. Später erschien er in einer Vampirmaske und einem Umhang, um der Inszenierung den letzten Schliff zu geben.

Ich saß mit Marianne und ihren Freunden Manu, Jessica, Fred, Yohna und Jeanne an einem Tisch. Manu, dessen Ziel es war, sich beruflich mit Serienmördern zu beschäftigen, hatte versucht, lange, schwarze künstliche Fingernägel an seinen Händen zu befestigen, war aber nur eine Hand weit gekommen. Selbst damit hatte er beim Essen Schwierigkeiten. Yohan, der mit seinem langen Haaren, tiefgründigen Augen und dem schlankem Körperbau ohnehin wie ein Vampir aussah, hatte etwas Make-up aufgelegt, um diesen Eindruck noch zu verstärken. Fred, der lockiges schwarzes Haar hatte und ein ruhiges Benehmen an den Tag legte, hatte sich dunkle Ränder unter die Augen geschminkt und trug ein zerrissenes, »blutbesudeltes« T-Shirt, damit es so aussah, als wäre er von einem Vampir angegriffen worden. Die jungen Frauen dagegen waren ganz elegant, ihre schwarzen Kleider fielen bis zum Boden. Wie man sich vorstellen kann, wußten die Bewohner der Welthauptstadt der Haute Couture ganz genau, wie man sich stilvoll kleidet.

»Der Vampir gilt hierzulande als eine romantische Figur«, versicherten sie mir. Sie konnten nicht verstehen, warum viele Menschen Vampire als brutal oder animalisch interpretieren. Für sie war das alles ein Spaß und gab ihnen die Möglichkeit, sich in einer exotischen Weise zu kleiden. Nicht mit Zähnen und Umhängen, sondern mit Abendkleidern. Ich fand es bemerkenswert, daß sie in der Rolle des Vampirs sehr feminin blieben, während viele junge Frauen in den Staaten, (die keineswegs »Leibeigene« waren!) einen aggressiveren Stil bevorzugten. Auch sie mochten das Romantische, wenn sie sich vorstellten, daß der Vampir sie nahm, aber in der Rolle des Vampirs selbst hatten sie nichts gegen den harten Raubtierstil einzuwenden (vielleicht mal abgesehen von dem Typus des fürsorglichen Vampirs). Ich dachte darüber nach, daß die Kultur eines Landes selbst spezielle Aspekte der Subkultur prägte, auch wenn die Subkultur die nationalen Grenzen überschritt.

Der Abend bildete den Abschluß meines Besuchs bei der Vampirgemeinschaft in Paris, obwohl mir noch ein Teesalon für Vampire empfohlen wurde, der in der Nähe eines S/M-Bekleidungsgeschäftes gelegen sein sollte. »Man merkt sofort, daß der Salon vampirfreundlich ist«, sagte mir der Informant. »Ein kleiner Blutstropfen ist auf das Schaufenster gemalt. Aber wenn zu viele Leute Bescheid wissen, gehen die Vampire natürlich woanders hin und der Blutstropfen verschwindet.«

Ich fand den Salon nicht und muß daher wohl noch einmal wiederkommen.

2

One World by Night ist eine internationale Vampir-Organisation. Nach ihrer Beschreibung im Internet handelt es sich um eine Gruppe von Rollenspielern, die unabhängig von White Wolf und Camarilla agieren und die »die Dinge auf die nächste Ebene« hieven wollen. Ihre verschiedenen »Chroniken« spielen in verschiedenen Städten in der ganzen Welt, und komplizierte Plotlines halten die Gemeinschaft zusammen. Auf ihrer Site sind Städte in Brasilien, Holland, Neuseeland, Australien, Kanada und Spanien sowie verschiedene amerikanische Städte als Teilnehmerorte verzeichnet.

Dann gibt es noch die Australian Vampire Information Association, ein »Informationszentrum für alle, die an der faszinierenden Welt der Vampire teilhaben wollen«, das jeden Service anbietet, der »Vampire zu besseren Vampiren macht und Vampirologen die Möglichkeit gibt, ihre eigenen Theorien zu entwickeln«.

Ich kontaktierte Intervamp, ein von dem Holländer Rob Brautigam geleitetes Netzwerk, der mir von seinem Interesse an Vampiren berichtete.

»Ich beschäftige mich schon seit 30 Jahren mit Vampiren«, verriet er mir. »Als Teenager habe ich meine Sommerferien in Bosnien verbracht und bin durch Bulgarien, Rumänien und Griechenland gereist. Ich weiß, daß mein Vampirenthusiasmus mit meiner Liebe für den Balkan und seine Menschen verbunden ist. Meine Großmutter war zur Hälfte Tschechin, also stelle ich mir gerne vor, daß ich einen kleinen Tropfen slavisches Blut in meinen Adern habe.

Mein Interesse gilt dem nichtfiktionalen Vampir – dem traditionellen europäischen Vampir, danach kommt der Vampirglaube in anderen Ländern, und dann alles übrige, was mit Vampiren zu tun hat. Ich meine unerklärliche Phänomene und Manifestationen von vampirischen Erscheinungen. Ich meine verfluchte Gräber und Leichen, die nicht verwesen, aber nicht die Typen, die bloß ihre Phantasien ausleben wollen.«

»Gibt es, da wo Sie leben, noch andere Menschen, die Vampire lieben?«

»Hier in Holland interessiert sich niemand für Vampire, also habe ich früher ein ziemliche isoliertes Leben geführt.«

Dann machte er in Delft ein Mädchen ausfindig, das wie Dracula aussah, einen Typen, der sein Haus in ein Dracula-Museum umgewandelt hatte, einen Kinderbuchautor und »ein paar Vampire aus Den Haag«. Soweit sein Bericht über die Vampirszene in seiner Umgebung.

»Aber es folgten weitere zehn Jahre Isolation«, fuhr er fort. »Dann, 1989, gab mir jemand die Visitenkarte des Anne-Rice-Vampire-Lestat-Fan-Clubs in den USA. Ich habe es einfach mal versucht. So entdeckte ich andere Clubs und Magazine. Es war phantastisch, mit Leuten in Kontakt zu treten, die meine Interessen teilten. 1990 gründete ich ein eigenes Magazin. Ich taufte es pompös *International Vampire*. Die erste Ausgabe hatte eine Auflage von vielleicht 50 Stück, und ich schickte sie an alle wichtigen Leute, die etwas mit Vampiren zu tun hatten und von denen ich gehört hatte. Zu meiner Überraschung gefiel es fast allen. Danach habe ich einiges Material ins Internet gestellt.

Wenn ich zurückblicke, glaube ich, daß *International Vampire* die beste Entscheidung meines Lebens gewesen ist. Vorher war ich ein Niemand. Jetzt bin ich plötzlich der einzige Vampirologe in unserem Land.«

3

Rob lenkte meine Aufmerksamkeit auf ein Buch von Mick Mercer mit dem Titel *Hex Files: The Goth Bible*. Mercer hatte vier Jahre damit verbracht, eine umfangreiche Informationssammlung über die Gothic-, Vampir-, Kultisten- und S/M-Szene in verschiedenen Ländern zusammenzutragen. Sie enthielt Illustrationen und Kontaktadressen von über 2.000 Händlern, Bands, Zeitschriften, Menschen und Gesellschaften in Ländern wie Australien, Südafrika, Frankreich, Deutschland, Griechenland, Spanien, Italien, Skandinavien, Polen, England und den USA.

Mick Mercer stammt aus England und damit aus einem der Länder, die der Gothic- und Vampirszene am meisten zu bieten haben. Ich war vor ein paar Jahren in England und Schottland, um nach Geistern, Hexen und Taltos für meinen Führer durch Anne Rices *Witching-Hours*-Serie zu suchen. Einer meiner Lieblingsorte war Whitby, wo Bram Stoker seinen *Dracula* geschrieben hat. Das Dorf liegt an der Nordwestküste Englands. Ich war an einem verhangenen Tag über die Yorkshire-Moore gefahren und hatte ein Zimmer in einer Pension genommen, von dem aus ich auf den Friedhof und auf die verfluchte Whitby Abby sehen konnte, die Stoker 1890 besichtigte, als er sich seine »gotische« Geschichte ausdachte. Mir wurde sogar versichert, daß Stoker damals dasselbe Zimmer gemietet hatte, in dem ich jetzt wohnte, aber ich war mir da nicht so sicher. Auf jeden Fall war ich nahe dran.

Whitby veranstaltete 1997 eine Hundertjahrfeier mit dem Namen »Vamps and Tramps«. Hier fand ich auch den Sitz der englischen *Dracula*-Gesellschaft, die von Bernard Davies in London geleitet wird, während in Irland eine Bram-Stoker-Gesellschaft existiert. Whitby selbst bot eine »Dracula Experience«, eine Ausstellung mit Wachsfiguren der Romancharaktere, und veranstaltete ein jährliches Fest für Vampirfans.

Auch in London stößt man auf zahlreiche Schauplätze aus dem *Dracula*-Roman, wie den Friedhof Highgate in einem der nordwestlichen Vororte. In den späten 60er Jahren wurde über merkwürdige Ereignisse auf dem 160 Jahre alten Friedhof berichtet, und es entstanden damals Gerüchte über Vampire. David Skal vertrat die Ansicht, daß Bram Stoker auf diesem Friedhof Lucy Westenra »begraben« hatte, nachdem sie von Dracula in einen Vampir verwandelt worden war. David Farrant, Kev und Crissie Demant gründeten darauf die Highgate-Vampir-Gesellschaft und gaben eine Zeitschrift heraus, in deren Erstausgabe ein informativer Artikel abgedruckt war, der die Vorkommnisse auf dem Highgate Friedhof mit dem Geist von Jack the Ripper in Verbindung brachte. Kev und Chrissie gründeten außerdem das *VAT*-Magazin: *Vampires Against Tories*.

In London gibt es aufgrund der regen musikalischen Aktivitäten eine beachtliche Gothic-Szene und eine unglaubliche Vielfalt an Fanzines und Bands, die etwas mit der Gothic-, Kultisten- oder S/M-Szene zu tun haben.

Ursprünglich bezeichnete »Gothic« die schwarzromantische Literatur des späten 18. Jahrhunderts, die aus dem Bedürfnis entstand, das innere Selbst des Menschen zu erforschen und sich gegen die zeitgenössischen Konventionen aufzulehnen. Die Autoren der Gothic Novel (oder des Schauerromans) widmeten ihre Aufmerksamkeit den unkontrollierbaren Kräften wie Chaos, Intensität und Unordnung.

Heute allerdings gehören die Leute, die sich selber Gothics nennen, zu der Gruppierung, die sich in den frühen 80er Jahren aus der Punkszene entwickelt hat.

Die Band Bromley Contingent wollte dem Nihilismus des Punk entgegentreten und den Blick nach innen richten. Andere Bands wie Bauhaus,

Sisters of Mercy, Cult, Cure und Siouxie and the Banshees taten dasselbe und traten im Londoner Bat Club auf. Diese Musik- und Modebewegung (schwarzes oder weißes Haar, schwerer Lidstrich, Silberschmuck und romantische, zumeist schwarze Kleidung) verbreitete sich überall in Europa und in den Staaten. Der Stil der Gothics leitete sich angeblich aus dem Text eines Stücks der englischen Gruppe The Smiths ab, der in Kurzform verkündete, man trage schwarze Kleidung, um die innere Befindlichkeit zum Ausdruck zu bringen.

Die Bewegung zog meist sensible und orientierungslose Teenager an, die Geheimnis, Magie und eine Ablenkung von der Trostlosigkeit des alltäglichen Lebens suchten und sich von Todesbildern angesprochen fühlten. Sie hatten oft eine künstlerische Ader und tendierten dazu, sich introvertiert zu geben. Drogen wurden hauptsächlich eingesetzt, um Kreativität und Spiritualität zu intensivieren und um einen Blick in den Abgrund zu wagen. Viele sahen das Bild des Vampirs als das ultimative Symbol des Gothic, aber keineswegs alle, und nicht alle Vampire kleideten sich wie die Gothics.

Die Bewegung erlebte in England ihren Höhepunkt und ging dann allmählich wieder zurück, aber Fanzines, Bands, Web Sites und Gothic-Kontaktbörsen haben sie in den Staaten lebendig und gesund und munter (sozusagen!) gehalten. In der TV-Show *Saturday Night Live* gab es sogar eine witzige und variantenreiche Gothic-Parodie.

4

In Deutschland fand ich Alex Janke, einen »Salonabenteurer und Gentleman«, der eine Vampir-Internet-Site anbietet. »Es begann als Site für Bücher und Filme«, erklärte er, »mit Kritiken und Bewertungen von Büchern, die ich gelesen hatte. Ich habe auch eine Vampir-Rollenspielgruppe in Marburg gegründet, daher hat meine Web Site jetzt ein neues Design.«

Ich fragte ihn nach der deutschen Vampirszene.

»Hier in Deutschland hat die Horrorliteratur schon seit etwa 25 Jahren eine große Anhängerschaft. Besonders die billigen Heftromane, die einmal die Woche erscheinen, wie zum Beispiel *Vampira*, eine Serie über einen weiblichen Vampir, der gegen die bösen Mächte kämpft. Die

Serie ist sehr erotisch, und man kann sagen, daß sie den Boden für erotische Vampirliteratur bereitet hat. Anne Rice ist ebenfalls sehr einflußreich, jeder ihrer Romane wird ein Erfolg. Dann gibt es noch eine Besonderheit, eine Kinderbuchserie mit dem Titel *Der kleine Vampir* von Angela Sommer-Bodenburg.

»Es ist erst ein paar Monate her, daß wir hier einen großen Kongreß über Vampirthemen hatten: von weiblichen Vampiren (›Wie sehen weibliche Leser, die jeden Monat damit konfrontiert werden, das Blut?‹) bis zum Leben in Transsylvanien nach dem Ende der Diktatur.

Deutschland ist auch eine der Hochburgen der Gothic-Musik, vor allem der New-Romantic-Richtung. In den 90ern gab es eine Welle von Gothic-Musik mit Vampirthemen. Einer der erfolgreichsten Acts war Mozart; er brachte eine CD mit dem Titel *Gedanken eines Vampirs* heraus. Die Texte reichten von Nietzsche-Einflüssen bis hin zu extrem erotischen Versen.«

Mozart schickte mir eine seiner CDs, *Umbra et Imago*, und erklärte mir, daß seine Band einzigartig sei. »Unser Leitmotiv ist die Romantik und die Philosophie des Vampirismus, mit einer klaren Hinwendung zum Erotizismus, besonders zu sadomasochistischen Spielarten. Die Kreativität liegt in diesen Elementen, die für uns miteinander verbunden sind und die eine Faszination auslösen, die uns zu immer neuen Eskapaden inspiriert.«

»Diejenigen, die noch weiter gehen wollen«, berichtete Janke, »spielen Rollenspiele oder bilden sich ein, echte Vampire zu sein. In der Rollenspielszene gab es letztes Jahr eine regelrechte Vampirwelle. Fast jede Stadt hat mittlerweile ihre eigene Gruppe. Wenn man will, kann man also jede Nacht in einer anderen Stadt verbringen. Die meisten Rollenspiele sind politisch, aber sie haben alle einen starken historischen Hintergrund. Wenn du in Deutschland einen Vampir spielen willst, mußt du dein Geschichtsbuch mitbringen! Interessant ist die Tatsache, daß die Vampir-Rollenspieler keine Leute dabei haben wollen, die glauben, daß sie wirklich Vampire sind. Solche Typen werden fast immer abgewiesen.

Die Rollenspiele haben einen schlechten Ruf, also versuchen wir sie so normal wie möglich erscheinen zu lassen. Die Schlagzeile ›Rollenspieler beißt Polizist!‹ ist keine gute Werbung. Wir haben Schwierigkeiten mit der Kirche und den Sektenbeauftragten der Polizei, mit Leuten, die religiöse Gruppenbildungen beobachten.

Ein Freund von mir war in den USA und hat mir erzählt, daß der Spielstil dort ganz anders ist. Die amerikanischen Liverollenspiele dauern nur einen Abend, haben eine überschaubare Geschichte, und jeder kommt so, wie er gerade ist. Wir haben kontinuierliche Geschichten, die eine ganze Woche dauern und eine komplette Vampirgesellschaft erfinden. Das Kostüm ist ein wichtiger Teil des Spiels. Wir versuchen, alles so genau wie möglich zu simulieren.«

Einige der deutschen Bands touren immer wieder durch ganz Europa, was mir bewies, daß das Interesse an Gothic überall sehr groß ist. Ich streifte die Vampirszene in Spanien, Japan und Brasilien und hörte auch von Aktivitäten in Mexico City. Es schien, als wenn die Anziehungskraft des Vampirs grenzenlos sei, da sie sogar bis nach Südafrika reichte.

Ich konnte nicht in all diese Länder reisen. Vielleicht beim nächsten Mal. Aber den Menschen anderer Kulturen zugehört zu haben eröffnete mir neue Perspektiven, auch für die amerikanische Szene. Es war an der Zeit, einige Profis zu interviewen. Ich mußte mich auf den Fall vorbereiten, daß ich Wraith dazu überreden konnte, sich mit mir zu treffen.

Kapitel Fünfzehn

Die zerrissene Seele

»Mit der ›Generation X‹ ist ein Lebensgefühl unserer Zeit gemeint. Wir haben andere Werte. Für die Babyboomer ist das Rauchen in Ordnung, aber für uns kommt es nicht mehr in Frage. Für uns ist sexuelle Freiheit wichtig und Unterdrückung eine Sünde. Wir sehen die Dinge, wie sie sind, und versuchen, sie besser zu machen. Wir helfen der Gesellschaft, sich zu entwickeln.«

Vater Sebastian

1

Die New-Age-Sängerin Sarah McLachlin hat ein Stück mit dem Titel »Building A Mystery« gesungen, in dem es um einen jungen Mann geht, der große Anstrengungen unternimmt, eine dunkle Persönlichkeit auszubilden. Er eignet sich die Geheimnisse des Okkulten an, lebt bei Nacht, nährt sich von Angst und sucht unermüdlich nach Geistern. Er tut alles, um einen rätselhafte Eindruck zu machen, sogar in den intimsten Momenten.

Er ist nicht so allein, wie er glauben mag.

Ich habe bei Leuten, die sich von dem Mythos des Vampirs angezogen fühlen, eine Wiederbelebung des Interesses an dem existentialistischen Klassiker *Der Fremde* von 1948 beobachtet, dessen Schöpfer der französisch-algerische Autor Albert Camus war. Die Geschichte handelt von einem Mann, Meursault, der sich in der Welt fremd fühlt. Ihm ist alles gleichgültig, er fühlt nichts, nimmt, was ihm angeboten wird, und führt gedankenlos einen Mord aus, für den er keine Reue empfindet. Er gibt anderen nur, wenn sie nicht viel verlangen. Sein eigenes Leben ist ihm gleichgültig. Die Institutionen der Familie und der Kirche bedeuten ihm nichts, und er kann noch nicht einmal der Frau, mit der er schläft, sagen, daß sie ihm etwas bedeutet. Sie ist austauschbar. Seine Mutter stirbt, und zurückblickend kann er sich nicht an ihren Todestag erinnern. Er vermag sich einfach nicht an die emotionalen Gesetze der »normalen« Gesellschaft anzupassen. Er ist ein Fremder. Nur in der Erwartung seiner eigenen Hinrichtung erschließt sich ihm am Ende die Bedeutung des Lebens.

Es irritierte mich, daß sich so viele College-Studenten von der Figur des Meursault angezogen fühlen. So vielen dieser jungen Leute scheint es ähnlich zu gehen: sie sind ziellos, haltlos, unmotiviert, rastlos, unzufrieden. Ich habe 15 Jahre lang Philosophie unterrichtet und wurde besonders während der letzten fünf Jahre mit einer schockierenden Anzahl von Aussagen wie diesen konfrontiert: »Ich war 14 oder 15, als der Tod meine Gedanken zu dominieren begann. Ich zwang mich dazu, mir vorzustellen, ganz gefühllos zu sein.«

»Ich glaubte, mein Leben sei nichts als Leiden, und ich akzeptierte, daß ich nichts tun konnte, um etwas daran zu ändern. Ich dachte, dieses Leiden sei vielleicht ewig. Ich hatte jede Hoffnung verloren, daß es irgendwann einmal besser werden würde.«

»Letztes Jahr sprang ein guter Freund von mir vom Dach seines Studentenwohnheims in den Tod. Im Jahr davor hatte einer meiner Kommilitonen Schlaftabletten geschluckt und sich die Pulsadern aufgeschnitten. Er überlebte, aber er kann seitdem nicht mehr klar denken. Davor hatte sich ein Freund von mir mit seiner Schwester auf die Eisenbahnschienen gelegt und darauf gewartet, daß der Zug sie zerreißen würde. Einer meiner Verwandten hatte AIDS und bat darum, sterben zu dürfen, eine Bekannte erstickte, und drei Jahre später brachte sich ihr Mann um. Mit 16 Jahren kenne ich den Tod und habe oft darüber nachgedacht, ob ich nicht auch eine Packung Pillen schlucken und dem Ganzen ein Ende machen soll.«

»Ich habe keine Richtung. Ich fühle nichts als Verzweiflung.«

»Meine Nachbarn und ich wuchsen in einem wohlhabenden Vorort auf. Wir gingen auf eine renommierte Schule. Unsere Eltern waren Akademiker. Wir gingen fast alle zur Universität. Warum kamen so viele von uns selbstmordgefährdet zurück, mit Eßstörungen oder mit einem Hang zur Selbstzerstörung?«

»Ich kann nur noch die Traurigkeit genießen.«

Es war noch schockierender, die Geschichten hinter diesen Aussagen zu hören. Es ist kein Wunder, daß der Vampir eine so große Anziehungskraft auf diese jungen Leute ausübt. Er verspricht Macht, Tod und intensive Erfahrungen, verkörpert in einer einzigen Figur. Vampire sind sexy und raffiniert – auch wenn ihre Existenz ohne Sinn ist. Sie sind das perfekte Vorbild für alle, die die Last der allumfassenden Verunsicherung der Postmoderne auf ihren Schultern spüren. Es liegt eine Herausforderung in ihrem unsterblichen Charme, der eine immense Anziehungskraft auf jene hat, die sich selbst schwach und kraftlos fühlen.

Wie die Götter bluten die Vampire die menschliche Seele aus, um sich selbst am Leben zu erhalten und Kraft zu schöpfen. Sogar ihre Monstrosität birgt den erotischen Glanz eines überlegenen Wesens. Die Umarmung des Vampirs gilt als beseelend und belebend – wenn auch nur für den flüchtigen Moment vor der endgültigen Vernichtung.

Und in den letzten Jahren ist die Bedeutung der Blutsauger ständig gewachsen. Ich habe einen bedeutenden Wandel der Art festgestellt, wie die Subkultur den Vampir sieht. Am Anfang war ich überrascht, als ich erfuhr, daß ein Vampir nicht länger unbedingt unsterblich sein muß – und es auch häufig nicht ist. Vampire können plötzlich bei Tag ausgehen, menschliche Nahrung zu sich nehmen, sich anziehen, wie sie wollen, krank werden, und ein paar von ihnen offenbaren sogar eine fürsorgliche Seite. Als ich mehr über diese »Twentysomething«-Vampire erfuhr, schien es mir, daß diese Generation das formbare Bild des Vampirs benutzt, um es ihren Bedürfnissen anzupassen, anstatt nur den uralten Traditionen zu folgen.

Elton Johns Song über Marilyn Monroe (später über Prinzessin Diana) faßt das Gefühl eines Menschen in Worte, der sich instabil und ungeschützt fühlt, wie »eine Kerze im Wind«. Immer mehr Menschen empfinden sich als zerbrechlich und »flackernd«, als nicht beständig und ohne Ziel, ungeformt. Einige leben am Rande des Abgrunds, um die Kraft intensiver und angstvoller Gefühle zu spüren. Einen Tag schätzen sie etwas, und am nächsten Tag bedeutet es ihnen nichts mehr, da sie kein beständiges Selbstgefühl haben und nicht vorausschauen. Sie erleben das Leben in fragmentarischen Episoden. Ohne ein kraftvolles Bild, mit dem sie sich identifizieren könnten, sind sie niemals sicher, wer sie wirklich sind oder welche Werte wirklich von Bedeutung sind.

Ich hatte bereits mit vielen Menschen über ihre Vampirfaszination gesprochen, und die meisten, die sich mit Vampiren identifizierten, waren zwischen 15 und 30 – wenngleich es auch jüngere und ältere Ausnahmen unter ihnen gab. Eine der prägnantesten Aussagen, die das Unbehagen seiner Generation mit der Figur des Vampirs verknüpfte, kam von dem 26jährigen Clint Catalyst. Sein Bild ist in Charles Gatewoods Buch *True Blood* zu sehen; es zeigt einen androgynen, jungenhaften Mann mit langem schwarzem Haar und einer silbernen Korkenzieherlocke auf jeder Seite. Er war Schriftsteller und Performance-Künstler und Mitglied der S/M-Szene von San Francisco. Er fügte sich vor Publikum mit Messern und Klingen Wunden zu und trieb jede Art von »Blutsport«. Obwohl mir meine Erfahrung mit Diogenes nicht besonders zugesagt hatte, konnte mir Clint immerhin die Gründe für ein solches Tun auseinandersetzen.

»Seit meiner Kindheit spiele ich mit Blut. Ich wurde als kleiner Junge von den Nachbarjungen fertig gemacht, und je älter ich wurde, desto mehr bestimmte ich meine Handlungen selbst. Ich fühlte mich von Blut angezogen, weil ich mich in meiner eigenen Haut nicht wohl fühlte. Es kam mir vor, als ob ich die Male anderer Leute auf mir tragen würde, und das Trinken von Blut half mir, meinen Körper zurückzuerobern. Im Badezimmer meiner Eltern markierte ich große Flächen meiner Haut mit einer Rasierklinge, und später führte ich diesen Akt dann öffentlich aus.

Auf der Suche nach Antworten fand ich den Vampir. Blut ist ein wesentliches Element der 90er. Man liebt es oder haßt es, auf jeden Fall muß man darauf reagieren, und diese Reaktion ist Leben, Lebendigkeit. Blut kann man nicht ignorieren. Blut verbindet alles. Ich habe das Gefühl, ich schwanke zwischen zwei Welten, zwischen abweichenden Leidenschaften und sicherem Territorium. Die Dynamik, die ich in meinem Leben brauche, bekomme ich, wenn ich mein Fleisch aufschneide. Alle emotionalen und intellektuellen Energien meiner Seele gehen in den Moment ein, in dem ich mich schneide. Ich öffne mich im wahrsten Sinne des Wortes.«

Er meinte, daß ihn dies von den Gleichaltrigen unterscheide.

»Man zählt mich zu den Twentysomethings, und es ist schrecklich modern geworden, sich teilnahmslos zu geben. Meiner Meinung nach springt einem der Vampir an die Kehle, er steht für ungezähmte Emotionen. Wenn ›menschlich sein‹ heutzutage bedeutet, ins Einkaufszentrum zu gehen, nur fernzusehen und ein Leben auf Kreditkarte zu führen, dann repräsentiert er das Inhumane. Gefühle sind riskant. Sich selbst zu verletzten drückt das aus.«

Ich fragte ihn, was Vampire für ihn bedeuteten, und er erwiderte: »Heutzutage, da Sex so normal ist wie ein Händeschütteln, finde ich darin keine Intimität mehr. Die Figur des Vampirs fordert eine Verbindung von Körper und Geist. Er ist ein Gegengewicht zu einer höflichen Gesellschaft, Powerbooks, sterilen Büroräumen, Sicherheitsdenken. Er ist ein erschreckender Verweis auf das Bedürfnis nach Empfindungen. Der Vampir verkörpert die Suche nach etwas Echtem in einer Zeit, in der fast alles künstlich ist.«

2

Ich hatte mit vielen Vampirologen gesprochen, die berichteten, daß Mitglieder der Vampirszene häufig angaben, in ihrer Kindheit ein Trauma oder einen Mißbrauch erlebt zu haben. Der Vampir scheint eine Form der Selbstbestätigung für jene zu sein, die sich selbst von ihrer Familie oder ihrer Kultur, der sie sich entfremdet fühlen, ablösen wollen, um sich als Person neu zu erschaffen.

»Ein *rougue* ist ein Außenseiter, der es genießt, abseits zu stehen«, erklärte mir ein Gothiv-Vampir. »Ich nehme an, alleine und ein Außenseiter zu sein, unterstützt dieses Gefühl. Wenn du in eine Gruppe eintrittst, versuchen die Leute, dich zu vereinnahmen und zu verändern, damit du so wie sie wirst. Du kannst dann nicht mehr du selbst sein. Na ja, allein sein bedeutet zu leiden, aber wir leiden auf poetische Weise.« Leute wie er glauben, der Vampir mache sie zu etwas Größerem und helfe ihnen dabei, eine Art selbstgewähltes höheres Bewußtsein zu erlangen.

Vampire sind anscheinend im Besitz der Wahrheit über die Dinge, die wir hinter dem Schleier des Geheimnisses verborgen wähnen: Macht, sexuelle Verführung und Herrschaft. Sie bestimmen ihr Denken und Handeln selbst und existieren auf einer höheren Ebene, und jene Menschen, die sich als Spezialisten, Jäger, Opfer, Liebhaber oder Gefährten mit ihnen identifizieren, glauben dieselbe ferne und überlegene Höhe erklimmen und an ihrer Wahrheit und Überlegenheit teilhaben zu können. Sie versuchen, die Banalität zu überwinden, die ihr Leben bestimmt.

Es gibt keinen bestimmten Menschentyp, der sich zu Vampiren hingezogen fühlt. Ich hatte bereits viele von ihnen getroffen, und keiner glich dem anderen. Einige waren paranoid, andere eher vertrauensselig, einige waren kreativ, andere zufrieden mit ihrem alltäglichen Job, einige sahen sich selbst als Außenseiter, andere definierten sich nicht in dieser Weise, manche lächelten, wieder andere nicht, einige bewegten sich am Rande einer Geisteskrankheit, manche waren völlig »normal«, einige präsentierten sich als gefährlich, andere als fürsorglich und harmlos, einige gaben vor, Blut zu mögen oder gar zu brauchen, andere fanden diese Vorstellung eher abstoßend.

Kurz, der Vampir erfüllt die Bedürfnisse außergewöhnlicher Charaktere, die es wagen, Dinge zu tun, die wir uns selbst nicht zu tun trauen. Er bietet uns einen Rahmen, innerhalb dessen wir unsere Ängste, Wünsche und Bedürfnisse ausleben können. Er ermöglicht es uns, bis zum Äußersten zu gehen, einen Blick in den Abgrund zu werfen und uns selbst zu prüfen.

3

Ich sprach mit Dr. Barbara Kirwin, einer Psychologin, die klinische Erfahrung mit jungen Patienten, die sich zu den Gothics und der Figur des Vampirs hingezogen fühlten, gemacht und ein Buch mit dem Titel *The Mad, the Bad and the Innocent* über Kriminelle und das Justizsystem verfaßt hat. Ihre eigenen praktischen Erfahrungen mit Soziopathen haben sie das Zusammenwirken von Gut und Böse in der menschlichen Seele verstehen gelehrt.

Kirwin hält die Vampirsubkultur im wesentlichen für harmlos und in den schwierigen Entwicklungsphasen der Jugendlichen manchmal sogar für hilfreich. Sie glaubt, daß sich die Probleme der Teenager, die diesen die Gothic-Szene, Todesbilder oder Vampire so betörend erscheinen lassen, im Lauf der Zeit ganz von selbst erledigen. Viele ihrer »Patienten« erwiesen sich als intelligent, phantasiebegabt und mit Eigenschaften ausgestattet, die notwendig sind, um zu konstruktiven Erwachsenen zu reifen.

Kirwin ist eine kompetente, attraktive Frau mit rotbraunen Haaren, dunklen Augen und einem äußerst professionellen Gebaren. Sie erwies sich als jeder Debatte gewachsen und hatte als Medienberaterin gearbeitet. Ich fragte sie, was sie über die anhaltende Anziehungskraft der Vampire dachte.

»Das *kann* ein Hinweis auf eine pathologische Veranlagung sein«, räumte sie ein, »aber auch eine Art übergeordnetes Phänomen, beispielsweise ein Zeichen für eine überdurchschnittliche Begabung. Man sollte nicht überstürzt reagieren. Man muß sich das individuelle Umfeld jedes einzelnen anschauen. Die meisten Jugendlichen, die sich mit Gothic und Vampirismus beschäftigen, sind intelligente Heranwachsende, die nicht an der banalen, materialistischen Kultur der Erwachsenen interessiert und meistens nicht gewillt sind, sich in das klassische Teenagerleben aus Sex und Alkohol zu stürzen. Ihre Beschäftigung mit Vampiren hebt sie aus der Menge heraus. Ihre Eltern kommen ganz besorgt zu mir, aber ich sehe ihr Verhalten als eine Art lebensnotwendiger Verteidigung, und ich versuche, konstruktiv damit zu arbeiten.«

»Die Medien stellen die Jugendlichen einfach als ›abweichend‹ dar und belassen es dabei«, warf ich ein.

Sie fand dieses Urteil zu oberflächlich. »Ich unterscheide zwischen abweichend von der gesellschaftlichen Norm und krankhafter Abweichung. Einige unserer besten Köpfe haben eine rebellische Natur und *müssen* daher von den sozialen Normen abweichen. Nur so werden sie erwachsen. Mit jungen Leuten geschieht im Augenblick etwas sehr Deprimierendes und Bedrückendes. Die Babyboomer-Generation der Eltern trägt Züge eines psychischen Vampirismus, der die Jugend ihrer Kinder aufzufressen droht. Die Teenager tragen heute dieselbe Kleidung wie ihre Eltern vor 20 Jahren und hören ähnliche Musik. Sie haben nichts, das nur ihnen gehört. Daher erschreckt es mich nicht, daß sich manche Jugendliche sehr exotisch anziehen, da ich denke, daß sie zumindest einmal im Leben etwas anderes ausprobieren müssen als die breite Masse.«

»Ich verstehe«, sagte ich. Ihre Ausführungen erinnerten mich an das, was der Psychiater Dr. McCully zu mir gesagt hatte: Man sollte sich, wenn man die Vampirkultur verstehen will, nicht deren Erscheinung ansehen, sondern die Motive ihrer Entstehung. Die Babyboomer als Vampire …

»Ich schätze, manche Eltern können ganz schön vampirisch sein«, bemerkte ich.

»Und wie«, stimmte mir Kirwin zu. »Die Babyboomer-Generation versucht ihren Kindern die Jugend zu stehlen, um selber für immer jung zu bleiben.«

»Und die Teenager merken das.«

»Natürlich merken sie das, aber sie können es nicht artikulieren, also zeigen sie es. Wir sind als Eltern so besitzergreifend, daß wir versuchen, ihre Welt zu übernehmen. Ich habe Eltern erlebt, die sich wie mittelalterliche Buhlteufel aufgeführt haben.«

Ich traute mich kaum, weiter zu fragen, da ich selbst der Babyboomer-Generation angehöre, trotzdem hakte ich nach: »Was ist Ihnen noch aufgefallen?«

»Etwas anderes, das dieser Generation fehlt und worauf keine Generation verzichten kann, sind Initiationsriten für den Eintritt in die Sexualität. Sexuelle Kontakte sind mitunter lebensgefährlich. Also müssen die jungen Leute eine andere Art der Begegnung finden, die weniger riskant ist. Sie spielen Rollenspiele, um ihre Bedürfnisse auszuleben.«

Ich hielt diesen Aspekt für sehr wichtig. Man findet in den Rollenspielen eine Fülle von sexuellen und romantischen Bildern und eine Menge Überschneidungen der S/M-Szene mit der Vampirkultur.

»Und ich sehe die Sehnsucht«, fuhr Kirwin fort. »Die erotische und spirituelle Suche, die einen Teil des Vampirismus ausmacht, die Verlängerung bestimmter Vorstellungen in die Ewigkeit, die bedingungslose Unterwerfung … ich glaube, das gefällt den Jugendlichen, weil wir in einer Ära leben, die ihre Gefühle nicht berücksichtigt oder schützt. Die Eltern sind zwar besorgt, aber anderweitig beschäftigt. Und einer der Aspekte der Vampirsubkultur ist, daß der Meister seinen Untergebenen völlig in sich aufnimmt. Wenn man sich unterworfen hat, wird man umsorgt und geschützt. Es ist immer jemand für dich da. Ich denke, diese Teenager fühlen sich ziemlich verlassen also reagieren sie sehr extrem auf solche Erfahrungen.«

4

Bevor ich fortfahre, muß ich darauf hinweisen, daß die meisten Jugendlichen, die zur Generation X gezählt werden, diese fragwürdigen Einordnungen ablehnen und glauben, daß es das Bedürfnis der Babyboomer sei, alles zu kategorisieren und in Schubladen einzuordnen. Vielleicht haben sie damit sogar recht. Sicherlich hat nicht jeder, der eine gewisse Anzahl von bestimmten Merkmalen aufweist, *alle* Eigenschaften, die angeblich zu einem bestimmten Typus gehören. Ich habe jedoch die Erfahrung gemacht, daß es durchaus berechtigt ist, einen Teil dieser Generation als Generation X, so wie diese definiert worden ist, zu bezeichnen. Mit diesem Gedanken im Hinterkopf sprach ich mit zwei jungen Männern, die versucht haben, die spirituellen Hintergründe dieser Gruppe zu verstehen, die so viel von Finsternis und Entfremdung redet, und mir zu erklären, was es für sie bedeutet, zu dieser Gruppe zu gehören.

Jud Wilhite und Mark Spivey haben beide ihren Magister in Theologie gemacht, und Wilhite arbeitet zur Zeit an seiner Dissertation, in der er sich mit dem spirituellen Klima seiner Generation beschäftigt. Ich traf einen ernsten jungen Mann Mitte 20 aus Texas, der zahlreiche Verpflichtungen übernommen hatte. Spivey kommt aus Florida und ist ein wenig älter, obwohl seine dunklen Haare und Augen und seine durchtrainierte Figur ihn jünger wirken lassen. Er hat sich intensiv mit der Faszination auseinandergesetzt, die Vampire auf die Generation X ausüben, aber er empfindet diese »Gattungsbezeichnung« als Belastung, weil er sich selbst oft als herumirrendes und ungeformtes Individuum sieht und damit selbst ein Hauptkriterium der Generation X erfüllt.

»Wer oder was ist diese Generation überhaupt?« wollte ich von Wilhite wissen.

»Ich weiß nicht, ob eine genaue Definition des Begriffs Generation X überhaupt möglich ist«, antwortete er. »Ich kann nur meine Definition anbieten, die sich mit der Zeit gebildet und gewandelt hat, aber für meine Arbeit über diese Altersgruppe sehr nützlich war. 1991 schrieb Douglas Coupland einen Roman mit dem Titel *Generation X*, in dem drei Menschen Mitte 20 beschrieben werden, die, wie Coupland es ausdrückt, »den Zirkus von Status, Geld und sozialem Aufstieg verlassen, der die moderne Existenz ausmacht«, um nach einem Sinn im Leben zu suchen. Das ›X‹ steht dabei nicht für irgendein Alter, sondern für eine bestimmte Sicht der Welt. Nachdem der Begriff von den Medien aufgegriffen und mißbraucht worden ist, wurde er zu einem Schimpfwort für alle, die nur Negatives über diejenigen zu sagen haben, die zwischen 1961 und 1981 geboren wurden. Ein Artikel in der Zeitschrift *Time* mit dem Titel ›Proceeding With Caution‹ vom letzten Jahr hat diese Welle ausgelöst, indem er ein sehr negatives Bild zeichnete. Seitdem strotzen die Berichte der Medien vor negativen Verallgemeinerungen.«

»Welcher Art?«

»Die beste Antwort auf diese Frage ist in dem ursprünglichen Artikel von 1990 zu finden. *Time* schrieb damals, daß junge Leute Mitte 20 nur eine vage Vorstellung davon hätten, wer sie selbst seien, sich dafür aber ständig mit den Problemen herumschlagen müßten, die sie von der vorherigen Generation geerbt haben. Ihre Unentschiedenheit laste wie ein ständiger Nebel auf ihrem Leben. Es wurde auch behauptet, daß sie Angst vor Risiken und permanentem Wechsel hätten. Das so gezeichnete Bild zeigte eine Generation von Memmen aus der weißen Mittelschicht, die unter der Scheidung ihrer Eltern leiden, sich von einer unendlichen Auswahl an Kabelprogrammen ernähren und auf diese Weise unaufhaltsam in Vergessenheit geraten.«

»Was vereint euch denn als Generation?«

»Ich denke, die Ansammlungen von lose verbundenen Erinnerungen und Referenzen aus der Popkultur.«

»Als da wären?«

»Fernsehen, Musik, Filme, von *Breakfast Club* bis zu Atari und Heavy Metal. In vielerlei Hinsicht war MTV wichtig für unsere Generation. Die MTV-Ära brachte die Superstars aus den jüngeren Jahren der Generation X: Michael Jackson, Billy Idol, Madonna und auch ältere Stars wie die Bee Gees. Diese gemeinsamen Erinnerungen geben uns die gleichen Voraussetzungen, die hauptsächlich von den Medien transportiert werden, und wir haben das Gefühl, in einer Zeit von AIDS, Umweltverschmutzung und massiven Schulden aufzuwachsen. Man sieht als Kind im Fernsehen die *Brady Bunch*, und man bekommt einen bestimmten Eindruck davon, wie Familienleben sein sollte, obwohl die meisten der jungen Erwachsenen aus zerrütteten Familienverhältnissen kommen. Also mißtrauen viele der Ehe oder der Familie und lassen den Fernsehtraum von der heilen Welt hinter sich. Eine andere Gemeinsamkeit ist das Fehlen von Vertrauen in die politischen Führer, kombiniert mit dem Abgang von Helden und Vorbildern.

Es ist wichtig, daß man den Begriff Generation X als ein bestimmtes Weltbild versteht, das jemand mal als ›ironische Distanz zum eigenen Leben‹ bezeichnet hat. Diese Distanz drückt sich in verschiedenen Formen aus, in der Musik, in Filmen, Literatur und in einem allgemeinen Angstgefühl. Die Distanz ist erfüllt von einem desillusionierten Blick auf das Leben und einem Gefühl der Heimatlosigkeit. Alles in allem – und das ist der Punkt, den die Medien häufig vernachlässigt haben – geht es um die Sehnsucht nach etwas Echtem, etwas Substantiellem, das man nicht mit Geld erwerben kann oder durch sozialen Aufstieg.«

»Okay«, sagte ich, »aber warum distanzieren sich die jungen Leute von ihrem Leben? Wovor haben sie Angst? Man könnte doch meinen, daß es sich um eine ziemlich privilegierte Generation handelt.«

Wilhite stimmte dem zu, war aber sofort zur Verteidigung bereit. »Das psychische und physische Trauma, während des politischen Zusammenbruchs, des Zerfalls von Familienstrukturen und einer chaotischen Ausbildung ohne klare Ziele aufzuwachsen, hat seinen Preis gefordert. Das Ergebnis ist ein zerbrochenes Selbst. Und als die Generation X erwachsen wurde und auf den Arbeitsmarkt strömte, wurden die USA vom größten Kreditgeber der Welt zu deren größtem Schuldner. Die Sorge um die finanzielle Stabilität drückt sich in der Überzeugung aus, daß die besten Zeiten vorbei und jetzt nur noch Niedergang und Verfall möglich seien.«

5

An diesem Punkt wandte ich mich Mark Spivey zu, der sich mit den Gemeinsamkeiten zwischen dem modernen Bild des Vampirs und den Ängsten der Generation X auseinandergesetzt hat. Er hat diese Ängste als ein Zeichen für eine spirituelle Leere, die viele in ihrem Leben beklagen, definiert und herausgefunden, daß der Vampir ein kraftvolles Symbol ist, fast wie ein Held. Zur Zeit unseres Gesprächs arbeitete er daran, die Gründe für die Verbindung spiritueller oder religiöser Erfahrungen mit dem Mythos des Vampirs aufzudecken.

»Was hat Sie an dieser Verbindung interessiert?«

»Als ich mich eines Abends mit Freunden unterhielt, stellte ich überrascht fest, daß sie sich mit den Figuren aus den Büchern identifizierten, die sie gerade lasen. ›Dieser Vampir ist genau wie ich‹, meinte einer. ›Sein Leben ist wie meines – verdammt miserabel. Er ist genauso verwirrt und gelangweilt wie ich‹. Er las gerade *Gespräch mit dem Vampir.* ›Louis und ich sind Blutsbrüder‹, fuhr er fort. ›Seine Art, über das Leben zu denken, ist so düster, als wäre er ein gefallener Gott, der gezwungen ist, sich mit seinem finsteren Schicksal abzufinden.‹ Ein anderer meiner Freunde sprach von ganz ähnlichen Empfindungen.

Anscheinend identifizieren sich sehr viele von uns mit dem Bild des Vampirs. Das rührt hauptsächlich daher, daß Anne Rice die Idee des Vampirs ganz neu gestaltet hat. Als sie ihr Buch in den 70er Jahren veröffentlichte, waren viele Menschen auf der Suche nach anderen Formen von Spiritualität. Sie hatten den Kontakt zu den traditionellen Werten verloren und sehnten sich nach unmittelbareren und intensiveren Erfahrungen. Und in den 90ern ist die Angst, die Anne Rices Vampire umtreibt und die sie auslösen, immer noch relevant.«

»Was meinen Sie damit?« wollte ich wissen. »In welcher Weise relevant?«

»Viele aus der Generation X erkennen sich selbst in Anne Rices Charakteren, weil sie ein ähnliches Elend, eine ähnliche Verzweiflung spüren, die beständig nach Erleichterung verlangt. Figuren wie Louis verkörpern eine dunkle Form der Mutlosigkeit, die sehr überzeugend wirkt. Er ist sozusagen das Konzentrat eines allgemeinen Unbehagens. Er erlebt seine ›dunkle Stunde‹, die Anne Rice als die Empfindung eines Grauens beschreibt, das von der Skepsis gegenüber absoluten Werten ausgelöst wird, als die Erkenntnis des absoluten Chaos. Genauso ist unsere heutige Gesellschaft. Wir können, wie Jud schon gesagt hat, den Politikern nicht mehr trauen, und es gibt keine Werte oder Vorbilder mehr. Die Kirche versucht, moralische Unterstützung zu geben, aber für uns sind die religiösen Führer nur Scheinheilige. Sogar unsere Eltern sind in nicht funktionierenden Beziehungen gefangen und können uns keine Antworten auf unsere dringlichen Fragen geben. Niemand kann uns helfen.

Also erleben manche von uns ihr Leben als Außenseiter, und ein Teil dieser Generation reagiert auf diese ›dunkle Stunde‹, indem er sich von einem Symbol für Rebellion und Macht angezogen fühlt: dem Vampir. Es gibt am Rand unserer Gesellschaft ein weit verbreitetes Gefühl, mit einem Fluch beladen zu sein.«

Ich verstand, was er meinte. In den Romanen von Anne Rice drücken viele Charaktere diese grauenhafte Unsicherheit aus. Louis hat Schwierigkeiten, herauszufinden, was er ist. Er schreit auf: »Ich weiß nicht, ob ich vom Teufel komme oder nicht! ... Ich muß bis ans Ende aller Zeiten leben, und ich weiß nicht einmal, was ich bin!« Er klagt darüber, daß Lestat ihn in einem Zustand »zwischen Leben und Tod« zurückgelassen hat, und wünscht sich, von seiner monströsen Existenz erlöst zu werden. Er trauert: »Es wäre süß, jetzt zu sterben. Ja, sterben. Ich will sterben.«

Spivey fuhr mit seiner Argumentation fort: »Das Aufkommen der Postmoderne hatte den endgültigen Zerfall der absoluten Wahrheiten religiöser Gemeinschaften zur Folge. Im Grunde glauben wir, was wir zu glauben wünschen. Wenn jemand die Idee der Hölle ablehnt, dann weigert er sich schlicht zu glauben, daß die Hölle existiert. Wenn ein bestimmtes Gesetz oder Gebot unbequem wird, dann wird es einfach aus dem spirituellen Leben des Gläubigen ausgestrichen. Es ist nicht ungewöhnlich, den Satz zu hören: ›Das mag für dich wahr und richtig sein, aber für mich ist es das nicht.‹ Dieser Satz durchdringt die gesamte spirituelle Kultur der Generation X, die keine absoluten Werte mehr billigt, und deshalb ist das Vampirdasein nicht nur akzeptabel, sondern es wird sogar der ›toten Liturgie‹ des traditionellen Glaubens vorgezogen. Spiritualität bedeutet in der postmodernen Ära, daß man *alles* sein kann, was man will. Es geht darum, eine spirituelle Erfahrung in existentiellen Dingen zu finden – und Vampirismus ist eine der ersten Quellen für die nach Spiritualität hungernde Generation X. Der Vampirismus bietet ihr sogar eine angemessenere Form der Spiritualität. Weil andere, mittlerweile unbedeutend gewordene traditionelle Religionen ihren Einfluß verloren haben, übernimmt der Vampir die Position von Priester, Prophet und Friedensstifter.«

»Sie behaupten also, daß der Vampir etwas ersetzt, was den Menschen dieses Alters fehlt?«

»Ja, das gilt für viele. Was fehlt, ist das Bewußtsein von tiefen Wahrheiten, die für die Lebenserfahrung von Bedeutung sind. Die Leute hungern nach Teilhabe am Göttlichen, und weil sie keine klare Richtung haben, suchen sie das Wunderbare eben bei den Untoten – und finden es dort auch.«

»Gut«, sagte ich, »beschreiben Sie mir doch, auf der Basis Ihrer ausführlichen Arbeit, die allgemeinen Merkmale des Personentyps, der ein Interesse an Vampiren hat.«

»Zu den charakteristischen Merkmalen zählen Gleichgültigkeit, Unbehagen, Verwirrung, Empfindungen von Verlassenheit, Einsamkeit, Mangel an Aufmerksamkeit, Mangel an gesundem Selbstbewußtsein, der Wunsch nach einem Gefühl von Macht über die Umstände, Hoffnungslosigkeit und das Bedürfnis, ›jemand zu sein‹. Das ist eine sehr allgemeine Beschreibung. Aber es gibt Gruppen innerhalb der Generation X, die *alle* diese Merkmale aufweisen. Ich habe den Eindruck, der Großteil der Generation X, der den Vampir als Antiheld bewundert, offenbart darin den Wunsch nach Anerkennung und Macht.«

»Warum eine derart gründliche Untersuchung zu diesem Thema?«

Er zuckte mit den Schultern und sah mich mit seinen dunklen Augen an. Ich fragte mich in diesem Moment, wie sehr er sich selbst mit dem Vampir identifizierte.

»Dafür gab es berufliche und persönliche Gründe«, gab er zu. »Persönliche, weil ich mich selbst für Vampire interessiere und weil ich mein eigenes Leben als vampirische Existenz sehe; berufliche, weil ich wissen möchte, wie Menschen sich in ihrer eigenen Kultur wahrnehmen und ausdrücken, besonders, wenn es um kulturelle Symbole und/oder Mythologien geht. Ich wollte herausfinden, wer sich in meiner Generation noch als Vampir sieht.«

»Wie sind Sie an das Material herangekommen?«

»Ich habe Hunderte von persönlichen Gesprächen geführt und in Seminarräumen offizielle Fragebögen ausgelegt. Ich kannte einige Leute mit Verbindungen zur Vampirszene und habe mit ihnen gesprochen. Ich habe auch die relevante Literatur gelesen, aber mich meist auf meine eigenen Nachforschungen und auf meine Intuition verlassen. Es war ein sehr persönliches Projekt, das erstaunlicherweise viele meiner Kommilitonen angesprochen hat. Das hat mich wirklich überrascht.«

»Welche Aspekte der Vampirfigur offenbaren die von Ihnen beschriebenen Bedürfnisse?«

»Die Generation X ist auf eine verzweifelte Weise machtlos, sie hat keinen Einfluß auf ihr Leben und ihre Zukunft – zumindest ihrer Meinung nach. Der Vampir präsentiert die Macht, die Kontrolle über die Umstände und die Sinnlichkeit, die sie vermissen. Die meisten Angehörigen der Generation X wollen gar nicht ewig leben, sie schließen die Sterblichkeitsfrage aus. Aber auch einige von Anne Rices Vampiren fürchten sich davor, unsterblich zu sein, weil sie dann für immer der Langeweile ausgesetzt sind. Das Dasein des Vampirs, wie es immer beschrieben wird, ist eine genaue Kopie des Generation-X-Lebensgefühls: dunkle, mysteriöse Außenseiter, die sich vom Blut der Gesellschaft ernähren, die Blut trinken, wann und wo sie können, um zu überleben – und überleben wollen sie in jedem Fall. Wenn es im Leben keine Magie mehr gibt, beginnt sich die spirituelle Spirale zu drehen. Vampire bieten eine Art Junkfood-Spiritualität für die Hungrigen.

Vielleicht das wichtigste und am wenigsten beachtete Element des Vampirs ist, daß er den Menschen ein Gefühl der Gemeinschaft gibt, daß sie miteinander verbindet. Die Vampire in Anne Rices Romanen bilden eine Gemeinschaft, und die unglückliche Generation X bedarf in ihrem Elend der tröstlichen Nähe der anderen.«

»Gibt es irgendeinen positiven Aspekt in dieser Verbindung?« fragte ich. Es klang bisher nicht danach, aber er hatte auch darauf eine Antwort.

»Ich glaube, der Vampir gibt diesen Leuten ein gesteigertes Selbstwertgefühl, auch wenn sie es damit bisweilen übertreiben. Vampire offerieren den Teenagern Selbstbewußtsein. Sie erleichtern es ihnen, traurig, ein Außenseiter und mißverstanden zu sein. Die jetzigen Arten von Vampiren sind nicht mehr wie die schrecklichen Figuren aus der Vergangenheit. Sie haben ein Bewußtsein, besitzen Intelligenz, und sie sind Philosophen, die etwas über die Welt und wie sie sein sollte zu sagen haben. Sie sind ein positives Sprachrohr für die Genration X, die eigentlich ziemlich nachdenklich ist. Natürlich kann diese Energie auch Schaden verursachen, und manchmal geschieht das auch.«

»Auf welche Weise?«

»Die absurden Übertreibungen, zu denen das Ganze führen kann, wenn die Gemeinschaft mit bestimmten Riten besiegelt werden soll, wie beispielsweise mit Ritualen, bei denen Katzen getötet werden oder das Blut der Nachbarskinder getrunken wird. Auch kann es schwierig sein, als Sterblicher ein Vampir sein zu wollen – es kann zu Depressionen führen, da dies für den Menschen unmöglich ist.«

Da Spivey Erfahrung als Geistlicher hatte und Menschen in spirituellen Fragen beriet, fragte ich ihn: »Was würden Sie Eltern raten, die besorgt sind, weil ihre Kinder sich ständig mit Vampiren beschäftigen?«

»Sie sollten versuchen herauszufinden, für welche Art Vampir ihre Kinder schwärmen. Sie sollen nicht verbieten, sondern sich in diese Subkultur einfühlen und zu verstehen versuchen, wie und warum sich ihr Kind damit abgibt. Ablehnung und negative Reaktionen werden das Problem nur vergrößern, und die Kinder werden sich von den Eltern abkapseln. Sie sollten sich mit dem Vampir ihrer Kinder beschäftigen und versuchen, diese Bildersprache für einen Dialog zu nutzen, damit die Teenager nicht den Kontakt zur Realität verlieren.«

Leichter gesagt als getan, dachte ich. »Haben Sie das Gefühl, daß der Trend sich wandelt? Irgendwelche Voraussagen?«

»Ich denke, daß der Vampirmythos wächst und sogar zu einem eigenständigen Lebensstil wird, genauso wie die Beatniks, die Gypsies und die Schwulen einen eigenen Lebensstil haben. Ich denke, in Zukunft werden die Vampirgemeinschaften von den Gesetzen der Religionsfreiheit geschützt werden – denn ein Vampir zu sein ist eine religiöse Erfahrung. Es ist eine Bewegung der Seele, und sie wird sich in unserer postmodernen Kultur wie jede andere Bewegung ganz selbstverständlich entfalten. Der Tag der Vampire wird kommen.«

6

Ich hatte von Leuten, die zu der von Spivey beschriebenen Altersgruppe gehörten, ganz ähnliche Aussagen gehört. Zum Beispiel von Vincent, der mich mitten in der Nacht anrief, um mir seine Geschichte zu erzählen.

Als er 21 war, verbrachte er eine Nacht mit zwei Frauen, und als sie miteinander schliefen, fragten sie ihn, ob sie ihn an das Bett fesseln durften. Er war einverstanden, und als sie ihn mit ihren Zärtlichkeiten verwöhnten, schloß er die Augen. Plötzlich fühlte er scharfe Schnitte an beiden Armen und wußte nicht, was er davon halten sollte. Er öffnete die Augen und sah, wie sie beide aus kleinen Wunden an seinen Armen sein Blut tranken. Er war zuerst beunruhigt, aber dann stellte er fest, daß es ihm gefiel. »Es ist der beste Kick, den man sich vorstellen kann, besser als jede Droge, die man einwirft«, meinte er. »Ich dachte, ich müßte sterben, wenn sie nicht aufhörten.«

Sie nahmen noch einige Male sein Blut, bevor er das erste Mal selbst

Blut trank. Dann begannen sie, sich wie Vampire zu kleiden, lackierten ihre Fingernägel schwarz und trugen Fangzähne und Vampirkostüme.

Das Bluttrinken entwickelte sich rasch zu einer riskanten Angewohnheit, die mit bestimmten S/M-Praktiken einherging. »Ich fühlte mich sicher in meiner Gruppe«, erklärte Vincent. »Wir riskierten natürlich etwas, aber richtig gefährlich wurde es erst, als wir Außenstehende mitbrachten.«

Irgendwann hatte er das Gefühl, zu weit gegangen zu sein, und er hörte auf. Zurückblickend erinnerte er sich, daß er diese Erfahrung wohl zu einer Zeit gebraucht hatte, als seine Frau ständig niedergeschlagen war, aber daß dieses Gebaren im Grunde unproduktiv und sogar verrückt war. Er war froh, daß er damit aufgehört hatte. Angesichts seines Unbehagens war er der Meinung, daß er es leicht hätte übertreiben können.

Viele Menschen sind wie Vincent auf der Suche nach einem Kick, der ihr Lebensgefühl steigert. Er war kein Einzelfall, und manche, die noch weiter als er gingen, gerieten in ernste Schwierigkeiten. Was war von diesem Phänomen zu halten? Sollten wir es einfach einem postmodernen Unwohlsein zurechnen und darin einen Preis für unsere begrenzte Einsicht sehen?

Ich hörte Kirwin, Wilhite und Spivey und vielen anderen zu und fragte mich, was die Verbreitung der Vampirsubkultur in den letzten Jahren über uns aussagt – über jeden von uns. Wie Dr. McCully gesagt hatte: Sieh dir den Gesamtzusammenhang an! Es ging nicht nur um die, die daran teilnahmen, sondern auch um die, die bloß zusahen – mit Abscheu, Belustigung oder Geringschätzung. Die Vampirsubkultur läßt sich bis auf das letzte dunkle Detail analysieren – und ich habe meinen Teil dazu beigetragen. Aber ich vertrete die Ansicht, daß Subkulturen immer auch Inhalte oder Fragen der Kultur im allgemeinen aufgreifen und ausdrücken. Die Wesen aus der Schattenwelt zeigen uns immer das, was sonst niemand sehen will, und der Vampir ist am besten dazu geeignet, uns unseren Selbstbetrug vor Augen zu führen. Menschen, die sich mit dem Vampir als dem Bösen und dem Außenseiter identifizieren, zu verurteilen ist nur eine Form, uns selber ein paar neue häßliche Wahrheiten zu ersparen.

Kirwins Annahme, daß die Eltern der vorigen Generation von der Jugend ihre Kinder zehren, berührte einen wesentlichen Punkt, ging aber noch nicht weit genug. Als *eine* Kultur teilen wir alle den Glauben an ein kollektives düsteres Schicksal. Wir verurteilen die Teenager, die sich als Vampire verkleiden, obwohl wir gleichzeitig einen Vampirismus auf höherer Ebene akzeptieren. Oft nehmen wir gerade das in Schutz, institutionalisieren es sogar, was wir an anderer Stelle schlechtmachen. Während wir behaupten, der Vampirismus sei ein Übel, nehmen wir es gleichzeitig hin, daß Unternehmen und Politiker uns ausplündern. Nimm, was du kriegen kannst, lautet das unausgesprochene Glaubensbekenntnis unserer Gesellschaft, und achte Menschen nur solange, wie sie dir nützlich sind! Scher dich um dich selbst und um dein Überleben, koste es was es wolle. Die anderen sind unwichtig.

Der Erfolg der Mittelschicht beruht im wesentlichen darauf, andere auszubeuten, aber wir verstecken dieses Geheimnis hinter einer Fassade aus Ordnung, Wohlanständigkeit und Familienwerten. Wir plündern die Natur, sparen aus Profitstreben an der Gesundheit und hegen unsere Vorurteile, mit denen wir ganze Gruppen diskreditieren. Wir kämpfen um Vorherrschaft, tolerieren politische Skandale, und es läßt uns gleichgültig, daß uns diejenigen, die die Macht haben, ausbeuten und unser Glück zerstören. Heimlich bewundern wir die Einflußreichen und beugen uns ihrer Macht.

Die Vampire bringen ans Tageslicht, was wir verbergen wollen. Sie sind eine unübersehbare Verkörperung unseres unartikulierten eigentlichen Wesens, wir sehen sie klarer als uns selbst, also stecken wir sie in die Schublade der »Abweichler«, um sie wie schwarze Schafe vom Rest der Herde abzusondern. Sie sind »anders«, nicht wie wir. Aber ob wir es wollen oder nicht, wir stehen mit ihnen in einem Zusammenhang. Solange wir vampirische Methoden in unseren Geschäftspraktiken, im politischen Leben und unseren Institutionen tolerieren, aber durch unsere Ideale vorgeben, eben dies nicht zu tun, werden wir eine Jugendkultur haben, die, von der Spannung der Widersprüche angestachelt, bereit ist, den Vampir zum Leben zu erwecken.

Der Vampir ist ein Grenzgänger, der uns vergessen läßt, welche Grenzen er überschritten hat. Er erweckt nichts zum Leben, aber erfüllt seine Opfer mit den herrlichsten Gefühlen, so daß sie ihm verzeihen und ihre Vernichtung bereitwillig hinnehmen. Wir bewundern den Vampir für seine Rebellion, seine Individualität, wegen seiner Überlegenheit über alles Gewöhnliche. Wir verleihen seinem Egoismus und seiner Absicht, uns zu zerstören, ein erotisches Gepräge. Wir lieben das Wesen, das uns ausbeutet. Wir tun alles, um ihn zurückzuhalten und zu vernichten, aber gleichzeitig wollen wir, daß sofort ein anderer Vampir seinen Platz einnimmt. Der Vampir ist unsere kollektive Grenzerfahrung, eine Möglichkeit, die strengen Grenzen zu überwinden, die das Leben ersticken. Wir wollen seine Macht spüren, also erlauben wir ihm, sich in alle Bereiche unseres Lebens einzuschleichen.

Kurz, wir sagen, daß wir Gewalt und Ausbeutung ablehnen, aber im verborgenen räumen wir beidem einen Platz ein: Unser Wertesystem erlaubt es uns, jede beliebige moralische Argumentation zu benutzen, die unseren Zwecken dienlich ist. Und so geben wir vor, auf einem Auge blind zu sein und den Vampirismus nicht zu sehen, so daß wir uns in dem guten Gewissen wiegen können, eine anständige Gesellschaft zu sein. Wir wollen die Wahrheit über uns nicht sehen, aber die jüngere Generation sieht sie. Die Jungen hassen die Unwahrheit und zeigen uns dies mit dramatischen Mitteln.

Ich hatte bereits viel erfahren, aber das schockierendste Zeugnis stand noch aus. Wraith rief mich an und schlug ein Treffen vor.

Kapitel sechzehn

Gespräch mit dem Vampir

1

Wraith hatte mir die Anweisung erteilt, in eine Stadt zu fahren, die ziemlich weit von meinem Wohnort entfernt war. Ich mußte hinfliegen und mir dort einen Wagen mieten. Er hatte mich gebeten, ihn in einem Gothic-Club zu treffen, für den er eine Wegbeschreibung vorbereitet und mir Datum und Zeitpunkt unserer Begegnung genannt hatte.

Ich kam dort an und geriet in eine unübersichtliche Menschenmenge. Wie in solchen Clubs üblich, waren die jungen Leute in Samt, Leder, Spitzen und Netzstrümpfe gekleidet – alles in Schwarz. Ein paar verirrte Raver waren der Musik wegen auch da. Die Leute reichten für jedermann sichtbar irgendwelche Drogen herum, die dazu ausersehen waren, die Erlebnisse dieses Abends zu intensivieren. Mir erschien der Club als nicht besonders geeignet für ein Gespräch unter vier Augen, aber vielleicht wollte Wraith erst einmal einen Blick auf mich werfen und sich dann entscheiden, ob er sich mir nähern wollte. Ich konnte ihn in diesem Club ja nicht erkennen. Jeder konnte es sein. Also setzte ich mich an die Bar, bestellte einen Merlot (Vampirwein gab es keinen) und schaute mir die Typen an, von denen einer meine Verabredung sein konnte.

Ich war kurz davor, mich auf einen schwarzgekleideten jungen Mann mit dichtem schulterlangem Haar festzulegen, der einige Male meinen Blick gestreift hatte. Doch dann bemerkte ich ein paar Barhocker weiter einen Mann, der mich beobachtete. Er hatte kurz geschnittenes schwarzes Haar, dunkelbraune Augen und den Anflug eines Bartes, und er zeigte mir ein dünnes Lächeln. Er trug weite Jeans, Springerstiefel und ein einfaches weißes T-Shirt. Sein Auftreten und seine Erscheinung waren kein bißchen *gothic*. Er paßte überhaupt nicht in diesen Laden. Er hätte alles sein können – Nachbar, Paketbote, Ihr Freund, geneigte Leserin. Ja, *Ihr* Freund.

Das mußte er sein. Als er mich unverhohlen anlächelte, war mir klar, daß ich Wraith vor mir sah. Endlich, nach all den mysteriösen Anrufen und exotischen Schilderungen, saß ich ihm von Angesicht zu Angesicht gegenüber.

Ich bemerkte weder hervorstehende Fangzähne, noch spitz zugeschliffene Eckzähne. Sein Lächeln war wie jedermanns Lächeln. Völlig normal. Er stand auf und kam zu mir herüber. Er war schätzungsweise 1,80 Meter groß und von durchschnittlicher Statur. Ich blickte ihn unentwegt an, um zu demonstrieren, daß ich keine Angst hatte ... oder um mir das Gefühl von Tapferkeit zu suggerieren. Er streckte eine Hand aus, und – ungelogen – sie fühlte sich kalt an. Schöner Effekt. Wahrscheinlich von der eiskalten Bierflasche. Und seine Stimme war unverkennbar – sexy! Er nannte mir einen Namen, der ganz bestimmt nicht sein richtiger war, und sagte, er wolle hier nicht reden. Er wollte sich mit mir woanders treffen. Er nannte mir einen Zeitpunkt, der noch eine Stunde vor uns lag, und gab mir eine weitere Wegbeschreibung.

Das war frustrierend. Ich war bereit zu beginnen, und jetzt sollte ich an einen weiteren unbekannten Ort fahren. Schlimmer noch, es erschien mir gefährlich, irgendwohin zu gehen, wo vermutlich keine Menschenseele sein würde.

»Ich denke, das ist keine gute Idee«, stellte ich fest.

Er zuckte die Achseln. »Wollen Sie meine Geschichte?« Offensichtlich schien ihm die Antwort gleichgültig zu sein. Er hatte sich keinerlei Umstände gemacht und schien an Publicity nicht interessiert zu sein.

Ich überlegte, ob es sich lohnen würde, jedes Risiko einzugehen, und entschied, daß er mir bisher vertraut hatte, als es darum gegangen war, mir seine Geheimnisse anzuvertrauen. Er hatte sicherlich gute Gründe, vorsichtig zu sein und zu verlangen, daß unsere Begegnung nach *seinen* Regeln ablief. Ich dachte an *The Mole People* und rief mir Jennifer Toths Mut im Untergrund Manhattans ins Gedächtnis. Wenn sie dazu fähig war, dann war ich es auch. Ich beschloß, das Risiko einzugehen, und Wraith, wo immer er wollte, zu treffen. Außerdem ließ ich mich von den Dingen, die ich bislang erfahren hatte, immer weniger verunsichern. Ich verstand die Vampirkultur jetzt besser und erwartete nicht, daß dieser Mann etwas anderes als ein wenig Aufmerksamkeit wollte. Keine Publicity. Einen Zuhörer.

»Okay«, sagte ich, »ich werde dort sein.« Er lächelte und ging.

Um die Zeit totzuschlagen, ging ich wieder hinein und betrachtete die Leute auf der Tanzfläche. Ich sah ihn nicht mehr, also nahm ich an, daß er sich auf meine Ankunft vorbereiten wollte. Ich erwog, eine Freundin anzurufen, um ihr die Adresse zu geben, aber sie war meilenweit von New Jersey entfernt. Außerdem würde sie das wahrscheinlich zu sehr beunruhigen. Sie hat sich während der ganzen Zeit der Entstehung dieses Buches dermaßen Sorgen gemacht, daß sie mir sogar einen Glücksbringer anfertigen ließ – ein kleines Kreuz, das speziell für mich in Brasilien gesegnet worden war. Ich trug es in diesem Augenblick an einem meiner Ohrringe.

Ich mußte mich endlich entscheiden. Jetzt oder nie!

Ich konnte nichts dagegen tun, aber ich mußte an die eindringlichste Angst meiner Kindheit denken. Ich habe einmal fest daran geglaubt, daß in jedem Menschen ein wildes Tier schlummert, das, sobald ich mit jemanden allein war, ausbrechen würde. Ich dachte, daß meine Schwester, mit der ich ein Zimmer teilte, mich mit einem Messer angreifen würde, und habe deshalb die meiste Zeit meiner Kindheit so lange wach gelegen, bis ich sicher sein konnte, daß sie eingeschlafen war. Und jetzt machte mir die Aussicht angst, mit diesem Mann, den ich kaum kannte, allein zu sein; einem Mann, der vorgab, noch weitaus dunklere Geheimnisse zu kennen als jene, von denen er mir bereits erzählt hatte, und der das Blut von Menschen trank. Diese Gedanken beruhigten mich nicht gerade, obwohl ich schon mit vielen Arten von Blutsaugern gesprochen hatte. Die wenigsten jedoch hatten sich als Raubtiere bezeichnet, so wie Wraith es tat. Er hatte mir erzählt, daß ich, wenn ich die Seele eines Raubtieres nicht verstehen könnte, auch niemals wirklich einen Vampir begreifen würde. Daran mußte ich jetzt denken.

Doch schließlich ging ich zu meinem Mietwagen und stieg ein.

Die Adresse lag außerhalb der Stadt. Es sah nach einem Ort in einer verlassenen Gegend aus. Ich dachte an Susan Walsh, die sich an die gefährlichen Orte Lower Manhattans begeben hatte. Aus mancherlei Gründen maß ich der Tatsache, daß sie noch nicht gefunden worden war und die Sache mit den Vampiren offiziell nicht endgültig geklärt werden konnte, in diesem Moment größere Bedeutung bei. Ich fragte mich, ob sie sich wohl ähnlich gefühlt hatte, als sie aufgebrochen war, um Menschen zu interviewen, die sie nicht kannte und die ruchlose Dinge taten. Hatte sie Angst gehabt? Hatte sie es sich anders überlegt? Ich war dabei, das zu tun, was sie getan hatte, und zwar mit einer Übereinstimmung, wie ich sie während meinen Nachforschungen bisher noch nicht erlebt hatte. Ich hatte allerdings nicht die geringste Ahnung, was sie an meiner Stelle getan hätte.

Ich steckte in einem Dilemma. Ich hatte eine Menge bezahlt, um hierher zu kommen. Es hatte mich Zeit und Mühe gekostet, dieses Treffen in die Wege zu leiten. Ich hatte es so gewollt. Wenn ich jetzt nicht weitermachte, würde ich mir das später niemals verzeihen. Und wenn ich auch ermordet wurde, welchen Unterschied würde das machen? Ich wußte nicht, warum mich dieser Mann aufs Land lockte. Das ließ mir keine Ruhe. Ich holte noch einmal tief Luft und fuhr los. Wenn die Gegend gefährlich wirkte, konnte ich immer noch wenden und wegfahren.

Mir wurde rasch klar, daß Wraith mich, wie vermutet, in eine gottverlassene Gegend dirigierte. Ich ließ die Stadt hinter mir und den Highway und bog auf eine unbefestigten Straße ab, die in eine Art Park oder geschütztes Waldgebiet führte. Ich fuhr ein paar Meilen, überprüfte dabei mehrmals die Anweisungen und wollte gerade anhalten und umdrehen, als ich ein geparktes Auto auf einer Lichtung sah. Es gab zwar ein paar Lampen, aber sie standen weit voneinander entfernt und erhellten die Umgebung nur schwach. An dem Wagen lehnte ein Mann in einem weißen T-Shirt.

Er war es. Wraith.

2

Ich hielt an und stieg aus, ließ aber – falls eine schnelle Flucht nötig wäre – die Türe offen. »Was tun wir hier draußen eigentlich?« fragte ich.

»Das hier ist eine bedeutsame Gegend«, erwiderte er. »Ich möchte, daß Sie das sehen. Außerdem ist es ruhig hier draußen und abgelegen. Ich kann sichergehen, daß Sie niemanden mitgebracht haben.«

Ich ignorierte das und protestierte. »Ich weiß nicht, ob das so funktioniert. Ich brauche besseres Licht. Das heißt, ich will Ihre Geschichte wahrheitsgemäß wiedergeben, also muß ich sie in irgendeiner Form aufnehmen oder aufschreiben.«

Er schüttelte den Kopf. »Ich möchte nicht, daß Sie irgend etwas aufnehmen. Sie können sich Notizen machen, aber ich will nicht, daß es für das, was ich Ihnen erzähle, irgendeinen Beweis gibt.«

»Wenn ich's nicht mitschneide, könnte ich etwas falsch verstehen.« Er ließ sich das durch den Kopf gehen. Dann stellte er die Bedingung, daß ich die Bänder anschließend vernichten sollte.

»Das zu versprechen ist kein Problem. Aber weshalb sollten Sie mir glauben?«

»Ich nehme an, Sie werden sie vernichten *wollen*, wenn Sie gehört haben, was ich Ihnen gleich mitteilen werde. Aber ich akzeptiere Ihr Versprechen. Wenn Sie es sagen, dann, glaube ich, werden Sie es auch tun.«

Ich nickte. »In Ordnung. Aber ich werde eine Abschrift behalten.«

»Das ist nicht dasselbe. Schließlich könnten Sie alles frei erfunden haben.«

Ich gab mich in diesem Punkt geschlagen und holte das Aufnahmegerät. Es gab keinen Grund zu streiten, doch ich wunderte mich, warum er so besorgt war.

Zugegeben, ich hatte Angst. Ich dachte darüber nach, wie sich wohl der Reporter in *Gespräch mit dem Vampir* gefühlt haben mochte. Er ist zuerst skeptisch – und dann zunehmend wachsamer, als er sich immer mehr der Gefahr bewußt wird, einem echten Vampir gegenüberzusitzen, der ihm gerade seinen Blutdurst gesteht und sich in die Ecke getrieben fühlt. Natürlich begegnet der Reporter Louis in einem geschlossenen Raum, während ich hier draußen war, andererseits kannte ich weder diese Gegend noch den Vampir, der da vor mir stand.

Nun, es war soweit. Das hier war echt. Ein Interview mit einem Vampir... oder mit jemandem, der sich dafür hielt.

Aber seine Geschichte hatte mit der des Vampirs Louis nichts gemein, in der dieser beschreibt, wie er zuerst getötet hat, um seine Fähigkeit unter Beweis zu stellen, und dann immer wieder, um zu überleben. Nichts davon. »Womit sollen wir anfangen?« fragte er.

Hm, dachte ich. Hatte Louis die Geschichte seines Lebens nicht genauso begonnen? Ich hoffte, keiner Imitation mit besonders lebhafter, wenn nicht sogar mimetischer Vorstellungskraft aufgesessen zu sein. Ich hatte einen weiten Weg zu diesem Treffen hinter mir.

Ich nahm Notizblock und Bleistift, für den Fall, daß es zwischendurch Fragen gab, und schaltete das Aufnahmegerät ein. »Also gut, Sie haben mir einige Ihrer Vampirerlebnisse geschildert. Wie fing das alles an?«

»Nur damit Sie Bescheid wissen, ich habe bisher niemandem davon erzählt, der nicht einer von UNS war und Blutrituale durchgeführt hat. Wir halten diese Dinge geheim. Ich habe in Talkshows Leute gesehen, die behaupteten, Vampire zu sein, aber das ist lächerlich. Kein wirklicher Vampir würde sich jemals dem Licht, Kameras oder mißtrauischen Befragungen aussetzen oder wild auf Publicity sein. Echte Vampire meiden die Öffentlichkeit. Die einzige Möglichkeit, Vampirzirkel zu infiltrieren, besteht darin, es so zu machen wie John Howard Griffin, der sich etwas unter die Haut spritze, um ein Schwarzer zu werden und in deren Kultur einzudringen. Oder wie Gott, als er die Gestalt eines Menschen annahm. Das ist der einzige Weg, etwas zu erfahren. Die wenigsten wollen, daß irgend jemand ihre Welt kennt.«

»Und wieso reden Sie mit mir?«

»Ich bin ein Einzelgänger. Ich wäre wohl schon längst ausgestoßen worden, aber sie brauchen mich, und das gilt auch für Sie. Ich will Ihnen alles erzählen. Ich will, daß Sie es verstehen.«

»Verstehen, was ein Vampir ist?«

»Ja, wenigstens das.«

Wenigstens? Was denn noch? »Okay, ich höre.«

Ich lehnte mich gegen meinen Wagen, doch er machte sich von seinem – einem schwarzen Auslandsfabrikat – los und ging einige Schritte. Eine kühle Brise ließ mich frösteln, während ich wartete. Ich hörte ein paar Nachtvögel in der Nähe und das ferne Rauschen des Verkehrs auf der Straße, von der ich abgebogen war. Außerdem hörte ich Wasser und vermutete, daß wir uns in der Nähe eines Flusses oder eines großen Stromes befanden. Eine Ente quakte, eine zweite blieb ihr die Antwort nicht schuldig.

»Es begann mit einem Vorfall in meiner Kindheit«, nahm er den Faden wieder auf. »Mit Jared. Ich wußte es damals noch nicht, aber wenn ich zurückblicke, war das der Punkt, an dem sich mein Leben verändert hat.«

»Und wer ist Jared?«

Er zuckte leicht mit den Schultern. »Er kam zu mir, als ich fünf Jahre alt war. Ich erinnere mich klar und deutlich. Ich trottete den Fluß entlang, an dem ich immer gespielt habe – diesen Fluß.« Er zeigte hinter sich. »Ich spielte mit einem Stock, den ich zu einem Schwert geschnitzt hatte, und hörte jemanden meinen Namen rufen. Ich antwortete, aber wieder und wieder rief er nur meinen Namen. Ich lief in die Richtung, aus der die Stimme zu kommen schien, und fragte: ›Wer ist da?‹

Er sagte: ›Mein Name ist Jared, und ich möchte dein Freund sein.‹ Ich wollte mehr wissen, aber alles, was er sagte, war, daß er mein neuer Freund sei und mein Leben nun besser würde. Das genügte mir. Er schien sehr freundlich zu sein. Er brachte mir bei, wie man beim Versteckspielen gewinnt und wie ich die Gedanken meiner Altersgenossen kontrollieren konnte. Er sagte mir, daß er sehr alt und weise sei und daß ich ihm vertrauen sollte.«

»Ein Geist? Viele Kinder ...«

»Jared war wunderschön. Meines Erachtens der perfekte Mann: Er strahlte Kraft, Charme, Vertrauen und Wissen aus, und er sah gut aus. Richtig sehen konnte ich ihn eigentlich erst später, doch eine gewisse Vorstellung von ihm hatte ich bereits im Kopf. Er schien alles über mich zu wissen – und zwar lange, bevor ich es wußte. Er wurde bald mein bester Freund. Er beeinflußte mein Denken und Handeln, und manchmal suchte er auch Bücher für mich aus. Eines war *Der Doppelmord in der Rue Morgue* von Edgar Allan Poe. Er hatte einen guten Blick für das, was mich faszinierte.«

»Hat er wirklich mit Ihnen geredet? Wie ein imaginärer Spielkamerad?« warf ich ein. Ich wollte wissen, wer dieser Jared wirklich war. Oder *was* er war.

»Er sprach ... in meinem Kopf. Ich weiß, Sie werden mich für verrückt oder psychotisch halten, wenn ich das sage. Für jemanden, der *Stimmen* hört.« Er drehte sich auf dem Absatz um, kam zurück, lehnte sich gegen sein Auto und sah mich mit vor der Brust verschränkten Armen an. »Ich habe Sie übrigens gewarnt. Ich sagte schon, Sie würden mich für verrückt halten.«

»Sie haben gesagt, daß *Sie* das glauben. Ich habe mich dazu nicht geäußert.«

Wraith nickte, und seine Augen verengten sich. Dann fuhr er fort. »Ich habe mir Jared nicht eingebildet. Er *kam* zu mir. Ich habe ihn nicht herbeigesehnt oder gewünscht oder heraufbeschworen, um jemanden zu haben. Solche Wünsche hatte ich nicht. Ich war mit mir selbst vollkommen glücklich.«

»Aber wie hängt das mit Ihrem Interesse an Blut zusammen?«

»Ich wußte damals nicht, daß Jared ein Vampir war. Oder ein Vampirgeist. Ich habe das erst Jahre später begriffen. Angeblich wurde Jared 1762 in Kopenhagen geboren und verbrachte sein Leben damit, sich von den Unschuldigen zu ernähren. Er war bisexuell, zog aber den Duft der Frauen vor. Er trank das Blut seiner Eroberungen während und nach dem Sex. 1793 wurde er von einem eifersüchtigen Ehemann niedergestochen. Er war erwischt worden und wehrte sich nicht dagegen. Er wollte sterben, um nun völlig in der Welt der Geister aufzugehen. Er war eine draufgängerische Persönlichkeit, einer, der jedes Risiko eingeht. Er half mir, Dinge zu tun, auf die ich von allein nie gekommen wäre. Er war immer ein Initiator. Er starb so, wie er es gewollt hatte: brutal, beim Liebesakt.«

Wraith brach ab und sah mich an. Ich reagierte nicht. Ich war mir sicher, daß er glaubte, ich würde ihm die Geschichte nicht abkaufen, denn er sagte: »Ich mag die Wirklichkeit nicht – das, was alle für Wirklichkeit halten. Was ich von der Wirklichkeit kenne, verwirrt mich und macht mich wütend. Ich bevorzuge Meisterwerke kreativer Phantasie, wenn es das ist, wofür Sie das Ganze halten – und vielleicht fühlen Sie sich ja auch besser, wenn Sie es so sehen. In meiner Vorstellung erscheint mir das Leben viel realer als in der Wirklichkeit, obwohl ich einräume, daß ein objektives Leben existiert. Aber es ist einfach nicht so wirklich wie das, was in meinem Kopf besteht. Ich habe zahllose Stunden auf Friedhöfen verbracht und mich gefragt, ob die Toten über ihren Tod bestürzt sind, ob sie das hinter ihnen liegende Leben bekümmert, ob sie sich dort, wo sie sind, kalt und einsam fühlen. Als Heranwachsender war ich eine Zielscheibe für den Zorn und den Spott meiner Mitschüler. Ich lag oft träumend und innerlich weinend im Bett. Manchmal schnitt ich mir ins Handgelenk, saugte mein eigenes Blut und tröstete mich mit mir selbst. Ich glaubte nicht, daß irgend jemand anders mich trösten könnte.«

Ich nickte. Das konnte ich verstehen. »Was hat Sie dazu gebracht, das zu tun? Wie kamen Sie darauf, daß es Sie tröstete, ihr eigenes Blut zu trinken?«

»Ich weiß nicht, wie ich darauf gekommen bin. Es schien mir einfach genau das Richtige zu sein. Ich *wußte*, daß es mich tröstet ... irgendwie. Ich wußte es einfach. Ich fühlte mich isoliert und allein, eingeschlossen in meine Seele, und es gab niemanden, der mich verstand. Es war mehr als der Verdruß eines Heranwachsenden – ich war anders, und ich wußte es. Und die Gewißheit, schwul zu sein, verschlimmerte meine Einsamkeit noch. Ich wußte, daß mein Blut gewissermaßen ich selbst war und daß ich, wenn ich es wieder in mich aufnahm, neue Kraft daraus schöpfen konnte. Also lag ich im Bett, nahm eine Rasierklinge oder eine Stecknadel, öffnete eine Wunde und saugte daran – manchmal 30 Minuten. Ich trank nie zu viel, da die Wunden einen begrenzten Umfang hatten, daher bestand niemals die Gefahr eines ernsten Blutverlustes.«

3

»Und was ist aus Jared geworden?« erkundigte ich mich. »Gibt es ihn noch?« Ich schauderte, als ich das aussprach, und warf einen kurzen Blick über die Schulter.

»Nein«, erwiderte Wraith, »er verließ mich, als Christian kam. Er sagte, ich würde ihn nun nicht mehr brauchen. Ich weiß nicht, ob Christian ihn weggejagt hat oder ob Jared anderes zu tun hatte, jedenfalls ging er fort. Christian nahm dann in meinem Leben den Platz ein, den vorher Jared innehatte.«

Christian. Er hatte diesen Namen schon einmal erwähnt, sich dann jedoch geweigert, Auskunft über ihn zu geben. Unter Berücksichtigung des Schauplatzes unserer Unterredung bezweifelte ich, daß es zwischen diesem Christian und jenem, den Susan Walsh gekannt hatte, eine Verbindung gab.

»Also gut«, fuhr ich fort, »wollen Sie mir *jetzt* von ihm erzählen? Sie haben ihn schon einmal erwähnt. Ich glaube, Sie wollten mir etwas sagen. Wer war er also?«

Er lächelte geheimnisvoll, als sei Christian irgendwo hier draußen im Wald und würde ihn von einem unsichtbaren Hochsitz aus anstacheln. Bei dieser Vorstellung lief es mir kalt den Rücken runter. Hier draußen war es wirklich unheimlich.

»Lassen Sie mich erst einmal erzählen, was meiner Meinung nach der archimedische Punkt meiner frühen Vampirerfahrung war«, sagte Wraith. »Bevor Christian kam. Das sollten Sie wissen.«

»Ich dachte, das hätten Sie mir bereits erzählt.«

»Sie meinen Terry? Nein, das hier ist etwas anderes. Terry war wichtig, ja, aber Eric machte das Ganze erst so richtig greifbar.«

»Wie alt waren Sie da?«

»Etwa 13. Eric war mein Freund, und zu Weihnachten hatten wir Chemiebaukästen, Mikroskope und eine Laborausstattung geschenkt bekommen. Wir wollten echte Körperteile sezieren, aber es war schwierig, sie zu bekommen, bis Eric eines Tages anrief und sagte, daß er mir etwas zeigen wolle.

Als ich hinkam, öffnete Eric mit großer Vorsicht eine Schachtel, so daß der wertvolle Inhalt nicht zu Schaden kam. Darin befanden sich die Überreste einer menschlichen Hand. Der Anblick schockierte mich, und ich fragte ihn, wo er sie her hatte. Er erzählte mir, die Hand habe einem 16jährigen Jungen gehört, der sie morgens bei einem Unfall in der Nähe von Erics Haus verloren hatte. Eric hatte alles von seinem Baumhaus aus beobachtet und war dann losgestürzt, um die Polizei zu verständigen. Dann sprang er auf sein Fahrrad, um als erster vor Ort zu sein.

Der Junge war bewußtlos. Eric fühlte den Puls an der Halsschlagader – er lebte noch. Dann untersuchte er ihn auf äußere Verletzungen, doch das Opfer hatte nur Prellungen und geringfügige Rißwunden. Eric dachte, er würde wohl überleben. Dann erst stellte er fest, daß die rechte Hand des Jungen fehlte.

Er dachte nur einen Moment nach, dann zog er seinen Gürtel aus den Schlaufen, um eine Aderpresse anzulegen. Doch erstaunlicherweise war die Wunde von dem heißen Metall, das die Hand abgetrennt hatte, wie kauterisiert. ›Unglaublich, wirklich unglaublich‹, rief er. ›Die Hand war von einem Stück glühendem Metall vollkommen abgetrennt worden, doch die Arterie und Kapillargefäße waren perfekt versiegelt.‹

Mein erster Gedanke war: Welch eine Ironie – ausgerechnet die Person, die dem Jungen das Leben gerettet hat, nimmt seine Hand an sich. Ich fragte ihn: ›Wie konntest du seine Hand mitnehmen, Eric? Ich meine ... du stürmst zur Polizei und dann ... Warum hast du seine Hand genommen?‹ Er antwortete: ›Sie hätten sie sowieso nicht wieder annähen können, jedenfalls war das ziemlich unwahrscheinlich, außerdem wollte ich die Hand als Belohnung dafür, daß ich ihm das Leben gerettet hatte.‹

Es stimmte, daß die Chancen, die Hand wieder anzunähen, unter den gegebenen Umständen ziemlich gering waren. Die Sache passierte Mitte der 70er Jahre, und wenn die Entwicklung der medizinischen Technologie damals auch voranschritt, das Annähen von Körperteilen gehörte nicht gerade zur Routine. Natürlich wäre es den Chirurgen möglich gewesen, die Hand zu retten – wenn sie sie rechtzeitig gefunden hätten –, aber sie kamen zu spät. Eric fühlte sich berechtigt, sie mitzunehmen.

Wir sezierten Frösche und andere Lebewesen und waren in der Anatomie schon ziemlich bewandert. Wir hatten davon gelesen, daß man menschliche Leichenteile auch anfordern kann, aber das war zu teuer. Die Hand war ein Geschenk des Himmels, und Eric hatte nicht die Absicht, sie jemals wieder herzugeben.

Wir verbrachten den größten Teil des Tages damit, die Hand zu sezieren, wir lösten das Fleisch ab, um Sehnen und Fasern freizulegen. Es war wunderbar und aufregend, ihr so nah zu sein. Die Hand bekam für mich etwas Erotisches. Eines Nachts träumte ich sogar, die Hand sei lebendig geworden und würde mir in der Nacht einen runterholen. Einerseits schreckte ich davor zurück, andererseits zog es mich an. Ich glaube, ich war deshalb so von der Hand fasziniert, weil sie einmal einem gutaussehenden Jungen gehört hatte (zumindest stellte ich es mir so vor), obwohl mir Eric die Schönheit des Jungen nicht bestätigen konnte.

Die Hand wurde zum Auslöser unseres Blutdurstes. Wir hatten schon unser eigenes Blut probiert, jetzt war es an der Zeit, das unserer Familie und Freunde zu kosten. Unter dem Vorwand, Laborexperimente durchzuführen, sammelten wir Blutproben. Unser geheimes Labor hielten wir in dem Baumhaus unter Verschluß. Die Hand konservierten wir in einem Gefäß mit einer starken Formaldehydlösung. Es war einfach, die Blutproben von Verwandten und Freunden zu bekommen. Alle dachten, sie würden damit junge Wissenschaftler unterstützen.

In Wahrheit fütterten sie junge Vampire. Bei den ersten Proben hätten wir uns beinahe darum gestritten, wer welche bekam. Ich dachte, es wäre selbstverständlich, daß ich das Blut meiner eigenen Familie und Eric das seiner Verwandten probierte, doch Eric wollte unbedingt das Blut meiner Familie trinken. Er sagte, er wolle ›fremdes‹ Blut, nicht das seinesgleichen. Ich lachte über seine Logik, aber insgeheim dachte ich genauso. Ich entwickelte ein Bedürfnis, das ich zuerst bei Terry gespürt hatte: die Lust auf fremdes Blut. Ich hatte stets zu begreifen versucht, warum mir Terrys Blut so viel lieber war als mein eigenes, aber erst jetzt begann ich diese Anziehungskraft zu verstehen. Das Wort ›fremd‹ wurde für mich eines Tages gleichbedeutend mit ›Vampir‹.

Eric und ich sammelten fortan Blutproben von Fremden, indem wir sie davon überzeugten, es ginge um ein Schulprojekt. Ich war der bessere Betrüger von uns beiden, vor allem weil ich mehr natürlichen Charme besaß. Das heißt nicht, daß Eric nicht auch seine Strategien hatte, aber er dachte nicht so fix wie ich. Er war zwar brillant, aber etwas unbeholfen. Ich war schneller, jeden Augenblick bereit, meine Fähigkeiten für eine umgehende Reaktion zu aktivieren. Ich war aalglatt und einfallsreich.

Eric und ich blieben die besten Freunde, bis er fortzog. Wir hielten keinen Kontakt. Im Baumhaus schworen wir mit unserem Blut, daß wir niemals von unserem gemeinsamen Leben erzählen würden, und daß wir uns, falls wir uns jemals wieder begegnen sollten, nichts anmerken lassen wollten. Als Erkennungszeichen vereinbarten wir ein geheimes Blinzeln.

Er zog dann nach New York. Ich weiß, daß er noch immer Blut trinkt, denn ein gemeinsamer Freund geht mit ihm auf die Jagd. Er sagt: ›In den Straßen von New York wimmelt es nur von verzweifelten Herzen, deren Blut mit frustrierter Energie geladen ist.‹ Eric zog es immer zu den Verzweifelten. Vielleicht mochte er mich deshalb.«

»Haben Sie nie wieder etwas von ihm gehört?«

»Nein. Und Eric zu verlieren war nicht einfach für mich, aber es dauerte nicht lange, bis jemand kam, der ihn noch übertraf. Der Betreffende bereitete die Krönungszeremonie für mein Leben im Dunklen vor.«

»Christian?«

»Ja, Christian. Ich berichte Ihnen zuerst, wie ich ihn kennenlernte.«

4

»Ich war 17 und trieb mich an einem Freitagabend auf der Uferpromenade herum. Ich war kurz davor im Wasser gewesen und trug weite Hosen und ein schwarzes T-Shirt. Ich ging in eine Bar in der Nähe, um etwas zu trinken. Ich war dafür eindeutig zu jung, aber man bediente mich trotzdem. Nachdem ich einen ziemlich starken Cuba Libre gekippt hatte, nahm ich einen Typ genauer unter die Lupe, der kurz zuvor reingekommen war. Er stand etwas im Schatten und nippte an seinem Drink. Er trug von Kopf bis Fuß Schwarz und eine Sonnenbrille. Nur seine silberne Gürtelschnalle stach heraus. Er hatte eine kraftvolle Ausstrahlung, und das erweckte mein Interesse. Er schien mich anzustarren. Dann sprach er mich an, ohne daß er dabei seine Lippen bewegte. Ich konnte ihn in meinem Kopf hören. Er rief mich zu sich.

Ich bat den Barkeeper um einen weiteren Drink und konzentrierte mich darauf, was mir dieser Mann in der Nähe der Wand zu sagen hatte. Wir sprachen quer über den Raum hinweg miteinander, ohne daß uns jemand hören konnte. Nur wir beide. Es war unglaublich! Ich konnte nicht einmal sein Gesicht sehen, aber ich fühlte, daß ich ihn kannte. Schließlich ging ich zu der Ecke, in die er sich zurückgezogen hatte. Er war groß und sah aus wie ein männliches Model. Sein blondes Haar reichte bis zu den Schultern, und sein Gesicht war wie aus Elfenbein geschnitzt. Später fand ich heraus, daß er in Schweden geboren war. Außerdem sah ich, daß er saphirblaue Augen hatte.

›Warum hast du so lange gebraucht?‹ flüsterte er. Er zögerte und fügte dann hinzu: ›Ich habe schon immer auf dich gewartet.‹

Das gefiel mir. ›Nun, hier bin ich,‹ entgegnete ich. Ich entdeckte etwas Dunkles in ihm. Ich glaube, wir wußten beide von der Verrücktheit des anderen. In unseren Augen sahen wir unser gemeinsames Schicksal.«

Ich unternahm einen Versuch, ihn zu unterbrechen, aber Wraith hob eine Hand. Er wollte die Geschichte auf seine Weise erzählen.

»Christian grinste, als wüßte er, wo Jimmy Hoffa verscharrt ist, und ich fühlte mich vom Teufel geritten – als wäre er geradewegs in mich hineingeschlüpft. Er verriet mir seinen Namen. Ich hätte ihm fast den falschen Namen genannt, den ich immer benutzte, wenn ich mich herumtrieb, doch dann entschloß ich mich, ihm zu sagen, wie ich wirklich heiße. Danach sprachen und tranken wir noch stundenlang und erzählten uns unser Leben. Wir blieben die nächsten sieben Jahre zusammen. Ich hatte in diesem Moment keine Ahnung, daß ich sein Gefangener werden würde.

Wir fuhren zusammen herum und nannten die Jungs, die wir uns aussuchten, unsere ›Beute‹. Wie ein Vampirpaar. Zusammen schienen wir unbezwingbar. Es dauerte nicht lange, bis wir als eingespieltes Team arbeiteten, unsere Beute mit stillschweigenden Blicken aussuchten und sie dann in Christians Wohnung schleppten. Schließlich zog ich zu ihm.«

Wraith dachte tief in Erinnerungen versunken nach, dann fragte er: »Haben Sie jemals einen Menschen getroffen, der Ihnen dermaßen ähnlich war, daß Sie sich vollkommen in ihn hineinversetzen und eins mit ihm werden konnten? So war unser Leben, unser *gemeinsames* Leben. Wir waren Geliebte, doch auch viel, viel mehr als das. Wir waren so aufeinander eingespielt, daß wir füreinander denken und die Gedanken des jeweils anderen erraten konnten. Wie sehr ich ihn liebte! Und wir waren unzertrennlich.

Doch innerhalb eines Monats wurde mir klar, daß er vollkommen durchgeknallt war. Vieles, was er sagte und tat, war widersprüchlich, wie bei einem manisch-depressiven Menschen. Aber er war spontan und aufregend! Jeder Atemzug von ihm war voller Energie. Er gab mir Gelegenheit, meine Phantasien auszuleben und meine Leidenschaft zu stillen. Ich versorgte ihn mit Ideen, und er setzte sie in die Tat um. Ich schrieb die Stücke, und er zeigte mir, wie man sie auf die Bühne bringt. Eine Dunkelheit zog die andere an. Wir bündelten die Kräfte, die in unseren Fähigkeiten und in unserem Leben steckten.

Eines Nachts, nachdem wir uns an zwei Jungs gesättigt hatten, hatten wir Sex und wollten mehr voneinander. Wir waren schon so weit ineinandergekrochen, als würden wir ein Herz teilen. Aber wir wollten auch unser Blut teilen, eine ständige Verbindung herstellen, die über die bloße Berührung der Haut hinausging. Also saugten wir Blut aus unseren Halsschlagadern. Dieser Moment hat sich mir tief eingeprägt. Die Verbindung von Körper und Geist war unbeschreiblich. Wir fühlten uns unsterblich und flossen gleichsam ineinander. Wir wußten, daß uns nicht einmal der Tod auseinanderbringen könnte. Nichts wäre dazu in der Lage gewesen.«

»War dies das erste Mal, daß Sie sein Blut getrunken haben?« unterbrach ich ihn.

»Nein. Es war aber das bis dahin intensivste Erlebnis. Es war während des ersten Monats unserer Beziehung – oder besser Partnerschaft –, als mich Christian, um mit mir zu reden, auf die Veranda lotste. Es war spät, gegen elf Uhr abends, und wir wollten eigentlich ausgehen. Er sagte: ›Ich muß dir etwas sagen.‹

Bevor er den nächsten Satz aussprach, wußte ich, worum es ging. ›Du bist ein Vampir‹, fiel ich ein. ›Du bist ein Vampir.‹

Er richtete seine Augen auf mich, starrte mich lange und fest an und nickte dann. ›Ja, ich habe das Blut eines Anderen getrunken.‹

›Eines *Anderen*? Was ist ein Anderer?‹ fragte ich.

Aber er blieb mir eine Antwort schuldig. Statt dessen fügte er hinzu: ›Dein Blut schreit nach meinem, das ist es, was uns zusammengebracht hat. Deshalb war uns alles so vertraut, als wir uns in jener Nacht begegneten. Unser Blut suchte nach diesem Moment, nach dem Augenblick, in dem es wieder eins wurde.‹ Er sprach weiter, erklärte, er sei der Überzeugung, daß wir in einer früheren Zeit einmal verbunden gewesen und dann getrennt worden seien. Ich wußte nicht, was ich sagen sollte, aber es schien mir ganz natürlich. Wir kamen niemals aus dem Takt. Wir funktionierten wie ein einziges Gehirn. Ich hatte nie zuvor eine Beziehung erlebt, die so nah, so vollendet, so intim war. Christian war das fehlende Glied in meinem Leben.

Ich habe von Vampiren gelesen, die sagen, Blut sei Leben. Das gilt auch für meine Jugend, Blut war für mich Leben. Ich war der Überzeugung, daß es ohne Blut, ohne Vampirismus, keine Hoffnung für mich gab. Und wir fanden Gefallen daran, unsere Opfer zu nehmen, sie gefügig zu machen und die Süße ihrer Zerstörung zu schmecken. Ich nahm mir jeden Tropfen Feuer, den irgendein Junge für mich bereithielt. Es war schrecklich, und trotzdem tat ich es mit der gleichen Selbstverständlichkeit, mit der andere Menschen atmen.

Christian sagte mir, daß ich diesen ›Anderen‹, wer immer das sein mochte, zur rechten Zeit begegnen würde, doch in diesem Moment antwortete *er* meinem Ruf. Mir war schwindelig, ich war berauscht von seinen geheimnisvollen Worten und seiner Stimme. Ich sah, wie er sich in den Arm schnitt, in den rechten Bizeps, die Wunde gegen meine Lippen preßte und mich aufforderte, das Blut zu trinken. Es war heiß und floß schnell in meinen Mund. Ich schluckte und schluckte, um alles aufnehmen zu können. Mein Gesicht wurde ganz heiß, meine Ohren brannten. Ich fühlte, wie es mich immer mehr erregte. Ich weiß noch genau, wie ich auf den See schaute und den Wind spürte, der durch die Bäume wehte, während er sich hingab.

Es war so romantisch.

Plötzlich wandte er sich ab, preßte den Finger auf die Wunde und küßte mich, um sein Blut in meinem Mund zu schmecken. Dann riß er sich los und sagte: ›Von jetzt an werden wir eins sein. Das Blut in meinem Körper wird eins werden mit meinem Blut in dir.‹ Ich fühlte mich ganz benommen von der starken Empfindung, daß *er ich* war. Er war mir in allem gleich. Er war alles, was ich war – und mehr. Von diesem Augenblick an war ich der Gefangene meines Alter ego.

Danach machte sich Christian daran, meine Vampirfähigkeiten zu verbessern und verfeinerte mein verführerisches und betrügerisches Talent. Sein weitgefächertes Interesse jenseits der Belange des Vampirismus galt ägyptischen Königen, ägyptischen Blutritualen und ähnlichen Dingen, und diese Kräfte wollte er in uns wiedererwecken.

Christian erzählte mir, er könne seinen Geist telepathisch nutzen. Er erzählte mir Geschichten von Trancezuständen in seiner Kindheit, und mit Hilfe der Telepathie vermochte ich ihn in mir zu fühlen. Er demonstrierte das zum ersten Mal in einem Club in Tampa. Ich hörte ihn quer durch den Raum, während er sich gleichzeitig mit zwei Leuten unterhielt. Ich konnte nicht glauben, daß ich seine Gedanken hörte, deshalb sah ich ihn an und dachte: ›Schau zu mir herüber, wenn du mit mir sprichst‹. Und er tat es! Ich war hin und weg. Ich hatte ein neues Spielzeug gefunden. Wir taten das oft, aber ich besitze diese Fähigkeit nicht – ich glaube es jedenfalls nicht –, obwohl er meinte, daß ich auch dazu in der Lage sei.

So verbrachten Christian und ich unsere Zeit – als *ein* Lebewesen, *ein* Geist, entschlossen, unseren Hunger zu stillen. Von dem Augenblick an, als er mich sah, wollte Christian in mich schlüpfen und eins mit mir werden. Er haßte, was er war. Er war nie mit dem zufrieden, was er im Spiegel sah, obwohl er so schön wie ein Model war. Ich konnte es nicht verstehen, denn es gab Dinge, die ich an mir nicht mochte, und ich wollte ER sein – diese makellosen Züge besitzen. Also kopierten wir unsere Gewohnheiten. Das ging soweit, daß wir uns sogar auf die gleiche Weise die Zähne putzten. Wir synchronisierten unsere Gehirne und verschmolzen unsere Gedanken zu einer einzigen fließenden Bewegung.

Er arbeitete nicht, hatte jedoch immer Geld. Immer. Ich fragte ihn, wo er es her hatte, doch er sagte jedesmal: ›Mach dir darüber keine Gedanken.‹ Aber ich machte mir trotzdem Sorgen. Manchmal verschwand er wochenlang und verriet mir danach nicht, wo er gewesen war. Ich fürchtete, daß er zwielichtige Kontakte unterhielt, die uns gefährlich werden konnten. Es gab in unserer Gegend jede Menge Gelegenheiten, in den Drogenhandel oder ins organisierte Verbrechen einzusteigen. Und wie sich herausstellen sollte, war meine Sorge berechtigt.«

Diesmal gelang es mir, ihn zu unterbrechen. Ich wollte beim Thema bleiben, aber ich machte mir eine Notiz, um darauf zurückzukommen, wenn Wraith es nicht von sich aus tat. »Was war es denn, was Christian so an Blut liebte?«

Er atmete tief durch, bevor er wieder das Wort ergriff: »Er glaubte, daß das spirituelle Element des Blutes die Geheimnisse verschiedener Leben in sich birgt. Das Trinken von Blut mit unterschiedlichen Methoden sollte es der Seele ermöglichen, ihre Existenz auch auf anderes Leben zu übertragen. Er hatte Alchemie studiert und sich mit Methoden befaßt, die Blut als ›Botenstoff‹ nutzten. Schon früh hatte er sich für den Selbstmord in Verbindung mit rituellem Blutvergießen entschieden, bei dem seine Körperenergie in die offene Leere strömen würde, so daß er sich frei für eine der sich offenbarenden Welten entscheiden könnte. Das war es, was er wollte. Er hielt das für romantisch. Christian und ich stritten oft über Selbstmord und Blutpakte. Er wollte, daß ich diese Dinge zusammen mit ihm tat, aber ich lehnte es ab. Manchmal glaube ich, er war niemals ein richtiger Mensch, sondern eher ein böser Geist, der kam, um mich – alles Schlechte in mir – auf seine eigenartige Weise zu lieben. Ich dachte, er wollte mich zerstören, und ich glaube ...«

»Was?«

Wraith schüttelte den Kopf. »Nichts. Es ist nicht wichtig. Aber ich brachte ihn auf andere Ideen, die mit Blut zu tun hatten. Er saß oft stundenlang mit mir zusammen und fragte nach allem, was ich über die Blutriten der Ägypter, Mayas, Indianer und der Mafia wüßte.«

»Was zum Beispiel? Erzählen Sie mir, was Sie Christian darauf geantwortet haben.«

»Nun, beispielsweise sind junge Apachen für die Macht ihres Stammes von großer Bedeutung, aber es gibt Zeiten, in denen die jungen Stammesangehörigen diese Pflicht nicht so ernst nehmen. Es gibt ein geheimes Ritual, mit dem dieses Verhalten korrigiert werden kann: eine Infusion vom Blut eines älteren Kriegers ins Herz. Ein Krieger nimmt sich Blut ab, um seine Kraft zu übertragen, und wenn die Unsicherheit des jungen Mannes groß ist, schneidet er sich in die Lenden, um seinen Mut und die Kraft seines Spermas mit ihm zu teilen. Oder er schneidet in seine Ferse oder seine Brust – sogar in den Nacken –, um den Jungen an seiner Kraft teilhaben zu lassen.

Blut enthält den Geist der Religion. Viele Kulturen glauben ähnliche Dinge. Der eine Gläubige nimmt mit dem Blut die Essenz eines mächtigeren Gläubigen auf. Indem man sich die Macht von ein oder zwei Personen aneignet, nimmt man deren Einzigartigkeit in sich auf und kann bestimmte magische Rituale durchführen. Außerdem lehrten einige der Alten, die frühen Spiritisten, daß man, wenn man seinen Körper nach dem Genuß von Kriegerblut zerstört, in einen parallelen Lebenszyklus übergeht. Man wird dann zu einem Geisterkrieger. Das ist es, was Christian plante. Das ist es, was er sein wollte. Unaufhörlich wollte er von mir diese Geschichten hören, er weckte mich sogar manchmal mitten in der Nacht, um mehr darüber zu erfahren, wie diese Rituale ausgeführt wurden. Mit dem Hier und Jetzt gab er sich nicht länger zufrieden. Ich ebensowenig. Also versorgten wir uns gegenseitig mit Vorstellungen und Träumen, wie wir in ein mächtigeres und bedeutenderes Dasein eintreten würden.

Hinzu kommt natürlich die Magie des Spermas. Es ist der Weg in die Seele eines anderen Mannes, das größtmögliche Maß an Intimität. Es ist zutiefst persönlich, und seine chemische Zusammensetzung ist der des Blutes sehr ähnlich. Sperma hat, wenn man es mit Blut mischt, einen cremigen, delikaten Geschmack. Es wird zu einem salzigen Gemisch, daß den Verstand an die Grenzen der Vorstellungskraft treibt. Schwule Männer müssen Millionen leerer Zimmer in den Herzen füllen, deshalb trinken wir gegenseitig unsere wertvollsten Schätze. Es ist eine vage Erfüllung der Begierde, ein Versuch, sich die Lebensenergie des anderen einzuverleiben. Doch es ist immer wieder frustrierend, denn nie bekommt man ganz, was man braucht. Wir sind zu erschöpft, andererseits sind wir Süchtige und entkommen deshalb dem endlosen Kreislauf nicht.

Christian glaubte immer mehr, er könnte seinem Blut und seiner Seele zur Reinheit verhelfen, indem er Blut von Leuten trank, die er für vollkommener hielt als sich selbst. Er dachte, er sei schlecht, und wollte sein eigenes Blut loswerden. Er wollte Erlösung. Deshalb verlangte er nur nach dem Blut von Unschuldigen. Er brauchte das Blut von anderen, um selbst rein zu bleiben, und er bereitete sich auf ein Ereignis vor, das er die ›Abrechnung‹ nannte – den Zeitpunkt, an dem er sein aktuelles Seelenstadium überwinden würde.«

»Er nahm also Blut von *Ihnen* – weil er *Sie* sein wollte?«

Wraith nickte. »Christian nahm Blut von mir, ja, aber ich nahm mehr von ihm, denn er glaubte, sein Blut sei reiner als meines, da er sich öfter an anderen labte, und er wollte, daß ich die Ausschweifungen des Lebens kennenlernte. Wir tranken fast immer voneinander, wenn wir Sex hatten. Einmal nahm er eine Rasierklinge, schnitt sich in die Zunge und ließ das Blut in meinen Mund tropfen. Es war wahnsinnig erregend!«

Für mich klang das überhaupt nicht erregend, aber das behielt ich für mich. »Es war also jedesmal eine ekstatische Erfahrung?«

»Leiden war natürlich auch dabei. Er war manchmal so unerreichbar und unberechenbar. Es verletzte mich, doch ich konnte ihn nicht ändern, also gab ich mich dem Schmerz darüber hin.«

»Sie sind in dieser schmerzlichen Beziehung geblieben?« Die Frage gab mir Gelegenheit, das Band zu wechseln.

»Der Schmerz hat mein ganzes Leben infiziert«, antwortete Wraith. »Der emotionale Schmerz, mit Christian zusammen zu sein, kam noch hinzu. Der ständige Schmerz der Ambivalenz und das Auf und Ab unserer Achterbahnbeziehung brachten mich dazu, mich darin zu verlieren und eins zu werden mit dem Schmerz. Ich lernte, den Schmerz als die Grundlage meiner Existenz zu betrachten. Das emotionale Leid, das die Präsenz Christians mit sich brachte, zerriß mich und löste mich auf. Er war mein persönlicher Quälgeist. Er tötete mich jeden Tag, jedoch auf eine liebevolle Weise. Er war sogar in seiner Hingabe sadistisch, und ich brauchte ihn so sehr, daß ich alles akzeptierte. Ich gab ihm, was er brauchte, und er gab mir Leben, Vergnügen, Nervenkitzel. Das schien mir eine Zeitlang ein guter Handel zu sein.«

5

»Also gut«, sagte ich, »was haben Sie beide als Vampire getan?«

»Einige Monate nach unserem Blutpakt stellte mich Christian Michael vor, seinem Mentor. Wir kamen gegen zehn Uhr abends bei seinem Haus am Fluß an und wurden von einem Portier begrüßt, dessen Frack perfekt gebügelt war. Er führte uns in seine Bibliothek im Ostflügel des Hauses und servierte uns erhitzten Cognac. Wir nippten und ließen unsere Blicke über die Antiquitäten in den Regalen schweifen. Bald darauf betrat Michael in lässiger Haltung den Raum. Er bot seine Hand dar, und Christian küßte sie. Ich blickte ihm in die Augen und versuchte, sein Geheimnis zu ergründen. Er saß ein paar Minuten mit uns zusammen, sprach über die Freuden der Dunkelheit und das Versprechen der Nacht. Dann sagte Christian: ›Michael, ich habe meinen Freund mitgebracht, damit er von den Anderen aufgenommen wird.‹

Michaels Blick traf mich, und wir verharrten in stiller Spannung. Dann sagte er: ›Ja, er ist recht begabt. Eine weise Entscheidung von dir, ihn mitzubringen.‹ Er hielt seine Augen auf mich gerichtet und fügte hinzu: ›Er ist bereits einer von uns. Er ist der Wiedergänger Jareds.‹

Ich starrte ihn an und fragte: ›Woher wissen Sie das?‹

Er lächelte und entgegnete: ›Hast du etwa geglaubt, wir würden dich nicht erkennen, Jared?‹

Ich verstand nicht, was er meinte. Jared war mein Geistesbruder. Und Michaels Worte beunruhigten mich, trotzdem wollte ich mehr wissen.

›Du hast ihn dein ganzes Leben lang gespürt, nicht wahr?‹ fuhr Michael fort. ›Er war immer in dir. Er ist ein Vampir aus dem 18. Jahrhundert, ein prominentes Mitglied der Anderen in Europa und der Gründervater von uns allen. Doch er hat uns verlassen.‹

Ich war wie gelähmt. Eigentlich wollte ich fragen, wohin Jared gegangen war, doch dann wußte ich plötzlich Bescheid: Selbstmord. Auf diese Weise hatte ich es nun also herausgefunden.

›Ja‹, nickte Michael. ›Du kennst die Antwort schon. Er verblutete, ging in die Welt der Geister ein, wurde ein übersinnlicher Vampir und ernährte sich von der Lebensenergie seiner Auserwählten. Du bist einer von denen, die Jared geschaut haben.‹

Christian war begeistert, völlig hin und weg. Er hatte immer schon gesagt, ich wäre etwas Besonderes und daß ich mir meiner Macht gar nicht bewußt sei. Ich jedoch wollte auf die Knie fallen und um Erlösung beten. Ich hatte nicht gewußt, daß Jared ein Vampir war. Ich war immer der Auffassung gewesen, ich hätte die Verbindung zwischen meiner Homosexualität und den Vampiren bloß erfunden. Jetzt hörte ich, daß Jared mich durch mein ganzes Leben begleitet und wenigstens zum Teil mein Schicksal bestimmt hatte.

Michael streckte seine Hände nach mir aus und bat mich, zu ihm zu kommen. Er konnte sehen, daß ich bestürzt war. Ich erhob mich und ging zu ihm. Er stand auf und umarmte mich herzlich, drückte mein Gesicht an seinen Hals und streichelte mein Haar. ›Jetzt bist du zu Hause,‹ beruhigte er mich. ›Es wird alles gut werden.‹ Er wischte die Tränen von meinem Gesicht, fuhr mit den Fingerkuppen sachte über meine Wimpern und bot mir noch einen erhitzten Cognac an.

Ich empfand eine Art spiritueller Ohnmacht. Es schien, als würden Geister um meinen Kopf schwirren. Ich erinnere mich, daß, während ich in Michaels Augen starrte, eine halbe Ewigkeit verstrich. Dann brach er den Bann und entschuldigte sich, da er noch einige Vorkehrungen treffen müsse. Als er gegangen war, packte Christian meine Hand und rief: ›Ich wußte, daß du etwas Besonderes bist! Ich wußte, daß du mein Berater werden würdest.‹

Michael kam zurück und verkündete, daß alles bereit sei. Christian schloß sich ihm an, und sie gingen vor mir einen Korridor entlang. Die Wand war eiskalt, und mir wurde klar, daß wir uns unter der Erde befanden, unter Michaels Haus. Als wir weiter hinabstiegen, konnte ich Flußwasser riechen. Alle fünf Meter waren kleine elektrische Leuchter an der Wand angebracht, die Schatten riesiger, böser Nachtgespenster an die Wand warfen. Wir erreichten ein schwarzes Eisentor, und dahinter hörte ich Sprechgesänge. Ich fragte mich, was als nächstes mit mir geschehen würde.

Michael öffnete das Tor und wies uns in ein kreisförmiges, unterirdisches Solarium, eine Art Garten, in dem die unterschiedlichsten Rosen standen. Ihr süßer, aber leichter Duft war betörend. Dann hörten die Sprechgesänge auf, und die Rosen begannen sich zu bewegen. Erst da sah ich, daß es sich in Wirklichkeit um Gestalten in Roben und roten Kapuzen handelte, die auf mich zuschritten.«

»Wie eine Versammlung von Vampiren?«

»Genau.«

KAPITEL SIEBZEHN

VAMPIRE IM UNTERGRUND

1

Wraith hörte sich allmählich immer mehr wie Shadow in Chicago und Nicolas in Los Angeles an. Eine ähnliche Geschichte hatte ich auch in New York gehört, als Sebastian mich eines Tages völlig außer Atem anrief und berichtete: »Ich habe gerade ein paar Leute getroffen. Sie leben draußen auf dem Land, und sie sagen, sie haben heiße Kontakte. Vampire! Es ist wie bei einem Rollenspiel – ein paar Typen, die so etwas machen wie wir in *The Masquerade* –, nur daß sie *keine Rollen spielen*. Sie sind wirklich Vampire, und sie könnten uns aufnehmen. Das haben sie mir jedenfalls erzählt.«

Diese Aussicht machte ihn sichtlich nervös und erregte ihn, aber was ihn noch mehr anstachelte, war das Geheimnis und die Vorstellung einer tieferen Schicht der Vampirwelt, die sich ihm nun durch jene öffnete, die er in der Vampirszene kannte. Hier schienen sich neue Abgründe und womöglich Pforten zu allen Geheimnissen und Gaben aufzutun, die das Vampirdasein bereithalten mochte.

Das war es! Die Schwelle. Die Grenzerfahrung.

Die Ahnung einer geheimnisvollen Unterwelt, in der die Übeltäter schwer an ihren schlimmsten Verbrechen tragen, treibt in jedem Volksglauben mannigfaltige Blüten. Man denke an Dantes Abstieg ins Inferno, oder Orpheus' Gang in den Hades. Dort, in der Unterwelt, vermutet die westliche Kultur die Hölle – den Ort, wo Bosheit und Verrücktheit gedeihen, den Schoß, der uns einfängt und in den Mutterleib zurückbringt, wo die Finsternis die Zügellosigkeit und Gesetzlosigkeit verhüllt. Wer dort eintritt, kehrt niemals zurück. Die Hölle ist der Ort, an dem unsere Leiber vom Schmutz gereinigt werden und wo wir blind und ohne zu wissen, wie uns geschieht, ausharren müssen. Allein die Vorstellung des Abstiegs in diese Unterwelt löst eine tiefe Furcht aus. Ein Psychoanalytiker würde sagen, daß wir unser eigenes Unterbewußtsein fürchten, da es uns offenbart, welche Monster in uns schlummern.

Doch die Hölle steht zuweilen auch, wie Victor Hugo sagt, für den Bereich (der Gesellschaft), an dem sich »die geheime Evolution der Seele« vollzieht, wo die Entrechteten einen Hafen finden und der Aufruhr für Freiheit und Reform vorangetrieben wird. Diese Hölle ist ohne Sprache, dunkel und weit vom großen Strom des Lebens entfernt. Wer auch immer der Furcht vor der Begegnung mit den Dingen, die da kommen mögen, ins Auge blickt, betrachtet die Unterwelt eher als einen Ort der Suche und der Reinigung. Der »Mensch im Untergrund« ist der erste Dissident der modernen Gesellschaft.

Im Untergrund treffen sich geheime Gesellschaften, deren Verhaltensweisen die einer exklusiven Gemeinschaft sind, die Initiation voraussetzt und sich einer bestimmten Aufgabe verschreibt, um ihren Mitgliedern Identität und Zugehörigkeit zu garantieren. Besondere Signale, Parolen, Jargons, Sprechgesänge, Doktrinen, Kleidung, Namen und Rituale vermitteln den Mitgliedern das Gefühl, an einem höheren Wissen teilzuhaben, das einer Festung gleicht, die Fremde abweist. Meistens bildet sich dabei eine verbindende Mythologie heraus, die den Angehörigen einer Geheimgesellschaft suggeriert, im Besitz einer besonderen Wahrheit zu sein, für die diese hart gearbeitet haben und die sie zu Gliedern einer Elite macht. Ihre Bestimmung trennt sie von den Belangen des irdischen Lebens. Wo andere blind sind, können sie sehen, und dieses Wissen weckt das Bewußtsein einer privilegierten Existenz. Sie kennen Geheimnisse, die andere vergeblich zu ergründen trachten, und leben in der Geborgenheit einer Macht, die ungleich größer ist als sie selbst und die ihnen alles gibt, was sie brauchen, um ein Teil des übergeordneten Ganzen zu werden.

Die aufregendsten Geheimnisse sind jene, bei denen die Gefahr besteht, den Verstand zu verlieren. Denn wenn man bis zum Abgrund vordringt und dies ohne Schaden übersteht, ist man für immer verändert, verwandelt oder erleuchtet und unterliegt nicht länger dem Lauf der gemeinen Dinge. Der Schatz ist greifbar nahe. Der heilige Gral.

Des öfteren bin ich bei meinen Nachforschungen auf die Idee gestoßen, daß es sogenannte »Ältere« oder eine elitäre Führungsgruppe gibt, die den Auserwählten einen besonderen Status verleiht. Eine junge Frau aus dem Mittleren Westen erzählte mir ausführlich, wie sie einen Vampir getroffen hatte, der sie in ein neues Leben aus sexueller Ekstase und Blutdurst führte. Sie wurde selbst ein Vampir und behauptete, andere zu treffen, die sich in sie hineinversetzen. Ihre Geschichte war detailliert und voller romantischer Schnörkel, viele davon waren charakteristisch für eine erfundene Vampirgeschichte. So behauptete sie, steinalt zu, sah aber sehr jung aus; sie benutzte sexuelle Reize, um ihre Opfer anzulokken; ihr Vampirschöpfer war ein gutaussehender junger Mann mit einer Haut wie aus Porzellan. Sie beantwortete bereitwillig all meine Fragen, aber als ich wissen wollte, ob ich ihre Geschichte in mein Buch aufnehmen könnte, sagte sie, sie müsse erst die »Anderen« fragen. Bald darauf setzte sie mich davon in Kenntnis, daß diese Anderen ihr abgeraten hätten, ihre Geschichte auf diese Weise zu nutzen. Sie hatte mir versprochen, mich dem Untergrund in Paris zuzuführen, über den sie Bescheid zu wissen schien, aber als ich nachhakte, lehnte sie ab, da ihr die Anderen empfohlen hätten, mir nicht zu helfen. Ich nehme an, in Wirklichkeit hat sie nichts über Paris gewußt.

Von anderer Seite wurde mir zugetragen, daß es vor einigen Jahren zu Störungen im Vampirnetzwerk gekommen sei, als ein junger Mann diverse Online-Chats regelrecht zusammenbrechen ließ, die über die wahre Natur des Vampirs informieren wollten. Anschließend verbreitete er seine exklusive Sicht der Dinge. Er gab an, im Besitz von Geheimwissen zu sein und einem Zirkel echter Vampire anzugehören. Er sagte weiter, er sei Mitglied des Temple of Set, einer philosophisch-religiösen Organisation in Kalifornien, die auf den ägyptischen Prinzipien des *Xeper* beruht, was soviel wie ›Selbsterschaffung‹ oder ›Selbstverbes serung‹ bedeutet. In diesem Orden wird der Wert des Individuums hervorgehoben. Die Mitglieder durchlaufen Einführungen, sogenannte »Fortschrittsstufen«, die von der Farbe eines Medaillons angezeigt werden. Gold ist die höchste Stufe. Ihrem Bekenntnis nach glauben sie »an die Existenz eines Wesens namens Set, das einst von den alten Ägyptern als Gott bezeichnet wurde«. Sie kostümieren sich gerne (schwarze Robe oder altägyptische Gewänder), führe Psychodramen auf, verbreiten ihr Wissen über geheime Dokumente und Symbole, beschäftigen sich mit Telepathie und Weissagung und verschreiben sich der Verbesserung ihres Lebens.

Ganz gleich, ob dieser »Vampir« wirklich ein Mitglied dieser Organisation war oder nicht, nutzte er sie für seine Selbstdarstellung. Bisweilen wurde er streitsüchtig und verschickte per Post oder E-Mail wüste Drohungen. Um sich der Anerkennung jener zu vergewissern, die sich für Vampire seiner Art interessierten, griff er gelegentlich auch zum Telefon. Er versicherte, eine Namensliste heimlicher Vampire zu besitzen, die er jederzeit veröffentlichen könnte. Sein Bedürfnis, sich zu einer Art Kurtz aus Joseph Conrads *Das Herz der Finsternis* zu stilisieren und die Vorstellung seines Wissens und seiner Macht unter die Leute zu bringen, verdarb so manchem Vampirclub den Spaß.

Das Problem der Betonung geheimer Kraft und speziellen Wissens liegt in der Doppelgesichtigkeit der Phantasie begründet. Wenn mir jemand weismachen will, daß es mysteriöse »Andere« gibt, die uns den Zugang zu tieferen Reichen verwehren, kann er sich jederzeit auf diese Position zurückziehen, ohne jemals einen Beweis antreten zu müssen. Vielleicht sagt er die Wahrheit, und *mir* ist dieses Wissen verwehrt, oder er will mich bloß dazu bringen, ihm seine Geschichte abzukaufen, ohne schwer zu beschaffende Informationen preiszugeben. Solche Leute geben vor, das Wissen um die Wahrheit gepachtet zu haben, doch sobald man hartnäckig nachfragt, fällt der Schleier. Eine Führungsclique, die auf Geheimhaltung besteht, ist nichts als eine billige Ausrede.

Ähnlich lief es in Chicago, als Shadow mir die Geschichte von Abel erzählte. Ich fragte ihn, ob ich so eine Zeremonie besuchen könnte, und er kehrte mit der Antwort zurück, ich sei »keiner von ihnen« und dürfe daher nicht zuschauen – es sei denn, ich würde einen Preis zahlen, von dem er annahm, daß ich ihn niemals zahlen würde. (Ich frage mich, was wohl passiert wäre, wenn ich die Bedingungen akzeptiert hätte!) Es gab zahlreiche Hinweise, daß sich viele der Orgien, zu denen Shadow eingeladen wurde, »im Untergrund« abspielten. Sie waren von »dunkler Art« und jenen vorbehalten, die über einen starken Geist (und Magen!) verfügten und die alles besaßen, was notwendig war, um der Sache gewachsen zu sein. Shadow tat so, als würde er an Menschenopfern und Ritualen teilnehmen, die eine Verbindung schaffen sollten zwischen seiner Gruppe und ... was auch immer.

Ich begegnete seinen Schilderungen von Anfang an mit Mißtrauen, doch wenn ich ihn provoziert hätte, wäre mir vielleicht eine wichtige Quelle verlorengegangen. Er behauptete, niemals Zeuge bei einem Vampirmord gewesen zu sein oder etwa »in die Unterwelt » hinabgestiegen zu sein, also gab es auch keinen Grund zu fragen, was an seinen Geschichten dran war. Doch je mehr ich mit den jungen Mitgliedern der Vampirkultur vertraut wurde, desto deutlicher spürte ich die Aura der Erwartung von etwas Magischem, die über ihren Wünschen und Hoffnung lag. Und mir drängte sich die Vermutung auf, daß die auf Clans, Magie und Hierarchie aufgebauten Rollenspiele etwas damit zu tun hatten.

Ich erfuhr, daß es unter Obdachlosen in verschiedenen Städten eine Vampir-Connection gab, so zum Beispiel in New York, Miami und New Orleans. Die New Yorker nannten sie »Fetischstreuner«, und es hieß, sie würden Leute attackieren, die in ihr Territorium eindrangen. Susan Walsh hatte kurz vor ihrem Verschwinden mit diesen Menschen gesprochen, doch es konnte niemals eine Verbindung zwischen ihr und den »Streunern« nachgewiesen werden. Die Tatsache, daß sie sich an Orten aufhalten, denen sich die meisten von uns niemals nähern würden, verleiht ihnen den hinlänglich gefährlichen Nimbus, zu einem Mythos zu werden. Sie wissen über das Vampirdasein Bescheid, und vielleicht wissen sie auch, wie man eine Verbindung zu den echten Vampiren im Untergrund herstellt.

Ein Detail, das über die echten Vampire kursiert, gilt dem Umstand, daß sie an einem unzugänglichen Ort vermutet werden, der nur durch eine Art Initiation oder Opfer betreten werden kann. »Sie« gewähren einem nur dann Zutritt, wenn man sich mit ihnen identifiziert und sie abschirmt, um sich anschließend ihren Bedingungen zu unterwerfen. Man muß gewappnet sein, sich den anstrengendsten, ausführlichsten, schrecklichsten wandelbaren Aspekten des Vampirdaseins zu stellen – um »ihnen« absolute Herrschaft zuzuerkennen.

Aus diesem Grund meinen viele, der Vampirismus sei zu einer Verehrung des Teufels verkommen. Wenn es tatsächlich einen geheimen Orden gibt, ein Untergrundforum für Unterwerfung und Kult, eine Erfahrung, die so geheim ist, daß nur die Eingeweihten Zugang zu den Einzelheiten haben, dann muß dieser Orden böse sein. Die Menschen neigen dazu, die tiefste Schwärze der Finsternis zu meiden, wie etwas, dem man um jeden Preis entfliehen muß, weil es uns unserer aufgeklärten Vernunft und unserer Menschlichkeit beraubt und uns in wilde Tiere verwandelt.

Die Übereinstimmungen zwischen Jennifer Toths Abenteuern in *The Mole People* und der Vampirsubkultur, die Wraith und die anderen beschrieben, setzte mich in Erstaunen. Hier wie dort stieß man auf vage Andeutungen, daß noch mehr hinter dem Offensichtlichen verborgen sei und daß man schon dahinterkommen würde, wenn man sich nur weit genug vorwagte – hinaus aufs Land, irgendeine Treppe hinunter oder welchen Weg auch immer man beschreiten mußte, um den nächsten gefährlichen Schritt zu tun. Auch ich verspürte die Verlockung, jene aufzuspüren, die *wissen*. Mir gefiel Anne Rices Idee, Lestat in *Der Vampir Lestat* nach Marius suchen zu lassen, denn das versprach die Enträtselung eines großen Geheimnisses und die Aufhellung der Dinge des Lebens – oder sogar mehr als das. Und ich wußte zu schätzen, welches Risiko Jennifer Toth eingegangen war, um etwas über eine seltsame Welt irgendwo unterhalb der unseren herauszufinden. Aber wie weit sie auch gegangen sein mochte – immer gab es eine »nächste Biegung«.

Toth hatte sich in die Katakomben von New York aufgemacht, und wie ihre Nachforschungen gezeigt haben, existieren dort sieben Ebenen (eine bemerkenswert mystische Zahl!). Die Leute leben dort unten allein oder in Gruppen, und sogar dort bilden sich Hierarchien. Die Autorin hat sich, um eine gute Geschichte zu hören, häufig in kritische Situationen begeben. So traf sie auf einen Mann, der unter der Grand Central Station lebte und sich Dark Angel nannte. Er machte sich das Unbehagliche der dortigen Gegend zu Nutze, um Toths Begeisterung für die Dunkelheit zu verspotten, und erzählte ihr (mit zorniger Stimme), daß ein Teil von ihm in ihr stecke und sie daher fortan »böse« sei. »Hier unten existiert nur das reine Böse«, erklärte er, und um diese Behauptung zu unterstreichen, zischte, spuckte und schrie er. Sein Lager – eine Decke über einem Haufen plattgedrückter Kartons – war anderen Tunnelbewohnern unter dem Namen »Satanshöhle« bekannt. Er führte sich auf, als habe er ihr irgendein geheimes Wissen voraus.

Als Toth die Tunnelleute besser kennenlernte, hörte sie Geschichten von Menschen, die angeblich in den tiefsten Bereichen leben und jahrelang kein Tageslicht gesehen hatten. Man erzählte sich, daß einem Mann die Zehen zusammengewachsen seien, weil er sein Lebtag mit bloßen Füßen über den Steinboden gelaufen war. Das waren die wahren »Maulwurfsmenschen« (Mole People); gruselige Gestalten, denn obwohl sie menschlich waren, entwickelten sie gewisse Züge, die die meisten kaum mehr als menschlich betrachten würden. Sogar die Obdachlosen im Untergrund betrachteten sie als etwas Geheimnisvolles und erfanden Geschichten über sie. Sie wurden verteufelt und sogar für Kannibalen gehalten. Die Maulwurfsmenschen hausten dort, wo die größten Ratten leben und wohin niemand sich zu gehen traut. Nicht einmal die Polizei interessierte sich für sie, denn die Höhlen lagen so tief unten, daß die Sprechfunkverbindung im Ernstfall nicht funktionierte. Die Geschichten, die über sie erzählt wurden, wurden zum Bestandteil der Untergrundmythologie: »Du weißt, daß sie da sind«, wurde Toth berichtet, »weil du ihre Augen *spüren* kannst.«

Ich habe diesen Vergleich gezogen, um zu zeigen, wie sehr die Menschheit Geheimnisse liebt. Egal, wie es um unsere ökonomische Situation, unsere Vorstellungswelt oder unser rationales Denken bestellt ist, zu jeder Zeit entwickeln wir Mythologien über andere Lebewesen, Mächte und Kräfte, die mit uns *verbunden* sind, aber nicht zu uns *gehören*. In gewisser Hinsicht lieben wir die daraus entstehende Angst, doch wir überschreiten auch liebend gerne unsere Grenzen. Gibt es da draußen echte Vampire – jene Wesen des alten Volksglaubens, die uns »umarmen« können, uns verwandeln und uns verbotene Kenntnisse und ewiges Leben versprechen? Gibt es eine geheime Sekte, die die Macht und das Wissen besitzt, einzelnen Auserwählten einen besonderen Status zu gewähren, der sie für immer verändert?

Von einem solchen Geheimbund sollte ich nun erfahren.

2

Was ich bisher von »Vampiren« über Kulte und Riten gehört hatte, ließ mich an der Wahrheit von Wraiths Geschichte zweifeln. Doch er schien mein Mißtrauen nicht zur Kenntnis zu nehmen.

»Die Gruppe verharrte«, fuhr er fort, »versammelte sich um mich und sang Lobpreisungen auf die Nacht. Ihre Hymne verehrte Löwe und Geier, die sich beide von Fleisch und Blut nähren. Dann sangen sie von den

Wegen des Vampirs. Christian nahm seinen Platz nahe des Brunnens in der Mitte des Gartens ein, während die anderen sich verneigten und ›Jared … Jared …‹ flüsterten.

Ich sah Michael an und fragte ihn, was er von mir wollte. Er antwortete: ›Ich möchte deine Reise beenden. Ich möchte die Macht des Vampirs Jared von deiner Seele lösen.‹

›Aber dann werden Sie ihn an sich selbst binden‹, entgegnete ich. ›Sie wollen Jared von mir trennen, damit er zu Ihnen kommt, nicht wahr?‹

Michael nickte nur. ›Wirst du ihn gehen lassen? Wirst du uns Jared übergeben?‹

Ich war mir nicht sicher, wie ich reagieren sollte. Mir gefiel die Idee nicht, daß mich Jared verlassen sollte, aber ich war mir ebensowenig sicher, ob ich ihn behalten wollte. Schließlich sagte ich: ›Ich erlaube ihm, sich den Gastgeber seiner Wahl auszusuchen.‹

Michael versicherte mir, aus dieser Entscheidung würde die Weisheit Jareds sprechen, und befahl, die Zeremonie fortzusetzen. Es gab noch einige Dutzend andere Gestalten im Garten – es schienen wenigstens 100 an der Zahl zu sein. Sie hatten sich unter dem Einfluß des Vollmondes aufgemacht, um Jared für sich zu gewinnen. Jeder hoffte, daß Jared *ihn* auswählen und in das Licht der Erkenntnis führen würde.

Michael zog eine Klinge aus seiner Tasche und forderte mich auf, den rechten Arm auszustrecken. Mein Hemd hatte man mir bereits ausgezogen. Die anderen stimmten wieder ihre Sprechgesänge an, während Michael und ich in Augenkontakt standen und ich ihm die Erlaubnis erteilte, mich zu schneiden. Mit Nachdruck setzte er die Klinge zwischen Handgelenk und Ellbogen an. Ich fühlte das Blut herausströmen. Es war erfrischend. Es schien, als würde aus der Wunde Energie in die goldene Schale fließen, die man unter meinen Arm geschoben hatte. Jeder neue Tropfen schien ein Jahrhundert der Weisheit und der Erfahrung zu verkörpern.

Die Vampire sahen gebannt zu, manche leckten sich gierig die Lippen. Sie wollten von mir kosten, um sich Jared einzuverleiben. Christian schien in einer Art Trance, während er zusah. Er starrte an mir vorbei und fixierte einen fernen Ort, den er vor mir verborgen gehalten hatte.

Dann schnitt sich Michael in den rechten Arm und drehte ihn so, daß sich sein Blut in der Schale mit meinem vermischte. Das Gefäß füllte sich bis zum Rand, dann verbanden zwei Vampire die Wunden. Christian trat vor, hob die Schale und hielt sie über eine Flamme, um das Blut zu reinigen. Die Flamme krönte das Zentrum des Brunnens, aus dem das Wasser über drei Stufen plätscherte. Dann trug Christian die goldene Schale zu einem schwarzen Marmortisch und goß das Blut in zwei Kristallgläser.

Michael trank zuerst, zweifellos in der Hoffnung, mich und Jared in sich aufzunehmen. Ich kam nach ihm und verschlang den vermischten Geschmack von Michael und mir. Dann schlossen wir beide die Augen und warteten auf das beflügelnde Gefühl.

Im nächsten Moment öffnete Michael die Augen und sagte: ›Jared hat sich entschieden. Er möchte bei unserem neuen Bruder bleiben. Umarmt euren neuen Herrn.‹

Das alarmierte mich, denn ich hatte nicht die Absicht, diese Versammlung anzuführen. Doch sie marschierten vor mir auf, küßten meine Hand oder leckten meine verbundene Wunde. Ein Typ biß mich sogar. Ich beobachtete, wie Jared den Zirkel wieder an sich riß. Dann zeigte Michael an, daß sich alle setzen sollten, während meine fleischlichen Lüste gestillt wurden. Eine Gestalt in roter Robe näherte sich und stellte sich vor mich hin. Der Mann schlug die Augen auf, und es war, als würde ich in einen Spiegel schauen. Der Vampir zog seine Kapuze zurück, um sich zu zeigen, und ich schnappte nach Luft. Er sah genauso aus wie ich, einschließlich eines Muttermals auf der rechten Wange. Er ließ die Robe fallen, bot seinen schlanken Körper dar und schob sich mit großer Vorsicht und Sanftheit an mich heran. Er leckte an meinem Mund und an meiner Kehle und küßte zärtlich mein Gesicht, als sollte ich im Schwall seiner Hitze vergehen.

›Dringe in mich ein, Jared‹, flüsterte er. Christian kam näher und küßte uns beide. ›Ich werde dich in alle Ewigkeit lieben‹, versicherte er mir. ›Eines Tages werde ich Jared als Wächter deiner Seele ersetzen. Bis dahin sollst du mir alles beibringen, was du weißt.‹

Als das Ritual vorbei war, verschwanden die Vampire ohne Geräusch in der Nacht. Michael gab uns die Schlüssel zu seinem Haus und bot uns alles nur Erdenkliche an. Er sagte zu mir: ›Du bist mächtig und furchteinflößend, und du bist mir überlegen. Ich verneige mich vor Jared.‹

Christian zeigte mir einen geheimen Ausgang aus dem Garten. Von diesem Tag an hatte ich innerhalb des Zirkels eine mächtige Position inne, aber das war nur der Beginn eines langen und faszinierenden Abenteuers in der dunklen Unterwelt der Vampire.«

»Warten Sie mal«, unterbrach ich ihn. »Wie konnten Sie so genau Bescheid wissen, wenn Sie gerade erst eingeführt worden waren? Behaupten Sie etwa, daß Sie urplötzlich die Weisheit dieses Vampirs kanalisieren konnten und Dinge erkannten, die Sie über diese Art zu leben vorher nicht wußten? Ich habe noch nie von Adepten eines Geheimbundes gehört, die sich einem Neuling sofort offenbart hätten – auch wenn sie geglaubt haben mochten, in ihm wohne ein großer Geist. Sie verschweigen mir etwas. Sie müssen doch Ihre wahre Natur irgendwie unter Beweis gestellt haben.«

Er schwieg einen Moment, als würde ihm gerade klar, daß er es nicht mit einer Schwachsinnigen zu tun hatte, die ihm bereitwillig alles abnahm. Ich spürte, daß er sich seine nächsten Worte gut überlegte.

»Also gut«, gab er zu. »Tatsache ist, daß ich Michael und dem Zirkel schon vorher bekannt war. Wir haben Christian getäuscht.«

Das war eine interessante Wendung. Aber sprach er die Wahrheit? »Wie?« fragte ich spitz. »Ich dachte, Ihre Gedanken seien *eins* gewesen?«

»Nun ... die Wahrheit ist, daß ich die Gruppe bereits ein knappes Jahr, bevor ich Christian kennenlernte, getroffen hatte. Michael gefiel es nicht, daß Christian sich an mich heranmachte. Als er mich das erste Mal traf, sah er Jared in mir und wollte mich unter seine Fittiche nehmen. Er sagte Christian kein Wort davon, nachdem dieser in die Gruppe aufgenommen worden war. Ich fühlte mich schuldig, ihn ausgeschlossen zu haben. Michael und ich machten einen Narren aus ihm. Es bricht mir das Herz, daß ich das meinem Geliebten angetan habe. Aber er war nicht klug genug, das Spiel zu durchschauen. Ich traf Michael, kurz nachdem Christian mir auf der Veranda sein Blut gegeben hatte. Er dachte, ich könnte ihm bei seinen Plänen behilflich sein, das zu werden, was er gerne sein wollte.«

Er hatte die Widersprüche in seinem Bericht über die erste Begegnung mit Michael anscheinend nicht bemerkt, aber ich sagte nichts dazu. »Und warum, glauben Sie, wollte Sie die Gruppe unbedingt haben?«

»Sie benötigten meine Weisheit.«

»Mit 17?«

»Die meisten von ihnen waren sehr jung, aber sie sagten, sie bedurften meiner klaren Einsicht in die Geheimnisse des Blutes. Sie erkannten mein Talent, andere Menschen an mich zu binden. Dies ließ mich –

zusammen mit meinen natürlichen Führungsqualitäten – wertvoll für sie erscheinen. Und sie wollten Jared.«

Mir wurde allmählich klar, daß *ich* diejenige war, die hier zum Narren gehalten wurde. Das war alles ein wenig zu phantastisch – und unstimmig. Dieser junge Mann verstand es gut, Fragen auszuweichen und Tatsachen zu verdrehen. Er war gewitzt, aber nicht immer überzeugend. Und doch klang manches an der Geschichte nach Wahrheit – genug jedenfalls, um ihre Echtheit zumindest in Betracht zu ziehen. Auch wenn er an irgendeiner Persönlichkeitsstörung litt, war dies zumindest eine gute Geschichte – und untermauerte den starken Eindruck, den die Vampirmythologie auf die menschliche Vorstellungskraft machen kann. Ich fühlte mich ein wenig sicherer.

»Wie alt war Michael?« fragte ich.

»So um die 30, glaube ich. Niemand hat ihn danach gefragt. Auf jeden Fall sah er wie 30 aus.«

»Wie kam er zu solch einem Haus? Was für Geschäften ging er nach?«

»Das Haus gehörte seiner Familie und war ihm von einem Verwandten vererbt worden. Soweit ich weiß, hat Michael nie gearbeitet. Er machte immer, wozu er gerade Lust hatte.«

»Wie kam er zu den ganzen Jungs in dem Kult?«

»Ich weiß nicht. Ich nehme an, er trieb sich in den Clubs der Stadt und in entlegenen Kultzirkeln herum und lockte sie mit seinem opulenten Lebensstil an. Er war eine Art Puffmutter für Vampire. Sie kamen von überallher, um sich seiner Gruppe anzuschließen.«

Ich mußte wohl etwas skeptisch aus der Wäsche geschaut haben, denn er ging zu einer philosophischeren Art der Unterhaltung über, als könnte er mich auf diese Weise besser ablenken.

»Haben Sie jemals Nietzsches *Ecce Homo* gelesen, sich jemals gefragt, was es heißt, sein eigenes wahres Selbst zu verwirklichen? Mir gefällt, wie Nietzsche es formuliert: ›Das Rätsel, das der Mensch lösen muß, kann er nur lösen, indem er unwandelbar er selbst ist ...‹ Ich bin auf der Suche nach dem, was ich wirklich bin. Es kann nicht entdeckt, aber zusammengesetzt werden. Nietzsche sagt, daß es einen einzigartigen Pfad gibt, den niemand beschreiten kann außer man selbst. Man soll nicht fragen, wohin er führt, man soll ihn nur gehen. Wie ich Ihnen schon sagte, dachte ich immer mehr, daß *ich* zu werden *verrückt* zu werden bedeutet.«

»Ja, das sagten Sie«, warf ich ein. Ich wollte ihn von diesem Thema abbringen, und es interessierte mich, warum er mich plötzlich mit intellektuellen Äußerungen ablenkte. Nietzsche war so etwas wie ein Prophet für manche dieser Leute, als hätte er ihnen die Lizenz gegeben, alles zu tun und zu sein – was der Philosoph so jedoch nicht gemeint hat.

»Was ist nun mit Nietzsche?«

»Ich stimme mit Nietzsche darin überein, daß der Mensch das Böse in sich braucht, um das Gute zu leben, das in ihm verborgen ist. Das Geheimnis, dem Dasein die größten Gaben abzuringen, liegt darin, gefährlich zu leben.« Er machte eine Pause, um dem Gedanken Wirkung zu verleihen. »Und was, wenn die besondere Gabe eines Menschen die Verrücktheit ist? Soll er ihr freien Lauf lassen?«

Er sah mich an, als hätte ich eine Antwort parat – als *erwarte* er eine von mir. Ich hatte immer gedacht, daß man, wenn man dem Wahnsinn in die Augen blickt, feststellen kann, ob die betreffende Person ihm »vollkommen anheimgefallen« ist. Es war mir bisher noch niemand begegnet, der verrückt war und gleichzeitig gesund wirkte und sich vollkommen normal verhielt. Wraith war entspannt, beeindruckend, sogar gutaussehend. Ich lehnte mich gegen meinen Wagen und wußte nicht, was ich antworten sollte. Die Dunkelheit jenseits der Lichter über uns schien immer erdrückender. Wraith lächelte, als hätte er meine Gedanken gelesen.

»Stellen sie sich vor«, sprach er weiter, »Dahmer glaubte, ein Künstler zu sein. Wurde er nicht er selbst, als er diese Jungen mißhandelte und tötete? Wie hätte er etwas anderes tun können, als seine Karten auszuspielen? Und wenn das Spiel Wahnsinn heißt, wie kann man dann verantwortlich gemacht oder verurteilt werden, wenn man lediglich zu sich selbst gefunden hat? Verlangt es nicht die Integrität des Werdens, daß man fortsetzt, was man begonnen hat?« Seine dunklen Augen blickten aufrichtig. »Nietzsches Wunsch, seine eigene höhere Bestimmung zu finden, entsprach der Suche nach der obersten persönlichen Wahrheit. Ich glaube, sein Schicksal war im Schoß seines eigenen somatischen Leidens gediehen. Er wurde von Magenschmerzen, schlechten Augen, Migräne, Störungen des zentralen Nervensystems und einem emotionalen Trauma geplagt. Er fühlte sich verloren. Also richtete er seinen enormen Verstand auf die Aufgabe, eine höhere Bestimmung zu entdecken, die ihm Aufschluß über sich selbst geben konnte. Unter Berücksichtigung der Tatsache, daß die meisten Menschen ein zielloses Leben führen und in einer bloß ›angeeigneten Manier umherirren‹, wollte er alleinigen Nutzen aus seiner individuellen Persönlichkeit ziehen. Diejenigen Elemente, die ihm nicht wirklich eigen waren, wollte er ausrotten.«

»Ich kenne diese Argumente«, sagte ich. »Das ist die übliche Wortklauberei von Studenten, die ihren Professor aufs Glatteis führen wollen.«

Wraith zuckte mit den Schultern. »Kann sein. Doch die Frage ist sinnvoll. Man muß darüber nachdenken, wenn man das Gefühl hat, auf dem richtigen Weg zu sein, aber es ist kein Weg, der gesund oder normal erscheinen könnte. Nietzsches *Amor fati* – ›Umarme dein Schicksal!‹ – ist der Aufruf, dem Grund meines Ichs zu folgen, was immer das bedeuten mag, egal, wie schwierig oder dunkel der Weg auch sein mag.«

»Was bedeutet das für Ihren Vampirismus?« Ich hatte wirklich keine Lust, über Geisteskrankheit zu diskutieren. Nicht hier draußen, allein mit ihm. Wir könnten das irgendwann per E-Mail erledigen. Vampirismus schien mir ein sicheres Thema, denn seit Monaten redete ich mit den Leuten darüber. Das war der Boden, auf dem ich mich auskannte, besonders wenn es um Details ging. »Wie stellen Sie es eigentlich an, wenn Sie es tun? Ich meine, wie macht man das? Auf welche Weise trinken Sie Blut?«

»Wollen Sie wissen, wie *ich* es mache? Oder wir alle?«

Ich zuckte mit den Schultern, um ihm zu bedeuten, daß mir das egal war. Ich war ganz im allgemeinen neugierig.

»Um die Haut zu durchbohren«, erwiderte er, »benutzen manche eine Drucknadel, die sie zwischen ihren Fingern hindurch gleiten lassen. Andere nehmen ein scharfes Messer oder ein Skalpell. Ich habe die Nadeln verwendet, die Ärzte bei Bluttests benutzen. Am besten sind Rasierklingen, da sie äußerst scharf sind. Ich habe Ihnen ja schon beschrieben, wie man damit umgeht. Das Opfer spürt dabei gar nichts. Um das Vergnügen zu vergrößern, muß man den Schmerz möglichst schnell vergehen lassen. Ich habe sogar davon gehört, daß manche Haifischzähne benutzen oder spezielle Fangzähne. Manche Jungs, die ich kenne, nehmen die Kanten von geschärftem Papier, um einen Papierschnitt anzusetzen. Unter den gegebenen Umständen kriegen die Opfer das überhaupt nicht mit, vor allem dann nicht, wenn sie unter Drogen stehen oder Alkohol getrunken haben.

Ich habe meine Beute in Einkaufszentren, Supermärkten, Bars, dunklen Gassen, Kinos, am Strand und auch einmal auf einem alten Friedhof gefunden. Auch Herbergen und Wohnheime sind berüchtigte Orte für Vampire wie mich – großartige Jagdgründe für Jungs, die mit neuen Erfahrungen und Initiationsriten experimentieren wollen. Doch heutzutage ist es schwer, einen lohnenden Fang zu machen. Die Typen aus der Generation X sind vom Leben gelangweilt und zu sorglos. Sie haben wenig Komplexe, was Sex angeht, also gibt es auch keine besonderen inneren Konflikte oder Komplikationen, die eine Begegnung erst aufregend machen. Wenn ich sie überzeugen kann, daß es ganz anders oder zumindest für eine Weile prickelnd ist, trauen sie sich manchmal.«

»Wie machen Sie so etwas auf sichere Art?« wollte ich wissen. »Ich meine, Sie können ja kein Kondom benutzen. Verlassen Sie sich darauf, wenn der andere Ihnen sagt, daß er sauber ist?«

»Es gibt keine wirklich sichere Methode, Blut zu saugen. Ich treffe Vorkehrungen: kein Herumfuchteln vor dem Ritual, keine Mundverletzungen oder Schnitte. Ich schlucke das Blut sofort, um es zu entgiften. Manche schleppen eine Krankheit mit sich herum, ohne es zu wissen, also traue ich ihren Versicherungen nicht über den Weg.«

»Es erstaunt mich, daß der andere es einfach so geschehen läßt – sich fesseln, schneiden und ausbeuten zu lassen –; es erstaunt mich, wie weit Menschen gehen, um zu äußerster Erregung zu gelangen.«

»Männer suchen immer nach neuen Varianten, um ein bißchen mehr Lust zu empfinden. Manchen von ihnen gefällt der Schnitt mit der Rasierklinge, ein leichtes Zwicken in das erregte Fleisch, und das Saugen macht es dann noch heißer. Ich glaube, es ist unmöglich, eine seelische Verbindung zu vermeiden. Ein Körper kann den anderen nicht berühren, ohne innerlich beteiligt zu sein. Das mag von einem weiblichen Anteil in mir herrühren. Ich betrachte Frauen als Wesen, die den sexuellen Akt in ihrer Vorstellung beginnen, um dann zum ausgefeilten stimulierenden Vorspiel überzugehen.

Ich habe viele Jahre mein Leben im geheimen gelebt, heftig geliebt und dann alle Brücken abgebrochen, damit niemand herausfand, was ich bin. Wie ein Vampir, der plötzlich neben einem auftaucht, einen in unvergleichliche Leidenschaften verwickelt und dann in die Nacht eintaucht. Dieses Manöver hielt meine Welt zusammen, zwang mich aber auch, ein falsches Spiel zu spielen. Natürlich, viele mögen ein anderes Verständnis von Vampirismus haben. Ich glaube, Anne Rice, die eine Menge Leute beeinflußt hat, bietet ein paar brillante, erleuchtende und originelle Aspekte des Vampirismus, doch ihre Blutsauger scheinen Verkörperungen ihrer eigenen Dämonen zu sein. Sie ist offenbar auch nicht fähig, ihren Figuren das richtige Maß zu geben. Sie sind zu surreal. Es ist die Vertrautheit, die Verachtung erzeugt, und das versetzt mich in Angst und Schrecken.

Die Menschen erkennen in einem echten Vampir etwas Vertrautes wieder. Ich meine das Unheimliche, so wie Freud es beschrieben hat: vertraut, abstoßend und ganz wie wir selbst. So wird aus dem Schrecklichen in unserem Leben ein ganz gewöhnlicher Blick auf das Vertraute – und es beginnt uns zu umgarnen. Ich kenne keinen einzigen Autor von Vampirgeschichten, der dies wirklich verstanden hat.

Meine Auffassung von Vampiren besagt, daß es einen leeren Fleck in ihren Herzen gibt, ein schwarzes Loch, das sie mit der Substanz anderer füllen, die sie kanalisieren wollen, um die Wüste des Herzens zu bewässern.

Ich glaube, die tiefste Wahrheit über das menschliche Leben liegt in der Verzweiflung. Ich wurde in Verzweiflung empfangen. Ich stellte meine Andersartigkeit sofort fest, das unabweisbar Andere ist tief in mir verwurzelt, auch wenn ich wiederholt versucht habe, es abzuschütteln. Ich bin entschlossen, mir Anerkennung zu verschaffen, doch ich ahne, daß sie mir versagt bleibt, also habe ich gelernt, mich im Rahmen der Verzweiflung zu definieren – wie ein Vampir eben. Der ursprüngliche Vampirismus ist ein verzweifelter Hexenkessel, in dem süßes Blut brodelt.«

Na großartig, er hatte es wieder geschafft. Er hatte das Gespräch wieder auf seinen Hang zum Wahnsinn gebracht, also fragte ich ihn: »Haben Sie's schon mal mit einer Therapie versucht?«

Diese Frage schien ihn zu verärgern. »Ich habe mal mit einem Therapeuten gesprochen. Er wollte mich hypnotisieren.«

»Und was geschah? Haben Sie ihm etwas von Ihrer Blutgier erzählt?

»Ein wenig. Nichts, was ihn zufriedengestellt oder klüger gemacht hätte.«

»Sind Sie in Trance gefallen?«

»Ja, aber ich hatte immer noch die Kontrolle über das, was ich ihm erzählte. Er meinte, ich sei zu konzentriert und von außen kontrolliert und er könne sich keinen Zutritt in mein inneres Wesen verschaffen. Ich spielte mit ihm, mit seinem Interesse an mir. Er wollte es noch einmal versuchen, doch ich weigerte mich.«

»Ich weiß, wie man das macht. Wie wär's, wenn ich es bei Ihnen probierte?«

»Kommt nicht in Frage. Das ist Bockmist. Nie mehr, ganz gleich mit wem!«

4

Wir waren in einer Sackgasse gelandet. Ich nahm an, daß ich ihn irritiert hatte, doch ich wollte meinen Weg weitergehen. »Glauben Sie nicht, daß es in ihrem Verhalten ein selbstzerstörerisches Element gibt?« Mir war klar, daß sich das wie ein Urteil anhörte, doch ich beharrte trotzdem auf meiner Frage. »Könnte es etwas mit Selbsthaß zu tun haben?«

Wraith reagierte kaum darauf. Die Frage schien ihn nicht sonderlich zu beunruhigen. »Ich habe eine selbstzerstörerische Ader, das muß ich zugeben. Ich neige dazu, zu nahe am Abgrund zu wandeln und blicke in Schluchten von ungewisser Tiefe. Ich neige dazu, mich selbst zu sabotieren. Ich besitze auch einen dunklen, gemeinen Zug, der mir manchmal das Gefühl gibt, ich sei besessen, und mich auf der Jagd begleitet. Ich ›töte‹ meine Opfer, indem ich ihre Kraft auslösche. Ich nehme sie in mir auf. Ich ermorde ihren Geist, indem ich sie zwinge, sich mir zu unterwerfen. Ich erobere sie in solch umfassendem Maße, daß sie sich mir nicht nur ausliefern, sondern mich anflehen, mich ihrer zu bedienen.

In dieser Hinsicht bin ich ein kaltblütiger Killer, ich strebe rücksichtslos nach absoluter Dominanz. Diese Rolle scheint mir wie in meine Körperzellen eingeprägt. Unterwürfig bin ich nur dann, wenn ich Unterwerfung vortäuschen muß, um schließlich zu triumphieren.«

»Meinen Sie, Sie könnten irgendwann zu weit gehen? Könnte es sein, daß Ihre Lust sie zu dominieren beginnt, Sie kontrolliert und an einen Punkt bringt, an dem Sie jemanden wirklich verletzen?« Natürlich war das eine sehr persönliche Frage, aber an dieser Stelle schien sie mir angemessen. Er hatte einen gemeinen Wesenszug erwähnt. Nun wollte ich wissen, wie gemein er war.

»Ich habe immer Angst gehabt, leichtfertig zu töten, wenn es soweit war«, entgegnete er, ohne seinen Ausdruck zu verändern. »Ich spüre eine verschüttete Veranlagung in mir, die leicht zum Ausbruch kommen könnte, denn der Tod fasziniert mich in jeder Form, besonders gewalttätige Tode wie durch Selbstmord, Folter oder Mord. Ich glaube, ich bin fähig, mich im Kontinuum der Gewalt zwischen zwei gegensätzlichen Polen zu bewegen.

Ich mache von meinem Geburtsrecht Gebrauch, Katherine. Früher fühlte ich mich wegen meiner Machenschaften schuldig, doch jetzt akzeptiere ich sie. Ich bin das Andere in der menschlichen Kultur – Mitglied einer Gruppe von Außenseitern von zunehmend politischer Bedeutung. Die Geheimhaltung meiner vampirischen Rituale folgt den Regeln, die ich in meiner Jugend verinnerlicht habe. Da mein Leben immer schon das eines Vampirs war, halte ich mich an diese Vorstellungen. Die ›Opfer‹ müssen unerfahren und absolut unberührt sein. Oft haben sie eine flüchtige Sehnsucht, die von Stunden träumerischer Ahnungen und Phantasien herrührt. Wenn sie dann am Abgrund stehen, bricht es aus ihnen heraus wie Lava, die aus Erdspalten quillt.«

»Ist die Geheimhaltung Bestandteil der Erotik?«

»Ja, in sehr großem Maße. Dinge über sich selbst zu wissen, von denen andere keine Ahnung haben, ist sexy. Es ist ein Gefühl von verborgener Macht. Eine Verschwörung mit mir selbst und ein Überlebenskodex. Homosexualität und Vampirismus haben etwas gemeinsam: Man offenbart seine Persönlichkeit nicht jedem. Wir sind verschwiegen und verstohlen, leiden und haben eine starke Sehnsucht, uns nur einer Person anzuvertrauen, die uns verstehen kann.«

»Aber Christian hat Sie doch verstanden, oder nicht? Haben Sie ihn jemals betrogen?«

»Ich habe ihn die ganze Zeit belogen – so, wie er es mit mir gemacht hat. Ich wußte, das er das tat und mit wem. Ich kannte die Leute, mit denen er sich traf. Wir sprachen niemals über Lügen oder Betrug. Wir gingen nur davon aus, daß wir wußten, was wir wußten, und verhielten uns dementsprechend. Es war ein Spiel. Er dachte wie ich, daß der Betrug eine wirksame Methode des Überlebens ist, und hatte Freude daran, sie zu perfektionieren. Er verlangte das ... und andere Dinge ... von mir.

Christian war Außenstehenden gegenüber mißtrauisch, doch der eigentliche Grund unseres isolierten Daseins war unser Privatleben. Wir waren wie betrunken von unserem gegenseitigen Eivernehmen, das wir durch geheime Gesten noch steigerten. Er hielt die Menschen für schwache, lächerliche Kreaturen, die herumkriechen und nur darauf warten, ihr marodes Herz bluten zu lassen. Er war rücksichtsloser als ich. Mein Herz wurde von einer rastlosen Seele beherrscht, und er sagte, er würde die darin begrabene natürliche Krankheit ausbeuten. Er drängte mich zu den extremsten Spielarten des Terrors. Es ist schwer, Ihnen richtig zu erklären, welche besondere Energie dabei im Spiel war. Wenn ich Ihnen von einer bestimmten Begebenheit berichte, werden Sie's vielleicht besser verstehen.«

Ich war nicht sicher, ob ich die grausigen Einzelheiten wirklich hören wollte, ließ ihn jedoch gewähren.

»Wir fuhren im Wagen und hatten einen betrunkenen Jungen bei uns. Während ich am Lenkrad saß, öffnete Christian die Tür, packte den Jungen und drückte seinen Kopf gegen den Asphalt. Ich wußte erst gar nicht, was er da machte. Ich dachte, der Junge müßte sich übergeben, doch tatsächlich tat Christian etwas ... nun, er nannte es ›die Hautfarbe auffrischen‹ oder so ähnlich.«

»Mein Gott! Und was geschah dann?«

»Christian zog in wieder herein, und ich dachte, er sei tot. Ich fragte Christian, ob er ihn umgebracht hätte. Doch der Typ war nur betrunken, einfach weggetreten. Ich glaube, wir warfen ihn irgendwo raus. Ich nehme an, als er aufwachte, hatte er nicht den blassesten Schimmer, was ihm zugestoßen war.«

»Und *das* fanden Sie aufregend?« Ich fragte mich allmählich, ob ich mit jemandem sprach, der überhaupt noch einen Funken Verstand besaß. Der Geist von Jared, Eric und die abgetrennte Hand, die bizarre Loge, und jetzt das. Und trotzdem schien er entschlossen, mich davon zu überzeugen, daß noch im größten Schrecken ein gewisses Vergnügen liegt.

»Es war die Tatsache, daß er sich so etwas einfach ausdachte und sofort in die Tat umsetzte. Er war so ungebunden. Er war sich über das, was er wollte, völlig im klaren. Das ist es, was einen Vampir ausmacht. Sich seines Hungers und seines Willens zu überleben vollkommen bewußt zu sein, ganz gleich, wie verwundbar das Opfer ist. Deshalb ist der Vampir in unseren Augen so mächtig. Er ist im Besitz absoluter Freiheit. Er kann verführerisch und charmant sein, aber ebenso brutal.«

»Und Sie glauben, daß Christian den Vampir verkörperte?«

»Allerdings. Er kannte die Seele des Vampirs besser als jeder andere, der mir zuvor oder seitdem begegnet ist.«

»Er scheint so voller Haß. Was war gut in ihm? Gab es da etwas?«

»Das kann ich rückblickend nicht sagen. Er hatte einen schizoiden Charakter. Es gab Zeiten, in denen er nicht so war. Es gab Tage, an denen er freundlich und aufmerksam war. Ich sah ihn auch anderen Menschen helfen, er konnte älteren Leuten die Einkaufstüte nach Hause tragen. Das hat mich oft umgehauen.«

»Ist es möglich, daß es Zeiten gab, in denen er sich wünschte, nicht so zu sein? Vielleicht war es ein böser innerer Zwang?«

»Wenn er etwas Nettes getan hatte, dachte ich immer ›Das ist also seine *Wally-and-Beaver*-Seite. Das ist der Junge, der er früher irgendwann einmal war.‹ Ich habe nie herausgefunden, was ihn verändert hatte. Ich stellte mir immer vor, daß er eines Nachts aufgewacht und einfach in sein zweites Selbst geschlüpft ist – daß das Schlechte in ihm einfach irgendwie ansprang. Ich dachte, er wäre besessen. Ich sagte ihm das mal, und er lachte und meinte: ›Ja, kann schon sein. Und was, wenn ich's bin?‹«

»Und Sie sind trotzdem geblieben.«

»Ich kann es nicht oft genug sagen. Es war aufregend, mit ihm zusammenzuleben, ein Nervenkitzel, ein dauerndes Geheimnis, etwas Unvorhersehbares. Es gab viel zu gewinnen. Es ist wahr, man gewöhnt sich an alles, an Mißbrauch, an Elend ... man fängt an, seinen Schmerz zu lieben. Ich wurde immer davon angezogen. Unterbewußt bin ich auf Dinge eingestimmt, die mir weh tun können. Und sein wahnsinniges Leben hatte etwas Glorreiches. Er hielt sich für bezaubernd, sogar für romantisch. Deshalb fühlte ich mich so zu ihm hingezogen. Ich sah in ihm ein Genie des Wahnsinns. Es gab Hunderte von reinen und schillernden Momenten. Ich brauchte lange, um das herauszufinden, aber ich glaube, wenn Sie ihn gesehen hätten, wäre Ihnen das auch aufgefallen. Seine Art, zu denken, seine Art, Ideen zu verknüpfen. Es war alles sehr reizvoll, auch wenn ich entsetzt war. Doch ich konnte es sehen, wie ein Dichter es gesehen hätte – hier gab es kein richtig oder falsch, sondern nur den brillanten Entwurf und den Willen zum Ausdruck. Christians Leben war das Abbild meines eigenen inneren Verses – der Dinge, die mich anzogen. Seine Einstellung war: ›Es gibt nichts, was nicht von Wert sein könnte!‹«

Ich wußte nicht, was ich sagen sollte. Das war ein wortgewandter Appell, etwas zu akzeptieren, das einfach *falsch* war. Doch hier draußen, in der Dunkelheit einem charismatischen erregten jungen Mann lauschend, konnte man leicht sein moralisches Zentrum verlieren. Ich mußte ihm etwas an den Kopf werfen, damit er mich nicht am Ende von der Amoralität der Poesie überzeugte. »Die Wahrheit ist doch«, sagte ich, »daß die Person mit den tiefsten Wunden und dem höchsten pathologischen Grad die Beziehung bestimmt hat. Er führte sozusagen beim Tanzen.«

Wraith erkannte, daß er mich nicht mehr im Griff hatte. Er zuckte mit den Schultern. »Nun, ich denke, das stimmt. Was wir taten, kam mehr von ihm als von mir. Aber ich machte weiter. Und ich konnte dem immer noch etwas Schönes abgewinnen.«

»Dann stimmten Sie seelisch teilweise überein. Auch Sie müssen zumindest das Potential haben, so etwas zu wollen und ins Werk zu setzen – und nicht nur mitzumachen.«

»Keine Ahnung. Mag sein. Aber er zehrte von meinem Schmerz. Das brachte ihn in Fahrt. Erregte ihn.«

»Wie?«

»Er machte aus mir einen Vampir, während er sich an einem Opfer zu schaffen machte. So kam er in zweifacher Hinsicht auf seine Kosten. Ich kann mich an Dinge erinnern, die er nur tat, um mich zu verletzen, um zu seinem Vergnügen meinen Schmerz auszubeuten. Ich spüre das Leid von anderen. Mein ganzes Leben lang habe ich es gespürt. Christian dachte, er könnte mich vielleicht ändern, und wir hätten dann eine gute Zeit zusammen. Ich würde mir sozusagen in meiner Vorstellung die Drehbücher ausdenken, und er würde Wege finden, sie in Szene zu setzen.«

»Das erinnert daran, wie der britische Mörder Dennis Nilsen seine Vorgehensweise beschrieben hat«, warf ich ein. »Er behauptete, Träume zu erschaffen, die er mit richtigen Menschen besetzte, die dabei niemals wirklich verletzt würden, weil die Gesetze der Träume unwirklich seien. Denken Sie auch so?«

Wraith sah mich an, als würde er abwägen, wieviel er wohl noch erzählen wollte, und ich hatte den alarmierenden Eindruck, daß er noch gar nicht richtig angefangen hatte, den vollen Umfang von Christians »schönem Wahnsinn« zu enthüllen.

»Das glauben Sie doch nicht wirklich, oder?« bemerkte er.

Ich wollte eigentlich protestieren, daß ich das sehr wohl glaubte, mußte dann aber einräumen: »Ich weiß es nicht. Es hört sich etwas phantastisch an. Jared. Michael. Und jetzt Ihr Liebhaber, der jahrelang ein Soziopath gewesen sein soll.«

»Wir können ja aufhören, wenn Sie wollen. Ich habe nicht das Gefühl, daß ich Ihnen noch mehr erzählen muß.«

Ich war zu lange Therapeutin gewesen und hörte daher die versteckte Herausforderung aus seinen Worten heraus. Ich könnte mich ins Auto setzen und losfahren. Ich hatte genug Material. Und ich fing langsam an zu glauben, daß meine Kindheitsangst vor dem Ausbrechen des versteckten Monsters gerade auf dem besten Wege war, sich zu bewahrheiten. Also sollte ich mich vielleicht am besten aus dem Staub machen.

Doch was mich unter anderem bewogen hatte, Therapeutin zu werden, war der Wille, an mir selbst zu arbeiten. Ich wußte immer noch nicht, weshalb wir auf diesen Punkt zu sprechen gekommen waren. Ich wußte nicht recht, warum Wraith dieses kleine Spiel mit mir begonnen hatte. Ich war mir nicht sicher, wieviel er bei seinen Bekenntnissen ausgelassen hatte – und ich wollte es herausfinden.

»Nein, hören Sie nicht auf«, forderte ich ihn auf. »Ich möchte es hören. Es ist nur so, daß … ich meine, da ist etwas, das irgendwie keinen Sinn ergibt. Warum fand Christian solche Dinge nicht bei anderen? Bei Michael zum Beispiel. Es hört sich so an, als wäre Michael der bessere Partner für Christian gewesen? Was ist mit ihm geschehen? Wo war er die ganze Zeit?«

»Michael …« Wraith holte tief Luft, bevor er es mir sagte. »Nicht lange, nachdem ich ihn getroffen hatte, wurde er erstochen auf dem Boden seines Hauses aufgefunden.«

KAPITEL ACHTZEHN

VAMPIRVERBRECHEN

1

1986 stieg eine junge Frau in das Auto eines hilfsbereiten Geschäftsmannes, der sie darauf 22 Stunden lang gefangenhielt. Er gab an, er wolle ihr Blut, dann ließ er etwas davon in einen gläsernen Krug fließen und trank es. »Ich bin ein Vampir«, teilte er seinem Opfer mit. Die Frau konnte entfliehen und die Polizei verständigen, die den Mann festnahm, der zahlreicher Morde in Nachbarstaaten verdächtigt wurde. Ein Jahr später wurde ein Jogger gepackt und in einen Lieferwagen gezerrt, wo er eine Stunde lang festgehalten wurde und ein Mann sein Blut trank.

Ich wußte von diesen Geschichten. Seit ich meine Untersuchungen im Hinblick auf eine mögliche Straftat (im Fall Susan Walsh) in Angriff genommen hatte, las ich regelmäßig davon, daß einige Menschen Lust auf Blut entwickelten und ihr Verlangen mit Gewalt stillten. Meiner Ansicht nach hat das mit der Vampirkultur nicht viel zu tun, doch es wird immer Grenzfälle geben, die mit ihrem schändlichen Verhalten die Gesamtheit einer Gruppe diskreditieren. Ich hatte von Jugendlichen gehört, die den sehnlichen Wunsch verspürten, ein Vampir zu sein, und manche gingen einfach zu weit.

Die Nationale Aufklärungsstelle für Satanische Verbrechen in Amerika (NCSCA) zählt den Vampirismus offenbar zu den satanischen Kulthandlungen, denn unter den Veröffentlichungen ihrer Web Site findet sich auch ein *Handbuch zur Bestimmung des Vampirismus*. Tatsächlich schlossen sich 1993 in West Memphis drei Teenager zu einem Satanskult zusammen, schlachteten und aßen dabei angeblich Hunde, feierten Orgien und töteten schließlich drei achtjährige Kinder und tranken deren Blut. Der Anführer des Zirkels, Damien Wayne Echols, behauptete, daß er auch das Blut seiner Sexpartner trank, um Kraft für seine Hexerei zu schöpfen und um sich »wie Gott zu fühlen«.

Nicht alle, die wenigsten sogar, die sich als Vampire betrachten, bezeichnen sich als Satanisten, obwohl manche behaupten, es gäbe bei ihnen Zusammenkünfte, die den Einfluß des Okkulten verrieten. Man stellte sich den Vampir einst als Abkömmling Satans vor, daher war er im Spiegel nicht zu sehen und besaß keine Seele, die Gott hätte erlösen können. Diese Verbindung gilt manchen immer noch als Anlaß, im Namen des Vampirismus böse Dinge zu tun.

Norine Dresser, Richard Noll, Gordon Melton und andere, die über die Vampirszene schreiben, haben Vampirverbrechen dokumentiert, die zum Teil bereits Jahrhunderte zurückliegen. Fritz Haarmann, John George Haigh, Elizabeth Bathorey sind Namen, die jedem Vampirologen bekannt sind. Sie begingen ihre blutigen Taten in Europa, doch auch in Amerika hat es einige berüchtigte Killer-Vampire gegeben.

Richard Trenton Chase war in den späten 70er Jahren als »Vampir von Sacramento« bekannt. Es fing damit an, daß er eine Frau ermordete, ihre Eingeweide herausschnitt, Hundekot in ihren Mund stopfte und ihr Blut trank. Er beschmierte auch ihr Gesicht damit. Danach ermordete er eine Familie (einschließlich des Säuglings), doch er wurde rasch als Täter identifiziert. In seiner Wohnung fand die Polizei Hinweise, die auf mehr als 40 weitere geplante Morde schließen ließen. Er tötete stets in der Nachbarschaft, und wen es traf, hing allein davon ab, wessen Tür unverschlossen war, denn in den Häusern, deren Türen verriegelt waren, fühlte er sich – sehr vampirisch! – nicht eingeladen.

Während seines zweiten Aufenthaltes in einer geschlossenen psychiatrischen Anstalt besorgte er sich Hasen und trank ihr Blut. Mehrmals versuchte er, sich Hasenblut zu injizieren. Er biß auch Vögeln den Kopf ab und war dem Krankenhauspersonal als »Dracula« bekannt. Wenn er ohne Aufsicht war, fing er Hunde und Katzen und trank ihr Blut. Er tat dies, weil er glaubte, er werde von *Seifenschalen* verfolgt. Er meinte, daß sich sein Blut pulverisierte, wenn der untere Teil eines Stückes Seife naß war, und daß er es deshalb auffrischen mußte. Andernfalls würde seine Energie vernichtet.

Chase wurde zum Tode verurteilt, aber 1980 fand man ihn tot in seiner Zelle. Er hatte eine Überdosis Antidepressiva geschluckt.

James Riva, der behauptete, die Stimme eines Vampirs zu hören, erschoß seine Großmutter mit vier Kugeln, die er golden angemalt hatte, und trank dann Blut aus der Wunde, um ewiges Leben zu erlangen. Er bezeichnete seine Tat gewissermaßen als Selbstverteidigung, denn er war davon überzeugt, daß seine Großmutter *sein* Blut trank, während er schlief, und daß dies auch andere Vampire taten. Er hielt alle Menschen für Vampire und dachte, etwas unternehmen zu müssen, um so wie alle anderen zu werden. Das Geheimnis, hatte ihm die Stimme des Vampirs gesagt, bestand darin, jemanden zu töten und sein Blut zu trinken. Seit dem dreizehnten Lebensjahr war er von Vampiren fasziniert, malte Bilder von Gewalttaten und begann Dinge zu essen, die in ihrer Konsistenz Blut ähnelten. Er tötete Tiere, darunter auch Pferde, um ihr Blut zu trinken. Er schlug einem Freund die Nase auf und versuchte einen anderen aufzuspießen, um an ihr Blut zu kommen, und behauptete, er habe deshalb auch schon Fremde überfallen. Im Gefängnis hörte er auf, Blut zu trinken, weil er es, wie er sagte, dort nicht ausreichend bekommen würde und sein Körper, der an den Verzehr menschlichen Gewebes gewöhnt war, nun seine eigene Substanz verarbeite.

Es gibt immer wieder Fälle von Vampirverbrechen, und einige verfolgen andere Absichten als nur das Trinken von Blut.

Anfang Januar 1997 wurde Jon C. Bush, ein dünner, braunhaariger 26jähriger Mann, der sich als Vampir bezeichnete, in Virginia wegen sexueller Belästigung von acht minderjährigen Mädchen, die er in seine »Vampirfamilie« aufgenommen hatte, zu 26 Jahren Gefängnis verurteilt. Er hatte Jungs von der High School angeheuert, die er drängte, ihm Mädchen zuzuführen. Das jüngste war 13. Die Mädchen sagten aus, Bush habe ihnen von einem Rollenkartenspiel namens *Masquerade: Eternal Night* erzählt, bei dem die Spieler alte Vampire einer 30köpfigen Vampirfamilie darstellten, die auf Bushs Kommando hören mußten. Manchmal schminkte sich die Gruppe Gesicht und Lippen weiß, lakkierte sich die Fingernägel schwarz und unternahm einen Ausflug ins Einkaufszentrum. Bush erzählte den Mädchen, daß sie Vampire werden könnten, indem sie Oral- oder Geschlechtsverkehr mit ihm hätten oder sich von ihm hart unterhalb der Brüste küssen lassen würden. Er bestand darauf, daß er sexuellen Kontakt mit ihnen haben müsse, um ihre Energie anzuzapfen.

Die Spielergemeinschaft reagierte wütend auf den Vorwurf der Medien, die in den Rollenspielen die Ursache für solcherlei Untaten sahen. In den legitimen Spielervereinigungen ist körperlicher Kontakt nicht erlaubt. Greg Fountain, Marketingdirektor der Firma White Wolf, die das Produkt *Masquerade* herstellt: »Kein Medium, ob Rollenspiel, Film oder Buch, löst in einem gesunden und normalen Menschen anomale oder abweichende Verhaltensweisen aus. Wir glauben nicht, daß die Beatles für die Manson-Morde verantwortlich waren, nur weil sie ›Helter Skelter‹ gesungen haben. Ebensowenig glauben wir, daß Stephen King für die Verbrechen verantwortlich ist, bei denen jemand das Wort ›Redrum‹ am Tatort hinterlassen hat.«

Gleichwohl gibt es Menschen, die glauben, daß »böse« Spiele jemanden auf die Idee bringen und ermutigen könnten, in der Realität gewalttätig zu werden. Am 24. November 1997 strahlte der Fernsehsender Dateline eine Sendung über einen Mordprozeß in Springfield, Missouri aus, in dem der 35jährige Lehrer Jon Feeney des brutalen Mordes an seiner Frau Cheryl und seinen beiden Kindern – unter anderem seiner 18 Monate alten Tochter – angeklagt war. Die Anklage behauptete, daß der Mann ein Doppelleben geführt habe. Er hatte mehrere außereheliche Affären, und die Anklage brachte Beweise dafür bei, daß Feeney seit den 70er Jahren aktives Mitglied örtlicher Rollenspielgruppen war. In der letzten Zeit war er, nachdem er *Dungeons and Dragons* gespielt hatte, dazu übergegangen, High-School-Teenagern die Teilnahme an *Vampire: The Masqerade* zu finanzieren. In seinem Schreibtisch wurden Spielzettel gefunden. Trotzdem bestritt er jede Beteiligung an irgendwelchen Rollenspielen. Die Anklage machte deutlich, daß das Regelwerk von *Vampire* ausdrücklich Handlungsweisen mancher psychotischer Vampire hervorhebt, die »versuchen, alles und jeden zu zerstören«, und daß Cheryl Feeneys Leiche in einer unnatürlichen Haltung aufgefunden wurde, die den Eindruck erweckte, sie sei Teil eines erniedrigenden »Spiels« gewesen. Zwei Schnittnarben auf ihrer Wange, die wie Vampirbisse aussahen, und an die Manson-Morde erinnernde Buchstaben, die an die Wand geschmiert worden waren, wurden als Elemente von Feeneys Spiel erachtet. Die mit Farbe geschriebenen Buchstaben sahen aus wie ein »M« und ein »V«, was vermutlich »Master Vampire« heißen sollte. Kim Rey, eine der Liebschaften von Feeney, sagte aus, sie habe sich von ihm kontrolliert gefühlt – außerdem habe er sie überredet, bei einer abartigen Sexparty mitzumachen und Gedankenkontrolle angewendet, um sie das Lügen zu lehren, was er »Eraser memory« (Radiergummigedächtnis) nannte.

Obwohl die Jury Feeney für nicht schuldig erklärte, sagten einige Geschworene später, daß sie ihn keineswegs für unschuldig hielten. Für sie war er ein brutaler Mörder, jedoch glaubten sie, daß die Anklage dies nicht ausreichend bewiesen hatte.

Feeney ist nicht der einzige, der diesem Rollenspiel durch ein Verbrechen zu nationaler Beachtung verholfen hat. Eine Clique 16jähriger Kids unter der Führung von Rod Ferrell warf im Jahre 1996 ein schlechtes Licht auf *The Maquerade*, machte aber auch deutlich, daß das Spiel selbst nicht zu extremen Verhaltensweisen ermutigt. Ferrell mußte die White-Wolf-Spielregeln überbieten und ein eigenes Szenario entwerfen, um bestimmte Brutalitäten zu ermöglichen und zu rechtfertigen.

Ferrell, der aus Murray, Kentucky, der Heimatstadt des Pfadfindermuseums stammte, hatte eine kurze Zeit in Eustis, Florida, gelebt, wo er Heather Wendorf traf. Wieder in Kentucky, schloß er sich einer *Masquerade*-Gruppe an. Doch es verlangte ihn nach weit gefährlicheren Spielen, daher gründete er den Vampire Clan. John Goodman, einer seiner Freunde und erwiesenermaßen Mitglied des Clans, erinnerte sich, daß Ferrell von dem Gedanken besessen war, die Pforten der Hölle aufzustoßen, was für ihn bedeutete, daß er eine große Zahl von Menschen ermorden mußte, um sich ihre Seele einzuverleiben. Ferrell behauptete auch, Blut durch Wände hindurch riechen zu können.

Er wurde für eine Weile eingesperrt, nachdem er in ein Tierheim eingebrochen war, Hunde freigelassen, zwei von ihnen verletzt und zwei Welpen auf rituelle Weise getötet hatte. »Offensichtlich saugen die gerne Blut«, meinte der Polizeidetektiv Mike Jump über den Clan. »Sie schneiden sich gegenseitig in die Arme und trinken Blut. Sie glauben ernsthaft, daß sie Vampire sind.« In einem Bericht der Nachrichtenagentur Associated Press war zu lesen, daß einem Hund die Beine ausgerissen worden waren.

Doch damit nicht genug. Richard Wendorf (49) und die 53jährige Naoma Ruth Queen (Wendorf) aus Eustis, Florida, wurden am 25. November 1996, es war Thanksgiving, tot in ihrem Haus aufgefunden. Erschlagen mit einem Brecheisen. Wendorf hatte über 20 Hiebe auf den Kopf und ins Gesicht erhalten. Auf seinem Körper fand man Spuren ausgedrückter Zigaretten in Form eines »V« mit zwei Punkten auf jeder Seite des Buchstabens. Ferrell hatte Freunden erzählt, daß das gepunktete »V« sein Zeichen sei und daß er Mitglieder des Clans damit markiere. Ein blutiger Fußabdruck und Hautreste unter Queens Fingernägeln brachten Ferrell ebenfalls mit dem Verbrechen in Zusammenhang. In der Frühausgabe der Nachrichtensendungen wurde verbreitet, daß Heather Wendorf, die 15jährige Tochter der Opfer, den Mord an ihren Eltern zusammen mit Ferrell und drei seiner Freunde geplant hatte. Wendorf und die anderen wurden, nachdem sie Eustis verlassen hatten, in Baton Rouge, Louisiana, festgenommen. Roderick Ferrell, Howard Scott Anderson (17), Charity Lynn Keesee (16), auch unter dem Namen Sara Remington bekannt, und Dana Cooper (19) wurden in Wendorfs gestohlenem Ford Explorer geschnappt, als eines der Mädchen seine Eltern anrief und ihnen verriet, wo sie waren. Im Kofferraum fand die Polizei Vampirbücher, ein Buch namens *The Ultimate Vampire*, eines über schwarze Magie (das *Necronomicon*) und drei Disney-Filme.

Ferrell gestand bei einer auf Video festgehaltenen Aussage, wie er die beiden Menschen getötet hatte. Er sagte, die Morde hätten ihm einen richtigen »Kick« gegeben und er hätte sich »wie ein Gott« gefühlt. Er sagte weiter aus, daß Töten eine Art zu leben und der Mensch das schlimmste Raubtier von allen sei.

Heather Wendorf wurde nach einer Anhörung durch die Grand Jury von allen Anklagepunkten freigesprochen, die anderen vier jedoch wurden vor Gericht gestellt: Ferrell und Anderson wegen Mordes, Keese und Cooper wegen Beihilfe. Heather sagte aus, daß sie und Keese mit Andersons Wagen unterwegs gewesen seien, während die Morde begangen wurden. Sie hätte keine Ahnung gehabt, was Ferrell vorhatte, und auch nicht geglaubt, daß er es wirklich getan hatte, bis sie ihn mit der Halskette seiner Mutter spielen sah. Später gab sie jedoch zu, daß Ferrell mit ihr zuvor über den Mord gesprochen und sie ihn gebeten hatte, ihren Eltern nichts anzutun.

Am selben Tag, an dem ihre Eltern ermordet wurden, tauschten sie und Ferrell in einem Friedhofsritual ihr Blut aus, um sich zu »kreuzen« und in Vampire zu verwandeln. Auf diese Weise, so glaubte sie, »war es ziemlich wahrscheinlich, daß es klappen und man dann irgendwie *dazugehören* würde«. Er war ihr Herr. Er war ihr Chef. Aussagen belegten, daß sie Freunden erzählt hatte, sie sei in einem früheren Leben ein Dämon gewesen und daß sie während der Blutrituale mit Geistern sprechen würde. Als sie Ferrell kennenlernte, sah sie in ihm einen verwandten Geist und sehnte den Tag herbei, an dem er nach Florida zurückkehrte, damit sie zusammensein konnten. Sie nannte ihre Katze Vesago, ein Name, den Ferrell von einem Prinzen der Hölle hatte. Sie färbte ihr Haar violett, und an ihrem Schulranzen hing eine mit einer Schlinge strangulierte Barbiepuppe. Einer Freundin hatte sie angeblich anvertraut, daß sie wünschte, ihre Eltern wären tot, erst recht nachdem sie Ferrells endlosen R-Gesprächen ein Ende bereitet hatten. Einmal fragte sie ihre ältere Schwester, ob sie jemals daran gedacht habe, ihre Eltern zu töten. Später bestritt Heather dies alles, obwohl Briefe von ihr belegten, daß sie glaubte, ein Teil ihrer Seele sei »die Essenz aus Vergeltung, Haß und Zerstörung«.

Offensichtlich hatte Ferrell schon vor seiner Ankunft beschlossen, das Ehepaar Wendorf zu töten. Er hatte vorher ein anderes Mädchen in Eustis besucht und angedeutet, daß »noch etwas erledigt werden müßte« und sie in der folgenden Nacht noch großen Spaß haben würden.

Die Staatsanwaltschaft forderte für Anderson und Ferrell die Todesstrafe. Ferrell erzählte Reportern vom *Orlando Sentinel* – denen er, als er ins Gefängnis gebracht wurde, die Zunge herausstreckte – zunächst, daß ein rivalisierender Vampirclan die Morde begangen habe. Dann behauptete er, wegen multipler Persönlichkeitsstörungen bei Psychiatern in Behandlung gewesen zu sein und an regelmäßigen Blackouts zu leiden. Die Verteidigung argumentierte, Ferrell bewege sich auf der Grenze zur Psychose, er sei als Kind sexuell mißbraucht worden und dem verderblichen Einfluß von Vampirismus und Okkultismus ausgesetzt gewesen.

In Murray, Kentucky, wurde bald ein weiterer bizarrer Fall bekannt. Rod Ferrells Mutter, Sondra Gibson (35), wurde beschuldigt, im November 1997 einem Teenager anstößige Briefe geschrieben zu haben, um ihn zu einem sexuellen Initiationsritual zu verleiten. Sie wurde des ungesetzlichen Umgangs mit einem Minderjährigen für schuldig befunden, ein schweres Verbrechen. In dem Brief hatte sie betont, wie sehr sie sich danach sehne, ihm nahe zu sein, daß sie ein Vampir werden wolle und dann für immer ihm gehören würde. Sie bat ihn, sich mit ihr zu »kreuzen«, dann wäre sie für immer seine »Braut« und er ihr »Gebieter«. Ihr Verteidiger behauptete, sie sei zu jener Zeit geisteskrank gewesen. Psychologen erzählte sie, daß Mitglieder des Vampirclans bei ihr zu Hause Gruppenorgien veranstaltet hätten. Ein Mitglied hätte sie während einer rituellen Vampirsitzung angeblich vergewaltigt und gezwungen, sich mit ihm zu »kreuzen«. Sie glaubte, daß die Gruppe übernatürliche Kräfte besaß und daß sie von ihnen unter Drogen gesetzt worden war. Sie hatte Ferrell erlaubt, in seinem Zimmer einen satanischen Schrein samt Pentagrammen auf dem Boden zu errichten.

Trotz alledem behaupteten Ferrells Großeltern mütterlicherseits kurz nach der Anklageerhebung, daß ihr Enkel immer er ein guter, von einem bösen Mädchen in die Irre geführter Junge gewesen sei und daß er nicht nur nichts getan, sondern auch das Zeug zu einem großen geistigen Führer gehabt hätte.

Bei Prozeßbeginn tauchten in der Presse Berichte auf, in denen zu lesen war, was sich angeblich am Mordtag zugetragen hatte. Anderson war zwar im Haus gewesen, aber Ferrell hatte mit dem Brecheisen auf den schlafenden Richard Wendorf eingeschlagen. Danach schlug Ferrell die 53jährige Naoma Ruth Queen, nachdem diese dazugekommen war und ihm heißen Kaffee ins Gesicht geschüttet hatte. Die Mädchen (die nicht dabei waren) trafen sich dann mit Ferrell und Anderson, und gemeinsam flüchteten sie in dem Ford Explorer nach New Orleans. Heather behauptete den Berichten zufolge, daß es Keesee gewesen sei, die ihr – nach Beratungen mit Ferrell – den Tod ihrer Eltern mitteilte. Später verriet er ihr einige schauerliche Einzelheiten über den Mord. Als man sie schnappte, hatten die Clanmitglieder frische Narben an den Armen, als hätten sie an diesem Tag Blut getrunken.

In Florida gibt es bei Geisteskrankheiten durch okkulten Einfluß keine Strafminderung. Als ein unabhängiges Labor die Übereinstimmung zwischen Ferrells DNS und den Blutspuren unter Queens Fingernägeln feststellte, verlegte sich die Verteidigung auf eine Reihe psychischer Syndrome, die sich strafmildernd auswirken sollten. So war zum Beispiel von einer schizotypischen Persönlichkeitsstörung die Rede (ein Krankheitsbild, bei dem die Fähigkeit zu engen Beziehungen eingeschränkt und die Wahrnehmung verzerrt ist) und von Leiden, die angeblich auf Ferrells Vampirglauben zurückzuführen waren.

Während der Auswahl der Jury für die Verhandlung gegen Ferrell – sie sollte als erstes stattfinden – zeichnete dieser mit einem Bleistift Wasserspeier und schenkte der Angelegenheit nur wenig Beachtung. Doch am 5. Februar 1998 – der Staatsanwalt begann gerade mit seinen einführenden Bemerkungen – bekannte sich Ferrell des Mordes, des bewaffneten Überfalls und Raubes schuldig. Vor dem Gerichtssaal verkündete seine Mutter anschließend die Unsterblichkeit des Vampirs und rief: »Wir leben ewig!« In der folgenden Woche kam es zum Urteilsspruch.

Einer der Zeugen der Verteidigung war ein Junge, Steven Murphy, dem Ferrells Mutter ebenfalls Liebesbriefe geschrieben hatte und der jetzt angab, daß der Vampirismus ein auserwählter Lebensstil sei. Er selbst war ein »Prince of the City« (ein von White Wolf inspirierter Titel königlicher Vampire). Er sagte, er habe gewußt, daß es bei den Morden nicht um Vampirismus gegangen sei, weil Ferrell die Opfer nicht schröpfte. Bevor er den Gerichtssaal verließ, warf er Ferrell einen Kuß zu.

Ferrells Vater, der den Jungen zehn Jahre nicht gesehen hatte, trat in den Zeugenstand, doch anscheinend sah er seinen Sohn nicht einmal an. Auch Ferrells Mutter machte ebenfalls eine Zeugenaussage, doch ihr wurde kaum Glauben geschenkt. Manche Leute waren der Meinung, daß auch sie angeklagt werden müßte, obschon sie später darauf bestand, eine »bessere Mutter als die meisten anderen« gewesen zu sein.

Die Jury brauchte nicht lange, um sich für die Todesstrafe auszusprechen. Der Bezirksrichter gab seine Zustimmung, und am 28. Februar wurde Ferrell zum Tode durch den elektrischen Stuhl verurteilt. Er empfahl der Jury außerdem, sich noch einmal zusammenzusetzen und sich noch einmal eingehend mit Heather Wendorfs Verwicklung in den Fall zu beschäftigen. »Es gibt von Grund auf Böses auf dieser Welt«, sagte er. »Es gibt eine dunkle und eine helle Seite, die in allen von uns miteinander um die Vorherrschaft streiten.«

Nur eine Woche später, am 7. März, brachte die Nachrichtenagentur Associated Press eine Geschichte, die belegte, daß Heather Wendorf von Aphrodite Jones, einer Schriftstellerin, die sich mit wahren Verbrechen beschäftigt, 1.000 Dollar Vorschuß auf ein Buch angenommen hat, das *The Embrace* heißen und möglicherweise auch verfilmt werden soll.

Im März bekannte sich Anderson zu seiner Mittäterschaft und bekam dafür zweimal lebenslänglich. Ferrells Verteidiger sprachen noch einmal bei Gericht vor, um das Urteil auf einmal lebenslänglich zu reduzieren, doch der Richter wies das Ansinnen zurück. Dana Coopers Anwälte hatten Erfolg damit, ihren Prozeß nach St. Augustine, Florida, zu verlegen. Ihr Prozeß und der von Charity Keesee dauerten, während ich dieses Buch verfaßt habe, noch an.

Die »Vampir-Connection« weckte großes Medieninteresse, das sich besonders auf das White Wolf Game Studio richtete. Am 9. Dezember schickte White Wolf eine Erklärung mit der dringenden Bitte, Rollenspiele ruhig und sachlich zu erklären, an einige Gruppen im Internet. Es wurde betont, daß es niemals irgend einen offiziellen Zusammenhang zwischen diesen Morden und dem Spiel gegeben habe und versichert, daß Rollenspiele vollkommen harmlos seien.

Rollenspieler verstehen sehr wohl, daß Vampire der Definition nach darauf angewiesen sind, Menschen anzufallen – um zu überleben und um Macht zu erlangen. Wenn Spieler Mitglieder in einem Vampirclan werden, stellen sie sich vor, blutsaugende Monster zu sein. Die meisten können sich anschließend wieder davon lösen, da sie wissen, daß es nur ein Spiel ist, das einen reinigenden Effekt haben kann. Andere jedoch betreten die Spielarena, *weil* dort Gefühle zum Ausdruck kommen, die längst in ihnen vorhanden waren: Wut, Selbsthaß und eine ganze Reihe anderer Empfindungen, die Gewalt nach sich ziehen können. Damit bringen sie dann sich und ihre Krankheit ins Spiel.

2

Als ich all dies bedachte – daß die Übernahme der Vampiridentität und ihrer asozialen Aspekte eine geistig kranke Person zu wirklicher Gewalt ermutigen kann –, wollte ich mehr über Michael, den ermordeten Vampirführer, erfahren. Er gehörte zu einem Kult, deren Mitglieder sich für Vampire hielten. Obwohl sie (wenn es sie wirklich gab) kein strukturiertes, kommerzielles Spiel spielten, hatten sie doch durch Rituale und Mythologien eine gefährliche Identität angenommen. Und nun war einer von ihnen tot. Das gab der ganzen Sache eine dramatische Wendung. Ein ermordeter Vampir! Ging es hier um einen Vampirjäger oder um einen Vampirrivalen?

»Was war passiert?« fragte ich Wraith.

»Man fand ihn erstochen und verblutet auf dem Boden seines Wohnzimmers, auf seinem wunderschönen Orientteppich.« Wraith stellte eine nonchalante Haltung zur Schau, als wäre der Tod vorauszusehen gewesen oder als sei er für jemanden, der sich derartigen Aktivitäten hingibt, eine ganz normale Begleiterscheinung. »Ein sagenhafter Teppich, lila und weiß. Ich liebte diesen Teppich.«

»Das glaube ich. Also, was war geschehen?«

»Das Messer war weg und wurde nie gefunden. Der Mörder hat es wohl mitgenommen. Michael wurde mehrere Male in den Brustkorb und ins Herz gestochen.«

»Wissen Sie, wer es getan hat?«

»Es ging das Gerücht, daß ich der Täter gewesen sei, weil ich von seinem Tod profitierte. Ich würde sein Haus bekommen und der Anführer des Kultes werden. Die Polizei vermutete ein Verbrechen aus Leidenschaft und konnte den Fall nicht aufklären. Manche der Anderen sagten, daß Jared ihn durch mich getötet hätte. Natürlich entsprach das nicht der Wahrheit.«

»Nein? Sie haben ihn nicht ermordet?«

Er schüttelte den Kopf und schaute weg. »Nein.«

»Haben Sie jemals einen Menschen ermordet?« fragte ich.

Seine Augen trafen meinen Blick. Seine Züge waren ganz entspannt. »Es bestürzt mich sogar, wenn ich an ein sterbendes Tier denke. Ich sah einmal einen Vogel auf der Straße liegen. Ich stieg aus meinem Auto aus und weinte um ihn. Ich konnte es nicht ertragen.«

»Aber Sie haben gesagt, daß Sie Christians Gewaltausbrüche mochten.«

»Das ist nicht dasselbe.«

Er hatte ausweichend geantwortet, aber ich war mir nicht sicher, ob ich überhaupt eine Antwort wollte. Er machte mich immer nervöser. Auch wenn er sich alles nur ausgedacht hatte, waren das doch ziemlich wilde Phantasien. Und ich war mir nicht darüber im klaren, ob er sich das alles bloß ausdachte. Und im weiteren Verlauf der Nacht wurde ich immer unsicherer.

»Wurde jemals herausgefunden, wer Michael ermordet hat?«

Er neigte den Kopf und verzog die Lippen. Dann sagte er: »Ich glaube ... es war Christian.«

»Christian! Warum?«

»Um vollen Zugang zu mir zu gewinnen und sich den Konkurrenten vom Hals zu schaffen. Christian behauptete, daß er brauchte, was ich besitze, nämlich die intuitive Fähigkeit, zu manipulieren. Ich vermag den Willen anderer dem meinen anzugleichen.«

»Aber ich dachte, er besaß seine eigenen übersinnlichen Kräfte und hätte *Ihren* Willen gebeugt.«

»Ja, das hat er, aber er glaubte nicht an sich selbst. Er schaute immer auf mich. Er wollte ich sein. Und er wollte nicht, daß Michael mich für sich beanspruchte.«

»Aber er hat es Ihnen niemals erzählt? Und Sie haben ihn nie gefragt?«

Wraith schüttelte den Kopf. »Wir haben nie darüber gesprochen.«

»Sie beide haben *niemals* über Michaels Tod gesprochen?«

»Nein.«

Das hörte sich ziemlich bizarr an, aber er ließ sich nicht davon abbringen, also fragte ich: »Was geschah mit dem Blutzirkel? Haben Sie ihn übernommen?«

»Nein. Ich habe mich zurückgezogen.«

»Kam das nicht einem Verrat gleich?«

»Nein. Ich hatte eine Art unantastbaren Status inne. Ich hatte ihnen Struktur und Ritual gegeben. Es tut nichts zur Sache, daß ich mit ihnen brach. Ich kann jederzeit zurück.«

»Ich verstehe trotzdem nicht, warum Sie dachten, daß es Christian war. Er scheint gemein zu sein, aber warum halten Sie ihn für einen Mörder?«

»Kommen sie mit!« Er stieß sich vom Wagen ab. »Ich zeige Ihnen etwas.«

Der Augenblick der Wahrheit war gekommen. Ich sollte herausfinden, was wir hier eigentlich machten, doch mit einem Mal wollte ich nirgendwo mehr hin. Ich wollte nicht weg von dem Auto. Es war dunkel da draußen, und wir waren irgendwo im Wald. Wenn er mich zu weit weg führte, wäre ich verloren. Und ich hatte das Gefühl, daß irgendwo da draußen eine Leiche vergraben war.

»Es ist gleich da unten am Fluß«, sagte er, als könnte er meine Gedanken lesen. »Es ist nicht weit. Wollen Sie das Herz eines Vampirs kennenlernen oder nicht?«

Es gab keinen echten Grund, nicht zu gehen, und er hatte mir gerade eine ziemlich provokante Frage gestellt, also sagte ich: »Sie gehen voraus.« Ich schwor mir, ihm keinen Augenblick den Rücken zuzukehren. Ich berührte den kleinen Talisman an meinem Ohrring, um sicherzugehen, daß ich ihn bei mir hatte, und folgte Wraith.

Er ging einen von Unkraut überwucherten Weg zum Fluß hinunter und wies auf die schillernde Wasseroberfläche. Ich entdeckte einen Vogel, einen sogenannten Seetaucher, und erinnerte mich an ein Spiel, in dem der Seetaucher ein Symbol für Selbstmord ist. Sein langer, klagender Schrei wird oft mit einem menschlichen Schrei verwechselt. Ich wünschte mir, daß er fortflog.

Wraith entfernte sich ein paar Schritte von mir und lehnte sich gegen einen Fels. Er schwieg eine Weile, als würde er an etwas denken, das hier passiert war. Ich zitterte ein wenig. Mir gefiel das nicht. Nichts von alledem. Dann erzählte er mir eine Geschichte, auf die ich absolut nicht vorbereitet war.

»Den Grillen zu lauschen ist eine meiner Lieblingsbeschäftigungen«, begann er leise. »Und ich lag eines Nachts hinter unserem Apartment und sah mir den Himmel an. Ich hörte den Insekten zu und dachte nach. Christian kam gerade nach Hause, und das Essen war fertig. Scharfes Hühnchen mit Reis à la New Orleans. Christian liebte das. Er sagte, er würde sich danach immer so sexy und leidenschaftlich fühlen.

Ich hörte die Schlüssel. Er klimperte immer so mit den Schlüsseln. Ich schaute auf, und er stand über mir, blickte auf mich hinunter und lächelte. ›Laß uns losziehen!‹ sagte er.

›Wohin?‹

›Einfach ein bißchen rumfahren.‹

Ich war etwas irritiert, denn ich hatte gekocht und einen romantischen Abend vorbereitet. Aber Christian hat mich immer mit irgend etwas überrascht, also stand ich auf und ging mit ihm.

›Wohin gehen wir‹, wollte ich wissen, als wir hinausgingen.

›Ich muß mich um etwas kümmern‹, antwortete er, ›und ich will dich dabei haben.‹

Ich fand das etwas beunruhigend. Ich dachte: ›Er nimmt dich bestimmt mit, damit du wieder etwas siehst oder tust, womit du nichts zu tun haben willst.‹

Aber ich verlor kein Wort mehr darüber, nur unerhebliches Gequatsche über die letzten Tage, bis er in eine Waldgegend einbog. Ich wollte ihm nicht in die Quere kommen. Manchmal hatte ich Angst vor ihm.« Wraith gestikulierte. »Er brachte mich hierher. Ich hatte keine Ahnung, warum. Wir waren hier nur ein- oder zweimal zusammen gewesen. Ich fragte ihn, wo er um diese Zeit hin wollte. Er schaute mich nur an und grinste. Er stellte den Wagen da oben ab, dort, wo jetzt unsere geparkt sind. Er stieg aus und ging hier runter. Ich blieb im Wagen, weil ich nicht die Absicht hatte, auszusteigen, ohne zu wissen, was er im Schilde führte.

Beinahe im selben Moment trat ein Mann aus den Büschen hervor und sprach mit Christian. Die Sonne stand ziemlich tief, doch ich konnte sehen, daß der Mann schwergewichtig und verwahrlost war. Sie schienen sich zu kennen. Christian blickte in meine Richtung, also stieg ich aus, um mir die Sache näher anzusehen. Eigentlich wollte ich nur ein wenig im Wald herumlaufen, während er irgendeine Sache mit diesem Typ in die Wege leitete. Als ich aus dem Wagen stieg, hörte ich den Ton, in dem die Unterhaltung geführt wurde. Es klang nicht sonderlich freundlich. Christian sagte: ›Damit ist jetzt Schluß!‹ Und in dem Moment zog er ein Messer und schnitt dem Mann die Kehle durch.«

Wraith verstummte und sah mich an.

Ich war von den Socken. Er hatte gerade einen Mord beschrieben – einen Mord, der genau dort passiert war, wo wir standen. Ein gemeiner, kaltblütiger Mord, den sein Geliebter begangen hatte. Mein Herz klopfte wild. Mir war, als wäre Christian ganz in der Nähe, als würde er um uns herumschleichen und uns belauschen. Vielleicht war das hier auch ein abgekartetes Spiel der beiden, und sie wollten mich in eine Falle locken. Ich fühlte mich in einer unbestimmten Gefahr. Ich wich einen Schritt zurück. Wraith schien dies nicht zu bemerken und fuhr fort: »Der andere Mann torkelte hinter Christian her, doch ich konnte sehen, daß sein Hemd voller Blut war; dann zog er etwas aus seiner Tasche, das ich für eine Knarre hielt. Panisch warf ich mich zwischen die beiden, hatte aber keine Ahnung, was ich tun oder sagen sollte. Ich schrie: ›Christian, was, zum Teufel, tust du da? Oh mein Gott, du hast ihn ermordet. Was hast du getan?‹

Er sah mich nur an, lächelte und drehte sich dann zu dem Mann um, der inzwischen blutend zu Boden gesunken war. Er lag im Sterben, und Christian beugte sich über ihn und betrachtete ihn. Der Mann starrte Christian entgeistert an, doch er war zu schwach, um irgend etwas zu unternehmen. Er war noch nicht tot, aber er hatte keine Chance.

Ich wußte nicht, was ich tun sollte. Ich sank auf die Knie, dort, wo Sie jetzt stehen, und begann zu weinen. Ich schluchzte dermaßen, daß ich nichts mehr sehen konnte. Dann fühlte ich eine Hand an meinem Hals, und ich erschrak. Christian versuchte mich zu beruhigen. Ich konnte es nicht glauben. Er hatte soeben diesen Mann getötet, die Leiche lag nur wenige Meter von mir entfernt auf dem Boden, war vielleicht noch gar nicht kalt, und wollte mir weismachen, daß alles halb so wild sei.

Ich stand auf und rannte in den Wald. Dort hinauf.« Wraith deutete auf den Weg, den wir gerade gekommen waren. »Ich kannte mich hier damals schon gut aus, deshalb dachte ich, ich könnte ihn abhängen und mich verstecken. Ich fühlte mich seltsam, in mir war alles ganz durcheinander, und ich fürchtete mich.« Er richtete sich straff auf und deutete in eine bestimmte Richtung. »Kommen Sie!« forderte er mich auf. »Ich werde Ihnen zeigen, wohin ich lief.«

In diesem Moment konnte ich kaum atmen. Ich wollte nirgendwohin, ich wollte zurück zum Wagen. Ich wollte auf keinen Fall mit Wraith tiefer in den Wald hineingehen. Aber er lief bereits den Weg hinauf, und ich wollte hier nicht alleine zurückbleiben. Ich warf einen Blick auf den Seetaucher. Er war immer noch da und beobachtete mich.

Ich folgte Wraith bis zu einer großen Eiche mit riesigen ausladenden Ästen. Er kletterte den feuchten Baumstamm hinauf und machte es sich in einer Höhe von knapp zehn Metern bequem. Ich sah mich um. Ich fühlte mich verwundbar. Der Wagen war nicht allzu weit weg. Ich könnte einfach losrennen und verschwinden. Aber ich tat es nicht. Statt dessen stieg ich ein Stück weit den Baum hinauf und nahm auf einer Höhe Platz, von der aus ich ohne Probleme hinunterspringen und wegrennen konnte. Wraith sah zu mir herüber. Sein Gesicht konnte ich kaum erkennen. Er schien in Aufruhr zu sein, aber ich war mir dessen nicht sicher.

»Ich bin hier rauf«, erklärte er. »Ich bin als kleiner Junge oft hierher gekommen und habe in diesem Baum gehockt. Jared sprach dann mit mir, also kam ich immer wieder hierher. Ich lehnte mich nach vorne, erbrach mich auf den Boden und begann entsetzlich zu weinen. Ich war völlig benommen. Ich wollte nicht mit Christian sprechen, wollte ihn weder sehen noch mit ihm zurückfahren. Ich fürchtete mich vor ihm. Ich dachte, daß er mich nun auch töten würde. Wenn er mich fand, würde er mich ganz sicher umbringen – das wußte ich. Ich dachte an alles mögliche, kugelte mich zusammen und lehnte mich gegen meinen Lieblingsast. Ich wußte nicht, was ich tun oder denken sollte.«

»Sie haben das also wirklich gesehen«, sagte ich. »Sie haben beobachtet, wie Christian einfach so einen Menschen ermordet hat. Aber warum hat er das in Ihrer Gegenwart getan? Warum hat er es überhaupt getan?«

»Ich weiß es nicht.«

Ich nahm an, daß er das ganz genau wußte, aber ich wollte ihn nicht drängen. Er schien in der Erinnerung an diesen Horror wie gefangen. Er schien mich mit seiner Reaktion auf das, was geschehen war, beeindrukken zu wollen – mit seinem aufrichtigen Entsetzen.

»Da saß ich nun, verliebt in einen Typen, dem das Töten so leichtfiel wie das Atmen.«

Mir war auf einmal kalt, doch nicht wegen der frischen Nachtluft. Ich sagte nichts, während er weiter sprach, doch mir wurde übel.

»Christian fand mich«, fuhr er fort. »Er kletterte auf den Baum, dorthin, wo Sie jetzt sitzen, und sagte, ich hätte es mißverstanden. Er kam näher, ergriff meinen Arm und meine Hand, während ich weinte. Er fuhr sanft über meine Finger und sagte: ›Das sind doch nur Geschäfte. Komm bitte runter. Bitte, ja?‹

Ich wußte nicht, was er mit ›Geschäften‹ meinte, aber ich konnte es mir beinahe denken. Ich hatte immer schon vermutet, daß er in irgend etwas verwickelt war, daß er womöglich Menschen für Geld verletzte oder ermordete. Er hatte immer Geld, aber ich hatte keinen Schimmer, woher. Ich dachte, daß es sich hier wohl um irgendeinen verpatzten Job handelte, den er jetzt zu Ende gebracht hatte. Er war so eine Art Killer, und das vertrug sich gut mit seinen Vampirgelüsten.

Christian sprang vom Baum und bat mich noch einmal, ihm zu folgen. Ich stieg langsam hinunter und ging zurück zum Wagen. Er legte seinen Arm um meine Hüfte, doch ich sagte nichts. Wir stiegen ins Auto und fuhren weg. Ich konnte nichts dagegen tun, ich mußte mich umdrehen – und alles, woran ich denken konnte, war die furchtbare Strafe für Lots Ehefrau, als diese zurückschaute. Aber ich tat es trotzdem. Der Mann lag immer noch da, geronnenes Blut um die Kehle, das wie Himbeermarmelade aussah. Ich war mir sicher, daß die Fliegen ihn schon gefunden hatten.

›Läßt du ihn einfach hier liegen?‹ fragte ich.

›Nein. Ich werde mich darum kümmern müssen‹, entgegnete Christian. ›Zerbreche dir darüber nicht deinen hübschen Kopf!‹ Er erklärte weiter, daß es sich um Geschäfte drehte und er hier nur seine Arbeit tat. ›Der Typ wußte, was auf ihn zukam. Nicht der Rede wert.‹

›Okay‹, erwiderte ich, ›aber warum hast du mich mitgenommen?‹

Christian legte eine Hand auf mein Knie, drehte sich zu mir um und sagte, wobei er mich eindringlich ansah: ›Weil ich wußte, daß du es insgeheim lieben würdest. Du bist wie ich, nur mit einem anderen Gesicht, Schätzchen. Wir sind aus demselben Holz.‹

Darauf sagte ich nichts mehr und starrte nur die an mir vorbeihuschenden Bäume an. Überall waren Leuchtkäfer, die wie kleine Glühlampen über einem dicken Teppich flirrten. Es war wunderschön.«

Wraith hörte auf zu sprechen und schaute weg. Ich war beinahe fassungslos.

»Soll das heißen, Sie sind einfach nach Hause gefahren?«

»Ja. Wir fuhren nach Hause, und Christian ging dann noch einmal weg. Ich weiß nicht, wohin. Ich legte mich ins Bett und weinte noch weiter. Ich schlief ein, und als ich aufwachte, war ich überzeugt, daß alles nur ein Traum gewesen war. Ich wollte, daß er mir das bestätigte, und das ärgerte ihn. Er wollte nicht darüber reden. Ich habe nie erfahren, was mit der Leiche passiert ist. Ich habe nie etwas darüber in der Zeitung gelesen. Ich nehme an, Christian – oder jemand anders – hat den toten Mann im Fluß versenkt. Ich dachte, daß ihn vielleicht mal jemand findet, doch mir ist nie etwas zu Ohren gekommen. Also buchte ich das Erlebnis als Traum ab, bis ...«

Ich wollte nicht nachhaken, aber ich mußte. »Gab es andere?«

Wraith sah mich wieder an. Dann sagte er: »Ungefähr sechs Wochen später nahm mich Christian mit zu einem anderen Ort, einem verlassenen Lagerhaus am Stadtrand. Wir zogen uns aus, bevor wir hineingingen. Wir machten viele Sachen nackt, aber ich hatte keine Ahnung, was wir in dieser Nacht tun würden.«

»Wirklich nicht? Das konnten Sie sich nicht denken? Keine leise Ahnung, nach dem, was *hier* passiert war?«

»Nein. Ich dachte nicht, daß er es noch einmal tun würde, nicht so etwas. Außerdem überraschte er mich ja immer aufs neue. Mit *guten* Ideen. Er wußte, daß ich ungewöhnliche Erfahrungen mochte, Dinge, die einen bis an die Grenze gehen lassen. In dieser Nacht brachte er mich also an diesen muffigen Ort, und dort hing, mit dem Kopf nach unten, ein junger Mann, dessen Füße mit einem Strick festgebunden waren. Das war keine besondere Überraschung, denn wir spielten oft solche Spiele mit willigen Männern. Doch dies war offensichtlich ein wirklicher Hammer, das wurde mir aber erst später klar. Der junge Mann trug nur seine Jeans, und sein Gesicht war rot angelaufen. Christian ging zu ihm hinüber und biß ihm in den Hals. Blut strömte aus der Arterie des Jungen. Christian kniete unter ihm nieder und ließ das Blut auf seinen Körper tropfen. Er badete sein Gesicht darin. Er trank und bestand dann darauf, daß ich an der Reihe sei, während er den Jungen befriedigen wollte. Dann öffnete Christian ihm den Reißverschluß und machte sich an ihm zu schaffen, während ich trank.

Ich dachte, daß Christian den Jungen abschneiden würde, bevor es richtig gefährlich wurde, doch er ließ ihn ausbluten, drehte sich um und führte mich zurück zum Wagen. Ich wußte, daß der Junge sterben würde oder bereits tot war. Ich war nicht überrascht. Mit so etwas hatte ich schon halbwegs gerechnet. Doch ich war verblüfft, welch große Erregung ich während dieser Erfahrung verspürte. Und Christian wußte genau, daß diese Sache bei mir ihre Wirkung nicht verfehlen würde.«

»Augenblick mal!« rief ich. »Sie *wußten*, daß der Typ sterben würde, und es erregte Sie? Sie haben geholfen, ihn zu ermorden!«

»So kam es mir aber nicht vor. Ich meine, *ich* hatte ihn nicht in diese Lage gebracht. Ich habe nur daran teilgenommen. Und ich wußte vorher nicht, daß es darum ging, ihn zu töten.«

»Aber das hatten Sie sich doch gedacht, nicht wahr? Ich meine, Sie waren nicht sehr überrascht. Und hat es Sie erregt?«

»Sein Blut war wie das von allen, aber was wir mit ihm anstellten, war irgendwie ungemein aufregend. Wir taten es zusammen. Mir war nicht wirklich klar, daß wir ihn töteten. Ich dachte, wir würden damit aufhören, bevor er starb, und ihn losmachen. Er schrie nicht, er wehrte sich nicht und bettelte nicht, ihn loszumachen. Deshalb nahm ich an, daß er überleben würde. Ich dachte, er wollte es so. Und ich war so sehr von Christian verzückt. Ich hätte alles getan, was er wollte, auch wenn es mir nicht gefiel.

Ich wollte danach noch einmal mit Christian darüber reden, aber wie gewöhnlich sagte er, ich solle mir darüber keine Gedanken machen. Wir verließen das Lagerhaus, gingen auf einen Drink in eine Strandbar und hatten danach Sex. Es war ausgesprochen leidenschaftlich, doch ich fühlte mich wie taub, einfach taub. Ich war mir im klaren darüber, daß wir etwas Schreckliches getan hatten, doch ich konnte den Teil in mir nicht erreichen, der sich dagegen empörte. Ich dachte einfach nicht mehr daran.«

Ich glaubte ihm nicht ganz. Seine Geschichte erschien mir immer konstruierter. Ich war das Publikum, dem bis zum Ende etwas vorgespielt werden sollte. Ich wußte nicht, warum ich so dachte, doch vielleicht lag es an seiner Gelassenheit. Und an der gleichgültigen Art, mit der er die ganzen Vorkommnisse beschrieb. Als würde er mir nur erzählen, welche Art von Filmen er am liebsten mochte.

»Aber wie haben Sie es denn seelisch verkraftet, wenn der erste Mord Sie entsetzte, der zweite Sie jedoch bloß betäubte und einigermaßen kalt ließ?« fragte ich. Dann fiel mir etwas ein. »War das überhaupt der zweite?«

Seine Antwort fiel ebenso leise wie unheimlich aus. »Nein.«

»Nein. Also gab es noch ein Opfer? Noch einen Mord?« Ich atmete tief durch. »Also. Noch mal von vorne. Irgend etwas fehlt da. Der Reihe nach ... Was hat Sie verändert und dazu gebracht, dieses Verhalten zu akzeptieren? Erzählen Sie mir von dem zweiten Mord!«

Ich weiß nicht, warum ich darauf beharrte. Ich befand mich hier auf gefährlichem Territorium – besonders dann, wenn er diesen Teil der Geschichte auslassen wollte. Für Wraith war es eine Sache, mir von einem Mord zu erzählen, bei dem er Zeuge gewesen war. Eine ganz andere Sache war es, ihn zu zwingen, seine Mittäterschaft einzugestehen. Was würde er mit mir machen, wenn es soweit kam? Bis jetzt hatte er sich als unfreiwilligen Teilnehmer dargestellt. Vielleicht fand ich etwas heraus, was ich gar nicht wissen wollte – etwas, von dem *er* nicht wollte, daß ich es wußte. Es würde diese ... diese Sache zwischen uns geben, von der wir vielleicht nicht wußten, was wir mit ihr anfangen sollten. Doch vor mir lag ein Puzzle, ein psychologischer Irrgarten, durch den ich mir einen Weg bahnen wollte.

»Er war wirklich wahnsinnig«, sagte Wraith. »Das habe ich Ihnen ja schon gesagt. Er mochte den Geschmack von Blut. Er dachte, daß er auf diese Art Gott am nächsten kam. Das Zentrum unserer Erfahrungen, so sagte er immer, sind die Geheimnisse. Daß geheime Wünsche und geheime Reisen die Seele in verbotene Bezirke führen. Er dachte, es sei sein Schicksal, mich zu finden und unsere Verrücktheit zu vermählen, Katherine. Aber das wissen Sie ja bereits. Den Rest können Sie sich wohl schon denken. Das merke ich an Ihren Fragen.«

»Ich kann mir nicht vorstellen, wie diese Art, Menschen zu behandeln, irgend etwas mit Schönheit zu tun haben soll. Denken Sie, darin besteht das Wesen des Vampirs? Wollen Sie mir *das* sagen? Es ist ... widerlich!«

»Wenn Sie ihn gekannt hätten, Katherine, hätten Sie auch gesehen, was er Sie von sich sehen lassen wollte. Die Früchte Ihrer Arbeit müssen den süßen Duft seiner Geisteskrankheit zum Vorschein bringen. Einer Geisteskrankheit, die so frisch ist wie junger Klee, knackig und kühl. Es gibt keinen eleganteren Aufzug als den des Geisteskranken. Ich bin davon überzeugt, daß Ihre Arbeit wichtig ist; außerdem bin ich davon überzeugt, daß Ihnen die Schreie der Verrückten etwas sagen. Ganz bestimmt. Deshalb erzähle ich Ihnen das alles. Ich weiß, daß er verrückt war. Ihm gefiel der Geschmack von Blut, die Empfindung zitternder Muskeln und Nerven zwischen seinen Zähnen. Es war solch eine erhebende Erfahrung. Aber ich glaube, Sie verstehen, was ich meine, ich weiß, daß es so ist.«

»Sie glauben also wirklich, daß Christians dem Irrsinn anheimgefallen war.«

Er schwieg und suchte nach Worten. »Ich wollte niemandem weh tun, aber ich verstand ihn. Ich verstand, was er im Sinn hatte.«

»Wie? Was geschah bei dem zweiten Vorfall? Was hat Ihre Meinung geändert?«

»Ich weiß es nicht.«

»Wußten Sie, daß er es tun würde?«

»Nein. Nicht wirklich. Ich dachte nicht, daß er mich so einer Sache noch einmal aussetzen würde, nachdem ich so ablehnend reagiert hatte. Aber er kannte mich besser, als ich mich kannte. Er hat es geplant. Ich kannte jemanden, der in einer Leichenhalle arbeitete, und er sagte mir, daß ich ihn dort erwarten und hereinlassen sollte. Es war nach Arbeitsschluß, und es bestand keine große Gefahr, erwischt zu werden. Er hatte einen Typ in der Nähe einer Tankstelle aufgegabelt, der in seinem Wagen saß und darauf wartete, daß sich etwas tat. Christian dachte sich, daß das wohl sein Schicksal war – daß sich ihre Wege nicht ohne Grund kreuzten. Er lief hin und fragte nach dem Weg zum nächsten coolen Club. Der Typ sagte, er hätte gerade vor, einen aufzusuchen und er solle ihm folgen. Christian bemerkte, daß er betrunken war, also erzählte er ihm, er hätte einen echt heißen Porno bei sich zu Hause und so viel Bier, wie er vertragen könnte, und der Typ meinte nur: ›Ich werde da sein, Mann‹. Christian hatte etwas dabei, mit dem er ihn bewußtlos schlug, und er brachte ihn in die Leichenhalle. Er zog den Typen aus dem Wagen und setzte ihn auf einen Rollstuhl, den er im Kofferraum hatte und den er benutzte, um seine Großmutter herumzukutschieren.

Ich war schockiert, als ich ihn den Jungen in den Präparierraum schieben sah. Ich wußte nicht, was er sich diesmal ausgedacht hatte. Ich dachte, er würde vielleicht nur etwas experimentieren. Ich meine, er hatte ihn ja nur aufgegabelt, es war kein ›Geschäft‹ wie damals am Fluß mit dem anderen Typ. Es war bald klar, daß Christian vorhatte, ihn zu töten. Ich verließ den Raum, aber ich wußte, was er da machte. Es gibt Böses in jeder Seele, davon bin ich überzeugt. Wir alle stehen an der Schwelle zum Bösen, es bedarf nur des richtigen Auslösers. Ich bin vom Bösen besessen. Christian machte mir nur den Weg frei. Er führte mich. Er hatte recht, ich war genau wie er, obwohl ich es nicht wahrhaben wollte. Wir hatten ein paar schlagkräftige Vorgehensweisen ausgeheckt, andere zu jagen und zu dominieren, und die ganzen Vorfälle entsprachen dieser Vorgehensweise. Sie veränderten mich.«

»Ich verstehe es immer noch nicht«, sagte ich. »Inwiefern verändert?«

»Mein Leben ist ein Traum, der in einem Traum wohnt – so fühlt es sich an, wenn man den Saum des Irrsinns berührt, den Schleier des Geheimnisses überwirft. Wenn Blut die Nacht beherrscht – wenn die anderen wertloser werden – wenn die Situationen zerfließen – wenn die Vorstellung Wirklichkeit wird – dann wird der Irrsinn zu deinem Leben.«

Ich schüttelte den Kopf. Es wurde mir unbequem auf dem Baum, und ich wollte mich ein bißchen bewegen. Ich wollte weg. Seine philosophischen Abschweifungen ermüdeten mich. . »Das ist krank ...« Aber er ließ sich nicht davon abbringen.

»Ja«, nickte er. »Das ist es. Als Shakespeare darüber nachsann, ob ein Mensch ›sein oder nicht sein‹ soll, da hatte er unterbewußt die Geisteskrankheit im Sinn – denn die eigentliche Frage des menschlichen Geistes ist doch, ob er ›gesund oder nicht gesund‹ ist.

Es gibt kein Leben, das wirklicher ist als das des Geisteskranken. Der unbehinderte Abstieg in den Wahnsinn ist der wahre Ritus des empfindsamen Menschen.

Ich war verrückt, als ich mit Christian zusammen war – einfach verrückt. Wir waren Liebhaber, die gemeinsam das Wunder der Nacht anheulten, die unsere purpurrote Welt umschloß. Wir zeigten keine Reue für unsere Träume, zollten keinen Tribut an die Machenschaften der

Ignoranz – denn alle, die nicht wie wir waren … waren nicht wie wir. Was hatten wir mit ihnen zu tun?

So verfährt der Wahnsinnige, er blendet aus. Wir tranken das Blut anderer und spülten das Geschenk ihres Lebens den Abfluß runter. Sie waren ihrer Pflichten in einem zwielichtigen Universum ohne Gespenster entledigt. Wir durchdrangen ihre Herzen und befreiten sie von der Tyrannei des Gewöhnlichen. Ihre Regeln und Abmachungen berührten uns nicht, befleckten unsere seidenen Seelen nicht. Wir trieben hin und her zwischen Zivilisation und Wahnsinn, so sorglos, wie der Wind durch die Bäume fährt.

Der Wahnsinn hat etwas Geniales. Manche sind für die Musik geboren, wie Mozart. Andere sind geboren, um zu morden, wie Dahmer, Gein – und Christian. Er dachte, daß die Seele eines Mörders ein schönes Licht sei, das seinen Platz in der Dunkelheit sucht. Ein Killer muß morden, aus Notwendigkeit, denn das ist es eben, was Killer tun.«

Das Gespräch schien außer Kontrolle zu geraten, doch ich wußte nicht, wie ich es stoppen sollte. »Also war Christian nur ein Killer«, bemerkte ich. »Er konnte es jederzeit und an jedem Ort tun.«

»Davon bin ich überzeugt. Ich bin sicher, daß er Menschen ermordete, von denen ich gar nichts wußte.«

»Wie alt war er, als er es das erste Mal tat?«

»Nun, zuerst quälte er Tiere, ich denke, da wird er vielleicht 16 gewesen sein. Das war, bevor ich ihn traf.«

»Sie glauben also, daß er in Ihnen auf Anhieb den perfekten Partner erkannt hat?«

»Er entdeckte einen Partner, der seine Fähigkeiten verbesserte.«

»Fähigkeiten?«

»Er sah in mir einen geborenen Charmeur, der jedermann umgarnen konnte. Er wollte, daß ich ihm beibrachte, wie man jemandes Vertrauen gewinnt. Er dachte, das würde die bevorstehenden Morde erleichtern.«

»Und Sie haben sich sozusagen in die ganze Sache eingekauft. Sie machten gemeinsame Sache mit Christian, auch wenn Sie jetzt behaupten, es nur widerstrebend getan zu haben.«

»Ich kann nicht genug betonen, daß etwas sehr Attraktives um ihn war, wenn er seiner Beschäftigung nachging. Sein Wahnsinn war wie geschaffen für die Perfektion, ein Trumpf im Haus der Qualen. Er wußte, wie man Leiden zum Zenit der Harmonie führt. Er konnte Qualen und

Ekstase in all unseren Opfern vermählen. Dazu war er wirklich in der Lage. Und oft wollten sie es nicht anders. Es gab einen Typ, JB, den er an den Füßen aufhängte und mit kochendem Wasser peinigte, aber JB liebte das. Und ich ermöglichte manche Qual in unserer Beziehung, weil ich Qualen brauche. Das war schon immer so. Unsere Opfer waren genauso, besonders jene, die einen Vampir von sich trinken lassen wollten. Einige von ihnen wollten wirklich sterben. Einige von ihnen waren in den Tod *verliebt*.«

»In den Tod verliebt?« Ich hatte über diese Idee in den Romanen von Anne Rice gelesen. Der Vampir Armand spricht davon, seine Opfer unter jenen zu finden, *die sterben wollen*. Menschen, die das Leben nicht mehr ertragen. Auch Rice gehörte zu diesen Menschen, nachdem ihre fünfjährige Tochter an Leukämie gestorben war. Aber ich war nicht der Auffassung, daß dies einen Mord rechtfertigen konnte. »Und Sie denken wirklich, daß die Opfer sich so gefühlt haben?«

Wraith nickte. »Sie waren zumindest fasziniert, ansonsten hätten sie dieses gefährliche Spiel nicht mitgemacht. Und ja, es gab auch welche, denen es richtig gefiel. Für sie war der Tod die äußerste romantische Erfahrung.«

Ich lehnte mich gegen den Baumstamm. In diesem Moment schien nichts mehr wirklich. Ich wußte nicht, wie wir auf diesen Punkt gekommen waren. Erst erzählte er von Mord und Tod, als wären es Allgemeinplätze, und jetzt hörte ich mir Einzelheiten an, als würde ich nicht anders darüber denken. Aber ich wußte, daß der Vampirkult ebenso jene anzieht, die lediglich mit dem Feuer spielen, wie jene, die wirklich verbrennen wollen. Wraith war nicht der erste, der mir das vor Augen führte.

Kapitel neunzehn

Der ruhmreiche Abgang

»Erst im Tod wird das Individuum eins mit sich selbst und entkommt dem eintönigen Leben und seinen gleichmachenden Einwirkungen; im langsamen, halb unterirdischen, aber schon sichtbaren Nahen des Todes gewinnt das trübe, gewöhnliche Leben schließlich Individualität; ein schwarzer Grenzwall zieht sich um sie herum und verleiht ihr die Gestalt der Wahrheit.«

Michel Foucault

1

Poppy Z. Brite nennt sie in *Lost Souls* »Deathers« – Jugendliche, die die Nacht umarmen, die Musik hören, in der von »dunkler Schönheit und zerbrechlicher Sterblichkeit« die Rede ist und für die das Bild des Vampirs lebensnotwendig ist. Vampire sind für sie »der Traum, der wahr wird«, das Ideal, das sie anstreben.

Manche suchen ihre Seele im Bild des Vampirs, weil sie glauben, daß sie den Tod lieben. Sie lieben es, darüber nachzudenken, betrachten ihn, schmecken ihn. Andere behaupten, daß sie sterben möchten, und machen sich deshalb über ungeschützten Sex, das Trinken von Blut oder gefährliche Menschen keine Sorgen – weil sie heimlich hoffen, in einen Hinterhalt zu geraten. Sie flattern los, weil sie noch jung und schön sind. Manche geraten lediglich sehr dicht an die Flamme und erkennen, daß der Tod doch nicht das ist, was sie gesucht haben.

Ich traf einen Vampir, der den Tod so sehr liebte, daß er eine ausgesprochene Schwäche für Leichen hatte. Der 30 Jahre alte Anubis – nach der ägyptischen Gottheit, die über den Verlauf der Einbalsamierungs- und Todesriten wachte – praktizierte den Vampirismus als Mittel, um dem »Theater des Todes« nahe zu kommen, da er mit dessen Requisiten bereits in seinen frühen Jahren konfrontiert worden war. Er sprach mit Begeisterung von seinen Erlebnissen, obwohl er sich – oft nur zögerlich – auch daran erinnerte, mit seiner »tödlichen Vorliebe« auf Ablehnung und Entsetzen gestoßen zu sein. Er erwartete von mir wohl das gleiche, und – zugegeben – bei manchen Geschichten fiel mir das Zuhören schwer.

Anubis war dunkelhaarig, hatte blaugraue Augen, ein süßes, beinahe feminines Gesicht und eine sanfte Art. Es fiel mir schwer zu glauben, daß ihn Serienmörder – vor allem Bluttrinker und Kannibalen – begeisterten.

»Ich erinnere mich, daß ich als Junge mit meinem Vater zu Beerdigungen ging«, erzählte er mir. »Ich war fünf, und meine Aufgabe war es, ihm bei Reparaturen das Werkzeug zu reichen, und zwar bevor er mich darum bat. Ich war stolz auf meine Fähigkeit, die Dinge vorauszusehen, doch bald streunte ich auch durch den Raum mit den Särgen und fuhr mit den Fingern an ihrem Innenfutter entlang. Ich stellte mir oft vor, wie es sich wohl anfühlen mochte, wenn ich hier einschlief. Ich wollte es die ganze Zeit ausprobieren.

Nachdem ich die Belegschaft kennengelernt und mich eingeschmeichelt hatte, schlich ich in den Präparierraum, um Frank zu besuchen. Er ließ mich beim Einbalsamieren zuschauen und bat mich sogar, ihm die Instrumente zu reichen, genau wie mein Vater. Ich lernte eine Menge über das Einbalsamieren. Ich wußte alles über die Blutgefäße, wo alle größeren Arterien- und Venensysteme verlaufen und wie man an sie herankommt. Ich liebte den Duft, den Anblick und die Geräuschkulisse im Präparierraum. Die Balsamierflüssigkeiten und die Tische dort erregten mich. Ich erinnere mich, wie ich das erste Mal dunkles, beinahe schwarzes Blut schwer über den glänzenden Stahltisch rinnen sah. Es war das Schönste, was ich je gesehen hatte. Ich wollte es fotografieren, um es zu Hause zu malen. Es betrübte mich, das Blut eines toten Mädchens langsam durch den Abfluß laufen und verschwinden zu sehen. Ich glaube, ich dachte ›Alles, was sie war, versickert nun im Erdboden‹. Sie war tot, das wußte ich, aber ihr Leben verharrte noch in ihrem Blut.

Ich wollte es kosten, denn ich dachte, ich könnte ihr Gedächtnis bewahren, wenn ich einen kleinen Schluck nehmen würde, bevor sie ganz verschwand. Es machte mich sehr traurig, daß sie einfach so ›zerfloß‹ und sich niemand an sie erinnern würde. Mir war klar, daß die Familie irgendwann kommen und daß es doch noch eine gewisse Art von Angedenken geben würde, aber nicht von der Art, die sie, aus meiner Sicht jedenfalls, brauchte. Sie brauchte jemanden, der Zeuge ihres Entschwindens sein würde.«

»Was heißt das?« warf ich ein. »Ihres ›Entschwindens‹?« Eigentlich mußte ich mich nur von dem erholen, was er mir soeben beschrieben hatte.

Er lächelte süß und setzte seine Erklärungen fort. »Als ich klein war, schrieb ich eine Geschichte über den Moment im Leben, in dem die Seele entschwindet, ein Moment, von dem ich dachte, daß er dann eintritt, wenn das Blut den Körper verläßt. Solange das Blut noch im Körper ist, bleibt noch ein Anschein von Lebenssubstanz bestehen. Wenn das Blut erst mal abgelassen ist, ist es endgültig vorbei. Das war für mich die traurigste Seite des Todes – nicht das Begräbnis, nicht die Einäscherung, sondern wenn das Blut allmählich den Körper verläßt.«

Andere Kinder schrieben Geschichten über Hunde und Pferde. Er hatte über Blut geschrieben.

»Also dieser Typ, Frank, hat Sie da einfach herumlungern lassen?«

»Er ermutigte mich, möglichst alles über das Leben zu lernen. Er hatte viel Geduld mit mir, beantwortete all meine Fragen – egal wie erschöpfend sie waren. Vater hatte ihm gesagt, daß ich klug sei und daß er alles, was er mir zumuten konnte, mit mir besprechen solle. Ich hatte Angst davor, Frank zu fragen, ob ich das Blut des Mädchens probieren dürfte. Ich dachte, er würde meinen Glauben an diese Macht nicht verstehen, deshalb schwieg ich.

Einmal, in einer anderen Leichenhalle, war ich mit einem Typ namens Don zusammen, und der hatte für die Sache mit dem Blut mehr Verständnis. Ich war schon etwas älter damals, acht oder neun, und ich fragte, ob er mich etwas Blut von dem Jugendlichen, an dem wir gerade arbeiteten, probieren ließe. Don sagte mir, es wäre gefährlich, nicht keimfreies Blut zu trinken ... also sterilisierte er ein wenig davon für mich. Er erhitzte einen Becher voll Blut und sagte, ich könnte so viel probieren, wie ich wollte.«

»Sie machen Witze! Er gab Ihnen Blut von einem Toten?«

»Natürlich hat er mich gewarnt, ich solle keinem davon erzählen, daß ich menschliches Blut gekostet hätte, einfach deshalb, weil Menschen diese Art von natürlicher Neugierde nicht verstehen. Er meinte ›Es ist nicht falsch, neugierig zu sein und alles verstehen zu wollen. Eigentlich ist es nicht einmal falsch, Blut zu kosten oder zu trinken. Nur werden in unserer Welt manche Dinge für richtig und andere für falsch gehalten, und die Menschen denken, daß sich jeder daran halten sollte‹. Er war ziemlich aufgeschlossen.

Jeder mochte mich. Ich war ein kleiner Junge und spürte die Macht, Erwachsene um mich zu scharen, die meinen Intellekt fütterten und meine Neugierde anregten. Ich fühlte mich erwachsen. Ich weiß, daß meine Vorliebe für Dinge, die mit Blut und Tod zusammenhängen, in diesen Leichenhallen genährt wurde. Sobald ich lesen konnte, verschlang ich Artikel über sterbende Häftlinge und Handbücher über das Einbalsamieren, besorgte mir Medizin- und Krankenpflegebücher, las theologische Zeitschriften und verbrachte meine ganze Freizeit auf Friedhöfen und in Leichenhallen.

Kurz danach entdeckte ich die Vampire. Ich saß täglich vor dem Fernsehschirm, um Barnabas Collins in *Dark Shadows* zu sehen. Ich verschmolz förmlich mit dieser Figur. Er war ein menschliches Monster, aber eines mit Persönlichkeit. Ich fürchtete mich vor ihm, doch er schlug mich auch in seinen Bann. Er war wie ich, nur erwachsen. Die Verbindung zwischen meiner Seele und der gequälten Seele von Barnabas lag auf der Hand. Er stellte dar, was ich später einmal sein wollte. Es war, von den dunklen Geheimnissen einmal abgesehen, dieses tief verwurzelte Bestreben zu überleben, das mich zu diesem Vampir hinzog.«

»Für Sie«, bemerkte ich – mir war von dem, was ich da hörte, inzwischen ganz schwindlig geworden –, »für Sie ist der Vampir also ein Schurke, eine Quelle dunkler Energie.«

Er nickte. »Jedes Genre der Vampirmythologie enthält Elemente kollektiver menschlicher Verzweiflung. Der Vampir eröffnet mir die Chance, beachtet und für meine Verzweiflung sogar geliebt zu werden. Man kann mich in diesem Zusammenhang sehen. Ich weiß, daß es heutzutage ›cool‹ ist, ein Vampir zu sein. Die Leute finden das aufregend. Sie wollen wissen, ob ich ein Vampir bin, und sie wollen mich ja sagen hören. Sie wollen, daß ich von ihnen trinke oder sie verwandle. Sie wollen mir nahe kommen und mir die Lebenskraft nehmen. Es ist leicht, Vampiren den Hof zu machen.«

»Und Sie trinken Blut?«

»Ja. Wann immer es möglich ist. Manchmal bereue ich es und will damit aufhören, aber das hält nicht lange an. Wenn das geschieht, stirbt mein Inneres und ich höre auf, ich zu sein. Der Vampir ist mir heilig. Er ist ein verwandter Geist. Wir teilen dasselbe Verlangen. Dieses Verlangen ist tief verwurzelt und wird niemals aufhören. Der Vampir versteht, was ansonsten niemand in der Gesellschaft versteht. Wir sehen dasselbe Feuer und trinken denselben Wein. Ich bin bei ihm zu Hause. Indem ich mich mit dem Vampir identifiziere, wird meine Schlechtigkeit annehmbar und vergnüglich. Es ist eine Art ruhmreicher Marter.«

»Ruhmreich?«

»Der Tod fasziniert mich, besonders der Selbstmord. Sein Chaos regt mich an. Ich sehe mir ein Loch im Fleisch an, einen heraushängenden Augapfel, abgetrennte Sehnen, Gehirnmasse, und ich stelle mir manchmal die Beziehungen zwischen Neurotransmittern, Botenstoffen, Nervenimpulsen und der Seele vor. Wo genau inmitten dieser triefenden Intelligenz entstand der erste Impuls, zu töten? Wie ging das vonstatten? Welchen Weg nahmen die Gefühle? Einfach dazustehen und in sich aufzunehmen, was man gerade sieht ... ist zutiefst berührend, wenn man sich vorstellt, das eigene Leben vor sich liegen zu sehen. Es reduziert das Bild, das ich mir von mir selbst mache, auf eine grobe Untersuchung der Mysterien des Lebens, die sich vor meinen Augen entfalten.«

»Verstehe.« Ich hob eine Hand, um ihn zu unterbrechen. »Ich habe schon kapiert. Gab es noch andere Begegnungen mit Toten außer denen in den Leichenhallen?«

Er lächelte, als würde er denken, daß ich das Thema wechseln wollte. »Es gab weitere Beerdigungsunternehmer. Leute, die ihren Job liebten und mich an ihrem Enthusiasmus teilhaben lassen wollten. Ich werde Ihnen von John erzählen. Er war ein Fanatiker. Er hatte einmal eine unglaubliche Erfahrung mit einer Person, die er später einbalsamieren sollte. Ihr Name war Laurie. Sie war erst 24 und sehr schön. John richtete es so ein, daß er sich um sie kümmern konnte, als die anderen alle beschäftigt waren, denn er wollte sich ihrer allein annehmen. Laurie litt an fortgeschrittener Leukämie. Zwei Wochen vorher war sie noch munter gewesen, hatte gelacht und mit ihrem Freund Tennis gespielt. Sie hatte das Match gerade gewonnen, als sie in Ohnmacht sank und mit dem Gesicht zuerst auf den Rasenplatz fiel. Sie wurde schnell ins Krankenhaus gebracht, wo man ihr die Diagnose stellte. Ein Fall wie der ihre war selten und für eine effektive Therapie schon zu weit fortgeschritten. Und dann kam sie zu uns. ›Ich bin direkt vom Sprechzimmer zu meiner Großmutter gelaufen, um rauszukriegen, welches Beerdigungsinstitut sich bei meinem Dad um alles gekümmert hat‹, berichtete sie, und ihre Augen tanzten nervös zwischen John und mir hin und her. John warf mir einen Blick zu. Ich wußte, was das zu bedeuten hatte.

Er war ein echter Profi. Sein Auftreten gegenüber den Kunden war legendär, doch er erinnerte mich irgendwie an Grinch, den bösen Schuft von Dr. Seuss, der das Weihnachtsfest stehlen wollte. Johns Lippen kräuselten sich entzückt bei dem Gedanken, Lauries hilflosen, nackten Körper auf dem kalten Stahltisch liegen zu haben. Er wußte längst, was ich gerade erst im Begriff war zu verstehen – tote Männer erzählen keine Märchen. Tote Frauen auch nicht.

John stand auf, um die Abmachungen mit dem üblichen Handschlag zu besiegeln und Laurie zum Wagen zu begleiten. Er spielte den feinfühligen Gentleman, und natürlich öffnete er ihr die Tür und schlug sie behutsam hinter ihr zu. Sie kurbelte das Fenster herunter und dankte ihm für seine Freundlichkeit. John tätschelte ihren Arm, um Anteilnahme vorzutäuschen, ein heimtückischer Trick, der es ihm ermöglichen sollte, sich ihre Bewegungen zu vergegenwärtigen. Während der ganzen Zeit übermittelte er seine Sinneswahrnehmungen dem Speicher in seinem Gehirn. Er würde diese ›lebendigen Bilder‹ später gut gebrauchen können.

Ich kam erst spät nachts, als Lauries Leichnam gebracht wurde. Meistens war ich zu dem Zeitpunkt damit beschäftigt, alles zu reinigen … saugen, Staubwischen, Mülleimer leeren. Ich mußte alle Türen und Fenster kontrollieren, und dann ging ich in den Bereitschaftsraum. Dort wurden alle Einlieferungen aufgebahrt. Der Raum war mit weißen Fliesen ausgelegt, es gab Edelstahltische und Instrumente, jede Menge Regale, in denen Flaschen mit roten, blauen und braunen Chemikalien standen; Glasflaschen und Behälter mit verschiedenen Dingen: Zehen, Eingeweide und ein oder zwei abgetrennte Brustwarzen. John arbeitete noch spät. Meine Aufgabe war es, die Instrumente, die er zum Einbalsamieren brauchte, zu sterilisieren. Er schien von meinem Auftauchen irritiert, sagte aber dann, er sei froh, daß ich dabei sein würde.

John machte mir angst. Er brachte mir einige grundlegende Prozeduren des Einbalsamierens bei und erklärte mir alles bis in die schmerzlichen Einzelheiten. Nachdem ich meine eigenen Forschungen aufgenommen hatte, wurde mir klar, daß John, obschon er ein hervorragender Handwerker war, sich mit den Toten einen unerlaubten Luxus gestattete. Er überschritt die Grenzen seines Berufes und brachte eine morbide Nekrophilie ins Spiel. Erst hielt ich seine Indiskretionen für Ausrutscher, eine sporadische Sendestörung. Doch damit lag ich falsch. Später sollte ich herausfinden, daß Johns erotischen Entweihungen von einer besonderen, elitären Clique seiner Berufskollegen geteilt wurden.«

»Augenblick mal«, fiel ich ihm ins Wort. »Ich bin nicht sicher, ob ich das hören will.«

Anubis zuckte mit den Schultern und lächelte mich an, als wähne er sich im Besitz eines besonderen Geheimnisses.

»Na schön, erzählen Sie mir, was dann geschah!«

»In jener Nacht lenkte John meine Aufmerksamkeit auf die zuletzt eingelieferten sterblichen Überreste. Die Regeln des Anstandes verlangten es, daß alle hereinkommenden Leichen vollständig mit einem Tuch bedeckt waren. Seine Hände tasteten den Körper über dem Tuch ab, und er sagte Schwierigkeiten bei den Bestattungsvorkehrungen voraus, ehe er den Leichnam überhaupt in Augenschein genommen hatte. Dann zog er das Tuch weg und enthüllte das zu diesem Zeitpunkt noch ungeformte Kunstwerk. Ich mußte schlucken. Es war Laurie.

Ihr Körper war aschgrau. Auf ihrer geschwollenen sterblichen Hülle waren ein paar schwarze und blaue Flecken verteilt. Das Gewebe ihres Gesichtes war ungewöhnlich glatt, es gab nur wenige Mulden. Die Augen waren offen, eine Besonderheit, die John eingefädelt hatte, um seine dramatische Enthüllung noch zu dramatisieren. Die Augen von Verblichenen sind normalerweise geschlossen, wenn sie in eine Leichenhalle gebracht werden. John hatte es so arrangiert, daß ich bei Lauries Debüt dabei war. Er hatte schon alles für das Präparieren ihrer sterblichen Überreste vorbereitet und nur auf mein Erscheinen gewartet.

Ich sah zu, wie seine Finger über ihre blauen Lippen fuhren, wobei er der Stelle genau unter den Nasenlöchern besondere Beachtung schenkte. Er zog an ihrem Arm und schaute in ihre leeren Augen. Ich trat etwas zurück, doch ich beobachtete aufmerksam, wie sich John seine ›lebendigen Bilder‹ auf die innere Festplatte lud und den Moment der Begegnung vor zwei Wochen noch einmal vor seinem geistigen Auge abspielte. Es war das faszinierendste Phänomen, das meine 20 Jahre alten Augen je gesehen hatten. Und obwohl ich mich ein wenig schuldig fühlte, nahm ich auf einem Stuhl in der Ecke Platz und schaute zu.

John beugte sich nach unten und preßte seine Lippen auf Lauries kaltes Fleisch. Sein Kuß war leidenschaftlich, und er bildete sich offensichtlich eine Reaktion ein. Dieses interaktive Spiel war natürlich imaginär, doch ich vermutete, in Johns Kopf war es so lebendig, daß sich sein Körper verhielt, als wäre das Mädchen noch am Leben. Er behandelte sie, als würde sie seine Küsse erwidern. Er sprach mit sanfter Stimme auf sie ein, knabberte an ihren Ohrläppchen und lächelte. Er berührte ihre Brüste und ließ seine Hände über ihren Bauch gleiten. Er wurde zusehends erregter und streifte Kleider und Schuhe ab. Als er völlig nackt war, sprang er auf den Tisch, setzte sich rittlings auf die Leiche und legte feierlich seine Hände auf ihre Schultern und seine Füße auf ihre Schenkel. Er sah aus wie ein Moskito, der seinen Stachel ansetzt. John kam mir vor wie ein unseliger Dämon, der sich gierig über einen Leichnam hermacht wie ein Geier über einen Kadaver.

Er wandte sich mir danach völlig verschwitzt zu und sagte einfach: ›Also, was haben wir heute abend gelernt?‹ Ich war zu fassungslos, um darauf eine Antwort zu geben. Ich mußte hart schlucken und zuckte mit den Schultern. John, der sich langsam wieder anzog, kam herüber und flüsterte mir ins Ohr: ›Wir haben gelernt, daß es noch viel zu lernen gibt.‹ Als ich aufstand, um die Instrumente einzusammeln, dachte ich, daß John auch ganz gut eine Sterilisation gebrauchen könnte.«

Als Anubis seine Ausführungen beendet hatte, mußte ich selbst erst mal schlucken; ich fühlte mich ein wenig betäubt. Ich wollte nicht, daß er glaubte, ich sei zu weich für seine Geschichte, doch langsam dachte ich, daß es besser wäre, manche verschlossene Tür lieber nicht zu öffnen. Ich interessierte mich gar nicht mehr für Anubis' Vampirismus, obwohl ich mich fragte, ob er jemals Vampir geworden wäre, wenn er als Kind seinen Fuß nicht in das Innere einer Leichenhalle gesetzt hätte. Schließlich fragte ich: »War er überhaupt nicht gehemmt, weil Sie dabei waren?«

»Nein. Es bereitete ihm Vergnügen.«

»Das ist unglaublich! Daß er dieses Mädchen vorher getroffen und begutachtet hat, macht das Ganze um so morbider. Wie ist er so geworden? Ich frage mich, was in einem Menschen vorgeht, der sich das erste

Mal zu so etwas entschließt. Was geht solchen Leuten durch den Kopf? Wirklich, ich kann mich nur wundern.«

»Ich fragte mich damals auch, wie John in die Nekrophilie abrutschen konnte, und ich glaubte mir den Grund vorstellen zu können. Außerhalb des Beerdigungsinstitutes hatte er nichts ... keine Freunde, keine Familie ... Die Leute von dem Institut waren etwas überrascht und verwundert, daß er sich meiner so schnell annahm. Doch ich war gerne mit ihm zusammen. Er war ein ganz besonderer Mensch. Ich war mit vielen Dingen, die er tat, nicht einverstanden, aber er war ein seltenes Genie. John hatte keine lebendige Geliebte – er konnte sich nicht mit irgend etwas verbinden, das nicht irgendwie mit dem Tod zusammenhing. Er ging immer erst spät in der Nacht, kam früh am Morgen und verzog sich gleich in seinen Bereitschaftsraum. Wenn keine Leichen da waren, hing er dort allein herum. Er war wirklich in diese toten Körper verliebt und wollte für sie mehr sein als nur ihr Einbalsamierer. Er schaffte sich eine sichere Welt. Dort war er glücklich.

John lud mich zu seinen Nachtaktionen ein, weil es ihn anmachte, wenn ich ihm zusah. Das verstärkte seine sexuelle Energie während des kalten Aktes. Und er glaubte, daß ich einer von seiner Sorte sei. Er glaubte, in meinen Augen eine brennende Neugierde für das Verbotene zu erkennen, und er war von meinem detaillierten Wissen über den toten Körper sehr beeindruckt. Er betrachtete mich so, wie er sich selbst sah, als Künstler, denn ich wollte alles darüber wissen, wie der menschliche Körper nach und nach seine Funktionen einstellt. Ich hatte jedes medizinische Journal studiert, das ich auftreiben konnte, und es so weit gebracht, daß ich jeden Leichnam untersuchen und die Ursachen des Todes bestimmen konnte. Also entschloß er sich, mein Mentor zu werden, und führte mich in den Club ein. Es ist nur ein kleiner Schritt vom Enthusiasmus zur Nekrophilie. Die Toten gaben ihm etwas Unvergleichliches. (John leckte manchmal sogar die Innenseite der Haut, wenn er den Brustkorb eingeschnitten hatte. Er wollte gerne wissen, wie sie schmeckten. Er lud mich ein, es ihm nachzutun, doch ich wollte nicht.«

Das war mir nun wirklich zuviel, doch Anubis sprach einfach weiter und bekam nicht einmal mit, daß ich kurz davor stand, den Mund überhaupt nicht mehr zuzukriegen.

»Einbalsamierer werden manchmal so wie das, womit sie sich beschäftigen – kalt, gefühllos, unzugänglich. Ganz leise schleicht sich das

Verbotene in ihre Welt: Voyeurismus, abartiger Sex ... Ich habe mitbekommen, daß die attraktiven Körper junger Opfer manchmal von einer Leichenhalle zur anderen gebracht werden. Man spricht sich telefonisch ab, und die Leute in der Szene treffen sich dann zu später Stunde, um ihren voyeuristischen Neigungen nachzugehen. Sie holen sich dann auf dem Leichnam einen runter oder dringen in ihn ein. Alkohol und Drogen sind meistens mit von der Partie, und es ist beliebt, im Sarg Sex zu haben – bei geschlossenem Deckel.

Nekros erkennen einander durch eine Art Radar. Unter Beerdigungsunternehmern gibt es einen gewissen Slang, und einige Wörter weisen eindeutig auf abartige Praktiken hin. Andeutungen spielen hier eine große Rolle. Und sie beschützen sich gegenseitig. Es ist ein geheimes Netzwerk. Manche machen es alleine, manche in Gruppen.«

»Sie haben das also alles hingenommen und sich selbst angeeignet.«

»Ich habe den Tod schon früh beobachten können und sah auch immer genau hin, wie die Menschen im Fernsehen starben. Wenn sie durch einen Herzschlag oder einen Schlaganfall umkamen, ging ich sofort in mein Zimmer und schlug in meinen Medizinbüchern nach, damit ich verstehen konnte, was passiert war. Ebenso erforschte ich jede Art von Mord oder unnatürlichem Tod. Ich verbrachte ganze Tage in Bibliotheken und vergrub mich in Akten, in denen Todesursachen aufgeklärt wurden. Ich las alle greifbaren Dokumente über Autopsien. Ich hatte wiederkehrende Alpträume von Familienmitgliedern, die mit Fleischerhaken gequält wurden und verbluteten. Die Träume jagten mir einen fürchterlichen Schrecken ein, und so nutzte ich Forschung und Wissen, um diese Angst loszuwerden. Als Heranwachsender wurde mir klar, daß ich wirklich an Qual und Tod interessiert war. Ich dachte, daß es mir diese Träume erlaubten, meine Vorstellungen über den Tod zu ergründen. Ich liebte die Kreuzigung. Ich sah eine Verbindung zwischen der Liebe Jesu und seinem Vergnügen, durch erlittene Qualen für uns zu sterben.

Ich betrieb meine geheimen Nachforschungen weiter – von meinen ersten Erfahrungen im Fernsehen bis zu meinem Praktikum bei einem örtlichen Beerdigungsinstitut. Ich war vollkommen von diesem seidenen Faden fasziniert, der das Leben vom Tod trennt.«

»Hatten Sie nie Skrupel, Leichen zu anzusehen? Auch nicht beim ersten Mal?«

»Nein. Der Anblick war mir absolut vertraut. Einige wenige Leute sind für dieser Art von Arbeit geboren, und ich bin einer von ihnen. Für mich war es ganz natürlich.«

2

Nun gut, das war unter Vampiren nicht all zu unüblich. In einigen der ältesten dokumentierten Fälle von Vampirismus ging es bereits um Menschen, die Leichen liebten. Manche Vampire waren auch Kannibalen. Doch es war *eine* Sache, etwas über historische Fälle zu lesen, aber etwas *ganz anderes*, sich derartige Geschichten erzählen zu lassen.

»Ich bin ein geborener Nekrophiler«, bekannte Anubis. »Schon seit meiner Kindheit habe ich die Erscheinungsweisen des Todes geliebt. Ich würde gerne meinen eigenen Tod erleben, das Gefühl, einbalsamiert zu werden. Ich glaube, mit den Kenntnissen, über die ich verfüge, würde ich genau wissen, wie die Einbalsamierer sich fühlen, wenn sie sich mit meinen Organen befassen. Ich will das komplette Paket – den Tod von dieser und jener Seite aus betrachten. Ich habe den ganzen Ablauf schon geplant, genau so, wie ich es mir vorstelle, und die Anweisungen einem Freund gegeben, der sie bis ins letzte Detail befolgen wird. Ich weiß, daß ich diese Erfahrung machen werde, und ich kann es kaum erwarten. Vielleicht liebe ich deshalb die Idee des ruhmreichen Abgangs.«

Diesen Begriff hatte ich noch nie gehört, deshalb fragte ich: »Was bedeutet das, ›ruhmreicher Abgang‹?«

»Genau das, was Sie denken. Sterben, weil es schön ist zu sterben. Es geht darum, in den Sonnenuntergang hineinzugehen – das Ende tanzend zu erleben und sich davon verführen zu lassen. Als Außenseiter hat man es nicht leicht, und genau so problematisch ist es, sich vorzustellen, daß man alt, krank und krumm wird. Mit dem Auftauchen von Aids und anderen Blutkrankheiten wurde der Lebensstil des Vampirs noch riskanter. Also fügen wir dem Risiko noch einen romantischen Faktor hinzu – bevor wir es womöglich ganz aufgeben. Und manche von uns ersehnen das Ende sogar. Wir wollen sterben.

Manchmal ist das die emotionale Antwort auf Ängste und Depressionen im Zusammenhang mit Krankheiten wie Aids. Und nicht alle Fälle von Aids müssen unbedingt echt sein. Es gibt eine Art von Hysterie unter denen, die sich zu den Sterbenden zählen wollen. Sie bilden sich ein, sie hätten das Virus. Sie wollen es so sehr, daß sie die Zeichen ihres Todes *sehen* – auch wenn sie nicht wirklich sterben. Sie haben eine solche Furcht vor dem Leben, daß der Tod zum willkommenen Ausweg wird und sich die negative Energie ihrer Furcht in ihrem Körper ausbreitet. Das ist ein Daseinszustand, der vom Leiden an der Existenz selbst bestimmt wird. Und für manche ist das Sterben eine Möglichkeit, *jemand* zu sein, wenn auch nur für kurze Zeit und unter Schmerzen. Die Menschen schenken dem Sterben im allgemeinen Beachtung.«

»Und warum bringen diese Leute sich nicht einfach um?«

»Ich glaube nicht, daß man es so vereinfacht sehen kann. Sie gehen das Risiko auf durchaus selbstmörderische Weise ein, aber eigentlich ist es eine Art Herausforderung der Götter, wenn man so will. Und wenn sie das Spiel verlieren, nun gut, dann haben sie wenigstens mitgespielt. Sie wählen die Flucht, aber sie wollen sich nicht eingestehen, daß es wirklich darauf hinausläuft.«

»Ist es das, was Sie wollen? Ist das der ruhmreiche Abgang?«

Er verschränkte die Arme und wiegte den Kopf. »Vielleicht. Ich bin sehr zerbrechlich ... Ich habe mal von einem Experiment gelesen, bei dem Mediziner sich als freiwillige Versuchskaninchen für ein Virus zur Verfügung gestellt haben, und ich wollte immer einer von ihnen sein. Es wäre wundervoll, mein Leben auf diese Weise zu opfern, zum Wohle der Menschheit. Natürlich hauptsächlich, um zu sterben, aber auch, um damit etwas Gutes zu tun. Was ich bin, setzt sich aus jahrelangem Abstreiten, einer Existenz im Verborgenen und unerfüllter, geheimer Sehnsucht zusammen. Entrechtet, allein – so fühle ich mich. Wenigstens kann ich mich, solange ich jung bin, an Gesundheit und Sex erfreuen. Aber welches Leben werde ich führen, wenn ich einmal alt bin? Sich durch ungesundes Blut eine tödliche Krankheit zuzuziehen ist der perfekte Ausbruch – eine Chance, mit Glanz und Gloria von einer feindseligen Weltbühne abzutreten.«

Ich hegte eine gewisse Sympathie für ihn, für das Gefühl des ›entrechteten Lebens‹. Es ist nicht einfach, wenn man das Gefühl hat, vollkommen allein zu sein. »Wie denken Sie über Mörder, über Menschen in der Vampirszene, die behaupten, ihre Opfer zu töten?«

»Ich kann sie verstehen. Unter bestimmten Umständen könnte ich einer von ihnen werden. Ich teile manche der Leiden, von denen sie berichten: die Angst, verlassen zu werden, Probleme mit menschlichen Bindungen. Mich interessieren die Einzelheiten solcher Morde. Aber was sagt das über mich aus? Ich verstehe, warum sie so handeln. Vieles daran ist symbolisch. Ich sehe darin eine Art Befreiung. Ich kann jemanden wie Kemper, den kalifornischen Serienmörder gut verstehen. Das war sein Weg, sich Mädchen zu nähern, vor denen er sonst immer Angst hatte. Wir alle wollen gebraucht werden.«

Anscheinend wußte er über sämtliche widerwärtigen Details Bescheid. »Mich erstaunt Ihr Mangel an Zurückhaltung gegenüber dem Tod. Diese Haltung scheint mir ... nun, ein wenig unsozial zu sein. Ich meine, was würde Sie, wenn Sie sich in jemanden verlieben, davon abhalten, diese Person zu töten, um sich an ihrem Sterben zu ergötzen? Das wäre doch die logische Konsequenz, wenn ich Sie so reden höre.«

Ich dachte, daß ich damit vielleicht ein wenig zu weit ging, aber in seiner Miene war weder Überraschung noch Feindseligkeit zu erkennen, deshalb sprach ich weiter: »Ich muß Ihnen gestehen, wenn ich krank und in Ihrer Obhut wäre und wüßte, daß Sie scharf darauf sind, meinen Tod zu studieren, würde mich das ziemlich nervös machen. Ihre Haltung würde mich in ein Objekt verwandeln ... und schlimmeres. Ich käme mir vor wie das Opfer eines Geiers.«

»Ich kann Ihre Bedenken gut verstehen, klar, und Ihre Fragen überraschen mich auch nicht. Ich glaube nicht, daß ich Ihnen oder irgend jemandem darauf eine befriedigende Antwort geben kann. Aber ich dachte, Sie könnten zwischen Phantasien über den Tod und ihrer Umsetzung in der Realität unterscheiden. Ich habe Ihnen offenbart, wer ich im Innersten bin, aber ich bin auch fähig zum Mitleid. Ich würde nie jemanden zu meinem Vergnügen töten, aber wenn jemand aus anderen Gründen stirbt, erfreue ich mich am Prozeß des Verfalls. Doch ich würde mir niemals den Tod eines Menschen aneignen, den ich liebe. Das ist undenkbar!«

Interessant, was er so für undenkbar hielt. »Belastet Sie diese Liebe zum Tod und zum Sterben nicht manchmal? Ich meine, fühlen Sie sich nicht wie ein absoluter Außenseiter?«

»Manchmal belasten mich meine Geheimnisse schon. Dann versuche ich das Ganze objektiv zu sehen. Ich gehe auf Distanz und schaue in mich hinein. Ich finde immer Wege, mit meinem Außenseitertum zurechtzukommen. Ich setze meinen Charme und das Mittel der Täuschung ein, um Freundschaften aufrechtzuerhalten, denn ich glaube, daß die Leute mich so, wie ich eigentlich bin, nicht akzeptieren. Vielleicht brauche ich ja professionelle Hilfe, doch die nehme ich nicht in Anspruch, weil ich es nicht ertragen könnte, als krank bezeichnet zu werden. Ich glaube nicht, daß jemand anders mich wirklich verstehen könnte. Also berichte ich Ihnen alles auf eine sachliche Weise. Das ist eine Möglichkeit, die Geheimnisse von mir abzutrennen, sie zu rationalisieren und zwischen mir und dem Geheimnis eine Mauer zu errichten.«

»Wie steht es um Ihr eigenes Sterben? Ihre Worte vom ruhmreichen Abgang und Ihr Wunsch, Ihren eigenen Tod bewußt zu erleben ... fühlen Sie sich da nicht vom Selbstmord angezogen?«

»Sehr sogar. Und vielleicht setze ich das irgendwann in die Tat um. Vielleicht schon bald.«

»Würden Sie sich selbst töten oder etwas unternehmen, um langsam zu sterben?«

Er zuckte mit den Schultern. »Wer weiß? Wenn ich mir das Leben nähme, würde ich es so einrichten, daß ich etwas davon mitbekomme. Ich würde es nicht schnell tun. Ich würde es gerne erleben.«

»Wissen Sie, Jeffrey Dahmer war genauso. Er entwickelte schon früh in seinem Leben eine besondere Vorliebe für den Tod. In der Grundschule sammelte er die Schädel von überfahrenen Tieren, und er war davon besessen, andere zu kontrollieren. Er wurde nie mißbraucht, im Gegenteil, er wurde als Kind sehr verwöhnt.«

»Ich auch.«

»Aber sehen Sie sich an, zu was seine Besessenheit ausgeartet ist. Er tötete und zerstückelte 17 junge Männer. Manche von ihnen aß er sogar. Er lebte neben diesen verrottenden Gliedmaßen. Er war nicht psychotisch oder fehlgeleitet oder isoliert. Er wollte diese Dinge einfach *tun*. Er löste sich von der Sprache des Bösen. Er weigerte sich, das Schreckliche seiner Taten zu sehen. Entzog sich den moralischen Grundsätzen.«

Anubis zuckte die Achseln. »Nun, so etwas habe ich ja nie getan.«

3

Er war nicht der einzige, der den Reiz des Todes beschrieb. Doch niemand hatte mir bisher von einem derart komplexen und poetischen Konzept wie dem »ruhmreichen Abgang« berichtet, wenngleich ich von mehreren Personen weiß, die von ihrem Glauben an den Geist des Blutes ins Jenseits befördert wurden. Und ich weiß von anderen, die der Meinung waren, daß sie ihre Opfer auf dem Altar ihres eigenen »ruhmreichen Abgangs« dargebracht hatten.

Aber war schon mal jemand den Weg bis ans Ende gegangen? Konnte irgendwer wirklich glauben, der Selbstmord sei der Weg zur Selbstermächtigung, so daß es schließlich unvermeidlich schien, sich selbst Gewalt anzutun? Wraith hatte gesagt, daß Christian dieser Auffassung war. Christian hatte oft mit ihm darüber diskutiert, ihn dazu gedrängt, gemeinsam zu sterben, einen Blutpakt mit ihm zu schließen, und sich über jeden Aberglauben informiert, bei dem es um das Blut und seine Macht ging.

Nachdem Wraith mir erzählt hatte, daß einige ihrer Opfer sich ihnen *freiwillig* hingegeben und *ihren* »ruhmreichen Abgang« erlebt hatten, stellte ich ihm in jener Nacht im Wald die nächste Frage. »Und Christian? Was wurde aus seiner Idee, diesen blutigen Abgang an sich selbst zu vollziehen? Wo ist er jetzt? Denkt er immer noch daran?«

Wraith sah hinunter auf seine Hände und blickte dann wieder zu mir auf: »Wir müssen an einen anderen Ort gehen«, sagte er mit ruhiger Stimme.

»Müssen wir?«

»Ja. Sie können mir in Ihrem Wagen folgen. Wir fahren zu der letzten Stelle, die ich Ihnen zeigen will. Christian und ich sind dort immer zusammen hingegangen.«

Ich wußte, daß er mir hier nichts mehr erzählen würde, also sprang ich von meinem Ast und ging zu den geparkten Autos. Ich hörte, wie er ebenfalls herunterkam und mir folgte. Ich saß schon in meinem Wagen, bevor er seinen erreichte. Er winkte mir aufmunternd zu und stieg ein. Als hätten wir eben über etwas ganz anderes geredet, und nicht über seine Rolle in einer Reihe von Morden. Als wäre er ein ganz normaler Bursche.

Ich fuhr ihm ein paar Meilen hinterher. Ich fürchtete währenddessen, daß Christian dort schon auf uns warten, daß *dies* ihr Plan sein könnte: mich dorthin zu locken und zu erledigen. Dann hielt Wraith in der Nähe einer Brücke an. Ich hoffte, hier keine Seetaucher hören zu müssen, und es gefiel mir gar nicht, daß es hier Wasser gab. Wraith stieg aus seinem Wagen und wartete auf mich. Mein Herz begann wieder zu pochen. Ich wollte nahe am Wagen bleiben. Hier war es noch unheimlicher, allerdings war der Mond hinter den Wolken hervorgekommen.

Er lief vor mir her, einen Grasweg entlang, bis wir zu einer Gegend mit verfallenen Häusern kamen. Die meisten waren heruntergekommen und verrottet. Überall lagen große Felsbrocken herum. Bei einem davon blieb Wraith stehen. Er sah mich an.

»Hier haben sie ihn gefunden«, sagte er.

»Wen gefunden?«

»Christian. Er ist tot. Er hat sich umgebracht.«

Ich war sprachlos. Damit hatte ich nicht gerechnet, und ich hatte tatsächlich das Gefühl, etwas verloren zu haben. Ich wollte, daß er noch am Leben war. So verdorben er auch gewesen sein mochte, er war eine beinahe mystische Figur für mich geworden. Jemanden wie ihn hatte ich gesucht. Er war ein Vampir bis ins Mark, mit all den Schrecken und Konsequenzen, die sich in meine Vorstellung eingegraben haben. Es erschien mir unvorstellbar, daß er tot sein sollte.

»Wie?« fragte ich.

»Irgendwann spät nachts – bei einer Tasse Kaffee – kam er damit an. Er erzählte mir, was er vorhatte. Ich fing sofort an zu weinen, weil ich wußte, daß er jede Idee auf der Stelle in die Tat umsetzte. Er sagte, daß er aus seinem Körper austreten und zu mir kommen würde. Ich stritt monatelang mit ihm, aber ich wußte, daß ich ihn nicht davon abbringen konnte. Christian war mein stärkeres Selbst. Wir waren beide dominant, aber er *führte beim Tanzen*.

Wir schlossen einen Blutpakt, daß wir für immer zusammen bleiben würden. Zwei Jahre später, am Jahrestag des Paktes, kam Christian hier raus, zog sich aus und schnitt sich beide Halsschlagadern auf.«

»Und Sie haben nichts davon gewußt?« So sehr mich alle Einzelheiten über seine sadistischen Machenschaften auch empört hatten: Diese Neuigkeit erschütterte mich.

»Wir hatten an jenem Tag Pläne geschmiedet, doch er benahm sich seltsam, machte geheimnisvolle Andeutungen über spirituelles Zusammensein, eins werden. Und er war aus unserem Apartment ausgezogen und lebte wieder zu Hause. Die Dinge verschoben sich, änderten sich. Er sagte, er würde mich verlassen, aber ich dachte, er wollte mich nur quälen, das sei nur eine Art, sich an meinem Leiden zu ergötzen. Aber als ich ihn dann nicht finden konnte, geriet ich in Panik. Dann kam ein Freund und erzählte mir, er sei tot. Zwei Jäger hatten ihn gefunden.

Ich fühlte mich innerlich absolut tot. Ich wußte nicht, was ich ohne ihn tun sollte. Ich hörte auf zu essen, zu schlafen. Ich funktionierte nicht mehr. Ich ging zu seinem Begräbnis, aber in meinem Geist war er weg. Als er dort im Sarg lag, fiel es mir sehr schwer, sein schönes Gesicht anzusehen. Ich wollte ihn zurückhaben.

Er war unglücklich, wenn ich nicht dauernd bei ihm war – er wollte für immer mit mir zusammensein. Er glaubte, daß er nach seinem Tod nachts zu mir kommen würde und daß wir spazierengehen würden. Und jetzt ist es soweit.«

»Was soll das heißen?«

»Er kommt nachts zu mir. Ich fühle ihn. Ich werde von ihm verfolgt. Er weist mir den Weg bei der Jagd.«

»Sie hören Stimmen?«

»Nein, das eigentlich nicht. Aber er spricht zu mir; er läßt mich seine Wünsche wissen. Manchmal übernehme ich seinen Namen, wenn ich auf Streifzug bin. Dann werde ich er.«

»Es tut mir leid, aber ich kann Ihnen nicht ganz folgen. Ist er ein Vampirgeist?« Ich hatte von derartigen Phänomenen gehört und in einem der Romane von Anne Rice darüber gelesen. Ich wußte auch von einem Geisterjäger, der angeblich ein Erlebnis mit einem Vampir hatte. Aber das ganze schien mir doch etwas weit hergeholt.

»Ein paar Tage, nachdem er sich das Leben genommen hatte«, erklärte Wraith, »kam ich zu dieser Stelle, um bei ihm zu sein. Ich nahm ein scharfes Messer mit, weil ich dasselbe tun wollte wie er, am selben Ort. Ohne ihn wollte ich sterben. Ich hatte mich gräßlich gefühlt mit ihm, weil er mich ständig quälte, aber es war eine vertraute Qual. Ich dachte nicht, daß ich die Kraft aufbringen könnte, alleine noch einmal neu anzufangen. Er hatte mich vor dem Verrücktwerden bewahrt.«

 »Sie bewahrt ...?« unterbrach ich ihn. »Er war ein Mörder, ein Soziopath, und trotzdem glauben Sie, er hätte Sie vor dem Verrücktwerden bewahrt?«

»Er war das stabilisierende Element in unserer Gleichung. Schon im Alter von neun Jahren glaubte ich, verrückt zu werden. Als er starb, als ich wußte, daß er wirklich gegangen war, befürchtete ich, daß ich langsam in den Wahnsinn abrutschen könnte. Es schien einfach unvermeidlich.

Also kam ich hierher und saß auf den Blutflecken, die unseren Felsen bedeckten, und weinte. Ich habe niemals so sehr geweint. Schließlich ging ich hinüber zu der Ruine und nahm einen Ziegelstein, der vor unser Versteck geschoben war. Dort fand ich seine Selbstmordnachricht, sie war an mich adressiert. Da stand einfach: ›Jetzt sind wir eins. Ich bin immer bei Dir. Christian.‹ Dann spürte ich etwas durch meinen Körper fahren. Er stand im Wald und sah mir lächelnd ins Gesicht. Ich schnappte fast über und rannte, so schnell ich konnte, zum Wagen zurück, aber er saß schon auf dem Beifahrersitz. Er fing an zu sprechen, sagte mir, ich solle nicht weinen und daß er mich nicht verlassen hätte. Er sagte weiter, ich würde ihn nun für den Rest meines Lebens in mir spüren können und daß wir zusammen mächtigere Vampire wären. Er ist jetzt also meine geheime Kraft. Er hat seine Lebensenergie auf mich übertragen.«

»Sie glauben, daß Sie einen Vampir als Hausgeist haben?« hakte ich nach.

»Ja«, erwiderte er mit Nachdruck. »Er hilft mir dabei, die Opfer auszuwählen. Wir kommunizieren mit Hilfe von Telepathie. Ich jage, weil er es so will.«

»Gut, aber Sie haben eben gesagt, er beging Selbstmord, weil er bei Ihnen sein wollte, und vor einer Minute meinten Sie, daß er Sie verlassen wollte.«

Wraith schaute weg. Dann flüsterte er: »Er hat *wirklich* versucht, mich zu verlassen. Er war schon ausgezogen. Das hat mich umgehauen. Er wollte mit jemand anderem zusammenleben. Aber ich wußte, daß er mich noch liebte.«

»Moment, das paßt irgendwie nicht zusammen. Das ...« Dann kam mir ein beunruhigender Gedanke. »Haben *Sie* ihn umgebracht?«

Wraith warf mir einen überraschten Blick zu. »Nein!« protestierte er. »Ich habe ihn *geliebt*. Ich hätte ihn niemals ermordet. Ich brauchte ihn.«

»Aber dann ergibt das doch keinen Sinn. Wenn er Sie verlassen wollte, hätte er doch nie so etwas Romantisches getan, dann hätte er sich doch nicht umgebracht, um in Ihnen aufzugehen.«

»Er hinterließ eine Nachricht. Er sagte, er wäre jetzt bei mir.«

Ich wunderte mich. »Sie glauben also, daß er sterben wollte. Daß dieser gutaussehende 24 Jahre alte Mann seinem Leben ein Ende machen wollte? Einfach so.«

»Ja. Ich besaß den Zauber, den er brauchte, um sich zu vervollständigen. Er erkannte das Ausmaß meiner Macht und wollte sich mit ihr verbinden. Deshalb wollte er sterben – um sich mir dauerhaft anzuschließen. Er wollte sich meiner Seele aufpfropfen.«

Ich war nicht restlos überzeugt, doch dann erwähnte ich die Idee des »ruhmreichen Abgangs«, und Wraith mußte nicht lange darüber nachdenken: »Viele Schwule teilen die Sehnsucht, mit Glanz und Gloria unterzugehen. Das Bild des Vampirs paßt deshalb so gut zu uns, weil wir auf ewige Jugend und Schönheit aus sind. Wer diese beiden Dinge verliert, der stirbt. Ich wollte es ihm gleichtun. Ich möchte es immer noch, aber ich versuche, auf dieser Welt zu bleiben und meinen einzigartigen Schatten an die Mauer zu werfen. Und ein Teil in mir fürchtet, daß Christian und ich durch meinen Tod für immer getrennt sein werden. Aber die Vorstellung, einfach abzutreten, niemals alt und einsam zu werden, ist sehr stark ausgeprägt. Christian bleibt für immer im Kreis seines Selbstmordes gefangen, sein Tod wird sich durch mich endlos wiederholen. Er treibt mich zum Äußersten, kostet das Aroma, hält dann meinen Kopf unter Wasser und drückt mich tief in die Schwärze, die er seine Heimat nennt. Wenn Christian mich verlassen sollte … ich weiß nicht, was ich dann machen würde. Er ist meine Nacht. Ich weiß nicht, wie ich zurechtkäme. Ich glaube, mir bliebe nur das Vergessen. Ich jage, weil ich weiß, daß er bei mir ist. Ich möchte es nicht ohne ihn tun.«

»Was geschah mit seinem Geld, seinem Besitz?«

»Alles, was er besaß, ging an seine Familie.«

»Alles? Er hinterließ *Ihnen* überhaupt nichts, obwohl Sie sein Geliebter waren?«

»Er hinterließ mir eine Nachricht. Ein paar persönliche Dinge. Mehr nicht. Ich habe all seine Fotos verbrannt, so wie er es verlangte.«

»Der Geist?«

»Ja.«

»Und jetzt geht er mit Ihnen auf die Jagd. Er ist bei Ihnen, wenn Sie Blut trinken.«

»Ja. Oft will er mehr als ich, daher muß ich sehr intensiv jagen. Ich wünschte mir, ich könnte glauben, daß seine Gegenwart in meinem Leben nichts anderes ist als Zorn und Reue, weil ich ihn nicht gerettet habe, oder vielleicht sentimentales Gedenken oder ein psychischer Defekt, der sich durch eine Therapie korrigieren ließe. Aber er ist in mir drin. Ich glaube, er wird mich mein Leben lang verfolgen. Und ich denke, er will, daß ich sterbe. Ich glaube, dort will er mich haben.« Er grinste. »Ich weiß, wie absurd das klingt. Aber das ist mein Leben. Ein großer Teil meines Vampirdaseins kommt mir vor wie ein einziger langer Tag. Es scheint, als würde jeder Vorfall in einem einzigen Tümpel aus Erfahrungen landen. *Er* ist es, der Ihnen dies alles erzählen will, und ich weiß nicht, warum. Vielleicht möchte er, daß Sie ihm helfen, seine Taten zu rechtfertigen, oder vielleicht denkt er, daß Ihre Nachforschungen mich aus der Fassung bringen und mich zerstören.«

Das Gefühl, daß dieser Vampirgeist von mir wissen sollte, behagte mir nicht.

»Kann jemand anderer ihn auch sehen?«

»Ein echter Seher könnte das. Letztes Jahr nahm ich einen Jungen mit, und wir unterhielten uns eine Stunde lang. Christian tauchte auf, ich fühlte die Wärme, die er mit sich bringt, und dieser Junge deutete auf meinen Kopf und sagte: ›Hey Mann, da ist ein Ring um deinen Schädel‹ Er sagte, er könnte auch die Wärme spüren. Die Leute sagen mir oft, daß da etwas ist, dem sie sich nicht zu entziehen vermögen. Ich glaube, das hat etwas mit Christian zu tun. Die Sicherheit, die er mir gab, war meistens ein Gefängnis für mich, und so ist es immer noch.«

»Wie meinen Sie das?«

»Ich habe die meiste Zeit darüber nachgedacht, wie ich ihm entkommen könnte.«

Jetzt wurde es wahrlich verwirrend. »Ich dachte, Sie haben ihn geliebt.«

»Ich habe ihn geliebt ... und gehaßt. Man kann nur leidenschaftlich hassen, wen man liebt. Ich würde gerne Ihre Hand auf mein Herz legen und Sie etwas von Christians Essenz aufnehmen lassen.«

Ich wich einen Schritt zurück. »Nein, das möchte ich nicht.« Ich wollte mir keinen herumstreunenden Geist anhängen lassen. »Aber erzählen Sie mir, was Sie damit meinen.«

»Ich habe ihn geliebt, doch er quälte mich. Ich war einmal wegen irgend etwas auf ihn sauer – ich weiß nicht mehr, was es war. Ich schmollte den ganzen Nachmittag lang, saß in meinem Zimmer auf einem Stuhl und starrte die ganze Zeit aus dem Fenster hinaus auf die kleine Eiche. Ich wurde noch viel wütender, besonders weil er auf mein Leid überhaupt nicht reagierte. Ich holte mein Messer, setzte mich aufs Bett und zerschnitt die Bettlaken, beugte mich zum anderen Ende und zog das Messer durch die Matratze. Jeder Stich galt seinem Herzen, und jeder Riß galt seiner Brust, die von der Klinge zerfetzt wurde. So sehr konnte ich ihn hassen.«

Was auch immer ich in jener Nacht bereits gehört hatte, jede erneute Beschreibung von Gewaltakten beunruhigte mich. Und Wraiths Wut schien mir irgendwie unmittelbarer zu werden. Wenn sich Christian in diesem Moment materialisiert hätte, würde Wraith ihm ganz sicher einen Dolchstoß versetzt haben. Ich spürte, wie sich meine Beinmuskeln anspannten, um im nächsten Moment wegzurennen.

»Aber Sie haben ihn nicht umgebracht?«

»Nein. Aber ich hätte es vielleicht getan. Wenn er mich verlassen und weitergelebt hätte … dann vielleicht.«

Etwas gefiel mir nicht an diesem Widerspruch. Ich kehrte zu einem Punkt zurück, über den er sich bisher ausgeschwiegen hatte, und fragte: »Glauben Sie, daß Sie die Kraft haben, etwas vorauszusehen, das einen anderen Menschen zerstören könnte?«

»Wie meinen Sie das?«

»Ich meine, daß Sie Christians Wissensdurst nach der esoterischen Verbindung von Blut und spiritueller Kraft gestillt haben, könnte ihn zum Selbstmord inspiriert haben. Ihre Worte legen die Vermutung nahe, daß ein Teil von Ihnen wußte, wie sie genau das bewirken konnten, und daß Sie bereits *dabei* waren, es zu bewirken – und trotzdem haben Sie nicht aufgehört, ihm von diesen Dingen zu erzählen. Als würden sie ihn gewissermaßen damit mästen und zum Äußersten treiben. Vielleicht haben Sie sich seinen Tod ja insgeheim gewünscht.«

Er zuckte die Schultern, aber diese Möglichkeit schien ihn nicht zu überraschen. »Ich scheine wirklich zu wissen, was andere Menschen zerstören kann. Ich kann mich erinnern, wie ich in der Schule immer andere Kinder abschätzte, sie ansah, beobachtete, und dann meine Erkenntnisse zu meinem Vorteil nutzte. Ich wußte genau, welche Worte ihr rohes Selbst entblößten. Ich sah ihre Ängste, und ich konnte sie heilen oder verletzen. Aber selbst wenn ich den Selbstmord von Christian im Sinn gehabt hätte, würde ich nicht notwendigerweise davon profitiert haben. Er mag tot sein, aber er hat immer noch Macht über mich. Zwischen uns beiden ist immer noch der Kampf darum im Gange, wer wen dominiert. Unsere Verbindung ist für mich zu einer bizarren Existenz geworden. Ich würde all diese Dinge nicht tun, wenn *er* mich nicht dazu zwingen würde.

Zwischen uns bestand eine starke Rivalität. Es ging bitter zu zwischen uns, weil sich der eine vom anderen angezogen fühlte. Der eine wollte der andere sein. Eine wilde und gehässige Liebe, deren Ursprung in der Eifersucht lag. Wir wollten förmlich miteinander verschmelzen und wie *ein* Herz schlagen, und der Haß sorgte für den nötigen Ausgleich.

Wir besaßen die Kraft des verborgenen Leidens, aber auch tiefe Hingabe. Christian und ich hatten Tage, an denen alles schiefging, und am Abend war dann wieder alles in Ordnung. Aber die Qual ist matter geworden und das Leiden so sehr verblaßt, daß ich mich manchmal nicht mehr daran erinnern kann, wie es wirklich war.«

Ich hob eine Hand, um ihn zu unterbrechen. »Sie haben sich also einen großen Teil der Beziehungsqualen selbst bereitet.«

»Ich fuhr wie ein durchgeknallter Blitz in Christian, wiegelte ihn gegen mich auf und vergrößerte seinen Schmerz. Mein Instinkt hat mir stets verraten, wo jemand verletzlich war, und das habe ich die ganze Zeit auf ihn angewendet. Ich glaube, das hat dazu beigetragen, daß er abdrehte und davonlief, aber er wußte genau, daß er mich dazu brachte, ihn zu verletzen.«

»Ist es möglich, daß ...?«

»Ja, es ist gut möglich, daß etwas in mir genau wußte, was zu tun war. Er kümmerte sich ja nicht darum. Er hat ja nie ...« Er brach ab, und ich wußte, daß etwas Dunkles und Gemeines hinter diesem unvermuteten plötzlichen Geständnis steckte.

»Aber ich wollte nicht, daß er starb. Nicht wirklich. Es gab diese Schönheit in ihm. Etwas absolut Einzigartiges und Elektrisierendes. Egal, was er tat, Christian war niemals entsetzt. Er kümmerte sich nicht darum, was er nach den Regeln der normalen Gesellschaft empfinden sollte. Das schien ihm alles zu glatt und zu schwach. Sein Irrsinn war sein Reichtum. Er war frei. Und ich liebte ihn, wie ich mich selbst liebe. Aber

Christian wollte mich beherrschen, und das erlaubte ich ihm nicht. Ich wollte ihn nicht bewußt umbringen – niemals! Aber unbewußt bereitete mir seine besitzergreifende Zwangsvorstellung, ich zu sein, große Sorgen.«

Dieser Typ war ein Chamäleon. Was immer ich auch sagte, er nahm es auf, betrachtete es von allen Seiten und präsentierte es mir dann als *seine* Wahrheit. Ich wußte nicht, was ich noch glauben sollte.

»Aber jetzt bin ich er«, fuhr Wraith fort. »Ich bin unerreichbar, mysteriös, uneinheitlich, unberechenbar und fließend. Ich bin Christian.«

Also gut, ich stand hier also einem Verrückten gegenüber – warum ging ich nicht einfach? Weil ich eine Schwäche für diese Art Gespräch habe. Es gab noch mehr, das ich wissen wollte. »Er hat Sie also wirklich verlassen wollen? Er wollte aus Ihrer Beziehung ausbrechen?«

Wraith nickte vage, als wäre er unfähig zu bekennen, daß es so war. Irgendwie brach die ganze Geschichte auseinander. Die große Romanze hatte einen Haken. Christian hatte aussteigen wollen. Ich war verblüfft. Ich entschied mich für eine andere Theorie.

»Haben Sie niemals daran gedacht«, sagte ich, »daß ihm nach all den absonderlichen Geschichten, in die er verwickelt war, und den gemeinen Dingen, die er tat, mal jemand auflauern könnte? Vielleicht wurde er ja ermordet. Vielleicht ging ja irgendein Geschäft schief, oder jemand hat sich an ihm gerächt.«

Er schwieg einen Moment lang.

»Ich habe daran gedacht«, gab er dann zu. »Es *gibt* Leute, die glauben, daß Christian ermordet wurde. Ein Typ meint, Christian habe gewußt, daß es passieren würde, und nichts dagegen unternommen. Er erinnert sich, daß Christian so etwas gesagt hat wie ›Alles ist, wie es sein soll … und am Ende wird alles gut.‹ Das klingt rätselhaft, aber Christian war immer rätselhaft. Offensichtlich hatte Christian mit den Gaunern der Stadt eine Art Abmachung. Es schien, als stünden einige Jungs aus seinem Bekanntenkreis auf deren Abschußliste, und er brachte sie bei Bedarf um und ließ sie verschwinden.«

»Und Sie könnten einer davon gewesen sein.«

»Ja. Ich erinnere mich. Es gab jede Menge versteckte Andeutungen, die jetzt erst einen Sinn ergeben. Vielleicht hätte er mich eines Tages umgebracht.«

»Aber Sie sind bei ihm geblieben.«

»Ja. Ich wäre lieber gestorben, als mich von ihm zu trennen. Aber darauf kommt es letztlich nicht an. Er hätte *mich* getötet, oder ich hätte *ihn* getötet, oder einer von uns hätte jederzeit sonstwie sterben können. Das Ende würde in jedem Fall dasselbe sein.«

Er hatte recht. Es schien sinnlos, darüber streiten zu wollen, was wirklich geschehen war. Als ich mir die ganze Geschichte noch einmal durch den Kopf gehen ließ, leuchtete mir der Selbstmord von Christian mit einem Mal ein, aber nur deshalb, weil er wußte, daß er sterben würde. Vielleicht hatte er einen verpatzten Drogendeal beobachtet oder gehört, daß er in Schwierigkeiten steckte, und vielleicht hatte er den Plan mit Wraith so oft durchgespielt, daß ihm schließlich ein romantisches Licht den Weg wies. Vielleicht hatte er keine andere Wahl und wollte nur seinen eigenen Weg gehen. Er schrieb seine Nachricht als eine Art Versöhnung mit Wraith und schnitt sich dann auf diesem einsamen Felsen den Hals durch.

4

Der »ruhmreiche Abgang«. Den Tod umgarnen. Selbstmord. Opferung. Russisches Roulette.

Ob Christian sein Dasein an anderer Stelle fortführt oder nicht, er lebt auf jeden Fall weiter. Wraith erzählte mir von einer noch heimtückischeren Annäherung.

»Nach vielen Jahren sind manche Leute, mit denen Christian zu tun hatte, immer noch dem Vampirkult verbunden. Es ist alles sehr geheimnisvoll. Manche dieser Leute glauben, daß er sogar noch fleischlich lebendig ist, und sie versprechen sich von ihm eine Art Macht. Für dieses Jahr haben sie eine große Zeremonie nach Samhein-Art geplant, die mehrere Nächte bis Halloween dauern soll. Sie sprechen von einem Blutopfer, das von aufstrebenden jungen Vampiren erbracht werden soll, die sich dadurch den Eintritt in einen Eliteclub von Bluttrinkern verschaffen wollen.

Dieser Kult setzt sich aus Jungen und Alten zusammen, einige kenne ich noch aus meiner Zeit. Die Rituale und Regeln wurden seit meiner Jugend kaum verändert, mit einem Unterschied: Diese Vampire schwören einem Geisterherrn ihre Treue. Sie glauben, daß ihnen Christian in ihren Träumen und in ihrem Unterbewußtsein erscheint. Er nennt ihnen Dinge, die er zu tun wünscht. So wurden zum Beispiel hier in der Nähe zwei Jugendliche verstümmelt und verblutet in einer Grube gefunden; an Hals und Schenkeln waren Bißwunden zu erkennen. Es scheinen Durchreisende gewesen zu sein, und es stand nichts davon in der Zeitung, doch ein befreundeter Polizist hat mir davon erzählt. Ich denke, die Mörder kamen aus diesem Kult und haben ausgeführt, was sie für Christians Befehl hielten.

Sobald der Name Christian ausgesprochen wird, ergehen sich viele dieser Typen in einer Art verstohlener Ehrerbietung. Beobachtungen, die ich während eines Treffens mit ihnen machte, haben mich sehr erstaunt. Sie haben mich behandelt, als wäre ich er. Offensichtlich ging das Gerücht um, daß er sich umgebracht habe, um andere Vampire von mir, seinem Seelenhaus, fernzuhalten. Ich wurde als der Ort betrachtet, in dem er wohnt und für die Sache der Vampire wirkt. Mir wurde umgehend eine Führungsposition in der Gruppe angeboten. Ich lehnte ruhig und respektvoll ab, ihr Führer zu werden, und versicherte ihnen, daß ich den Geist Christians nicht beherberge. Das war natürlich gelogen, aber ich vertraute ihnen nicht. Einige dieser Vampire beschuldigten mich, ich wäre mir meiner Kräfte gar nicht bewußt.

Der Ranghöchste nahm mich beiseite, bat mich, meinen Entschluß noch einmal zu überdenken, und fügte hinzu, daß ich der einzige sei, der ihnen in der ›Nacht des Dunklen‹ Christians Geist bringen könnte. Ich bat um Bedenkzeit. Nach einigen Fragen über die Zeremonie ging ich. Seitdem habe ich ein paar Anrufe erhalten, ob ich denn beabsichtige, an einem Ritual teilzunehmen. Ich habe noch nicht zurückgerufen, aber die Zeit rückt langsam näher, und ich muß ihnen eine Antwort geben. Sie wollen mir frisches, fließendes Blut als Opfer anbieten und dafür von Christians Geist erfüllt werden.

Ich bin, was dieses Ritual angeht, sehr mißtrauisch. Irgendwie denke ich, Christian könnte zu diesen Leuten zurückkehren und durch mich wieder lebendig werden. Ich glaube, daß das möglich wäre, aber ich bezweifle, daß diese Vampire dazu in der Lage sind. Wenn es geschieht, dann wird Christian dafür sorgen. Er wird dann aus eigener Kraft zurückkehren, nicht durch ihre Hilfe. Aber sie haben schon ein williges Opfer gefunden, das beste, das man sich vorstellen kann.«

»Willig?«

»Ein Junge möchte durch die Hände blutrünstiger Vampire sterben. Er denkt wohl, das sei, wie Sie es formuliert haben, sein ›ruhmreicher Abgang‹. Ich soll ihn treffen, um meine Zustimmung zu geben – aber nur, wenn ich an dem Ritual teilnehme.«

»Warum gehen Sie nicht einfach hin , sehen ihn sich an und teilen den anderen dann mit, daß er nicht Ihren Vorstellungen entspricht. Sie werden auf Ihr Urteil vertrauen. Sie werden den Jungen retten, und vielleicht kommt er dann endlich wieder zu sich.«

»Das würde nicht funktionieren.«

»Warum nicht?«

»Weil ... sie haben mehr als einen.«

KAPITEL ZWANZIG

DAS TAO DES VAMPIRS

»... unaussprechbar ist und namenlos, was meiner Seele Qual und Süsse macht und auch noch der Hunger meiner Eingeweide ist.«

Friedrich Nietzsche »Also sprach Zarathustra«

1

Wraiths Geschichte schien sich dem Ende zuzuneigen, aber ich stellte seinen Bericht noch immer in Frage. Ich hatte festgestellt, daß er so clever war, die Morde nicht chronologisch zu erzählen, und ich wußte, was hinter dieser Schlauheit steckte: eine Methode, etwas zu bekommen, ohne etwas geben zu müssen. Ich war nicht darauf reingefallen, jedenfalls nicht ganz. Das Problem war, daß ich nicht wußte, warum er so vorgegangen war. Ich versuchte, die Details in eine chronologische Ordnung zu bringen und fragte nach weiteren Einzelheiten. Nichts davon nahm ich auf Band auf. Ich wollte nur alles in einen sinnvollen Zusammenhang bringen.

Manchmal irritierte ihn das, aber er wurde nie wütend genug, um die Fassung zu verlieren. Er spielte mit mir, das konnte ich spüren, aber ich konnte nicht genau artikulieren, was ich noch wissen mußte. Das erste Mal war ich auf etwas gestoßen, als er mich vom Fluß zu dem Baum führte, wo er behauptete, wegen Christians grausamer Tat geheult und sich übergeben zu haben. Dort fiel mir auf, daß hier etwas irgendwie Theatralisches im Gange war: Er war auf den Baum gestiegen, und ich kletterte ihm anstandslos nach. Wraith hatte lebhaft beschrieben, wie schlecht und ängstlich er sich an diesem Abend fühlte, als Christian das erste Mal vor seinen Augen jemanden getötet hatte, und wie sehr er Christians Beteuerungen verschmähte, sie seien aus demselben Holz geschnitzt. Dann hatte er die anderen blutigen Verbrechen erwähnt, und zwar so, wie ich es in den vorangegangenen Kapiteln beschrieben habe. Er deutete an, daß es noch weitere Bluttaten gab, aber ich wollte nichts davon wissen. Ich hatte genug gehört.

Ich sagte: »Erzählen Sie mir noch mal von dem zweiten Mord.« Er reagierte ausweichend, und ich ahnte, daß irgend etwas nicht stimmte, aber in diesem Moment wußte ich einfach nicht, was mich beunruhigte. Ich wußte nur, daß er auf seiner Rechnung etwas ausgelassen hatte.

Als der »Rundgang« über sein Terrain schließlich zum Abschluß gekommen war, brachte er mich zurück zum Wagen. Ich hatte keine Ahnung, ob ich jemals wieder von ihm hören würde, und es schien mir einfältig, einfach nur auf Wiedersehen zu sagen. Immerhin hatte ich sehr viel über ihn erfahren, und das meiste davon war ziemlich schrecklich. Aber er schien kein Problem damit zu haben. Offenbar hatte er bekommen, was er wollte, oder ihm war klargeworden, daß er es nicht kriegen würde. Er hatte unmißverständlich genug davon, mit mir zu reden. Ich schüttelte seine Hand, dankte ihm für das Treffen und machte mich auf den Weg zurück ins Hotel, was nicht so einfach war. Ich konnte kaum glauben, daß ich meine Tonbänder behalten hatte – und mein Leben.

An jenem Abend nahm ich noch ein paar Drinks und dachte darüber nach, welche Gefühle Wraiths Geschichten in mir geweckt hatten – und welche Gefühle mich hinsichtlich der Vampirkultur generell bewegten. Irgendwie hing das alles zusammen. Ich begann die Art Vampir, wie ihn Christian repräsentierte, allmählich zu verstehen: Seine Methode basierte auf Täuschung und Raub. Er benutzte Schönheit, Charme und Lügen, um sich in eine Position zu bringen, die es ihm erlaubte, sich an anderen schadlos zu halten. Wraith hatte behauptet, daß Christian ihn getäuscht und seine Verwundbarkeit ausgenutzt, ihn weiter und weiter ausgesaugt hatte, bis seine Widerstandskräfte aufgebraucht waren. Aber war Christians Bild, so wie Wraith es zeichnete, die wirkliche Essenz des Vampirs? War es wirklich so einfach? Irgend etwas schien noch zu fehlen.

Ich dachte über diese Frage nach, darüber, ob es so etwas wie einen Wesenskern des Vampirs gibt. Seit ich Susan Walshs Geschichte aus den Augen verloren hatte, war ich auf der Suche nach *meiner* Version des echten Vampirs. Ich hatte mich immer intensiver mit der Frage beschäftigt, wie sich der Vampir weiterentwickelt hatte, um sich der neuen Generation von Vampirliebhabern anzupassen. Viren, Sterblichkeit, Clangesetze und zahlreiche andere Veränderungen schienen nicht zu meiner Vorstellung zu passen. Ich weiß, daß Vampire in den unterschiedlichen Kulturen zahlreiche Gestalten angenommen haben, und manche der »neuen« Dimensionen sind nicht einmal wirklich neu, sondern entsprechen viel mehr dem klassischen Bild. Vielleicht kommt dieses der Wahrheit über den Vampir sogar am nächsten – wenn es sie denn gibt. Aber das spielte keine Rolle für mich. Ich hatte nach einem Vampir gesucht und in Christian einen gefunden, doch noch immer schien das Puzzle nicht vollständig. Es gab etwas, das Wraith mir vorenthalten hatte – obwohl er mir mehr offenbart hatte als die meisten.

Keiner meiner diversen Gesprächspartner, die den Vampir verändern wollten, hatte mich bisher wirklich über das verstörende Rätsel und die Erotik, die ihn umgibt, aufklären können. Es mag sonderbar klingen, aber Wraith war der einzige, der dem überhaupt nahe gekommen war. Auch wenn ich seine Geschichten mit Schrecken vernahm, in seiner Gegenwart spürte ich die verwickelte Spannung von Täuschung, Energie und Furcht, die mir bei einer Begegnung mit einem Vampir unentbehrlich schien. Das soll keineswegs heißen, daß er im Besitz der »Wahrheit« war, aber immerhin sprach er die Aspekte des Vampirs an, mit denen ich etwas anfangen konnte.

Doch ich wußte immer noch nicht genau, *was* er mir gezeigt hatte – abgesehen von diesen Orten, die sich in sein Bewußtsein eingebrannt hatten, sowie die These von der Schönheit, die dem Irrsinn innewohnt. Er hatte gemeint, ich würde ihn verstehen, er war zumindest zuversichtlich, daß mir dies gelingen würde – besser gesagt, *Christian* war zuversichtlich, daß ich begreifen – und beschreiben – könnte, was einen Vampir wirklich ausmacht.

Ich holte mir noch etwas zu trinken und dachte über eine Geschichte nach, die ich bei Douglas Clegg gelesen und die damals einen gewaltigen Eindruck auf mich gemacht hatte, aber mir war nicht ganz klar, was sie mit meinen Erlebnissen zu tun haben könnte. Die Geschichte hieß »White Chapel«, und ich war in Poppy Z. Brites Anthologie *Love in Vein* auf sie gestoßen. Da die Protagonistin eine Frau auf der Suche nach dem

Herz der Finsternis war, hatte ich mich sofort mit ihr identifiziert. Während ich die Geschichte las, wurde mir klar, daß Clegg offenbar etwas von Bedeutung herausgefunden hatte.

In der Geschichte hört die Forscherin Jane Boone von einem Mann, dessen Grausamkeit legendär geworden ist – ein »weißer Teufel«, der auf dem Weg nach White Chapel in Indien (man denkt unwillkürlich an London und Jack the Ripper) menschliche Haut von lebendigen Opfern gesammelt und Kinder gequält hat. Jane findet heraus, daß eine Frau, die schrecklich unter diesem Mann zu leiden hatte und der er die Gesichtshaut abgezogen hat, ihm so dankbar war, daß sie ihn segnete. Jane ist fortan besessen von der Suche nach Nathan Merritt, um aus seinem Mund zu hören, wie er Gefallen an unvorstellbar grausamen Verbrechen gefunden hat, die er mit einer solchen Artistik ausführt, daß ihm seine Opfer sogar Dankbarkeit bezeugen. Sie gibt vor, sich lediglich als Autorin für den Fall zu interessieren, doch dahinter verbirgt sich ein durchaus persönliches Engagement. Jane wird bald klar, daß jene, die Vampire jagen, diesen schnell selbst zum Opfer fallen.

Merritt erfährt, daß die Forscherin nach ihm sucht. Da er sie für geeignet hält, die außergewöhnlichsten Qualen zu erdulden, lockt er sie in eine Falle und zeigt ihr die Schönheit des Bösen. Ungeachtet ihrer »Überzeugungen« erliegt sie seiner Verführung. Obwohl er ihr während einer sexuellen Raserei mit den Zähnen die Haut abzieht, entdeckt sie die Bedeutung dessen, was sie zugleich fürchtet und ersehnt: die völlige Aufhebung der Grenzen ihrer Identität durch extreme Qual. Ihr wird klar, daß dies nur möglich ist, wenn man aus sich selbst einen Tempel Gottes macht: indem man sich über den Abgrund stoßen läßt und vom menschlichen Fleisch in die Grenzenlosigkeit übergeht.

In dieser Geschichte tritt der Vampir als Hüter des Verbotenen, als Verbündeter Gottes auf. Der Mensch, der ein solches Ziel erstrebt, muß eine das Selbst erschütternde Grausamkeit ertragen, bevor er fähig und würdig ist, die zerreißende Verwandlung seiner Seele zu erfahren. »Wenn er dich findet … bist du nicht mehr der Mensch, der du einmal warst. Dann *wirst* du erst.«

Das waren Wraiths Gedanken – so hatte er sich bei den Erlebnissen mit Christian gefühlt.

In dieser Geschichte schafft der Vampir einen Kontext für das Leiden: Seine extreme Sinnlichkeit löst durch das Blut die Seele vom Körper und verwandelt, was ansonsten unerträgliche Qual wäre, in eine strahlende Erfahrung, von der sowohl Vampir als auch sein Opfer profitieren. Dadurch, daß sich Jane der brutalen Qual unterwirft, gewährt sie Merritt seinen »Augenblick der Herrschaft«, und er öffnet sie für das, was notwendig ist, um sich vollständig zu verlieren. »Das Geschenk des Leidens wurde zögerlich übergeben, es bestand zu gleichen Teilen aus Verzükkung und Qual ...«

Genau das war es. Egal, was ich für ihn empfand, ich spürte, daß Wraith mir das Herz des Vampirs gezeigt hatte, und zwar auf eine Art, die ich persönlich am besten verstand. Von der schwarzen Kleidung, den falschen Fangzähnen, der dramatischer Mimik und den theatralischen Posen einmal abgesehen sehne ich mich immer noch nach der ausgefallenen Grausamkeit des Vampirs. Ich möchte, daß dieses Wesen verführerisch, berechnend, ein Soziopath ist, ich glaube, *darum* geht es mir. Ich möchte Angst verspüren, wenn ich mich diesem Wesen nähere. Wir machen sie ausfindig, weil sie uns für ihre Zwecke ausbeuten und uns alles nehmen. Sie zwingen uns, uns auszuliefern, aber auf eine wunderbare Art. Sie benutzen uns und werfen uns weg, und wenn sie einen von uns für etwas Besonderes ausersehen haben, dann ändert sich dadurch nicht ihre Natur: Sie nehmen einem das Leben, sie stoßen einen ins Feuer, sie verschlingen einen wie ein Raubtier.

Der Vampir nimmt uns, was er nicht hat, und bestraft uns für das, was wir tun – und für unsere Menschlichkeit. Aber wir wiederum verlangen nach dem, was der Vampir besitzt – Unsterblichkeit, Vorsehung Macht –, also weihen wir unsere Seele der Qual, in der Hoffnung, den letzten Schatz zu heben. Das war es, was Wraith sich von Christian versprochen hatte.

Nachdem ich seine Geschichte gelesen hatte, fragte ich Doug Clegg, weshalb er seinen Vampir so grausam dargestellt hat. Ich werde seine Entgegnung niemals vergessen.

»Dieses Bild kommt meiner Ansicht nach dem Kern des Vampirs viel näher als irgend etwas in der modernen Vampirkultur. Der grausame Gott dieser Geschichte wollte die größte Gabe, die der Mensch besitzt: die Fähigkeit zum Leiden. Ich frage mich, ob es ein Leben nach dem Tod gibt, ob wir nicht irgendwann einmal zusammensitzen und sagen: ›Weißt du, was ich vermisse? Das Leid. Ich vermisse den Schmerz und die Sehnsucht.‹ Tiere leiden, aber was den Mensch vom Tier unterscheidet, ist die

Tatsache, daß er seine Qual in Kunst verwandelt. Ich glaube, all die wunderschönen Ikonen des Christentums – der heilige Sebastian, Theresa, der Christus am Kreuz in den mexikanischen Kirchen – repräsentieren die Schönheit des menschlichen Leidens. Manchmal denke ich, wir besitzen ein so großes Talent zu leiden und Leid zuzufügen, weil es das einzige ist, das uns klarmacht, daß wir lebendig sind.«

2

Das war es, was mir Wraith mit seinem Bericht über Christians Wahn vermitteln wollte. Und als ich weiter über »White Chapel« nachdachte, ging mir auf, warum ich Diogenes verlassen hatte und weshalb ich bei Wraith geblieben war, um Christians Geschichte ganz zu hören, auch wenn mich die grausigen Einzelheiten erschütterten. Diogenes war scharf auf Blut, aber auf eine gewöhnliche und übertriebene Art, ohne Poesie, ohne Symbolismus. Christian kannte die feineren Nuancen des Zusammenspiels von Leid, Sex und Unterwerfung.

Während ich in der Bar in das tiefe Rot meines Merlot blickte, wurde mir eines klar: Wenn Christian noch am Leben war und in seinem eigenen White Chapel existierte, wollte ich dasselbe tun wie Jane. Ich würde ins Herz der Finsternis vorstoßen und ihn ausfindig machen, einfach um es mit eigenen Augen zu sehen. Wraiths Beschreibung von ihm hatte mich zwar entsetzt, doch sie hatte auch etwas in mir geweckt. Nichts in der Vampirkultur besaß den verführerischen Glanz einer Erfahrung, die mich in meine Vernichtung locken und mich dazu bringen konnte, mich ihr vollständig zu unterwerfen. Nichts hallte wider von der gleichen Spannung zwischen Abneigung und unwillkürlicher Anziehung. Nichts schien mein Wissen und meine Erfahrung so tiefgreifend zu bereichern. Ich bin keine Masochistin, aber ich glaube, niemand fordert leichtfertig die Götter heraus. Dafür ist ein hoher Preis zu entrichten.

Blutfetischisten und Vampirritualisten hatten mir die Grenzen meiner eigenen Vorlieben aufgezeigt, aber erst durch Christian war mir bewußt geworden, daß es möglich ist, einen Teil meiner eigenen Identität auszulöschen, und ich verstand, weshalb Wraith bei ihm geblieben war. Sie hatten sich das Leid *und* den Augenblick der Herrschaft zum Geschenk gemacht.

Allerdings hatte Christian alle Grenzen gesprengt und Wraith mit dem Gegenstand seiner größten Angst konfrontiert: seinem Wunsch, zum Bösen *fähig* zu sein. Wraith wollte *in* das Verbotene verwandelt werden. Und wie das einzig wahre und hingebungsvollste Opfer des Vampirs unterwarf er sich, starb vor sich selbst und erhob sich von den Toten, um selbst ein Vampir zu werden. Zumindest hatte Wraith es so dargestellt. Ob er sich dabei nur vorstellte, was ich hören wollte, und seine Phantasie danach ausrichtete oder ob er mir seine Version der Wahrheit erzählt hatte – mir kam es so vor, als hätte er das schlagende Herz des Vampirs in der Hand gehalten. Und er hatte mich auf die richtige Art das Fürchten gelehrt.

Diese Angst, dieser greifbare Schrecken, durchlief mich immer noch, obwohl ich doch in meinem Hotel und in Sicherheit war. Ich weiß nicht, wovor ich mich fürchtete. Christian war tot. Wraith hatte nicht versucht, mich aufzuhalten. Aber irgend etwas stand mir noch bevor.

Die Lösung des Rätsels blieb mir verborgen, ich mochte mir die Einzelheiten von Wraiths Geschichte noch so häufig durch den Kopf gehen lassen. Also trank ich mein drittes Glas Wein aus, ging zurück in mein Zimmer und legte mich ins Bett, um noch weiter darüber nachzudenken. Ich muß wohl eingeschlafen sein, denn ich träumte, ich wäre auf einem Schiff und würde die Passagiere an mir vorbeilaufen sehen. Die Atmosphäre war gespannt, als könnte im nächsten Moment irgend etwas geschehen. Ein Mann stand bei den Rettungsbooten gegen die Wand gelehnt, und ich erkannte ihn als Wraith – doch irgend etwas an ihm hatte sich verändert. Er starrte mich unverhohlen und zornig an, seine Augen wanderten hin und her und veränderten ihre Farbe. Sie schienen immer tiefer zu werden, als würde mich aus seinem Inneren heraus etwas anstarren: Christian, der mir eine geheime Warnung zukommen ließ. Ich war *keineswegs* in Sicherheit.

Ich wachte auf und mußte mich aufrecht hinsetzen, denn ich wollte sichergehen, daß ich mich wirklich in meinem Zimmer befand, und zwar allein. Mein Herz trommelte in meiner Brust, ich war völlig durcheinander. Ich wagte es nicht einmal, zum Fenster zu sehen, weil ich Angst hatte, ich könnte dort jemanden entdecken. Doch da war irgend etwas jenseits meines Bewußtseins, etwas, das ich wie im Fieber zu erfassen versuchte.

Dann wurde es mir klar. Die Macht des Vampirs. Sie ist keine Sinnestäuschung: Sie setzt sich zusammen aus dem Verlangen der Opfer und ihrer Leichtgläubigkeit. *Meiner* Leichtgläubigkeit. Es war alles nur Ablenkung. Wraith hatte mich dazu gebracht, das zu sehen, was ich sehen wollte, und das hatte nicht viel mit der Wahrheit zu tun. Was war er doch für ein Teufel!

Ich stand auf, ging zu meinem Wagen und fuhr los, um ihn zu suchen. Ich kann mich nicht erinnern, woran ich während der Fahrt dachte. Ich wußte nicht, ob ich ihn finden würde. Aber ich fühlte mich vollkommen klar, ich war in höchstem Maße darauf bedacht, von nun an *meinen* Weg zu gehen. Ich mußte ihn stellen. Das war nicht besonders klug, das wußte ich. Im Grunde war es einfach töricht. Aber ich folgte einem Impuls in mir. Es gab kein Zurück.

Ich wußte, warum ich immer noch Angst hatte, auch noch im Hotel. Weil ich nämlich sechs oder sieben Stunden lang auf der Suche nach dem weißen Wal gewesen war und schon die ganze Zeit auf seinem Rücken saß.

Wenn Wraith noch in der Gegend war, dann hielt er sich an einer dieser Stellen auf, die er mir gezeigt hatte, und mir schien es logisch, zuerst dort nachzusehen, wo Christian gestorben war. Ich verfuhr mich einige Male und dachte schon, ich würde die Stelle nie finden, aber dann sah ich die Brücke – und Wraiths Wagen. Erstaunlich, daß er immer noch da war. Ich nahm an, daß er dort saß, wo sich Christian die Kehle aufgeschnitten hatte. Und dort war er, stand im Dunkeln gegen einen Baum gelehnt. Ich konnte ihn im Mondlicht kaum erkennen. Es war nicht besonders schlau von mir, jetzt auszusteigen und zu ihm zu gehen, in meinem Zustand – müde, wütend und angetrunken –, aber ich mußte etwas loswerden.

3

Wraith schien wenig überrascht, mich zu sehen. Ich hielt ein paar Meter vor ihm an und sagte: »Ich hatte einen Traum.«

Er verschränkte die Arme, sah auf Christians Stein hinunter und nickte. Er lauschte den Einzelheiten meines »Schiffstraums«.

»Auf einem Schiff«, murmelte er. »Das muß die *Edmund Fitzgerald* gewesen sein. Das war Christians Lieblingsschiffbruch.«

»Wie bitte?«

»Es gibt einen Song darüber von Gordon Lightfoot. Christian lag oft auf seinem Bett, legte die Hände auf den Brustkorb und hörte sich wieder und wieder dieses Lied an. Dabei meditierte er. Das Schiff ging eines Tages im November im Lake Superior unter, und keiner weiß wie oder warum.«

Ich kannte diesen Song. Es ging darin um einen See, der die Toten nicht hergibt. »Soll das heißen, sein Geist ist wirklich zu mir gekommen?«

Wraith nickte, während er weiter den Stein ansah. »Das ist seine Handschrift; eine Ahnung von dem, was ich in den letzten zehn Jahren durchgemacht habe. Er ist intensiv, furchteinflößend, sogar entsetzlich. Ich weiß, was Sie empfunden haben. Er spielt mit Ihnen, das sieht man. *Er* hat Sie hierher zurückgebracht.«

»Das glaube ich nicht.«

Das ließ ihn aufblicken.

»Ich weiß jetzt, was der Vampir ist«, sagte ich. »Oder besser, wer.«

»Wirklich?«

»Ja, und er ist nicht, was Sie mir weismachen wollten. Es ist nicht Christian. Er ist nur ein Soziopath, der seinen Dämonen gehorcht. Er ist ein simpler, sadistischer Mörder. *Sie* sind der Vampir. Sie sind derjenige, der manipuliert. Sie wollten, daß ich denke, er sei es gewesen und Sie bloß der hilflose Komplize, der ihn so sehr brauchte und deshalb alles mitmachte. Aber das war eine Lüge.«

»Tatsächlich?« Er verzog keine Miene. »Und wie sind Sie zu diesem Schluß gekommen?«

»Sie wollten mich die ganze Zeit täuschen, mir ein falsches Bild unterschieben. Sie wollten, daß ich die Geschichte von Christian dem Vampir schreibe, der Leute terrorisierte, ihr Blut trank, sie tötete und Sie zum Zuschauen zwang, damit er sich an Ihrem Entsetzen ergötzen konnte. Er war Ihr Opfer.«

Er zuckte mit den Schultern und schien nicht bereit, irgend etwas zuzugeben.

»Aber es gab Hinweise. Sie haben die Wahrheit angedeutet. Es geht um das, was zwischen dem ersten und zweiten Mord geschah. Oder vielmehr um das, was *nicht* geschah. Nichts geschah. Es gab keine Veränderung, keinen Zusammenbruch Ihrer psychischen Grenzen, der es Ihnen erlaubte, so etwas noch einmal mitzumachen. Keinen Gewissenskonflikt. Keinen Versuch, Christian davon abzubringen. Sie wußten, was er vorhatte, und Sie waren dazu bereit. Sie wollten es. Und Sie wollten es immer und immer wieder. Sie sind nicht bei ihm geblieben, weil Sie hoffnungslos in jemanden verliebt waren, dessen Brutalität Sie verzweifelt verdrängten, sondern weil er genau das tat, was Sie von ihm verlangten. Und er wußte das. Er kannte *Sie* und wußte, daß Sie nichts dagegen unternehmen würden.«

Wraith lächelte ein wenig im Schatten, doch er schwieg noch immer.

»Sie haben ihn ermutigt«, fuhr ich fort. »Sie haben ihn unterstützt. Sie fühlten sich zu Christian hingezogen, weil er Sie auf diese Bühne stellte. Er lebte aus, was Sie selbst nicht verwirklichen konnten. Sie haben ihn dazu bewogen und davon gezehrt. Sie waren *schlimmer* als er, denn Sie haben seine Krankheit ausgebeutet – sie sogar verschlimmert. Sie brachten ihn dazu, Ihnen zu glauben, daß Sie nach seinen Regeln spielten, während es in Wirklichkeit genau umgekehrt war. Und genauso haben Sie es auch mit mir gemacht.«

Seine dunklen Augen weiteten sich. »Und das macht mich verwerflicher?«

»Ja, denn Sie haben seinen Sadismus angefacht, indem Sie Widerstreben vortäuschten. Sie haben ihn noch verstärkt.«

Er lächelte. »Wirklich? Und das ist so schlimm? Schlimmer als Menschen umzubringen? Christian hatte schon getötet, bevor ich ihn traf, und er tötete auch, wenn ich nicht dabei war. Und ich bin schlimmer als er?«

Darüber mußte ich nachdenken. Ich wußte nicht warum, aber ich war nach wie vor der Meinung, daß seine moralischen Verbrechen finsterer waren.

»Er war krank. Sie haben diesen Umstand zu Ihrer eigenen Befriedigung ausgenutzt. Es war wie die Begegnung zweier zwanghafter Mörder. Der eine tötet schließlich den anderen, und derjenige, der triumphiert, ist der, der besser kalkuliert hat. Und *Sie* sind der, der noch am Leben ist. Ich denke, im Grunde haben Sie ihn getötet. Sie haben ihn auf sehr gerissene Weise so weit getrieben. Sie haben ihm diese Ideen in den Kopf gesetzt, Sie haben ihn auf die Idee einer ›Macht nach dem Tod‹ gebracht. Vielleicht hatten Sie eine Art Zünder in all das eingebaut, den Sie jederzeit aktivieren konnten. Und als er Sie verlassen wollte, haben Sie auf den Knopf gedrückt. Denn er konnte nicht einfach so verschwinden. Er gehörte Ihnen. Es war vorbei, also mußte er sterben.«

Wraith fand das amüsant. »Haben Sie, wenn Sie mich für so mächtig halten, denn keine Angst, ich könnte mit Ihnen so ähnlich umspringen und auch bei Ihnen einen Zünder eingebaut haben? Schließlich habe ich Ihnen ja schon eine ganze Menge erzählt.«

Ich sagte nichts. Daran hatte ich nicht gedacht.

Wraith neigte den Kopf ein wenig und schien sich über meine hitzige Reaktion lustig machen zu wollen. »Vielleicht haben Sie recht. Vielleicht bin *ich* der Vampir. Aber ist es nicht besser, daß Sie von selbst drauf gekommen sind? Wozu wäre es gut gewesen, wenn ich Ihnen einfach alles gebeichtet hätte? Wird Ihr Buch auf diese Art nicht viel besser?«

Ich zitterte vor Kälte in der Nachtluft, aber auch deshalb, weil ich mich in seiner Gegenwart einsam und verlassen fühlte und weil mich die Wucht seiner Offenbarung traf. Er hatte mich eine ganze Nacht lang verführt zu glauben, das Wesen des Vampirs sei eine zwanghafte Begierde, die ihn beinahe selbst zum Opfer gemacht hätte, wenngleich dieses Opfergebaren nur ein Teil der Irreführung war.

Ich hatte angefangen, Wraith zu mögen, hatte sogar das Gefühl, ihn beschützen zu müssen, wollte glauben, daß er einem bösen Einfluß erlegen war, der ihn verführt hatte und der ihn immer noch an ein Leben fesselte, das er nicht wollte.

Aber er war kein Opfer. Er wollte es so. Ganz sicher. Ich hatte es einfach nicht sehen wollen. Ich hatte mich von seiner Schönheit blenden lassen, seinen kindlichen Gebärden, seiner Verwundbarkeit, und hatte übersehen, worum es ihm eigentlich ging. Er gab vor, mit seiner Seele im Kampf zu liegen. Er wußte, daß ich mich einwickeln lassen würde, und er hatte die ganze Zeit ein anderes Programm aufgelegt. Er gab mir das Gefühl, daß ich etwas Besonderes war, daß ich einzigartige Fähigkeiten besaß und ihm dabei helfen könnte, einen Ausweg zu finden. Ich war versucht gewesen, das Letzte zu geben – doch nur, so vermute ich, um es endgültig zu verlieren, sobald er sich an sein nächstes Opfer heranmachte. Und er hatte einen Dritten ins Spiel gebracht – die klassische Projektionsfalle des versteckten Vampirs – und versucht, mich so zu überlisten.

Wraith kam näher, und plötzlich fiel mir auf, wie dumm es eigentlich von mir war, hier draußen leicht angeschlagen mit ihm allein zu sein. Ich trat ein wenig zurück und ließ ihn nicht aus den Augen.

»Aber denken Sie doch mal nach«, sagte er. »Christian ist immer noch hier. Im Moment ruft er hervor, was ich tue. Er saugt mich aus. Also ist doch letztlich *er* der Vampir? Vielleicht hat er auch Ihre Enthüllungen hervorgerufen, um Ihre Aufmerksamkeit von ihm auf mich zu lenken. Vielleicht tut er *genau das*, was Sie mir vorwerfen.«

Ich war erstaunt. »Und das glauben Sie wirklich? Daß er es ist?« Ich hatte irgendwie nicht wirklich daran geglaubt, daß ein Geist in ihm wohnte.

»Der Vampir ist unsterblich«, hörte ich seine ruhige Stimme. »Der Kreis hat kein Ende. Ob ich es bin oder er, es wird immer weitergehen.«

»Sie wollen mir also keine Antwort geben?«

»Ich habe doch geantwortet.«

In diesem Augenblick fühlte ich mich wie ein Tennisball, der von einer auf die andere Seite geschlagen wird, und beide Spieler wollten den Punkt machen. Wraith sagte, Christian sei der Vampir, Christian gab zu verstehen, daß es Wraith war, und keiner der beiden vermochte sich durchzusetzen. Mir war schwindlig und ein bißchen übel.

Wraith faßte mit den Fingerspitzen einen silbernen Ring, den er am Zeigefinger seiner linken Hand trug, streifte ihn ab und bot ihn mir an. Ich verstand nicht.

»Strecken Sie Ihre Hand aus!«

Ich reichte ihm meine Hand.

Er gab mir den Ring, schloß meine Finger darum und sagte: »Der gehörte Christian. Sie können ihn behalten. Er möchte, daß Sie ihn haben. Ein Andenken an diese Nacht.«

Ich erwartete eine Art Wärme zu spüren, aber es schien sich um ganz gewöhnlichen Silberschmuck zu handeln. Zuerst wollte ich ihn zurückgeben, aber dann schob ich ihn doch in meine Tasche. Und dann machte ich das, was ich nicht zu tun geschworen hatte. Ich wandte Wraith den Rücken zu und lief durch das feuchte Gras zu meinem Wagen. Ich wollte einfach weg.

Ich stellte mir vor, wie er mich verfolgte, mich schnappte, mich vielleicht mit irgend etwas schlug, um mich zum Schweigen zu bringen. Ich hatte den Drang, einfach loszurennen. Ich lauschte auf Schritte und war bereit zu fliehen, doch ich hörte nur Wraiths letzte Worte, die mich seitdem nicht mehr loslassen.

»Sie werden ihn in Ihren Träumen sehen«, rief er mir hinterher. »Er wird Sie nie wieder freigeben. Sie können ihn haben. Jetzt gehört er ganz allein Ihnen.«

EPILOG

1

Das letzte Erlebnis, das ich hatte, bevor ich mit der Arbeit an diesem Buch begann, war der »Vampyre Valentin's Day Ball« in Manhattan. Ich nahm noch einen »Normalbürger« mit – einen naiven Beobachter, einen glücklosen Sterblichen mit weißer Weste – oder wie auch immer man einen solchen Menschen nennen will. Ich selbst steckte zu jener Zeit zu sehr in der Sache drin, und ich hatte wohl nicht mehr den nötigen Abstand.

Stuart Lee Brown, blond, Augen wie Ahornsirup, liebte Vampirfilme über alles, hatte aber noch nie einen Vampirclub besucht. Als ich ihn abholte, trug er ein breites, dickes, mit Nieten besetztes Hundehalsband – ein »strategischer Zug«, wie er mir erklärte, »eine Präventivmaßnahme«. Er wollte gleich los. Später, während der Zugfahrt, waren seine Augen die meiste Zeit damit beschäftigt, imaginäre Flusen von meiner Samthose zu zupfen. Er hatte die passenden Eigenschaften. Er würde auf mich aufpassen.

Er schenkte mir noch zwei alte Ringe, die er von seiner verstorbenen Tante hatte, einer früheren Diva der Nacht, und eine Peitsche, deren Griff mit schwarzer Spitze umwickelt war, die eine purpurne gestickte Rose zierte. Sehr feminin. Ich nahm die Peitsche an – falls ich meinen Freunden vom »Fetischball« über den Weg lief –, die Ringe jedoch mit einem etwas bangen Gefühl. Ich bin nicht besonders scharf auf irgendwelche fremden Geister, die in Gegenständen wohnen. Und die Ringe sahen ungewöhnlich und okkult aus.

Als wir seine Wohnung verließen, sagte er mir, er hätte seinem Mitbewohner meinen Namen und meine Telefonnummer gegeben, falls ihm irgend etwas zustoßen sollte. Ich war wie vom Blitz getroffen. »Was soll das heißen?« fragte ich.

»Weißt du … er macht sich einfach Sorgen.« »Sorgen? Du meinst, weil ich gefährlich bin?«

»Ja«, nickte Stuart.

Ich war platt. Der Spieß wurde also umgedreht. Sonst hatten *meine Freunde* sich immer Namen und Adressen von Leuten geben lassen, mit denen ich mich traf – genau aus diesem Grund! Jetzt war *ich* plötzlich diejenige, die möglicherweise eine vampirische Gefahr darstellte. Das machte mir bewußt, was sich – seitdem ich diese Arbeit aufgenommen hatte – geändert hatte, und in dem Club wurde es mir noch deutlicher. Mein erstes Erlebnis war ziemlich aufregend gewesen, ein bißchen gruselig und äußerst aufschlußreich. Jetzt war das alles ein alter Hut. Ich war an vielen Orten gewesen und hatte einiges erlebt. Es hatte seinen Reiz verloren.

Der Vampirball fand in der Nähe des Bahndamms der East Houston Street in Manhattan statt, und als wir ankamen, wanden sich schwarzgekleidete Menschenschlangen um das Gebäude herum. Vater Sebastian von Sabretooth hatte alles arrangiert. Für den Abend waren zwei Modeschauen und zwei Rockbands angekündigt: Empire Hideous und die mystisch-heidnische Vampirband Inkubus/Sukkubus aus England.

Um die Tanzfläche herum waren Verkaufstische aufgebaut worden, auf denen Schmuck, Gothic-CDs, Bücher und Fetischuntensilien feilgeboten wurde. Sophie Diamantis war auch und bot das Magazin *Delirium* an, das voller Informationen über die Gothic- und Vampirgemeinde steckt. Sie war eine echte Konkurrenz für unser eigenes *Vampyre Magazin*, das man ebenfalls kaufen konnte. Sie sah apart aus mit ihren langen schwarzen Haaren und in ihrem schwarzen Kleid. Sie gab sich freundlich und freute sich, mich zu sehen. Ich hatte sie zuvor in Tony Sokols Vampirtheater getroffen. Tony war auch da, und er stellte mich Vlad, dem Tarotdeuter vor. Die Menschenmassen strömten in kürzester Zeit herein, und die Musik war so laut, daß man sich nicht unterhalten konnte. Ich schaute kurz in die Hinterzimmer – das Gewölbe eines ehemaligen Bahndamms – und sah einen Typ, der alleine tanzte und mit geschlossenen Augen etwas vor sich hin murmelte.

Wir gingen auf den Balkon hinauf, um uns die Show von dort anzusehen. Der Raum war größtenteils dunkel, nur in dem Bereich hinter der Bar waren Kerzen aufgestellt worden. Unter uns erstreckte sich ein unruhiges schwarzes Wogen – Haare und Kleidung –, darunter vereinzelte valentinsrote Rosen und Brokatjacken. Es gab eine Braut, ein paar Engel, ein Mädchen vom Lande und einige Gäste aus viktorianischer Zeit, doch die meisten waren in Gothic-Klamotten erschienen. Drei Frauen bildeten einen Tanzkreis und preßten dabei ihre Handflächen gegeneinander. Sie sahen aus wie die drei Grazien. Die Musik reichte von keltischer Folklore über Industrial-Rock bis zu House. Zwischendurch lief auch mal die *Carmina Burana*.

Zuerst gab es eine Moden- und Designschau, die Angel Power entworfen hatte. Sechs Models, darunter nur ein Mann, führten alles mögliche vor, unter anderem Gummihosen, Bodies aus Tierhaut und transparente Plastikhemden. DJ Ian Ford legte dazu verführerische Musik auf, und die jungen Frauen warfen sich in scharfe Posen, um ihre ungewöhnliche Hautbedeckung vorteilhaft zur Geltung zu bringen. Abgesehen von den vielen jungen Mädchen, die sich nach vorne drängten, war die Show eine tolle Sache.

Dann kamen Empire Hideous mit ihrem Sänger Myke Hideous. Es war ihr letzter Auftritt vor ihrer Trennung; sie benutzten Halleffekte und Nebelmaschinen, um eine mystische Stimmung zu erzeugen. Vom Mikrofon hing so etwas wie ein abgeschnittener Arm herunter. Als Reminiszenz an Rockacts der 70er Jahre wie Kiss und Alice Cooper trug Hideous ein grelles, ägyptisches Vampir-Make-up, das seine Augen betonte. Einzelne lange, schwarze Haarsträhnen hingen von seinem stellenweise rasierten Kopf. Rotes, grünes und gelbes Stroboskoplicht schien alles in ständiger Bewegung zu halten. Den größten Teil der Texte konnte ich nicht verstehen, nur, daß er »unsere Phantasie« sei, aber es lag jede Menge Zorn in seiner Stimme, als Hideous seinen Oberkörper nach vorne beugte und die dichtgedrängte Menschenmasse anbrüllte.

Gegen Ende der Show plärrte es wiederholt aus den Lautsprechern »Achtung! Die Selbstzerstörungssequenz wurde aktiviert...!« Ein »Chirurg« und eine »Krankenschwester« kamen auf die Bühne und stachen ihm Nadeln unter Haut und Augenbrauen, bis ein Duzend davon seinem Körper ein bizarres Dekor verlieh. Er sang noch ein Lied, zog sich dann eine Nadel nach der anderen heraus und ließ das Blut über sein Gesicht rinnen. Dann sagte er mit tiefer Darth-Vader-Stimme »Die Finsternis ist Euer Schicksal!« oder so ähnlich. Es gab Zeiten, da hätte mich so etwas geschockt. Nun war es nicht mehr als eine interessante Darbietung. Aber Stuart redete wie ein echter Normalbürger, als er sich zu mir lehnte und kommentierte: »Da wird seine Mami aber mächtig stolz sein.«

Wir blieben nicht bis zum Ende der Show, und auf dem Heimweg bat ich Stuart um seine Einschätzung. Er war nachdenklich und zögerte ein wenig, sagte dann aber, das Ganze wäre ihm etwas zu aufgesetzt erschienen, all das würde dazu beitragen, der Vorstellung eines Vampirclubs das Geheimnisvolle zu nehmen. Auf dem Hinweg war er noch voller Erwartung gewesen, aber als er den Club betrat, hatte er nur jede Menge Teenager in schwarzer Kleidung oder anderen Varianten der Vampirmode gesehen, die Musik hörten. Er hatte niemals zuvor Verkaufsstände in Tanzclubs gesehen und war der Meinung, daß dies dem Ort den Beigeschmack eines Renaissance-Jahrmarktes gab oder – im Hinblick auf die überwältigende Gothic-Atmosphäre – »eine Alternativversion aus einem anderen Universum«. Den Tanzstil fand er ungewöhnlich. Man tanzte wie verankert, beinahe reglose – und *gefühllose* – stilisierte Bewegungen von Körper, Armen und Händen, so wie ich es von all meinen Clubbesuchen her kannte. Auf ihn machte das einen distanzierten und wenig kommunikativen Eindruck. Er entdeckte auch einige Science-Fiction-Anleihen in den Texten der Bands, was ihm im Zusammenhang mit Vampiren seltsam vorkam. Eigentlich gab er nur wieder, was ich selbst über das Bild des Vampirs in dieser Szene dachte. Die schrille Schminke, die Nadeln und die aufgesetzte Atmosphäre schienen das Geheimnis des Vampirs zu korrumpieren. Ich fühlte mich wie in eine andere Zeit versetzt, in der die Liebe des Vampirs ein einsames Unterfangen war, wo meine Einbildung regierte und keine Requisiten zur Hand waren. Ich frage mich, ob ich mich, hätte es in meiner Jugend Vampirclubs gegeben, dort zu Hause gefühlt hätte.

Was Stuart überraschte, war die Tatsache, daß sich unter den Gästen nur zwei Blondinen befunden hatten: ich selbst und ein traurig dreinschauendes Mädchen. Es verunsicherte ihn, daß außer einer zerbrechlichen Schönheit von Mann in eleganter viktorianischer Garderobe niemand sein Lächeln erwidert hatte. Abgesehen von der wütenden und energischen Musik erschien die Atmosphäre wenig leidenschaftlich. »Es war sehr statisch«, meinte er. »Statt eines *Tableau vivant* war es wohl eher ein *Tableau mourant*.«

2

Schließlich kehren wir dorthin zurück, wo alles begonnen hat: zu dem Geheimnis um Susan Walsh. War sie von einer Vampirgruppe entführt worden, oder war sie einem Vampir in die Falle gegangen? Soweit ich es beurteilen konnte, schien mir das unwahrscheinlich. Das Interessante an meinen Nachforschungen war, daß niemand – außer jenen, die Wraith kannten – mir jemals etwas von irgendeiner Vampirverschwörung erzählt hatte (obwohl ich von behördlichen Untersuchungen von Vampiren sowie Manipulationen von Gehirnströmen gehört hatte, die unter denen, die wie Vampire sein wollten, asoziale Psychosen hervorriefen). Niemand schien der Meinung, mich wegen der »gefährlichen Information«, die ich sammelte, aus dem Weg schaffen zu müssen – obwohl ich bestimmt tiefer in diese Welt eingedrungen war als Susan Walsh.

Die Tatsache, daß ich die Suche dort aufgenommen hatte, wo sich Walshs Spur verlor, daß ich mit Leuten sprach, die sie interviewt hatte, und daß ich so weit in die Vampirszene vorgestoßen war, daß ich ein Magazin herausgab, machte eine geeignete Zielscheibe aus mir. Doch bislang hat mich niemand belästigt oder bedroht, und vielleicht gibt es auch gar keinen Grund zur Sorge. Zugegeben, ich habe nicht jede Spur verfolgt, wie es vielleicht ein Ermittler der Polizei tun würde (obwohl der zuständige Detective behauptet hatte, es gäbe keine Spuren), doch sobald ich mich im Reich der Vampire befand, begann ich mich für andere Dinge zu interessieren. Ich überlegte mir, ob ich wohl davon gehört hätte, wenn sie von einem Vampir festgehalten wurde. Wenn es in der Welt der Vampire gefährliche Geheimnisse gab, bei denen es um die Weltherrschaft ging, hätte ich sicherlich eines späten Abends einen warnenden Telefonanruf oder eine Drohung per E-Mail erhalten. Vor allem deshalb, weil jeder wußte, daß ich mich nach Walsh erkundigte.

Wie dem auch sei, sollte sie verschwunden bleiben oder ihre Identität ändern und auf diese Weise auch weiter ein ungelöstes Rätsel sein, so wird sie doch für längere Zeit ein Teil der Vampirmythologie unserer Kultur bleiben.

Aber vielleicht habe ich doch geheime Informationen aufgedeckt, aber da ich damit zur Elite – den »Anderen« – gehören würde, müßte ich das natürlich für mich behalten.

Was mich und meine Schlußfolgerungen angeht, begrüße ich in gewisser Weise, wie sich der Vampir entwickelt hat. »Das Monster gehört mir!« Das ist der letzte Stand unserer Kultur. Wir ordnen alles den *eigenen* Bedürfnissen unter. Die Metapher des Vampirs kann zweifellos in viele Richtungen ausgedehnt werden, aber ich habe Angst, daß wir vielleicht zu weit gehen, daß die Metapher ihre Elastizität und ihren Wert einbüßt. Im Grunde gehört das Monster weder dir noch mir noch irgend jemand sonst. Es gibt auch nicht *die* Wahrheit über den Vampir. Wer glaubt, man könne ihn einem einzigen Geist oder einer Gruppe zuschreiben, raubt ihm die Kraft, das Geheimnis, und läßt ihn zu einer nur noch lebensgroßen Kreatur schrumpfen.

Die 90er Version des Vampirs jedoch – herkömmliche Nahrung essen, Energie stehlen, Verhaltensregeln aufstellen, in Clubs tanzen – vermag mich nicht von den Traditionen des Schreckens und eines pulsierenden Mysteriums abzubringen, denen ich den Vorzug gebe. Wenn ich eine Kontaktanzeige aufzusetzen hätte, würde sie wie folgt lauten: »Vampir verzweifelt gesucht! Muß einfühlsam und verführerisch sein, Blut trinken, sich im Schatten herumtreiben und wissen, wie man mein inneres Chaos in erotische Spannung verwandelt, die mich zu bisher ungeahnten Ekstasen treibt. Erfahrung mit Unsterblichkeit vorausgesetzt. Nur seriöse Zuschriften.«

KATHERINE RAMSLAND ist die Autorin von *Dean Koontz: A Writer's Biography, Prism of the Night: A Biography of Anne Rice, The Vampire Companion: The Official Guide to Anne Rice's »The Vampire Chronicles«* und *The Anne Rice Reader.* Sie schrieb für *Psychology Today* und *New York Times Book Review* und verfaßt regelmäßig Artikel für den *Newark Star Ledger.* Ramsland ist Magister der klinischen Psychologie und Doktor der Philosophie.

Danksagungen

Zahlreiche Menschen haben mir bei diesem Projekt geholfen, ob sie mir nun Artikel geschickt, Hinweise geliefert, mich in die richtige Richtung dirigiert, Interviews zugestimmt, mich aufgezogen, ermutigt oder zu Vampir-Events begleitet haben.

Den folgenden möchte ich hiermit meinen Dank aussprechen: Akazie, Lisa Alexander, Allison, Angel, Annie, Anubis, Sandrine Armirail, Donna Askren, Vincent Audigier, Axel, John Bardy, Kimberly Barker, Vincent Beers, Marianne Berges, Sam Bergman, Blu, Robert Brautigam, Briglouis, Poppy Z. Brite, Stuart Lee Brown, Catharene, Nina Chatelain, Christian, Clarence, Cleo, Frank Corey, Clint Catalyst, Douglas Clegg, Catrina Coffin, Conan, Jessica Courtemanche, Dan Cox, Crazephile, Jack Dean, Tracy Denvine, Sophie Diamantes, Diogenes, Norine Dresser, D'Shan, Johnny Dynell, Madame Elisandrya, David Farrant, Miss Mary Farrelly, Greg Fountain & White Wolf, Susan Garrett, Charles Gatewood, Leonard George, Fred Gobi, Virgil Greene, Lindig Harris, Jesse und Michael Hazel, Denise Heep, Manu Heiz, Eric Held, Nancy Holder, Jami Holmes, Georges Horhat, Alex Janke, Viola Johnson, Barbara Johnston, Stacy Kirk, Barbara Kirwin, Konstantinos, Susan Krzepisz, Steven Langguth, Catia Lattanzi, Barbara Leigh, Lynda Lycina, Liriel MacMahan, Jana Marcus, Jean Marigny, Raymond McNally, Robert McCully, Yohan Meheu, J. Gordon Melton, Brad Middleton, Michael, Elizabeth Miller, Dave Mitchell, Moonfalcon, Morella, Mozart, Les Mulkey, Asif Murad, Blair Murphy, NiteTrain, Richard Noll, Nutley Police Department, Ruth und Doug Osborne, Carol Page, Lori Page, Pandora, Joe Petty, Tim Powers, Andrea Price, Martin und Denise Riccardo, Lisa Rowe, Jami Russell, Lisa Rutter, Sabine, Wiley Saichek, Philip Schlesinger, Vater Sebastian, Shadow, Shifter, Elaine Showalter, Lea Silhol, Nancy Smith, Tony und Tina Sokol, Mark T. Spivey, Sarah Faye Starr, Stephanie, Nicolas Straphloch, Susan Suntide, T. J. Ter, Lilith und Darryle Toney, Barbara Trimmer, Chi Chi Valenti, Maria A. Vega, Vincent, Vergil, Vlad, Yasmine Vogelwede, Jeanne Youngson, Wraith, Gail Zimmerman. Und all den Vampiren und Vampirfans, die mir geholfen haben und nicht genannt werden wollten.

Außerdem danke ich:

Dean Koontz, der bereit war zu übernehmen, falls mir etwas »zugestoßen« wäre.

Anne Rice, die den Vampir zum Besseren verändert und deren Arbeit mit mir viele Türen für mich geöffnet hat.

Donna Johnston, meiner Schwester, die mich nach Paris begleitet und mich zu Exkursen in die Finsternis ermutigt hat.

Ming Johnston für die Beobachtung der Vampirprozesse.

Noelle La Corbiniere von HarperPrism, die sich tapfer in Bereiche vorgewagt hat, die auf ewig verschlossen geblieben wären, wenn sie nicht bereitwillig das Manuskript gelesen hätte.

Lori Perkins, meiner Agentin, deren Liebe zu den Vampiren uns all die Jahre begleitet hat und die meinen Abenteuern ein aufmerksames Ohr geliehen hat.

Caitlin Blasdell, die unerschrockene Lektorin, die darauf bestanden hat, Buffy eine Chance zu geben, und deren Instinkt dieses Buch zu einer lesbareren Lektüre gemacht hat. Ich bewundere ihre Professionalität und schätze mich glücklich, während dieses Projekts von ihrem Beistand profitiert zu haben.

John Silbersacks Idee hat den Grundstein für dieses Buch gelegt; seine niemals nachlassende Unterstützung hat mich stets angespornt, mich ins Unbekannte vorzuwagen. Ich bin ihm in Dankbarkeit verbunden, denn dies war ein weit größeres Abenteuer, als ich gedacht hatte.

LITERATURHINWEISE

KATHERINE RAMSLAND

Ramsland, Katherine: *Prism of the Night. A Biography of Anne Rice,* New York, Dutton, 1991

– *The Vampire Companion. The Official Guide to Anne Rice's Vampire Chronicles,* New York, Ballantine, 1993

– *The Witches Companion. The Official Guide to Anne Rice's Lives of the Mayfair Witches*, New York, Ballantine, 1994

– *The Anne Rice Trivia Book,* New York, Ballantine, 1994

– *The Roquelaure Reader. A Companion to Anne Rice's Erotica,* New York, Plume 1996

– *The Anne Rice Reader,* New York, Ballantine 1997

– *Dean Koontz: A Writer's Biography,* New York, Harper Prism 1998

ANNE RICE

Rice Anne: *Die Chronik eines Vampirs, Band 1: Interview mit einem Vampir,* München, Goldmann 1995; auch *Gespräch mit dem Vampir, Erster Teil der Chronik der Vampire*, München, Ullstein 1989

– *Die Chronik eines Vampirs, Band 2: Der Fürst der Finsternis,* München, Goldmann 1995

– *Die Chronik einres Vampirs, Band 3: Die Königin der Verdammten,* München, Gooldmann 1995

– *Die Chronik eines Vampirs, Band 4: Nachtmahr,* München, Goldmann 1996

– *Die Hexen-Trilogie, Band 1: Hexenstunde,* München, Goldmann 1995
– *Die Hexen-Trilogie, Band 2: Tanz der Hexen,* München, Goldmann 1997
– *Memnoch der Teufel. Ein Vampir-Roman,* Berlin, Hoffmann & Campe 1997
– *Falsetto,* München, Goldmann 1997
– *Die Mumie,* München, Goldmann 1997
– *Die Mayfair-Hexen,* München, Goldmann 1998

Allgemeine Literaturhinweise

Abrams, Jeremiah (Hrsg.): *The Shadows in America. Reclaiming the Soul of a Nation,* Mill Valley, Kalifornien, Nataraj 1994
Apter, Michael: *The Dangerous Edge. The Psychology of Exitement,* New York, The Free Press 1992
Borrmann, Norbert: *Vampirismus oder die Sehnsucht nach Unsterblichkeit,* Verlag E. Diederichs 1998
Brite, Poppy Z.: *Lost Souls,* New York, Delacorte, 1992
– *Love in Vein. Twenty Original Tales of Vampire Erotica,* New York, Harper Prism 1995
– *Love in Vein II. Eighteen More Original Tales of Vampire Erotica*, New York, Harper Prism 1997
– *Untiefen der Lust,* Hrsg. von Bernd Gutberlet, Verlag B. Gmünder 1998
Bunson, Matthew: *The Vampire Encyclopedia,* New York, Crown 1993
Cheney, Margaret: *The Serial Killer in America,* Saratoga, Kalifornien, R & E Publishers 1992
Copper, Basil: *The Vampire,* New York, Citadel 1973
Coupland, Douglas: *Generation X,* München, Goldmann 1995
Daraul, Arkon: *A History of Secret Societies,* New York, Carol Publishing 1995
Dresser, Norine: *American Vampires. Fans, Victims, Practitioners*, New York, W. W. Norton 1989
Florescu, Radu R. & Raymond T. McNally: *Dracula, Prince of Many Faces,* New York, Little, Brown & Co. 1989
– *Auf Draculas Spuren. Die Geschichte des Fürsten und der Vampire,* München, Ullstein 1996
Frailing, Christopher: *Alpträume*
Die Ursprünge des Horrors, Köln, vgs 1996

Franzini, Louis A. & John M. Grossberg: *Eccentric and Bizarre Behaviors,* New York, John Wiley & Sons, Inc. 1995
Gatewood, Charles & David Aaron Clark: *True Blood,* San Francisco, Last Gasp Books 1997
Gelder, Ken: *Reading the Vampire,* London & New York, Roetledge 1994
George, Leonard: *Alternative Realities. The Paranormal, the Mystic and the Transcendent in Human Experience,* New York, Facts on File 1995
Griffin, John H.: *Black Like Me, New York, Signet 1962*
Guiley, Rosemary Ellen: *Vampires Among Us,* New York, Pocket 1991
Guiley, Rosemary Ellen & L. B. Macabre: *The Complete Vampire Companion. Legend and Lore of the Living Dead,* New York, Macmillan 1994
Guinn, Jeff & Andy Grieser: *Something in the Blood. The Underground World of Today's Vampires,* Arlington, Texas, Summit 1996
Hamberger, Klaus: *Über Vampirismus. Krankengeschichten und Deutungsmuster 1808–1899,* Turia & Kant
Harris, Helaine Z.: *Are You in Love With a Vampire? Healing the Relationship Drain Games,* Encino, Kalifornien, An Awakening Publishing 1997
Hartmann, Franz: *Seelenbräute und Vampirismus. Incubi und Succubi),* Schatzkammer 1961
Hort, Barbara: *Unholy Hungers. Encountering the Psychic Vampire in Ourselves and Others,* Boston & London, Shambhala 1996
Jänsch, Erwin: *Das Vampir-Lexikon. Die Autoren des Schreckens und ihre Blutsaugenden Kreaturen – 200 Jahre Vampire in der Literatur,* Verlag A. Löb 1996
Johnson, V. M.: *Dhampir, Child of the Blood,* Fairfield, Connecticut, Mystic Rose Books 1996
Jung, Uli & Jan P. Barbian (Hrsg.): *Dracula. Filmanalytische Studien zur Funktionalisierung eines Motivs der viktorianischen Populär-Literatur,* WVT 10/1997
Kaplan, Stephen: *Vampires Are,* Palm Springs, Kalifornien, ETC 1984
Katzer, Sabine: *Das Vampirthema in der englischen Erzählliteratur vor Bram Stokers Dracula,* AWOS 1997
Kirwin, Barbara: *The Mad, the Bad, and the Innocent,* New York, Little, Brown & Co. 1997
Konstantinos: *Vampires. The Occult Truth,* St. Paul, Maine, Llewellyn 1996
Lane, Brian: *Chronicle of Twentieth-Century Murder,* Band I & II, New York, Berkley 1995

Marigny, Jean: *Vampires. Restless Creatures of the Night,* New York, Abrams 1994

Melton, J. Gordon: *The Vamire Book. The Encyclopedia of the Undead,* Detroit, Visible Ink Press 1994

Mercer, Mick: *Hex Files. The Goth Bible,* Woodstock, New York, Overlook Press 1997

Meurer, Hans: *Der dunkle Mythos. Blut, Sex und Tod. Die Faszination des Volksglaubens an Vampyre,* Edition Argus 1996

Mummendey, Hans: *Das Eckzahn-Experiment (De Vampyris). Auf dem Weg zu einer sozialen Psychophysiologie des akuten Vampyrismus,* Libelle 1993

Neiser, Birgit: *Hexen, Monster, Kürbisgeister. Das Buch für Halloween und Gruselfeste,* Edition Moses 08/1998

Noe, Alfred (Hrsg.): *Horror und Greuel in der französischen Prosa des 19. Jahrhunderts,* Frankfurt, Verlag Peter Lang 1994

Noll, Richard: *Bizarre Diseases of the Mind,* New York, Berkley 1990

– *Vampires, Werewolves, and Demons. Twentieth-Century Reports in the Psychiatric Literature,* New York, Brunner & Mazel 1992

Oetjen, Almut: *Hammer Horror – Galerie des Grauens,* Corian 1995

O'Kane, Francoise: *Sacred Chaos. Reflections on God's Shadow and the Dark Self,* Toronto, Inner City Books 1994

Page, Carol: *Bloodlust. Conversations With Real Vampires,* New York, HarperCollins 1991

Person, Ethel: *By Force of Fantasy,* New York, Basic Books, 1996

Pütz, Susanne: *Vampire und ihre Opfer. Der Blutsauger als literarische Figur,* Aisthesis 1992

Ress, Elmar: *Die Faszination Jugendlicher am Grauen,* Königshausen & Neumann 1990

Rhodes, Daniel & Kathleen Rhodes: *Vampires. Emotional Predators Who Want to Suck the Life Out of You*, Amherst, New York, Prometheus Books 1998

Riccardo, Martin: *Liquid Dreams of Vampires,* St. Paul, Maine, Llewellyn 1996

Ridgeway, James & Sylvia Plachy (Fotos): *Red Light. Inside the Sex Industry,* New York, Powerhouse Books 1996

Rushkoff, Douglas: *The GenX-Reader,* New York, Ballantine 1994

Schneidewind, Friedhelm: *Das kleine Vampir-ABC,* Villa Fledermaus 1997

Skal, David: *Hollywood Gothic. The Tangles Web of »Dracula« from Novel to Stage to Screen,* New York, W. W. Norton 1990

– *The Monster Show. A Cultural History of Horror,* New York, W. W. Norton 1993
– *V ist for Vampire, The A-Z-Guide to Everything Undead,* New York, Plume 1996
Stoker, Bram: *Dracula,* Frankfurt a. M., Insel 1988
Stoker, Bram: *Im Haus des Grafen Dracula,* Erzählungen, Frankfurt a. M., Insel 1993
Stresau, Norbert (Hrsg.): *Enzyklopädie des phantastischen Films,* Corian 1998
Toth, Jennifer: *The Mole People,* Chicago, Chicago Review Press 1993
Völker, Klaus & Dieter Sturm (Hrsg.): *Von denen Vampiren oder Menschensaugern. Dichtungen und Dokumente,* Frankfurt a. M., Suhrkamp 1994
Yarbro, Chelsea Quinn: *Hotel Transylvania,* New York, St. Martin's Press 1978
Youngson, Jeanne Keyes: *Private Files of a Vampirologist,* Chicago, Adams Press 1997

Quellenauswahl

Count Dracula Fan Club
29 Washington Square West
Penthouse North
New York, NY 10011
USA

Vampire Studies
P.O. Box 151
Berwyn, IL 60412
USA

Vampire Information Exchange
c/o Eric Held
P.O. Box 290328
Brooklyn, NY 11229–032USA

Highgate Vampire Society
P.O. Box 1112
London, N10 3XE
England

The Anne Rice Vampire Lestat Fan Club
P.O. Box 58277
New Orleans, LA 70158–8277
USA

Official Anne Rice Web Site
http://www.anne-rice.inter.net/

Temple of the Vampire
Box 3582
Lacey. WA 98503
USA

The Camarilla
50 S. Main Street, #25 Suite 8
Salt Lake City, UT 84144
USA

Vampirism Research Institute
LirielMc@aol.com

Vampiric Studies
http://members.aol.com/SeekerSA/index.html

Delirium Magazine
779 Riverside Drive #A-11
New York, NY 10032
USA

Sabretooth/Vampyre Magazine/
Syn Factory
175 Fifth Avenue, Suite 2669
New York, NY 10010
USA
http://www.sabretooth.com

Tony Sokol
Vampyr Theatre
P.O. Box 6012
South Hackensack, NJ 07606
USA

Count Daracula Society
c/o Donald Reed
334 West 54th St.
Los Angeles, CA 90037
USA

The Dracula Society
Bernard Davies
36 Elliston Street
Woolwich, London SE18
England

The Bram Stoker Society
c/o Albert Power
227 Rochester Avenue
Dun Laoghaire, County Dublin
Irland

Secret Order of the Undead
155 East »C« Street. Suite 323
Upland, CA 91786
USA

Vampire Pen Pal Network
Penthouse North
29 Washington Square West
New York, NY 10010
USA

The Black Rose
http://www.geocities.com/
BourbonStreet/Delta/2689

DarkRose Manor
http://www.darkrose-bds.com/

Cercle d'Etudes Vampiriques
(*Requiem*)
5, rue Jaques d'Aragon
34000 Montpellier
Frankreich
http://wwwperso.hol.fr/
~vampyre/

International Vampire
http://www.xs4all.nl/~intrvamp

Association Vampire Story
(Vampire Dark News)
22 allee Claude Monet
92300 Levaillois-Perret
Frankreich
http://perso.magic.fr/slasher/
vampire.html

Australian Vampire Information Association
P.O. Box 123
Mt. Gravatt Plaza
QLD 4122
Australien

Vampire Archives (Jule Ghoul)
2926 W. Leland Avenue
Chicago, Il. 60625–3716
USA

Nite Trains Homepage
http://www.wwnet.com/~train/index2.html

Vamps: Personal Homepage
http://www.nosferatu.com/vamp-net.html

Anne Rice List
artist@webvoodoo.com/annerice

Vampire Connection (White Pages)
http://www.cclabs.missouri.edu/~c667539/vwp/index.html

White Wolf Games
http://www.white-wolf.com

Pathway to Darkness
http://www.pathwaytodarkness.com/index.html

Vampyres Only
http://doncaster.on.ca/~vampyre/

Blood Moon Social Club
P.O. Box 80537
Las Vegas, NV 89180
USA

Katherine Ramslands Homepage
http://www.geocities.com/BourbonStreet/Delta/2630/ramsland
E-Mail: revisions@aol.com